高等学校土木工程专业卓越工程师教育培养计划系列规划教材

隧道通风与照明

主　编　付　钢　王　成
副主编　徐　湃

WUHAN UNIVERSITY PRESS
武汉大学出版社

图书在版编目(CIP)数据

隧道通风与照明/付钢，王成主编. —武汉：武汉大学出版社，2015.8(2019.1 重印)
高等学校土木工程专业卓越工程师教育培养计划系列规划教材
ISBN 978-7-307-15523-7

Ⅰ.隧…　Ⅱ.①付…　②王…　Ⅲ.①隧道通风—高等学校—教材　②隧道—照明—高等学校—教材　Ⅳ.U453

中国版本图书馆 CIP 数据核字(2015)第 066645 号

责任编辑：李嘉琪　孙　丽　　　责任校对：黄孝莉　　　装帧设计：吴　极

出版发行：**武汉大学出版社**　(430072　武昌　珞珈山)
(电子邮件：whu_publish@163.com　网址：www.stmpress.cn)
印刷：北京虎彩文化传播有限公司
开本：880×1230　1/16　印张：16　字数：508 千字
版次：2015 年 8 月第 1 版　　2019 年 1 月第 2 次印刷
ISBN 978-7-307-15523-7　　定价：47.00 元

高等学校土木工程专业卓越工程师教育培养计划系列规划教材

学术委员会名单

（按姓氏笔画排名）

编审委员会名单

（按姓氏笔画排名）

出版技术支持

（按姓氏笔画排名）

特别提示

教学实践表明，有效地利用数字化教学资源，对于学生学习能力以及问题意识的培养乃至怀疑精神的塑造具有重要意义。

通过对数字化教学资源的选取与利用，学生的学习从以教师主讲的单向指导模式转变为建设性、发现性的学习，从被动学习转变为主动学习，由教师传播知识到学生自己重新创造知识。这无疑是锻炼和提高学生的信息素养的大好机会，也是检验其学习能力、学习收获的最佳方式和途径之一。

本系列教材在相关编写人员的配合下，逐步配备基本数字教学资源，主要内容包括：

文本：课程重难点、思考题与习题参考答案、知识拓展等。

图片：课程教学外观图、原理图、设计图等。

视频：课程讲述对象展示视频、模拟动画，课程实验视频，工程实例视频等。

音频：课程讲述对象解说音频、录音材料等。

数字资源获取方法：

① 打开微信，点击“扫一扫”。

② 将扫描框对准书中所附的二维码。

③ 扫描完毕，即可查看文件。

更多数字教学资源共享、图书购买及读者互动敬请关注“开动传媒”微信公众号！

丛书序

土木工程涉及国家的基础设施建设，投入大，带动的行业多。改革开放后，我国国民经济持续稳定增长，其中土建行业的贡献率达到1/3。随着城市化的发展，这一趋势还将继续呈现增长势头。土木工程行业的发展，极大地推动了土木工程专业教育的发展。目前，我国有500余所大学开设土木工程专业，在校生达40余万人。

2010年6月，中国工程院和教育部牵头，联合有关部门和行业协（学）会，启动实施“卓越工程师教育培养计划”，以促进我国高等工程教育的改革。其中，“高等学校土木工程专业卓越工程师教育培养计划”由住房和城乡建设部与教育部组织实施。

2011年9月，住房和城乡建设部人事司和高等学校土建学科教学指导委员会颁布《高等学校土木工程本科指导性专业规范》，对土木工程专业的学科基础、培养目标、培养规格、教学内容、课程体系及教学基本条件等提出了指导性要求。

在上述背景下，为满足国家建设对土木工程卓越人才的迫切需求，有效推动各高校土木工程专业卓越工程师教育培养计划的实施，促进高等学校土木工程专业教育改革，2013年住房和城乡建设部高等学校土木工程学科专业指导委员会启动了“高等教育教学改革土木工程专业卓越计划专项”，支持并资助有关高校结合当前土木工程专业高等教育的实际，围绕卓越人才培养目标及模式、实践教学环节、校企合作、课程建设、教学资源建设、师资培养等专业建设中的重点、亟待解决的问题开展研究，以对土木工程专业教育起到引导和示范作用。

为配合土木工程专业实施卓越工程师教育培养计划的教学改革及教学资源建设，由武汉大学发起，联合国内部分土木工程教育专家和企业工程专家，启动了“高等学校土木工程专业卓越工程师教育培养计划系列规划教材”建设项目。该系列教材贯彻落实《高等学校土木工程本科指导性专业规范》《卓越工程师教育培养计划通用标准》和《土木工程卓越工程师教育培养计划专业标准》，力图以工程实际为背景，以工程技术为主线，着力提升学生的工程素养，培养学生的工程实践能力和工程创新能力。该系列教材的编写人员，大多主持或参加了住房和城乡建设部高等学校土木工程学科专业指导委员会的“土木工程专业卓越计划专项”教改项目，因此该系列教材也是“土木工程专业卓越计划专项”的教改成果。

土木工程专业卓越工程师教育培养计划的实施，需要校企合作，期望土木工程专业教育专家与工程专家一道，共同为土木工程专业卓越工程师的培养作出贡献！

是以为序。

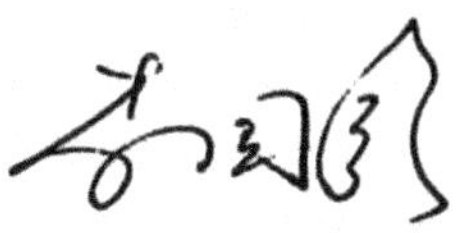

2014年3月于同济大学四平路校区

前　　言

改革开放以前，我国交通隧道数量少、长度也较短，在隧道规划设计中往往只重视交通规划和结构设计，而把通风、照明设施作为其他附属设施看待，对其重视不够；改革开放以来，我国交通隧道建设发展迅猛，已建成运营的隧道不但数量多，而且规模大、长度长，但随之而来的隧道运营中的环境问题、安全问题也越来越突出。因此，隧道运营通风和照明在保障隧道运营安全、创造舒适卫生环境中的作用愈发重要。而隧道运营通风和照明技术是否先进、设施布置是否合理直接影响隧道运营中的环境和安全。由此可见，隧道工程现已非传统意义上的土木工程，除土建工程、结构专业外，还与通风、照明及通信监控等专业紧密相关，只有多学科、多专业相互协调、统筹规划，才能使所修建的隧道先进、安全、舒适。

作为土木、交通、结构等专业学生及相关设计人员，要完成隧道的规划、设计和施工管理，仅仅掌握本专业的知识是不够的，需要进一步拓展知识领域，了解和掌握隧道通风和照明等学科领域的相关理论和专业知识，才有可能适应当今隧道建设技术发展的需求。本书即是以此为目的，针对高等院校土木、交通、铁道工程类专业编写的。

本书共分为两篇：第1篇为隧道通风，共10章，第1章介绍隧道通风基本理论，第2～9章讲述隧道内空气与通风要求、隧道需风量计算、隧道通风动力和阻力、自然风及其对隧道的影响、各种隧道通风方式的特点及选择原则，第10章给出隧道通风设计实例；第2篇为隧道照明，分为7章，第11章介绍隧道照明基础理论，第12、13章介绍视觉影响因素和隧道照明质量指标，第14章介绍各种隧道照明灯具，第15章讲述隧道照明区段划分及照明计算方法，第16章讲述隧道的照明控制与节能，第17章简要介绍铁路隧道和地铁隧道照明特点和设计要求。

本书由重庆交通大学付钢、王成担任主编；重庆交通大学徐湃担任参编。前言，第1、4、5、8～11、16、17章，附录由付钢编写；第6、7、14、15章由王成编写；第2、3、12、13章由徐湃编写。马劲松、王莹峰、冯锡勇等研究生为本书插图、校对做了大量工作。在本书付梓之际，编者对为本书编辑出版给予支持和帮助的各位老师、朋友和同学表示衷心的感谢。

本书可作为土木工程、交通工程等相关专业本科生和研究生教学用书，也可供从事隧道设计、施工和管理的相关技术人员参考。

由于编者水平有限，书中难免有疏漏乃至错误之处，恳请读者批评指正。

编　者

2015年4月

目 录

0 概述 …… (1)

第1篇 隧道通风

1 隧道通风基础 …… (5)
1.1 空气的物理状态参数 …… (6)
1.1.1 压力 …… (6)
1.1.2 温度 …… (10)
1.1.3 密度、比容和容重 …… (11)
1.1.4 湿度 …… (12)
1.1.5 黏性 …… (14)
1.1.6 比热 …… (15)
1.2 理想气体的状态方程及大气压沿海拔高度的变化规律 …… (15)
1.2.1 理想气体的状态方程 …… (15)
1.2.2 大气压沿海拔高度的变化规律 …… (16)
1.3 隧道内空气流动的基本方程 …… (17)
1.3.1 气体的连续性方程 …… (17)
1.3.2 流体的能量守恒方程 …… (18)
1.3.3 流体的动量方程 …… (20)
1.3.4 动量定律与能量守恒定律的关系 …… (21)
1.3.5 隧道内空气流动的基本方程在隧道通风中的应用举例 …… (21)
知识归纳 …… (24)
独立思考 …… (24)

2 隧道内的空气与通风要求 …… (25)
2.1 隧道内的空气组成 …… (26)
2.2 交通隧道空气卫生标准 …… (27)
2.2.1 公路隧道空气卫生标准 …… (27)
2.2.2 铁路隧道空气卫生标准 …… (29)
2.3 隧道需风量计算 …… (29)
2.3.1 公路隧道需风量的计算 …… (30)
2.3.2 铁路隧道需风量的计算 …… (32)
知识归纳 …… (33)
独立思考 …… (33)

3 隧道通风阻力 …… (34)
3.1 风流的流动状态 …… (35)
3.1.1 风流流态 …… (35)
3.1.2 隧道断面上风速分布 …… (35)
3.2 隧道通风阻力定理及计算 …… (36)
3.2.1 摩擦风阻与阻力 …… (36)
3.2.2 局部风阻与阻力 …… (40)
知识归纳 …… (42)
独立思考 …… (42)

4 通风动力 …… (44)
4.1 隧道中行驶车辆产生的活塞风 …… (45)
4.1.1 汽车的活塞风 …… (45)
4.1.2 列车的活塞风 …… (46)
4.2 风机动力 …… (51)
知识归纳 …… (52)
独立思考 …… (52)

5 自然风及其对隧道通风的影响 …… (53)
5.1 自然风 …… (54)
5.1.1 自然风的产生 …… (54)
5.1.2 我国不同地域自然风风向的分布规律 …… (55)
5.1.3 我国各地的风速分布 …… (55)
5.1.4 局部地形与温度对自然风的影响 …… (56)
5.2 隧道自然风 …… (57)
知识归纳 …… (59)
独立思考 …… (60)

6 隧道通风方式 …………………………… (61)
6.1 隧道通风的方式和特点 …………… (62)
6.1.1 自然通风 …………………… (62)
6.1.2 纵向通风 …………………… (62)
6.1.3 横向通风 …………………… (75)
6.1.4 半横向通风 ………………… (76)
6.1.5 组合式通风 ………………… (76)
6.2 隧道通风方式的选择 …………… (77)
6.2.1 影响隧道通风方式选择的因素 … (77)
6.2.2 公路隧道通风方式的特点 …… (77)
6.2.3 铁路隧道运营通风 …………… (77)
6.2.4 地下轨道交通通风方式 ……… (80)
6.2.5 隧道通风方式选择的原则 …… (81)
6.2.6 隧道通风方式选择实例 ……… (82)
6.3 隧道通风计算软件简介 ………… (85)
6.3.1 软件的基本功能 …………… (85)
6.3.2 软件的特色 ………………… (86)
6.3.3 软件主界面及基本操作 ……… (86)
知识归纳 ……………………………… (99)
独立思考 ……………………………… (99)

7 隧道防灾救援通风 …………………… (100)
7.1 隧道火灾的特点及设计规模 ……… (101)
7.1.1 隧道火灾特点 ……………… (101)
7.1.2 火灾频率 …………………… (102)
7.1.3 隧道火灾通风设计 ………… (103)
7.2 送风和排烟系统 ………………… (105)
7.3 火灾事故的通风 ………………… (105)
7.3.1 事故通风原则 ……………… (105)
7.3.2 事故通风方式及风速要求 …… (106)
7.4 地铁区间隧道事故通风 ………… (108)
知识归纳 ……………………………… (109)
独立思考 ……………………………… (109)

8 隧道通风机 …………………………… (110)
8.1 通风机的构造与原理 …………… (111)
8.1.1 轴流式通风机 ……………… (111)
8.1.2 对旋式通风机 ……………… (112)
8.1.3 反风装置 …………………… (113)
8.2 通风机的基本技术参数 ………… (113)
8.3 通风机的个体特性及合理工作范围 ……………………………… (114)
8.3.1 通风机的个体特性曲线 ……… (114)
8.3.2 通风机的工况点及合理工作范围 ……………………………… (115)
8.3.3 通风机的比例定律 ………… (116)
8.3.4 通风机的类型特性曲线 ……… (116)
8.4 通风机的联合运行 ……………… (117)
8.4.1 风机串联工作 ……………… (117)
8.4.2 通风机并联工作 …………… (119)
8.4.3 并联与串联工作的比较 ……… (120)
知识归纳 ……………………………… (121)
独立思考 ……………………………… (121)

9 隧道通风设施 ………………………… (122)
9.1 风道 ……………………………… (123)
9.1.1 风道的形式与布置方式 ……… (123)
9.1.2 隔板式风道 ………………… (124)
9.1.3 连接风道 …………………… (127)
9.2 风机房 …………………………… (127)
9.2.1 地下风机房 ………………… (128)
9.2.2 地上风机房 ………………… (133)
9.3 风亭 ……………………………… (134)
9.3.1 排风上升高度 ……………… (135)
9.3.2 排风的扩散 ………………… (136)
9.3.3 某公路隧道地下风机房设计实例 ……………………………… (136)
知识归纳 ……………………………… (139)
独立思考 ……………………………… (139)

10 隧道通风设计实例 …………………… (140)
10.1 隧道通风设计流程 ……………… (141)
10.1.1 隧道通风设计阶段划分 …… (141)
10.1.2 交通隧道通风设计需要的基础资料和数据 ……………………… (141)
10.1.3 交通隧道通风设计的一般步骤 ……………………………… (141)

10.2 某公路隧道设计实例 …………… (142)
10.2.1 工程概况 ………………… (142)
10.2.2 设计标准和主要设计参数的确定 ………………… (142)
10.2.3 隧道需风量的确定 ………… (143)
10.2.4 通风方案的比选 …………… (143)
知识归纳 ……………………………… (145)
独立思考 ……………………………… (146)

第2篇 隧道照明

11 隧道照明基础 …………………… (149)
11.1 概述 ………………………………… (150)
11.1.1 隧道中的视觉与照明问题 … (150)
11.1.2 我国隧道照明技术历程及展望 ………………………… (151)
11.2 光的本质与度量 ……………… (152)
11.2.1 光的本质 ………………… (152)
11.2.2 光的度量 ………………… (153)
11.3 材料的光学性质 ……………… (155)
11.3.1 材料光学性质的本质 ……… (155)
11.3.2 反射比、透射比和吸收比及其关系 ………………………… (157)
11.3.3 各种材料的光学性质 ……… (157)
知识归纳 ……………………………… (157)
独立思考 ……………………………… (158)

12 视觉及其影响因素 ……………… (159)
12.1 视觉与视觉环境 ……………… (160)
12.1.1 视觉体验 ………………… (160)
12.1.2 视觉环境 ………………… (160)
12.1.3 视觉对光的反应 ………… (161)
12.2 驾驶员的视觉特点和所需视觉信息 ……………………………… (163)
12.2.1 驾驶员的作业 …………… (163)
12.2.2 驾驶员的视野 …………… (163)
12.2.3 驾驶员的注视范围 ……… (164)
12.2.4 驾驶员视看条件的影响因素 ………………………… (164)
12.2.5 影响驾驶员视觉的因素 …… (164)
知识归纳 ……………………………… (168)
独立思考 ……………………………… (168)

13 隧道照明质量 ……………………… (169)
13.1 路面平均亮度 ………………… (170)
13.2 路面亮度均匀度 ……………… (171)
13.3 眩光 ………………………………… (172)
13.4 诱导性 …………………………… (175)
13.5 (道路)照明功率密度 ………… (176)
知识归纳 ……………………………… (177)
独立思考 ……………………………… (177)

14 隧道照明灯具 ……………………… (178)
14.1 隧道照明光源的选择 ………… (179)
14.2 隧道照明光源特性 …………… (180)
14.3 隧道照明灯具的技术参数 …… (182)
14.3.1 隧道照明灯具光度数据 …… (182)
14.3.2 灯具的维护系数 K ………… (185)
14.3.3 灯具防水防尘性能参数 …… (187)
14.3.4 隧道照明对灯具技术参数的要求 ………………………… (187)
14.4 隧道照明灯具的布置方式 …… (188)
知识归纳 ……………………………… (189)
独立思考 ……………………………… (189)

15 隧道照明区段划分与照明计算 ……… (190)
15.1 概述 ………………………………… (191)
15.2 照明区段的划分 ……………… (191)
15.3 隧道照明计算 ………………… (204)
15.3.1 照度计算 ………………… (204)
15.3.2 亮度计算 ………………… (207)
15.4 隧道照明计算软件简介 ……… (210)
15.4.1 软件的基本功能 ………… (210)
15.4.2 本软件的特色 …………… (211)
15.4.3 软件主界面及基本操作 …… (211)
15.4.4 使用约定 ………………… (212)
15.4.5 使用该软件进行隧道照明分析流程 ………………………… (212)

15.4.6 灯具数据库维护 …………… (215)
15.5 隧道照明设计的程序与要求 …… (217)
15.5.1 设计的基本原则 …………… (217)
15.5.2 设计前的准备工作 ………… (218)
15.5.3 设计内容 …………………… (218)
15.5.4 设计步骤 …………………… (218)
15.5.5 隧道照明设计文件组成 …… (219)
知识归纳 ………………………………… (219)
独立思考 ………………………………… (219)

16 隧道的照明控制与节能 ……………… (221)
16.1 隧道的照明控制 ………………… (222)
16.1.1 隧道照明控制的目的和意义 ………………………… (222)
16.1.2 隧道照明控制方案的要求 … (223)
16.1.3 隧道照明控制方式 ………… (224)
16.1.4 隧道照明控制系统种类 …… (224)
16.1.5 公路隧道照明控制方法 …… (225)
16.2 隧道的照明节能 ………………… (227)
16.2.1 隧道照明节能的意义 ……… (227)
16.2.2 当前隧道照明存在的问题 … (227)
16.2.3 隧道照明节能技术进展 …… (228)
16.2.4 设计中的节能措施 ………… (230)
16.2.5 智能化照明控制系统 ……… (231)
知识归纳 ………………………………… (232)
独立思考 ………………………………… (233)

17 铁路与地铁隧道照明 ……………… (234)
17.1 铁路隧道照明 ………………… (235)
17.1.1 普通铁路隧道照明 ………… (235)
17.1.2 高速铁路隧道照明 ………… (236)
17.2 地铁区间隧道照明 …………… (237)
17.2.1 地铁区间隧道照明目的 …… (237)
17.2.2 地铁区间隧道照明质量标准 ………………………… (237)
17.2.3 地铁区间隧道照明设置 …… (238)
17.2.4 地铁区间隧道应急照明 …… (238)
知识归纳 ………………………………… (238)
独立思考 ………………………………… (238)

附录 路面简化亮度系数表 ………………… (239)
参考文献 ………………………………… (241)

0 概　述

对通风问题的研究最早出现于铁路隧道中，首先是从西欧发展起来的，起初主要集中在对隧道通风方式的研究，早期修建的铁路长隧道大都采用自然通风，这可以说是最早形成的纵向通风系统。例如，英国于1841 年建成的 BOX 隧道(2395 m)，用扩大隧道横断面面积的方法在隧道上方余留下很大的空间，以暂时集存机车排出的烟气，避免烟气侵入车厢。事实证明这一方法收效很小但隧道造价却增加很多，所以不能作为有效的通风方式。1838 年建成的英国 Kiesby 隧道(2218 m)和 Morky 隧道(2166 m)采用竖井自然通风方式，但其通风效果很不稳定，有很强的季节性和区域性。对行车密度大的隧道要求在较短时间内排除隧道内的烟气，在这种情况下竖井自然通风方式不能满足要求，于是就开始研究和利用机械通风，采用通风机将新鲜风流吹入隧道内或把污染的空气吹出隧道外。

随着铁路机车技术的发展，牵引动力由蒸汽机改为内燃机车，直至电力机车成为铁路主流牵引设备。电力机车不但牵引力大、速度快，而且没有燃煤或燃油的排放污染物。因此，大部分电气化铁路隧道无须机械通风，只需列车通过隧道所产生的活塞风加上自然通风即可使隧道内空气满足要求。世界上确实有不少长隧道如圣哥达、仙尼斯峰、勒辰堡隧道(14612 m)等，在电气化后便不再使用机械通风。

但是，对于特长铁路隧道仍有必要设置机械通风，我国《铁路隧道运营通风设计规范》(TB 10068—2010)根据国内 40 多座运营隧道的调查结果及原中华人民共和国铁道部科技研究开发计划“长大隧道通风关键技术研究”项目的研究成果规定，电力机车牵引、长度大于 20 km 的客运专线铁路隧道及长度大于 15 km 的货运专线、客货共线铁路隧道应设置机械通风。

由于内燃机车牵引列车通过隧道产生的有害气体主要有一氧化氮(NO)、二氧化氮(NO_2)和臭氧(O_3)，我国《铁路隧道运营通风设计规范》(TB 10068—2010)规定：“内燃机车牵引、长度大于 2 km 的铁路隧道宜设置机械通风。”

公路隧道的出现比铁路隧道晚，在公路隧道发展的初期，也是依靠自然风和交通风进行通风的。然而，随着汽车时代的到来，交通量日趋增大，仅仅依靠自然风和交通风是不够的。当隧道超过一定长度或交通量超过一定值后，就满足不了隧道内运营环境的卫生要求。1924 年美国匹兹堡市的自由隧道(1800 m)发生交通堵塞，洞内的汽车废气达到极高的浓度，进而由于一氧化碳(CO)浓度过高使得许多乘客神志迷乱。此次事故引起了有关方面的高度重视，其后在修建纽约市的荷兰隧道(2610 m)时就考虑了机械通风。荷兰隧道为盾构法施工，采用圆形断面，所以把车道下部作为送风道，上部作为排风道，气流从下往上横向流动，这是世界上首次采用全横向式通风方式。由于该通风方式具有较好的可靠性，后来被许多公路隧道所采用。

因为全横向式通风需在设计断面以外提供两条额外的送、排风道，所以对除圆形断面以外的断面形式隧道大大增加了工程投资，于是出现了采用一条风道和隧道相组合的折中通风方式，即所谓的半横向式通风。1934 年，英国的默尔西隧道(3226 m)对尽量减少管道的方式做了研究，首先采用了半横向式通风。随后在许多不太长的公路隧道中相继采用了此种通风方式。日本的天王山隧道(1435 m)也采用了半横向式通风方式。

全横向和半横向两种通风方式需要隔离较大的隧道断面空间作为风道，需要大功率的轴流风机通过斜(竖)井排出洞内废气，因而需要花费较多的工程费用和营运费用。因此，人们又把目光重新转向纵向式通风方式。现代的纵向式通风方式自 1961 年采用以来，得到了大力的推广应用，其形式愈加多样化，适用范围也愈加广泛。

19 世纪 60 年代中期出现了石油危机，在公路隧道长度不断增长、交通量日益增多的情况下，对设备规模较大、投资较高、耗能较多的全横向式通风方式与半横向式通风方式提出了要进行重新评价的要求，对长大公路隧道能否采用节能效果较好的纵向式通风(包括分段纵向式通风)进行了思考。日本的关越一线隧道(10885 m)、惠那山二线隧道(8625 m)在这方面进行了有益的探索。这两座隧道均采用竖井送排式通风,将隧道分成几个通风区段,每个区段内均为纵向式通风,这样可以充分利用汽车交通风的活塞作用以节约耗能。为了降低烟尘指标过高给耗能带来的不利影响,可在隧道适当部位设置电器集尘室以降低烟尘浓度。采用纵向式通风方式可以减小隧道开挖断面、简化施工、节约营运电力,因而较其他通风方式有着较大的优越性。自 1961 年采用纵向式通风以来,国外从最初限用于 1000 m 左右的隧道逐渐应用于 2000 m 以上的长隧道。目前,日本至少有 45 座长度在 2000 m 以上的公路隧道采用了纵向式通风,其中最长的已超过了 10000 m。近年来,日本、德国、西班牙、瑞典等发达国家的新建公路长大隧道大都采用纵向式通风。

改革开放以来,随着我国经济的发展,交通基础建设飞速发展;20 世纪 80 年代末以前,我国建成的公路长隧道大都采用全横向式通风或半横向式通风,如上海市打浦路隧道(2761 m)与延安东路隧道右洞(2261 m)均为过江隧道,均采用全横向式通风,深圳市梧桐山隧道左线(2328 m)也为全横向式通风,初期按半横向式通风使用。1989 年通车的甘肃省七道梁隧道(1560 m)在国内第一次采用了射流风机纵向式通风方式,而 1995 年建成通车的成渝公路上的中梁山隧道(左洞长 3165 m,右洞长 3103 m)和缙云山隧道(左洞长2528 m,右洞长 2478 m)首次将竖井分段纵向式通风技术运用于 3000 m 以上的公路隧道,开创了我国长大公路隧道纵向式通风的先河。已经建成的秦岭公路隧道(18020 m)也采用分段纵向式通风方式。总之,纵观各国公路隧道通风方式的演变,20 世纪 70 年代前是以全横向和半横向式通风方式为主,20 世纪 80 年代以后则进入纵向式通风的全盛时期。可以预测,随着纵向式通风技术在公路隧道中应用的日趋成熟,其将会成为今后长大公路隧道通风应用最多的通风方式。

第 1 篇

隧道通风

1 隧道通风基础

课前导读

◁ 内容提要

本章主要介绍空气的主要物理状态参数，讨论隧道内空气在流动过程中具有的能量、压力及其能量的变化。

◁ 能力要求

通过本章的学习，学生应熟悉空气物理状态参数及其单位，了解理想气体状态方程和大气压沿海拔高度变化规律，初步掌握研究隧道内空气流动的三个基本方程的意义，了解应用隧道内空气流动的三个基本方程解决隧道通风的基本方法。

1.1 空气的物理状态参数

正确理解和掌握空气的主要物理性质是学习隧道通风的基础。与隧道通风密切相关的空气物理状态参数有:压力(压强)、温度、密度、比容、黏性、湿度等。

1.1.1 压力

1.1.1.1 压力的概念

气流压强在隧道通风中习惯称为压力。它是空气分子热运动对器壁碰撞的宏观表现,其大小取决于空气在重力场中的位量(相对高度)、空气温度、空气湿度(相对湿度)和气体成分等参数。根据物理学的分子运动理论,空气的压力可用下式表示:

$$p=\frac{2}{3}n\left(\frac{1}{2}mv^2\right) \tag{1-1}$$

式中 n——单位体积内的空气分子数;

$\frac{1}{2}mv^2$——分子平移运动的平均动能。

式(1-1)阐述了气体压力的本质,是气体分子运动的基本公式之一。由该式可知,空气的压力是单位体积内空气分子不规则热运动产生的总动能的$\frac{2}{3}$转化为能对外做功的机械能。因此,空气压力的大小可以用仪表测定。

压力的国际单位为Pa(帕斯卡,1 Pa=1 N/m^2),压力较大时可采用kPa(1 kPa=10^3 Pa)、MPa(1 MPa=10^3 kPa=10^6 Pa)。以前与国际单位Pa暂时并用的压力单位还有atm(标准大气压)、mmHg(毫米汞柱)、mmH$_2$O(毫米水柱)和at(工程大气压)等,目前这些单位已被取消。其他压力单位及相互换算关系参见表1-1。

表1-1 空气压力单位及相互换算关系

Pa	atm	mmHg	mmH$_2$O	at
1	0.99×10^{-5}	0.0075	0.102	1.02×10^{-5}
101325	1	760	10332	1.033
133.32	0.00132	1	13.6	0.00136
9.807	0.9678×10^{-4}	0.0736	1	0.0001
98067	0.9678	735.6	10^4	1

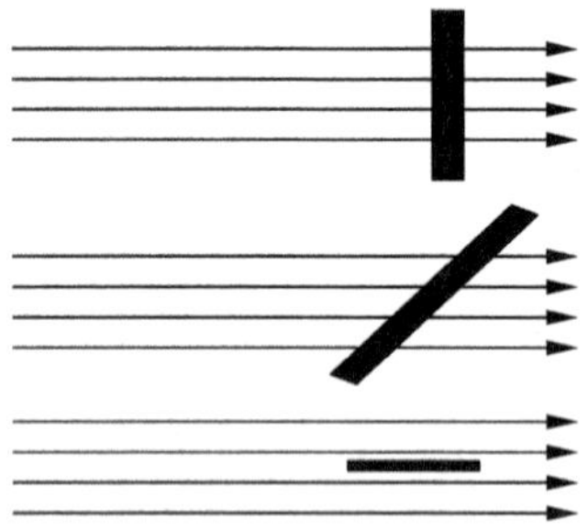

图1-1 压力是单位面积上受到的垂直作用力

(1) 静压能与静压

① 静压能与静压的概念。

空气的分子无时无刻不在作无秩序的热运动。这种由分子热运动产生的分子动能的一部分转化的能够对外做功的机械能称为静压能。

在隧道通风中,压力的概念与物理学中的压强相同,即单位面积上受到的垂直作用力,如图1-1所示。故静压也可称为静压能。

② 静压的特点。

a. 无论是静止的空气还是流动的空气都具有静压;

b. 风流中任一点的静压各向同值,且垂直于作用面;

c. 风流静压的大小(可以用仪表测量)反映了单位体积风流所具有的能够对外做功的静压能的多少。如风流的压力为1 atm,则指1 m^{3}风流具有101325 J的静压能。

（2）动能与动压

① 动能与动压的概念。

当空气流动时，除了位能和静压能外，还有空气定向运动的动能，单位体积空气所具有的动能用 E_v 表示，单位为 J/m^3；其动能转化显现的压力叫作动压或速压，用符号 h_v 表示，单位为 Pa。

② 动能的计算。

单位体积空气所具有的动能为：

$$E_v = \frac{\rho v^2}{2} \tag{1-2}$$

式中　ρ——空气密度，kg/m^3；

v——空气流速，m/s。

E_v 对外所呈现的动压 h_v 的值与 E_v 相同。

③ 动压的特点。

a. 只有作定向流动的空气才具有动压，因此动压具有方向性。

b. 动压总是大于 0。垂直于流动方向的作用面所承受的动压（流动方向上的动压真值）最大；当作用面与流动方向有夹角时，其承受的动压值将小于动压真值。

c. 在同一流动断面上，由于风速分布的不均匀性，各点的风速不相等，因此其动压值也不相等。

d. 某断面的动压即为该断面平均风速计算值。

（3）压力的两种测算基准（表示方法）

根据压力的测算基准不同，压力可分为绝对压力和相对压力。压力的两种测算基准如图 1-2 所示。

① 绝对压力：以真空为测算零点（比较基准）而测得的压力称为绝对压力，用 p 表示。

② 相对压力：以当地当时同标高的大气压为测算基准（零点）而测得的压力称为相对压力，即通常所说的表压力，用 h 表示。

某点的绝对静压只能为正，它可能大于、等于或小于该点同标高的大气压 p_0，因此相对压力则可正可负。相对压力为正称为正压，相对压力为负称为负压。图 1-2 比较直观地反映了绝对压力和相对压力的关系。设有 a、b 两点同标高，a 点绝对压力 p_a 大于同标高的大气压 p_0，h_a 为正值；b 点的绝对压力 p_b 小于同标高的大气压 p_0，h_b 为负值。

风流的绝对压力（p_i）、相对压力（h_i）和与其对应的大气压（p_0）三者之间的关系如下式所示：

$$h_i = p_i - p_0$$

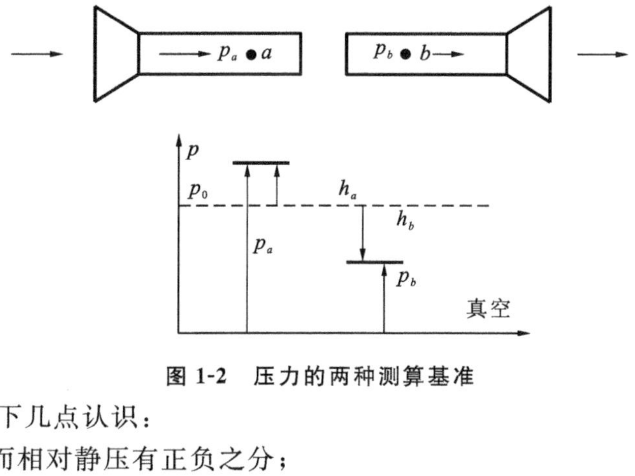

图 1-2　压力的两种测算基准

比较 p_i 与 h_i 可得到以下几点认识：

a. 绝对静压总是为正，而相对静压有正负之分；

b. 同一断面上各点风流的绝对静压随高度的变化而变化，而相对静压与高度无关；

c. p_i 可能大于、等于或小于与该点同标高的大气压（p_{0i}）。

（4）全压

隧道中任一点风流在其流动方向上同时存在静压和动压，两者之和称为该点风流的全压，即全压＝静压＋动压。

由于静压有绝对和相对之分，故全压也有绝对和相对之分。

① 绝对全压(p_{ti})：

$$p_{ti} = p_i + h_{vi} \tag{1-3}$$

② 相对全压(h_{ti})：

$$h_{ti} = h_i + h_{vi} = p_{ti} - p_{0i} \tag{1-4}$$

说明：

a. 相对全压有正负之分；

b. 无论正压通风还是负压通风，均有 $p_{ti} > p_i$ ，$h_{ti} > h_i$ 。

1.1.1.2 压力的量测

(1) 空气绝对压力测定

空气绝对压力的测定通常使用水银气压计和空盒气压计。

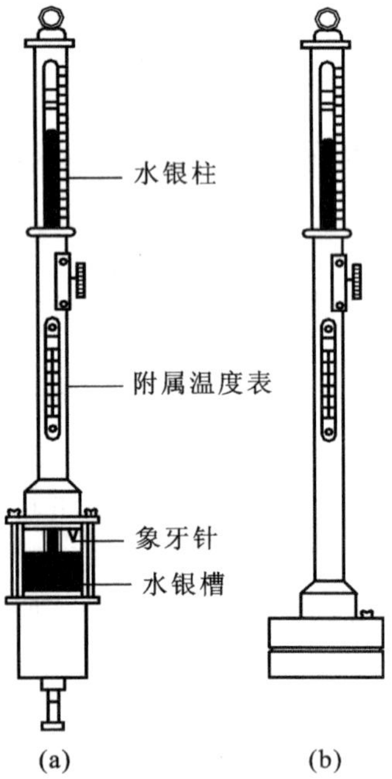

图 1-3 水银气压计

(a) 动槽式；(b) 定槽式

① 水银气压计。

水银气压计于 1644 年发明，如图 1-3 所示，主要由一个水银槽与一根玻璃管构成。其玻璃管上端封闭，下端插入水银盛槽中，管内上部形成绝对真空，下部充满水银。当水银槽里的水银表面受到空气压力时，管内水银柱高度随着空气压力变化而变化。这时管中水银面与水银槽里水银面的高差就是所测空气的绝对压力。水银气压计属于固定式装置，一般置于室内壁上，用于测量大气压力或用于校对其他压力计。

水银气压计又分为定槽式水银气压计和动槽式水银气压计，两者在调节读数时有所不同，使用中应加以注意。水银气压计的感应部分由水银、玻璃内管、水银槽组成，刻度部分由标尺、游标尺、象牙针组成，附属部分为附属温度计。

动槽式水银气压计是法国人福丁(J. Fortin)于 1810 年发明制造的，故称为福丁式水银气压计。它的主要特点是标尺上有一个固定的零点。每次读数时，须将水银槽中的水银的表面调到这个零点处，然后读出水银柱顶的刻度值。

动槽式水银气压计读数要比定槽式水银气压计复杂些，其读数顺序为：先读温度计显示温度，调节水银面与象牙针相切，再调游标尺与水银柱顶相切，最后读数。读数结束后，将象牙针与水银面断开。

从理论上说，任意一种液体都可以用来制造气压计，但是水银有其独特的优点，具体如下：

a. 水银密度大，在标准条件、通常大气压下，它的液柱高度适合人观测；

b. 水银的蒸汽压小，温度在 60 ℃以下时，在管顶内的水银蒸汽附加压力对读数准确度的影响可忽略不计；

c. 水银的性能稳定，易于提炼纯净的水银；

d. 水银不沾湿玻璃，管内水银面形成凸起的弯月面，容易判断水银柱顶的准确位置。

定槽式水银气压计也称为寇乌(Kew)式水银气压计。定槽式与动槽式水银气压计的区别在于水银槽部。定槽式水银气压计的水银槽是一个固定容积的铁槽，没有皮囊、水银面调节螺钉及象牙针。

当气压变化时，水银柱在玻璃管内上升或下降所增加或减少的水银量，必将引起水银槽内的水银减少或增加，使槽内的水银面向下或向上变动，即整个气压计的基点随水银柱顶的高度而变动。

② 空盒气压计。

空盒气压计(也称为无液气压计)如图 1-4 所示，它由一个被抽成真空的皱纹状金属盒与连接在盒上带指针的传动机构所组成。

空盒气压计的感应元件是由一组具有弹性、抽成真空(或残留少量空气)的空盒组成。其结构组成包括：感应部分、传动放大部分、显示部分。将空盒底部固定，顶部可自由移动，用以操作指示读数的机械系统。

空盒气压计的测压原理是：由于盒内抽成真空(实际还有少量余压)，当大气压力作用于盒面上时，盒面被压缩，并带动传动杠杆使指针转动，根据指针转动的幅度即可读得大气压力的数值。

空盒气压计实物如图1-5所示，是一种携带式测压仪表，一般用于固定地点大气压的测量。其测量精度较低，使用前必须经水银气压计的校正。其读数要求如下：

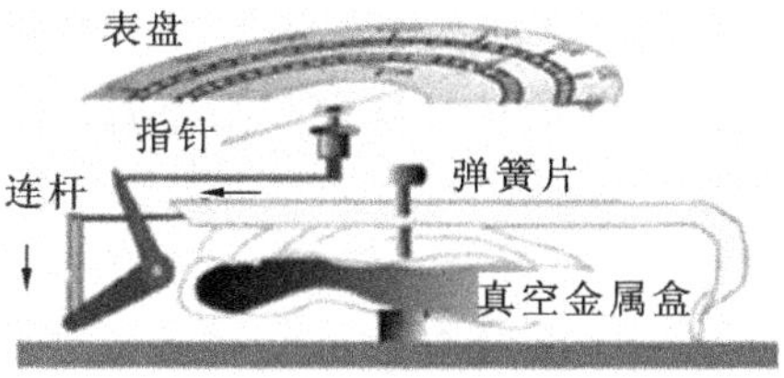

图1-4 空盒气压计原理图

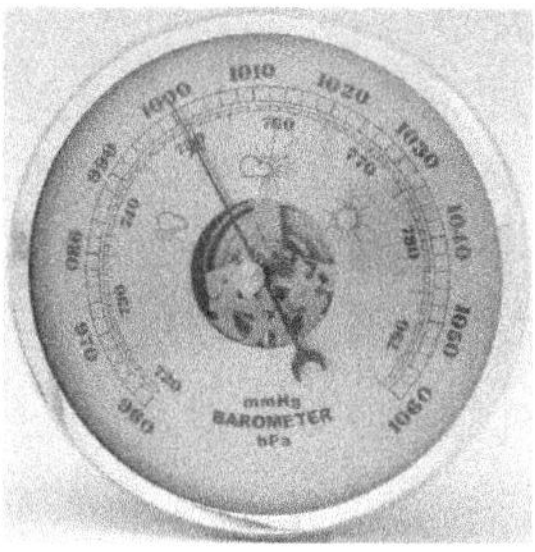

图1-5 空盒气压计实物

a. 测量时将盒面水平放置在被测地点，停留10～20 min，待指针稳定后再读数；

b. 读数时视线应该垂直于盒面；

c. 表的附温读数精确到0.1 ℃；

d. 轻敲盒面，克服机械摩擦；

e. 待指针平稳后，读大气压值，精确到0.1 mmHg；

f. 复读一次。

根据用途及要求不同，空盒气压计分为标准型和精密型；根据适用的条件不同，分为平原型和高原型。在使用时，应根据具体用途和条件来选用合适类型的空盒气压计。

(2) 空气相对压力测定

相对压力的测定常用的测量工具有U形压力计、单管倾斜压力计和补偿微压计。它们都需与皮托管配合来测量风流的相对静压、动压和全压。

① 皮托管。

在测定风流的相对静压、动压和全压时，U形压力计、单管倾斜压力计和补偿微压计均需与皮托管连接。皮托管是接受与传递风流压力的装置，由两根金属小圆管构成，内管和外管同心套结成一个整体，但互不相通。内管前端开一个小孔与标有"＋"脚管相通，小孔正对风流时，内管承受测点风流的全压。外管在离前端不远的侧面开有数个小孔。这些小孔承受测点风流的静压并与标有"－"脚管相通。测定时，根据所要测定的参数(相对静压、动压和全压)把皮托管与压力计连好，把皮托管前端正对着风流即可(图1-6)。

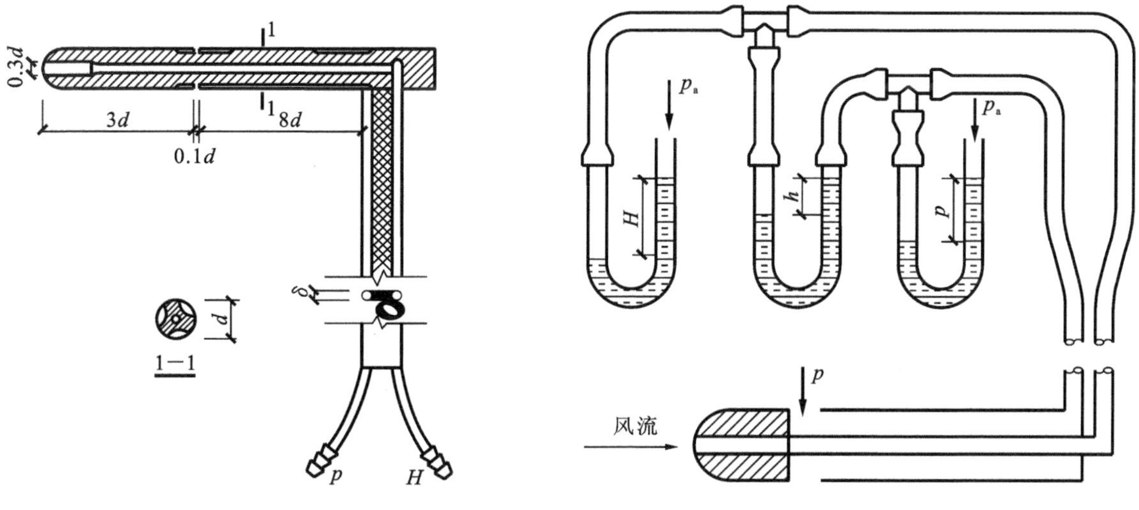

图1-6 皮托管测量通风管网压力时的布置示意图

将压力计与皮托管用胶皮管连接起来，并将皮托管安设在需要进行测量的断面位置上，便组成了隧道通风管网中的压力测量系统。图 1-6 是皮托管测量通风管网压力时的布置示意图。皮托管的头部迎着风流，中心管传导的是全压 H，平行于风流的环状凹槽所传导的是静压 p，如果将皮托管的 p 与 H 两端分别连到压力计的两端，则压力计测量出的数值表示动压 h。

② U 形压力计。

U 形压力计也称为 U 形水柱计，有垂直和倾斜两种类型，都是由一内径相同、装有蒸馏水或酒精的 U 形玻璃管与刻度尺所构成。它的测压原理是：U 形管两侧液面承受相同压力时，液面处于同一水平面；当两侧液面压力不同时，压力大的一侧液面下降，另一侧液面上升，从中间的标尺即可读出压差。

③ 单管倾斜压力计。

对于垂直 U 形水柱计来说，两液面的高差 l(mm)就是两侧压力差 h(mmH_2O)。垂直 U 形压力计的精度较低，多用于测量较大的压力。为了提高测量精度，可采用倾斜 U 形压力计。设倾斜 U 形压力计的倾斜角度为 α，两侧液面高差为 l，则所测压力差为 h(mmH_2O)，即所测压力 p 为：

$$p = \rho g h = \rho g l \sin\alpha \tag{1-5}$$

式中 ρ——U 形管中液体的密度，kg/m^3；

p——所测压力，Pa；

g——重力加速度，m/s^2。

单管倾斜压力计测压原理如图 1-7 所示。它由一个较大断面的容器 A 与一个小断面的倾斜管 B 相互连通而构成。A 与 B 断面面积的比值 F_1/F_2 一般为 250～300，其中充有适量的酒精。为便于读数，酒精中注入微量的硫酸和甲基橙使之染色。

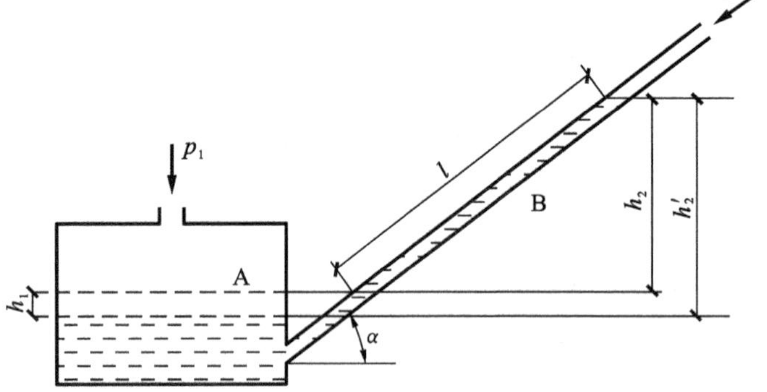

图 1-7 单管倾斜压力计测压原理图

它的测压原理与 U 形压力计基本相同。当 A 中液面承受比 B 中液面较大的压力时，A 中液面下降 h_1，B 中液面相应上升 h_2。由于 $F_1 \gg F_2$，根据等式 $h_1 F_1 = h_2 F_2$ 可知，$h_1 \ll h_2$。所测压力按式(1-6)计算：

$$p = \rho g (h_1 + h_2) = \rho g \left(1 + \frac{F_2}{F_1}\right) h_2 = \rho g \left(1 + \frac{F_2}{F_1}\right) l \sin\alpha = K \rho g l \tag{1-6}$$

式中 K——仪器校正系数，由仪器上读得；

l——倾斜管的始末读数差，mm。

单管倾斜压力计除容器 A 和倾斜管 B 外，还有控制阀门、液面零位调节锤、酒精注入口(带密封盖)及斜管定位弧形架。使用时，先将倾斜管置于所需的倾角或 K 值处；把较大压力的胶管接通容器 A，小压力胶管接通倾斜管 B；在非工作位置调整水平和零位，然后在工作位置上进行测定。

1.1.2 温度

温度是物体冷热程度的标志。根据分子运动理论，气体的温度是气体分子运动动能的度量。温度与气体分子运动动能之间的关系为：

$$\frac{mv^2}{2} = BT \tag{1-7}$$

式中 v ——分子平均运动的均方根速度；

B ——比例常数；

T ——绝对温度；

m ——分子的质量。

测量物体温度高低的标尺称为温标，工程上常采用国际百度温标和绝对温标。国际百度温标又称摄氏温标，用℃表示。它规定在标准大气压(101325 Pa)下，冰的溶点为 0 ℃，水的沸点为 100 ℃。绝对温标又称热力学温标，用 K 表示。它把分子运动速度为 0 时的温度定为 0 K，把纯水的三相点温度定为 273.16 K，它与国际百度温标的分度相同。两种温标表示温度之间的关系为：

$$t = T - 273.15 \tag{1-8}$$

式中 t ——国际百度温标表示的温度；

T ——绝对温标表示的温度。

气体热力学计算一律采用绝对温标，国际单位制也规定用绝对温标。

1.1.3 密度、比容和容重

空气和其他物质一样具有质量。单位体积空气所具有的质量称为空气的密度，用符号 ρ 表示。空气可以看作是均质流体，故：

$$\rho = \frac{M}{V} \tag{1-9}$$

式中 ρ ——空气的密度，kg/m^3；

M ——空气的质量，kg；

V ——空气的体积，m^3。

一般来说，当空气的温度和压力改变时，其体积会发生变化。所以，空气的密度是随温度、压力变化而变化的，从而可以得出空气的密度是空间点坐标和时间的函数。例如，当大气压 p_0 为 101325 Pa、气温为 0 ℃(273.15 K)时，干空气的密度 ρ_0 为 1.293 kg/m^3。

湿空气的密度是 1 m^3空气中所含干空气质量和水蒸气质量之和，即：

$$\rho = \rho_d + \rho_v \tag{1-10}$$

式中 ρ_d ——1 m^3空气中干空气的质量，kg；

ρ_v ——1 m^3空气中水蒸气的质量，kg。

由气体状态方程和道尔顿分压定律可以得出湿空气的密度计算公式为：

$$\rho = 0.003484\,\frac{p_0}{273+t}\left(1 - \frac{0.378\varphi p_s}{p_0}\right) \tag{1-11}$$

式中 p_0 ——大气压，Pa；

φ ——相对湿度；

t ——空气温度，℃；

p_s ——温度为 t 时饱和水蒸气的分压，Pa。

空气的比容是指单位质量空气所占有的体积，用符号 v(m^3/kg)表示。比容和密度互为倒数，它们是一个状态参数的两种表达方式，则：

$$v = \frac{V}{M} = \frac{1}{\rho} \tag{1-12}$$

在隧道通风中，空气流经复杂的隧道通风网络时，其温度和压力将会发生一系列的变化，这些变化都将引起空气密度的变化。对不同的隧道通风系统，其变化规律是不同的。在实际应用中，应考虑何种情况下可以忽略密度的这种变化，而又在何种情况下是不可忽略的。

空气的容重是指单位体积物体所具有的重力，用符号 γ（N/m³）表示，即：

$$\gamma = \rho g = \frac{G}{V} \tag{1-13}$$

1.1.4 湿度

1.1.4.1 湿度的概念

湿度是表示空气中所含水蒸气量的多少或潮湿程度。

空气湿度的表示方法有两种：一种叫作绝对湿度，另一种叫作相对湿度。

（1）绝对湿度

每立方米空气中所含水蒸气的质量叫作空气的绝对湿度。其单位与密度单位（kg/m³）相同，其值等于水蒸气在其分压力与温度下的密度。

$$\rho_v = \frac{M_v}{V} \tag{1-14}$$

在一定的温度和压力下，单位体积空气所能容纳的水蒸气量是有极限的，超过这一极限值，多余的水蒸气就会凝结出来。这种含有极限值水蒸气的湿空气叫作饱和空气，见表 1-2，这时水蒸气分压力叫作饱和水蒸气分压力 p_s，其所含的水蒸气量叫作饱和湿度 ρ_s。

（2）相对湿度

单位体积空气中实际含有的水蒸气量 ρ_v 与其同温度下的饱和水蒸气含量 ρ_s 之比称为空气的相对湿度 φ，它反映空气中所含水蒸气量接近饱和的程度。

$$\varphi = \frac{\rho_v}{\rho_s} \tag{1-15}$$

φ 愈小，表明空气愈干燥；φ 愈大，则表示空气愈潮湿。当 $\varphi=0$ 时，为干空气；当 $\varphi=1$ 时，为饱和空气。

不饱和空气的相对湿度随着温度下降而逐渐增大，当冷却程度达到 100%（即 $\varphi=1$ 时），此时的温度称为露点。

1.1.4.2 湿度的测量

图 1-8 为干-湿球温度计示意图，湿温度计 B 与干温度计 A 的不同是在温度计的球形部分包有湿布，当固定干 A、湿 B 两温度计的木板绕手柄 C 旋转时，空气自由吹过 B 的球形部分，湿布上水分蒸发，B 的球形部分温度下降，从而湿温度计读数低于干温度计，用 t 表示干温度计读数，Δt 表示干、湿温度计读数差。Δt 与湿布上的水分蒸发速度即空气吸收水分的能力 Φ 有关，所以有 $\varphi=\varphi(\Delta t, t)$。可见，通过干-湿球温度计测量 Δt 和 t，就可以得到空气的相对湿度。

φ 与 Δt、t 的关系见表 1-3，使用时只需直接查用。

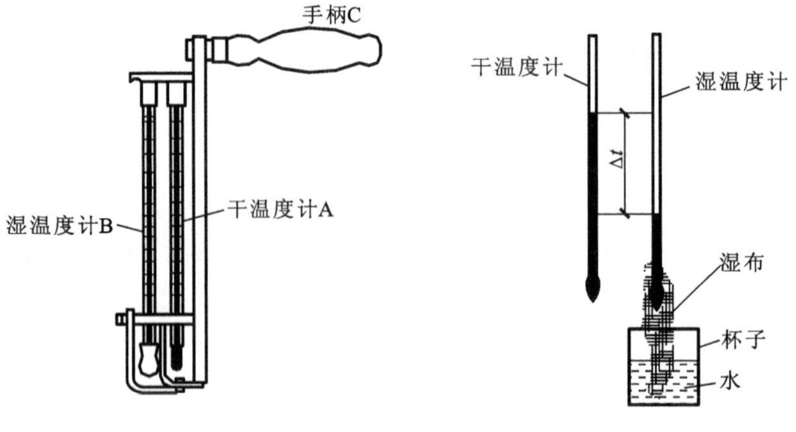

图 1-8 干-湿球温度计示意图

表 1-2 **饱和空气表(大气压为 0.1 MPa)**

干球温度 t/℃	饱和水蒸气分压力 p_s		饱和水蒸气密度 ρ_s/(kg/m³)	比湿 d_{sat}/(g/kg)	比焓 h_s/(kJ/kg)	汽化热 r/(kJ/kg)
	Pa	mmHg				
−2	562	4.22	4.50×10^{-3}	3.23	7.8	2834
0	611	4.58	4.84×10^{-3}	3.82	9.5	2500
1	656	4.92	5.19×10^{-3}	4.11	11.3	2498
2	705	5.29	5.56×10^{-3}	4.42	13.1	2496
3	757	5.68	0.00594	4.73	14.9	2493
4	813	6.10	0.00636	5.10	16.8	2491
5	872	6.54	0.00679	5.47	18.7	2489
6	933	7.01	0.00726	5.87	20.7	2486
7	1001	7.51	0.00773	6.29	22.8	2484
8	1072	8.04	0.00826	6.74	23.0	2481
9	1147	8.61	0.00881	7.22	27.2	2479
10	1227	9.21	0.00940	7.73	29.3	2477
11	1312	9.84	0.01001	8.27	31.9	2475
12	1401	10.51	0.01066	8.84	34.4	2472
13	1500	11.23	0.01134	9.45	37.0	2470
14	1597	11.98	0.01206	10.10	39.5	2468
15	1701	12.78	0.01282	10.78	42.3	2465
16	1817	13.61	0.01363	11.51	45.2	2463
17	1936	14.53	0.01447	12.28	48.2	2460
18	2062	15.47	0.01536	13.10	51.3	2458
19	2196	16.47	0.01630	13.97	54.5	2456
20	2337	17.53	0.01729	14.88	57.9	2453
21	2485	18.65	0.01833	15.83	61.4	2451
22	2642	19.82	0.01912	16.88	63.0	2448
23	2808	21.07	0.02057	17.97	68.8	2446
24	2982	22.38	0.02177	19.12	72.8	2444
25	3167	23.75	0.02303	20.39	77.0	2441
26	3360	25.21	0.02437	21.67	81.3	2439
27	3564	26.74	0.02576	22.99	83.8	2437
28	3778	28.36	0.02723	24.42	90.5	2434
29	4004	30.04	0.02876	25.96	93.4	2432
30	4241	31.83	0.03037	27.52	100.3	2430
31	4491	33.70	0.0320	29.23	106.0	2427
32	4753	35.67	0.0338	31.07	111.7	2423
33	5029	37.73	0.0357	32.99	117.6	2422
34	5318	39.90	0.0376	34.94	123.7	2420
35	5622	42.18	0.03962	37.03	130.2	2418

表 1-3 由干、湿温度计读数查相对湿度

干温度计读数 t/℃	干、湿温度计读数差 Δt/℃							
	0	1	2	3	4	5	6	7
	相对湿度 φ/%							
0	100	81	63	46	28	12	—	—
5	100	86	71	58	43	31	17	4
6	100	96	72	59	46	33	21	8
7	100	87	74	60	48	36	24	14
8	100	87	74	62	50	39	27	16
9	100	88	75	63	52	41	30	19
10	100	88	77	64	53	43	32	22
11	100	88	79	65	55	45	35	25
12	100	89	79	67	57	47	37	27
13	100	89	79	68	58	49	39	30
14	100	89	79	69	59	50	41	32
15	100	90	80	70	61	51	43	34
16	100	90	80	70	61	53	45	37
17	100	90	80	71	62	55	47	40
18	100	90	80	72	63	55	48	41
19	100	91	91	72	64	57	50	41
20	100	91	81	73	65	58	50	42
21	100	91	82	74	66	58	50	44
22	100	91	82	74	66	58	51	45
23	100	91	93	75	67	59	52	46
24	100	91	83	75	67	59	53	47
25	100	92	84	76	68	60	54	48
26	100	92	84	76	69	62	55	50
27	100	92	84	77	69	62	56	51
28	100	92	94	77	70	64	57	52
29	100	92	95	78	71	65	58	53
30	100	92	95	79	72	66	59	53

1.1.5 黏性

当流体层间发生相对运动时，在流体内部两个流体层的接触面上便产生黏性阻力（内摩擦力），以阻止相对运动，流体具有的这一性质称作流体的黏性。例如，空气在管道内作层流流动时，管壁附近的流速较小，沿管道轴线方向流速逐渐增大（图 1-9）。在垂直于流动方向上，设有厚度为 dy(m)，速度为u(m/s)，速度增量为 du(m/s) 的分层，在流动方向上的速度梯度为 du/dy(s^{-1})，由牛顿内摩擦定律得：

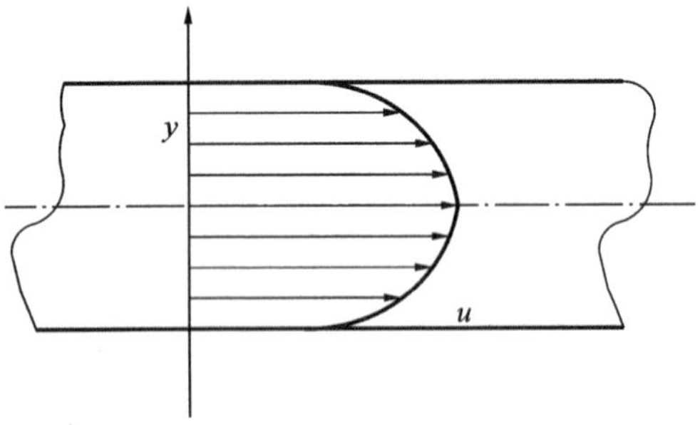

图 1-9 空气在管道内作层流流动

$$F=\mu S\frac{du}{dy} \tag{1-16}$$

式中 F——内摩擦力，N；

S——流层之间的接触面积，m^2；

μ——动力黏度（或称为绝对黏度），其国际单位为帕·秒，写作Pa·s。

由式(1-16)可知，当流体处于静止状态或流层间无相对运动，即 du/dy=0 时，则 F=0。

在隧道通风中还常用运动黏度，用符号 υ(m^2/s)表示，即：

$$\upsilon=\frac{\mu}{\rho} \tag{1-17}$$

温度是影响流体黏性的主要因素之一，但对气体和液体的影响不同。气体的黏性随温度的升高而增大，液体的黏性随温度的升高而减小。

在实际应用中，压力对流体的黏性影响很小，可以忽略不计。由式(1-17)可知，对于可压缩流体，运动黏度和密度 ρ 有关，即 υ 和压力有关，因此在考虑流体的可压缩性时常采用动力黏度 μ 而不用运动黏度 υ。表 1-4 所示为几种有关流体的黏度。

表 1-4 几种流体的黏度(0.1 MPa, $t=20$ ℃)

流体名称	动力黏度 μ/(Pa·s)	运动黏度 υ/($m^2 \cdot s^{-1}$)
空气	1.808×10^{-5}	1.501×10^{-5}
氮气(N_2)	1.76×10^{-5}	1.41×10^{-5}
氧气(O_2)	2.04×10^{-5}	1.43×10^{-5}
甲烷(CH_4)	1.08×10^{-5}	1.52×10^{-5}
水	1.005×10^{-6}	1.007×10^{-6}

1.1.6 比热

单位质量物体温度升高 1 ℃所需要的热量称为比热。按国际单位规定,比热的单位是焦耳/(千克·开),即J/(kg·K)。

气体的比热与气体状态变化过程有关,在气体的压力或比容保持不变的过程中,气体的比热分别为定压比热 c_p和定容比热 c_V。c_p与 c_V的比值叫作比热比。对于不考虑分子间作用力及分子本身大小的理想气体,比热比等于绝热指数 K,即

$$K=\frac{c_p}{c_V}$$

空气的绝热指数 $K=1.4$。

1.2 理想气体的状态方程及大气压沿海拔高度的变化规律

1.2.1 理想气体的状态方程

气体的压力、温度和比容三个物理量表示了气体的基本状态,所以它们被称为气体的基本状态参数。在气体压力较小而温度又不太低的情况下研究气体时,可以不考虑气体分子之间的作用力及分子本身的大小,在热力学上这种气体被看作理想气体。在隧道通风中所涉及的气体可以看作理想气体。

理想气体的三个基本状态参数之间存在一定的关系,这种关系用方程表示就是理想气体的状态方程。

(1) 波义耳(Boyle)定律

单位质量的气体在温度一定时,其压力与比容的乘积为定值,即:

$$p_1 v_1 = p_2 v_2 = \text{const}$$

(2) 盖·吕萨克(Gay-Lussac)定律

单位质量的气体在压力不变时,其比容和绝对温度成正比,即:

$$\frac{v_1}{T_1}=\frac{v_2}{T_2}$$

(3) 状态方程

设气体的初始状态为 p_1、T_1、v_1,当 T_1不变时,压力变为 p_2,比容变为 v'_2,由波义耳定律得:

$$p_1 v_1 = p_2 v'_2 \tag{1-18}$$

又设 p_2一定,气体的状态由 p_2、T_1、v'_2变为 p_2、T_2、v_2,由盖·吕萨克定律得:

$$\frac{v'_2}{T_1}=\frac{v_2}{T_2} \tag{1-19}$$

式(1-18)、式(1-19)相乘,得:

$$\frac{p_1 v_1}{T_1}=\frac{p_2 v_2}{T_2}=\text{const(常数)}$$

或

$$pv = RT \tag{1-20a}$$

式(1-20a)称为理想气体状态方程。R 为气体常数，单位是 J/(kg·K)，它与气体的状态无关。必须注意，在式(1-20a)中，若 p 是静压，则 T 为一般绝对温度；若 p 是全压，T 应是滞止绝对温度。

式(1-20a)还可作如下变化：若已知气体的质量为 M(kg)，则

$$Mpv = MRT$$

因

$$Mv = V$$

所以

$$pV = MRT \tag{1-20b}$$

若气体的质量为一摩尔质量，用 μ 表示，则：

$$\mu pv = \mu RT \tag{1-20c}$$

由物理学可知，当压力、温度相同时，1 mol 的各种理想气体的容积 μv 都相等，在标准状态($p_0 = 101325$ Pa，$T = 273$ K)下，各种气体的摩尔容积均等于 22.4 m^3。把 $\mu v = 22.4\ m^3$、$p_0 = 101325$ Pa、$T = 273$ K 代入式(1-20c)中，得：

$$\mu R = \frac{22.4 \times 101325}{273} = 8314[\mathrm{J/(mol \cdot K)}]$$

μR 称为通用气体常数，它与气体性质无关。以 μR 值代入式(1-20c)，得：

$$\mu pv = 8314T \tag{1-20d}$$

1.2.2 大气压沿海拔高度的变化规律

大气压强实质上是水平单位面积上的空气柱重量。因此，在不同的海拔高度上大气压不同。海拔愈高，压在该处水平面上的空气柱愈短，气压就愈低。为求出大气压沿海拔高度的变化规律，可从大气中取出一个边长分别为 dx、dy、dz 的微小立方体，如图 1-10 所示。当大气处于静止状态时，作用在微小立方体侧面积上的压力互相平衡，即

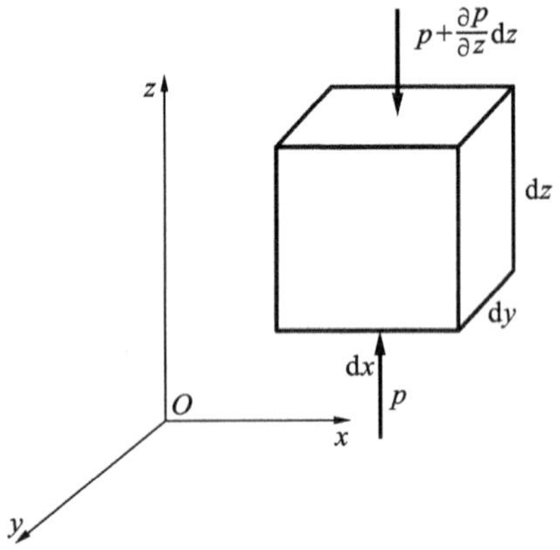

图 1-10 作用在微小立方体上的压力

$$\sum F_x = 0, \quad \sum F_y = 0$$

由此得

$$\frac{\partial p}{\partial x} = 0 \tag{a}$$

及

$$\frac{\partial p}{\partial y} = 0 \tag{b}$$

根据 z 方向力的平衡条件，得：

$$\sum F_z = p\,\mathrm{d}x\mathrm{d}y - \left(p + \frac{\partial p}{\partial z}\mathrm{d}z\right)\mathrm{d}x\mathrm{d}y - \rho g\,\mathrm{d}x\mathrm{d}y\mathrm{d}z = 0$$

即：

$$\frac{\partial p}{\partial z} = -\rho g \tag{c}$$

式(a)及式(b)表示静止大气的水平气压梯度为 0，于是式(c)可写为：

$$\frac{\mathrm{d}p}{\mathrm{d}z} = -\rho g \tag{d}$$

设 p_1 和 p_2 分别为 z_1 和 z_2 高度上的气压，对式(d)积分，即：

$$\int_{p_1}^{p_2} \frac{\mathrm{d}p}{p} = -\int_{z_1}^{z_2} \frac{g}{RT}\mathrm{d}z \tag{e}$$

得

$$p_2 = p_1 e^{-\int_{z_1}^{z_2} \frac{g}{RT} dz} \tag{1-21}$$

式(1-21)中的重力加速度 g 和绝对温度 T 严格说都是海拔高度 z 的函数。现为计算方便起见,可取 T 为 z_1 至 z_2 间的空气柱的平均温度 t_m,并以 $g=9.807\ m/s^2$、$R=287\ J/(kg \cdot K)$代入式(1-21),得:

$$z_2 - z_1 \approx 18400\left(1+\frac{t_m}{273.15}\right)\ln\frac{p_1}{p_2} \tag{1-22}$$

式中 t_m——高度 z_1 至 z_2 的平均温度,℃。

式(1-22)在气象学上称为气压高度公式。

如海拔高度 z_1 和 z_2 相差不大,则可认为在$(z_2 - z_1)$的范围内空气的密度 ρ 为常量。于是,由式(d)得

$$p_2 - p_1 = -\gamma(z_2 - z_1) \tag{1-23}$$

式中 γ——空气的容重。

【例 1-1】 某隧道低洞口处的大气压 $p_1=740\ mmHg$,高洞口对低洞口的地形高差 $z_2 - z_1 = 30\ m$,两洞口外平均气温 $t_m = 10\ ℃$,试求空气静止不动时高洞口处的大气压 p_2。

【解】 由式(1-22)得

$$\ln\frac{p_1}{p_2} = \frac{z_2 - z_1}{18400\left(1+\frac{t_m}{273.15}\right)} = 0.001573$$

则

$$p_2 = \frac{p_1}{10^{0.001573}} = 737.32\ mmHg$$

1.3 隧道内空气流动的基本方程

1.3.1 气体的连续性方程

1.3.1.1 连续性假设

在标准状态下,气体分子之间的平均距离为3.4×10^{-7} cm,虽然比液体分子之间的距离 3×10^{-8} cm 大,但与气体宏观运动的尺度相比,气体分子的间隙仍然非常微小。因此,在研究气体宏观运动时,可以假定气体由无数无间隙的质点连续地组成,而且气体质点的物理状态参数(如压强、速度、密度等)是空间坐标和时间的连续函数。这一假设称为气体连续性模型。

但是随着海拔高度的增加,空气逐渐稀薄,到了离地面 50 km 以上的高空,空气分子自由运动时的间隙达到 10^{-2} cm。这时大气就不能再看作是连续介质,而是非连续的稀薄气体。而在通风工程领域中,空气的密度和压强都比较大,不涉及稀薄空气的问题,根据气体连续性假设来研究气体运动所得的结果与试验相符。

既然在一般情况下空气可认为是连续介质,那么空气在运动过程中就应当保持质量守恒。根据这一原则可以推导出空气运动过程中密度及速度的变化规律。

1.3.1.2 连续性方程

现取出一段长度为 dx 的管段,如图 1-11 所示。其断面 1—1 的过流面积为 A,断面 2—2 的过流面积为 $\left(A+\frac{\partial A}{\partial x}dx\right)$;断面 1—1 上的气流平均速度为 v、密度为 ρ,断面 2—2 上的气流平均速度和密度分别为$\left(v+\frac{\partial v}{\partial x}dx\right)$及$\left(\rho+\frac{\partial \rho}{\partial x}dx\right)$。由于管段的侧壁没有气体流入和流出,因此,根据质量守恒条件,在 dt 时间间隔内,所研究管段中气体质量的增量应等于在该时间间隔内通过断面 1—1 流入的质量与通过断面 2—2 流出的质量

之差，即：

$$\rho A v \mathrm{d}t-\left(\rho+\frac{\partial \rho}{\partial x}\mathrm{d}x\right)\left(A+\frac{\partial A}{\partial x}\mathrm{d}x\right)\left(v+\frac{\partial v}{\partial x}\mathrm{d}x\right)\mathrm{d}t=\frac{\partial}{\mathrm{d}t}\left[\left(\rho+\frac{1}{2}\frac{\partial \rho}{\partial x}\mathrm{d}x\right)\left(A+\frac{1}{2}\frac{\partial A}{\partial x}\mathrm{d}x\right)\mathrm{d}x\right]\mathrm{d}t$$

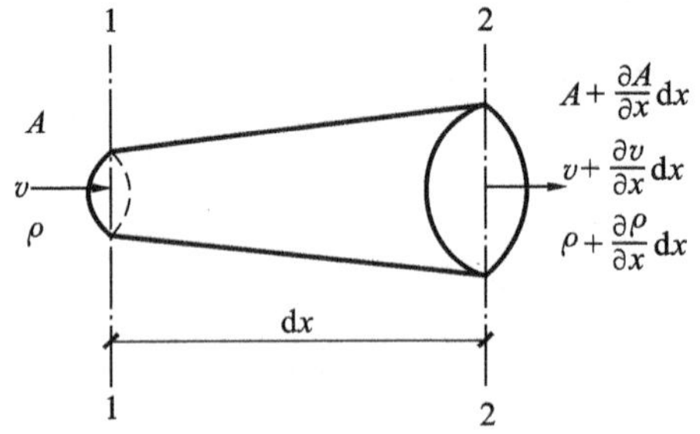

图 1-11 推导连续性方程简图

略去高阶微量，整理得：

$$\frac{\partial(\rho A)}{\partial t}+\frac{\partial(\rho A v)}{\partial x}=0 \tag{1-24}$$

式(1-24)称为气体一维运动连续微分方程。对于横断面面积不变的隧道，式中 A 为常量，则有

$$\frac{\partial \rho}{\partial t}+v\frac{\partial \rho}{\partial x}+\rho\frac{\partial v}{\partial x}=0 \tag{1-25}$$

在研究隧道通风问题时，如隧道内的空气密度和气流平均速度不随时间而变，即恒定流动，则式(1-24)中，$\frac{\partial(\rho A)}{\partial t}=0$，有$\frac{\partial(\rho A v)}{\partial t}=0$或

$$\rho_1 A_1 v_1=\rho_2 A_2 v_2=\rho A v \tag{1-26}$$

在气流的平均速度 v 小于 50 m/s 的情况下，气体流动过程的密度变化可以忽略，即 $\rho_1=\rho_2$，此时式(1-26)变为

$$A_1 v_1=A_2 v_2=Av=Q \tag{1-27}$$

式中 Q——气流的流量，m^3/s。

如管道分流，如图 1-12(a)所示，则恒定气流的连续性方程应写为：

$$A_1 v_1=A_2 v_2+A_3 v_3=Q \tag{1-28}$$

对于图 1-12(b)所示的汇流管道，则有：

$$A_1 v_1+A_3 v_3=A_2 v_2=Q \tag{1-29}$$

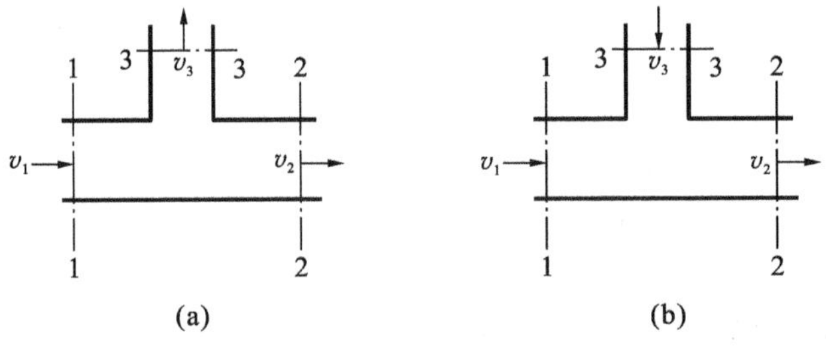

图 1-12 管道分流及汇流

1.3.2 流体的能量守恒方程

1.3.2.1 流体的一维运动方程

沿流体的流线方向取一微柱体，如图 1-13 所示，微柱体长度为 ds，断面面积为 dA，质量为 dm，单位质量所受阻力为 F，微柱体两断面所受压力分别为 $p\mathrm{d}A$ 和$\left(p+\frac{\partial p}{\partial s}\mathrm{d}s\right)\mathrm{d}A$，微柱体的速度为 v'。根据牛顿第二定律，可以写出沿流线方向的力与加速度的关系式为：

$$p\mathrm{d}A-\left(p+\frac{\partial p}{\partial s}\mathrm{d}s\right)\mathrm{d}A-g\mathrm{d}m\sin\theta-F\mathrm{d}m=\mathrm{d}m\,\frac{\mathrm{d}v'}{\mathrm{d}t} \quad (1\text{-}30)$$

将

$$\sin\theta=\frac{\partial z}{\partial s}$$

$$\frac{\mathrm{d}v'}{\mathrm{d}t}=\frac{\partial v'}{\partial t}+v'\frac{\partial v'}{\partial s}\frac{\mathrm{d}s}{\mathrm{d}t}=\frac{\partial v'}{\partial t}+v\,\frac{\partial v'}{\partial s}$$

$$\mathrm{d}m=\rho\mathrm{d}s\mathrm{d}A$$

代入式(1-30)中，等式两边同时除以 $\rho\mathrm{d}s\mathrm{d}A$，整理得：

$$\frac{\partial v'}{\partial t}+v'\frac{\partial v'}{\partial s}+\frac{1}{\rho}\frac{\partial p}{\partial s}+g\,\frac{\partial z}{\partial s}+F=0 \quad (1\text{-}31)$$

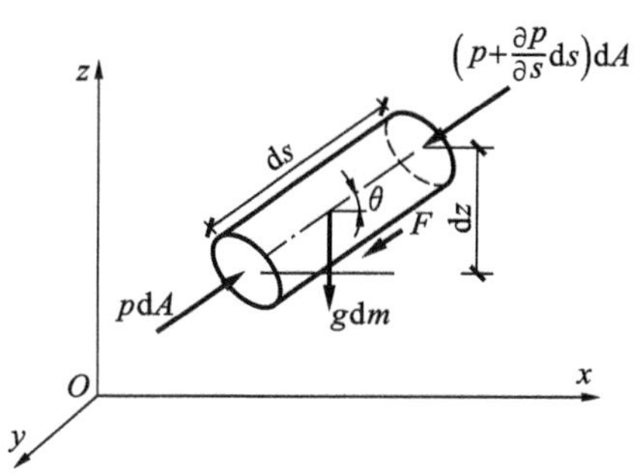

图 1-13 推导流体的一维运动方程简图

式(1-31)称为流体的一维运动方程，该方程对于气体和液体都是适用的。

1.3.2.2 恒定流的伯诺里方程

隧道通风中的风速通常小于 30 m/s，气体在流动过程中的密度变化可以忽略不计，即将 ρ 视为常量。也就是说，当隧道中风机正常工作时，隧道中的流动空气可视为恒定流。于是式(1-31)中与时间相关的 $\frac{\partial v'}{\partial t}=0$，由此有 $\frac{\partial v'}{\partial s}=\frac{\mathrm{d}v}{\mathrm{d}s}$、$\frac{\partial p}{\partial s}=\frac{\mathrm{d}p}{\mathrm{d}s}$，从而式(1-31)可表示为：

$$v'\frac{\mathrm{d}v'}{\mathrm{d}s}+\frac{1}{\rho}\frac{\mathrm{d}p}{\mathrm{d}s}+g\,\frac{\mathrm{d}z}{\mathrm{d}s}+F=0$$

或

$$v'\mathrm{d}v'+\frac{\mathrm{d}p}{\rho}+g\mathrm{d}z=-F\mathrm{d}s$$

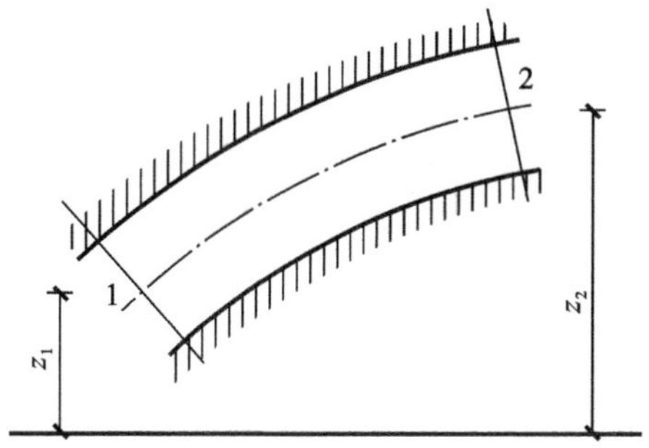

图 1-14 推导恒定流的伯诺里方程的简图

将上式沿流线 s 由 1 点积分到 2 点(图 1-14)，并令 $\int_s F\mathrm{d}s=h'_f$，则有

$$\frac{v_1'^2}{2}+\frac{p_1}{\rho}+gz_1=\frac{v_2'^2}{2}+\frac{p_2}{\rho}+gz_2+h'_f \quad (1\text{-}32)$$

式(1-32)称为恒定流沿流线的伯诺里方程。它适用于沿同一流线上的各点。式中，$\frac{v'^2}{2}$、$\frac{p}{\rho}$、gz 分别表示单位质量流体所具有的动能、压力能和位能；h'_f 表示阻力 F 所做的功，它引起机械能损失并转化为热能。式(1-32)的物理含义是流体在流动过程中保持能量守恒，所以伯诺里方程又称为不可压缩流体的能量守恒方程。

因为在同一过流断面上气流各点的流速 u、压强 p 及位置高度 z 各不相同，所以要求出上述各量在过流断面上的平均值，以便导出适用于总流各断面之间能量关系的伯诺里方程。为此，可将式(1-32)各项乘以 $\rho u\mathrm{d}A$，然后对整个过流断面积分，再全式除以 ρQ，即得出过流断面上单位质量气体所具有的平均能量。

$$\frac{1}{\rho Q}\int_{A_1}\left(\frac{u_1^2}{2}+\frac{p_1}{\rho}+gz_1\right)\rho u_1\mathrm{d}A_1=\frac{1}{\rho Q}\int_{A_2}\left(\frac{u_2^2}{2}+\frac{p_2}{\rho}+gz_2\right)\rho u_2\mathrm{d}A_2+\frac{1}{\rho Q}\int_A h'_f\rho u_2\mathrm{d}A_2 \quad (\mathrm{a})$$

注意到整个过流断面的气流流量为：

$$Q=\int_A u\mathrm{d}A$$

于是过流断面的平均流速为：

$$v=\frac{Q}{A}=\frac{1}{A}\int_A u\mathrm{d}A$$

以平均流速表示的平均动能为：

$$\frac{1}{\rho Q}\int_A\frac{u^2}{2}\rho u\mathrm{d}A=\frac{\alpha v^2}{2} \quad (\mathrm{b})$$

式中 α——过流断面上流速不均匀所引起的动能修正系数，具体计算式为：

$$\alpha = \frac{1}{v^2 Q}\int_A u^3 \mathrm{d}A = \frac{1}{A}\int_A \left(\frac{u}{v}\right)^3 \mathrm{d}A \tag{c}$$

在流线接近于平行的气流的过流断面上，各点的$\frac{p}{\rho}+gz$值相等，即：

$$\frac{1}{\rho Q}\int_A \left(\frac{p}{\rho}+gz\right)\rho u \mathrm{d}A = \frac{p}{\rho}+gz \tag{d}$$

将式(b)及式(d)代入式(a)，得：

$$\frac{\alpha v'^2_1}{2}+\frac{p_1}{\rho}+gz_1=\frac{\alpha v'^2_2}{2}+\frac{p_2}{\rho}+gz_2+h_f \tag{1-33}$$

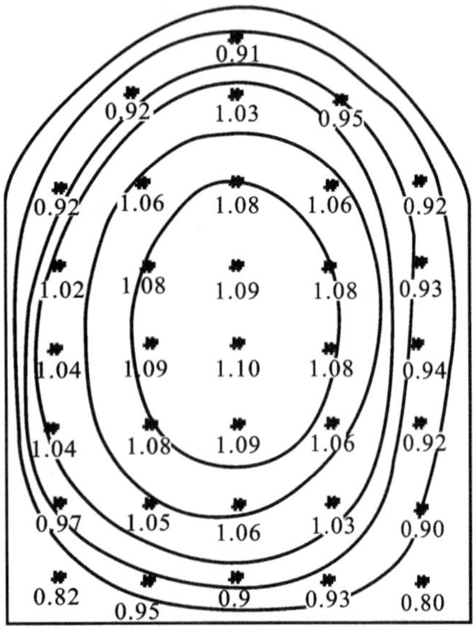

图 1-15　隧道横断面上的流速分布

式(1-33)称为恒定流总流的伯诺里方程，式中各项是单位质量流体的平均能量。采用国际单位制时，各项的单位均为 m^2/s^2。h_f 称为压头损失。

隧道通风模型试验及现场观测结果表明，在隧道横断面上各点气流的流速分布比较均匀，如图 1-15 所示。图中数字是该测点的流速与过流断面平均流速的比值(u/v)，以实测数据按式(c)算得 $\alpha\approx1$。

如图 1-14 中，在气流的 1—1 断面和 2—2 断面之间有一通风机工作，通风机输给单位体积气体的能量为 H，则伯诺里方程应改写为：

$$\frac{\rho v_1^2}{2}+p_1+\gamma z_1+H=\frac{\rho v_2^2}{2}+p_2+\gamma z_2+\rho h_f \tag{1-34}$$

式中　H——风机的全压，Pa。

若令 $\rho h_f=H_f$(表示单位体积流体克服阻力所做的功，是通风设计中常用的量)，则：

$$\frac{\rho v_1^2}{2}+p_1+\gamma z_1+H=\frac{\rho v_2^2}{2}+p_2+\gamma z_2+H_f \tag{1-35}$$

1.3.3　流体的动量守恒方程

对于许多工程上的实际问题，往往不需要知道气流内部各点的流动过程，而只要知道总流边界上的作用力和速度的变化情况。这时就没有必要用微分方程来求解，可直接对有限体积的流体使用动量定理来表示作用力与速度变化的关系，使问题大为简化。

在气流中取一封闭界面，它固定在空间中且不随时间而变，这样的封闭界面称为控制面。流体的动量定律为：单位时间内通过稳定流的流体某封闭界面流出和流入动量的动量差，等于作用在该封闭界面上的外力合力。

将流入的动量视为从外面作用在封闭界面上的作用力，将流出的动量看作从外面作用在封闭界面上的反作用力，此时写出作用在封闭界面上全部力的平衡方程即可。在实际运用中，有时只要考虑一个分量的方程即可。例如，流体在一个断面逐渐均匀扩大的直线水平管道段内流动，如图 1-16 所示。

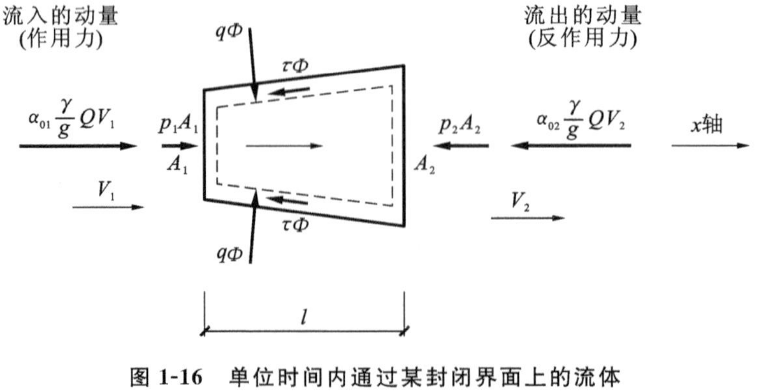

图 1-16　单位时间内通过某封闭界面上的流体

图1-16中虚线表示流体周界，取流向的x轴方向的分量，略去体积力，则其动量方程为：

$$\alpha_{01}\frac{\gamma}{g}QV_1+p_1A_1+(q\Phi)_x-(\tau\Phi)_x-p_2A_2-\alpha_{02}\frac{\gamma}{g}QV_2=0\quad\text{（力系平衡表达式）}$$

或

$$\alpha_{02}\frac{\gamma}{g}QV_2-\alpha_{01}\frac{\gamma}{g}QV_1=p_1A_1+(q\Phi)_x-(\tau\Phi)_x-p_2A_2$$

（流出的动量－流入的动量＝外力的合力）

式中　q——壁面对流体的平均单位静压力；

τ——壁面对流体的平均单位摩擦力；

Φ——壁面周界总面积；

Q——壁面内流体的流量；

$(q\Phi)_x$，$(\tau\Phi)_x$——x轴方向的分向量；

A_1，A_2——管道横断面面积；

p_1，p_2——断面A_1、A_2上的单位静压力；

V_1，V_2——断面A_1、A_2上的平均流速；

α_{01}，α_{02}——断面A_1、A_2上的动量校正系数（用断面流速计算动量时的实有动量与按平均流速计算的动量的比值），即：

$$\alpha_0=\frac{\int_A V^2\mathrm{d}A}{\overline{V}^2A}$$

实验室模型试验及大量现场测试结果表明，对隧道通风而言，动量校正系数$\alpha_0=\dfrac{\int_A V^2\mathrm{d}A}{\overline{V}^2A}\approx 1$。

1.3.4　动量定律与能量守恒定律的关系

动量定律与能量守恒定律是相互依存的，也是统一的，它们都来自牛顿第二定律，即：

$$\sum P=m\vec{a}$$

若将上式两侧同乘时间$\mathrm{d}t$，则得：

$$\sum P\mathrm{d}t=m\vec{a}\mathrm{d}t=\mathrm{d}(m\vec{V})\tag{1-36}$$

即物体所受冲量等于动量变化率，此为动量定律。

若将式(1-36)两侧同乘距离$\mathrm{d}s$，则得：

$$\sum P\mathrm{d}s=m\vec{V}\mathrm{d}\vec{V}=\frac{1}{2}m(V_2^2-V_1^2)\tag{1-37}$$

即合力所做的功等于动能的变化，此为能量守恒定律。

在实际流体问题中，由于某些求解条件（或其解答）在方程式中出现的情况不同，对上述两种方程式的应用要有所选择。如果在某一方程式中不出现这些求解条件（或其解答），则该方程式当然难以应用。也有某些流体课题，既可用动量方程表达，又可用能量守恒方程表达，如果所有条件都是确知（无误差）的，则其求解结果也应该是一致的。但在流体计算中，常有若干条件难以确知，需由试验或建立一些假设来拟定，这些条件在两种方程式中表现的方式不同，所占地位轻重不一，其试验资料的准确程度或假设的近似程度对方程求解的精度就有不同的影响。如果选择得当，就可得到比较满意的结果（解答结果与实际吻合或对流体某些现象能反映出明显的规律性，或者解答结果虽不相同但使用方便）。反过来也可以说两种方程式对判定未知条件的要求是有差别的，如果试验测定分析工作或假设的判定能基本满足某方程的要求，则该方程就比较实用。

1.3.5　隧道内空气流动的基本方程在隧道通风中的应用举例

【例1-2】　当列车在隧道中运行时，隧道中的空气被列车带动而顺着列车前进的方向流动，这一现象称为列车的活塞作用。所形成的气流称为活塞风，相应气流的速度称为列车活塞风的风速。试计算内燃机列车穿越单线铁路隧道时产生的活塞风风速，忽略隧道内自然风的影响。由于内燃机列车运行速度较低，隧道中的流动空气可视为恒定流。

【解】 当列车在隧道内运行时，由于受隧道壁的限制，列车所排开的空气不能全部绕流到列车后方，而必然有部分空气被列车推出隧道出口之外。

如图 1-17 所示，设列车的速度为 v_0，列车的横断面面积为 A_0，隧道横断面面积为 A，活塞风的风速为 v，列车与隧道壁之间的环状空间中气流的绝对速度(即相对于隧道壁的速度)为 w。在 $\mathrm{d}t$ 时间内，列车在隧道中移动所排开的空气体积为 $A_0v_0\mathrm{d}t$；而在列车前方，则有部分空气被推移出隧道出口之外，其体积为 $Av\mathrm{d}t$，另一部分空气通过列车与隧道壁之间的环状空间由列车前方流向列车后方，其体积为 $(A-A_0)w\mathrm{d}t$。根据气体流动的连续性方程可写出

$$A_0v_0\mathrm{d}t=Av\mathrm{d}t+(A-A_0)w\mathrm{d}t$$

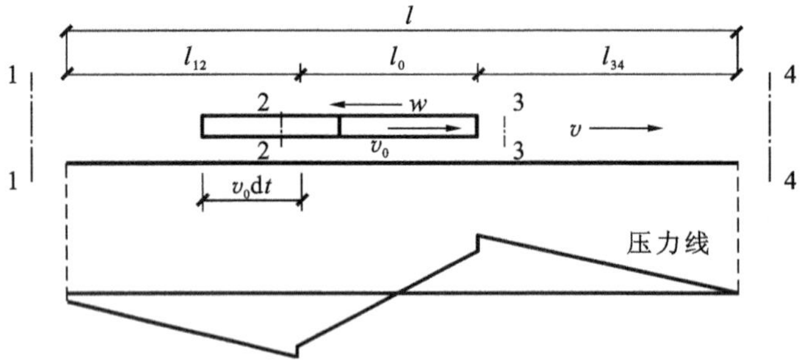

图 1-17 推导列车活塞风风速的简图

于是得

$$w=\frac{A_0v_0-Av}{A-A_0}$$

环状空间中的气流相对于列车的速度为 v_s，即：

$$v_s=w+v_0=\frac{A_0v_0-Av}{A-A_0}+v_0=\frac{v_0-v}{1-\left(\dfrac{A_0}{A}\right)}=\frac{v_0-v}{1-\alpha} \tag{a}$$

式中 α——列车对隧道的堵塞比，$\alpha=\dfrac{A_0}{A}$。

现写出断面 3—3 与断面 2—2 之间气流相对于列车运动所产生的压力差的伯诺里方程，即：

$$\frac{p_3}{\rho}+\frac{(v_0-v)^2}{2}=\frac{p_2}{\rho}+\frac{(v_0-v)^2}{2}+\left(\zeta_1+\lambda_0\frac{l_0}{d_0}+\zeta_2\right)\frac{v_s^2}{2}$$

因此

$$p_3-p_2=\rho\left(\zeta_1+\lambda_0\frac{l_0}{d_0}+\zeta_2\right)\frac{v_s^2}{2} \tag{b}$$

式中 λ_0——环状空间中气流的沿程阻力系数；

ζ_1——气流由列车前方的隧道段进入环状空间的进口局部阻力系数；

ζ_2——气流由环状空间进入列车后方隧道段的出口局部阻力系数；

l_0——列车的长度；

d_0——环状空间的水力直径。

考虑我国单线隧道的横断面面积 A 和列车横断面面积 A_0 都变化不大，环状空间的水力直径 d_0 可认为是定值。为计算方便起见，ζ_1、ζ_2 可并到 λ_0 值中，于是可令：

$$\zeta_1+\lambda_0\frac{l_0}{d_0}+\zeta_2=Nl_0 \tag{c}$$

由现场试验得出，当列车长度 l_0 为 150～600 m 时，$N=86\times10^{-4}\,\mathrm{m}^{-1}$。$N$ 是综合了列车隧道中运行长度 l_0 范围的沿程阻力系数与列车头尾两端环状空间局部阻力系数的综合系数。N 经相关科研单位多年现

场试验验证，并纳入《铁路隧道运营通风设计规范》(TB 10068—2010)。

将式(a)及式(c)代入式(b)，得列车前方和后方的压力差为：

$$p_3 - p_2 = \frac{N l_0}{(1-\alpha)^2} \frac{\rho(v_0 - v)^2}{2} = \frac{K\rho(v_0 - v)^2}{2} \tag{d}$$

式中 K——活塞作用系数，具体计算式为：

$$K = \frac{86 \times 10^{-4} l_0}{(1-\alpha)^2}$$

如列车未进洞之前洞内无自然风，则图1-17中的断面3—3和断面4—4之间气流相对于隧道运动的伯诺里方程为：

$$\frac{p_3}{\rho} + \frac{v^2}{2} = \frac{p_a}{\rho} + \left(\lambda \frac{l_{34}}{d} + 1\right)\frac{v^2}{2} \tag{e}$$

对断面1—1和断面2—2之间气流，可写出：

$$\frac{p_a}{\rho} = \frac{p_2}{\rho} + \frac{v^2}{2} + \left(\zeta + \lambda \frac{l_{12}}{d}\right)\frac{v^2}{2} \tag{f}$$

式中 λ——隧道的沿程阻力系数；

l_{34}，l_{12}——列车前方及列车后方的隧道段长度；

d——隧道的水力直径；

p_a——隧道洞口的大气压强；

ζ——隧道的局部阻力系数。

由式(e)及式(f)，得

$$p_3 - p_2 = \left(\zeta + \lambda \frac{l_{12} + l_{34}}{d} + 1\right)\frac{\rho v^2}{2} = \left(\zeta + \lambda \frac{l - l_0}{d} + 1\right)\frac{\rho v^2}{2} = \xi_t \frac{\rho v^2}{2} \tag{g}$$

比较式(d)与式(g)，得

$$K(v_0 - v)^2 = \xi_t v^2$$

由上式求得列车活塞风的风速为：

$$v = \frac{v_0}{1 + \sqrt{\dfrac{\xi_t}{K}}} \tag{h}$$

式中 v_0——列车在隧道中的运行速度，m/s；

ξ_t——除环状空间外隧道段的阻力系数，具体计算式为：

$$\xi_t = \zeta + \lambda \frac{l - l_0}{d} + 1$$

式中 ζ——隧道的局部阻力系数；

λ——隧道的沿程阻力系数；

l——隧道的长度，m；

l_0——列车的长度，m；

d——隧道的水力直径，m；

K——活塞作用系数。

【例1-3】 某铁路隧道长度 $l=3000$ m，隧道横断面面积 $A=42\ m^2$，隧道水力直径 $d=7$ m，沿程阻力系数 $\lambda=0.025$，进口局部阻力系数 $\zeta=0.5$，DF_3 列车长度 $l_0=300$ m，列车横断面面积 $A_0=15.92\ m^2$，列车速度 $v_0=80$ km/h，求洞内无自然风时的列车活塞风风速。

【解】

$$\xi_t = \zeta + \lambda \frac{l - l_0}{d} + 1 = 11.14$$

$$\alpha = \frac{A_0}{A} = \frac{15.92}{42} = 0.38$$

$$K = \frac{86 \times 10^{-4} l_0}{(1-\alpha)^2} = \frac{86 \times 10^{-4} \times 3000}{(1-0.38)^2} = 67.118$$

$$v_0=\frac{80\times1000}{3600}=22.22(\mathrm{m/s})$$

由例 1-2 中式(h)，得：

$$v=\frac{v_0}{1+\sqrt{\frac{\xi_t}{K}}}=\frac{22.22}{1+\sqrt{\frac{11.14}{67.118}}}=15.8(\mathrm{m/s})$$

知识归纳

(1) 空气的物理状态参数及其单位。

(2) 理想气体的状态方程。

(3) 研究隧道通风的三个基本方程：① 气流连续性方程；② 气流能量守恒方程；③ 气流动量守恒方程。

独立思考

1-1 简述影响空气密度大小的主要因素。压力和温度相同的干空气与湿空气相比，哪种空气的密度大？为什么？

1-2 什么叫绝对压力、相对压力、正压和负压？用坐标图说明它们之间的相互关系。

1-3 用不同液柱高度表示空气压力时，与液柱底面面积大小有无关系？与管内装的液体种类有无关系？

1-4 什么叫静压、动压和全压？它们各有何特点？

1-5 如何求算隧道断面的平均压力？

1-6 什么叫隧道通风压力或压差？

1-7 如何理解绝对全压是绝对静压与动压之和、相对全压是相对静压与动压之和？动压有无绝对值与相对值之分？

1-8 为什么在抽出式通风管道内相对全压小于相对静压，而在压入式通风管道内相对全压大于相对静压？

1-9 静压与动压可以相互转换是对一个断面而言的还是对两个断面而言的？同一断面上静压大的地点是否动压就小，动压大的地点是否静压就小？

1-10 隧道通风中应用的能量守恒方程式是什么？为什么流体力学中推导出的能量守恒方程式可应用于隧道通风中？

1-11 试述能量守恒方程中各项的物理意义。

1-12 从能量观点讲，能量守恒方程式的意义是什么？从压力观点讲，能量守恒方程式的意义是什么？

1-13 动能校正系数的意义是什么？在通风工程计算中为什么可以不考虑动能校正系数？

2

隧道内的空气与通风要求

课前导读

内容提要

本章首先介绍隧道内空气成分及隧道内有害气体对人体的影响，进而讲述交通隧道空气卫生标准，最后讲述公路隧道和铁路隧道需风量计算方法。

能力要求

通过本章的学习，学生应了解隧道内的空气组成和交通隧道空气卫生标准，掌握交通隧道需风量计算方法。

2.1 隧道内的空气组成

车辆在隧道中行驶的过程中，会排放出大量的有害气体(如 CO、CO_2、NO_2、SO_2及烟尘等)，这一方面致使洞内空气恶化，不仅会影响驾乘人员的舒适感，还会对其身体健康造成损害；另一方面洞内大量烟尘使能见度降低，给行车安全带来直接威胁。因此，必须采取适当措施，为运营隧道提供足够的新鲜空气，及时排除或稀释隧道内的有害气体和烟尘，以保证隧道内驾乘人员的健康和车辆行车安全。

使人们健康生活的洁净空气由多种气体混合组成。它的主要成分是氧、氮、二氧化碳、氩及其他惰性气体和含量微小且不固定的水汽，此外还有一些悬浮着的固体微粒(尘土)和液体微粒。空气各主要组成成分(在海拔 25 km 高度以下)所占的百分比见表 2-1。

表 2-1 空气的主要组成成分所占的百分比

气体	体积百分比/%	质量百分比/%
氮(N_2)	78.09	75.52
氧(O_2)	20.95	23.15
氩(Ar)	0.93	1.28
二氧化碳(CO_2)	0.03	0.05
氖(Ne)	0.0018	0.05
氦(He)	0.005	微量
水汽(H_2O)	微量(不固定)	微量(不固定)

大气中氧的含量不少于 20.5%(按体积计)时就可维持人的正常生命活动，但氧气也不宜过多。而氮气的存在正好可降低大气中氧的含量，使人体的氧化作用不致过于激烈。大气中二氧化碳含量约占 0.03%，它在大气中的含量虽然微小，但对人类生活却有较大影响。当其含量超过 0.6%时，将对人类生活有害。大气中的水汽主要来自地表水的蒸发，其含量随环境及气候而有显著差异。

如果工业、交通运输业的生产废气不经处理而排入大气中，使大气中增加很多对人类健康有害的气体成分，则称为大气污染。大气污染的后果是引起人们的呼吸道疾病与生理机能障碍，严重者可发生中毒死亡。汽车通过隧道时所排出的废气中含有各种有害气体，严重污染隧道内的空气，其污染情况分述如下。

车辆通过隧道时，汽车发动机排放出的尾气含有的有害物质主要有一氧化碳(CO)、二氧化碳(CO_2)、一氧化氮(NO)、二氧化氮(NO_2)及其他氮氧化合物(NO_x)、二氧化硫(SO_2)、甲醛(HCHO)、乙醛(CH_3CHO)，以及由未燃烧完全的燃料微粒所形成的烟尘等。这些有害物质的浓度取决于车辆发动机的性能、工况和燃油的成分，随着车辆的类型、吨位、运行速度的不同而有很大的差别。

空气中污染物的浓度一般用每立方米被污染的大气中含有多少毫克污染物(mg/m^3)表示，有时也用百万分体积浓度(ppm)计量。1 ppm 是指在常温常压下，1 m^3被污染的空气中含有 10^{-6} m^3有害气体，即按体积计的浓度为百万分之一。1 g 分子(摩尔)气体在常温常压(25 ℃，760 mmHg)下占有 24.45 L 的体积，因此 ppm 和 mg/m^3之间的单位换算关系为：

$$1\ \text{ppm}=\frac{M}{24.45}\ \text{mg/m}^3 \tag{2-1}$$

式中 M——该气体的分子量。

注：2014 年 8 月 1 日新颁布的《公路隧道通风设计细则》(JTG/T D70/2-02—2014)将原《公路隧道通风照明设计规范》(JTJ 026.1—1999)空气中含 CO 浓度由百万分体积浓度(ppm)计量体积单位 ppm 改为 cm^3/m^3。由于气体体积是随温度和气压变化的，而《公路隧道通风设计细则》(JTG/T D70/2-02—2014)中并未像百万分体积浓度(ppm)一样说明 cm^3/m^3是在什么温度和气压条件下的体积浓度单位，因此读者在应用《公路隧道通风设计细则》(JTG/T D70/2-02—2014)时应加以注意。

现将公路隧道中常见有害气体的毒性叙述如下：

① 一氧化碳对人体血液中血红蛋白有强烈的亲合力，约为氧的300倍。一氧化碳与血液中的血红蛋白结合成碳氧血红蛋白(HbCO)之后，使血红蛋白失去荷氧能力，不能将氧输送给肌体各组织，导致各组织缺氧。一氧化碳对人体健康的影响视其浓度、接触时间和人的呼吸强度而定。

② 氮氧化合物(主要是二氧化氮)被人体吸入后，在呼吸系统的深处溶解成亚硝酸和硝酸，有刺激性，可造成喉咙和支气管充血，并且与细胞组织中的碱类中和形成硝酸盐和亚硝酸盐，又致使动脉扩张、血压下降，引起头痛和头晕。一氧化氮对血液中的血红蛋白具有显著亲合力，其所形成正铁血红蛋白化合物使人体缺氧；二氧化氮对人体组织的损害有时是永久性的，它的毒性是一氧化氮的5倍。

③ 二氧化硫的主要毒害作用是被人体吸入溶解后形成亚硫酸，对上呼吸道及支气管和眼睛有强烈的刺激性。隧道空气中的二氧化硫对隧道内的结构物和设备也有腐蚀作用。

④ 醛类包括甲醛和乙醛，对眼睛和呼吸系统都有刺激作用，并且有不良气味。

⑤ 烟尘含有未燃烧完全的碳氢化合物，被人体吸入后会刺激人的咽喉和呼吸道。烟尘另一个害处是影响隧道内的能见度和驾驶员视觉。

2.2 交通隧道空气卫生标准 >>>

2.2.1 公路隧道空气卫生标准

我国《公路隧道通风设计细则》(JTG/T D70/2-02—2014)规定，公路隧道通风设计主要以稀释机动车排放的烟尘作为安全标准；以稀释机动车排放的一氧化碳(CO)作为隧道通风设计的卫生标准；以换气稀释机动车带来的异味作为隧道通风设计的舒适性标准。

2.2.1.1 一氧化碳(CO)和二氧化氮(NO_2)设计浓度

隧道内CO和NO_2设计浓度取值应符合下列规定：

① 正常交通时，隧道内CO设计浓度可按表2-2取值。

表2-2 **CO设计浓度δ**

隧道长度 L/m	≤1000	>3000
$\delta/(cm^3/m^3)$	150	100

注：当1000 m<L≤3000 m时，可按线性插入法取值。

② 交通阻滞时，阻滞段的平均CO设计浓度δ_{CO}可取150 cm^3/m^3，同时经历时间不宜超过20 min。

③ 隧道内20 min内的平均NO_2设计浓度δ_{NO_2}可取1.0 cm^3/m^3。

④ 人车混合通行的隧道，隧道内CO设计浓度不应大于70 cm^3/m^3，隧道内60 min内NO_2设计浓度不应大于0.2 cm^3/m^3。

⑤ 隧道内养护维修时，隧道作业段空气中的CO允许浓度不应大于30 cm^3/m^3，NO_2允许浓度不应大于0.2 cm^3/m^3。

2.2.1.2 烟尘设计浓度标准

为了保证停车视距，必须控制烟尘浓度。隧道内的停车视距不仅取决于车速，还与路面亮度、路面材料的种类、烟尘浓度有关，通常需要综合考虑。随着对道路服务水平的要求不断提高，在保证停车视距的同时，还要求保证行车的舒适性，因而需要把烟尘浓度控制在容许标准以下。

隧道烟尘标准实际是采用透光率相关的参数 K 来表示的。透光率是光线在污染空气中的透过量与在洁净空气中的透过量之比，一般用下式表示：

$$\tau=\frac{E}{E_0} \tag{2-2}$$

式中 E,E_0——同一光源的光通过污染空气和洁净空气后的照度。

透光率随光源与受光部之间的距离改变而改变，同时还因烟尘浓度不同而不同。所以当光源光通过单位距离(1 m)后受光部所接受到的光通量减至光源光通量的1/10时，定义烟尘浓度为1。当然其余光通量均被烟尘吸收和散射了。如果假定烟尘浓度为1，则光源光经过1 m时光通量减至$\left(\frac{1}{10}\right)^1$，再经过1 m时光通量减至$\left(\frac{1}{10}\right)^2$。同理，光源光经过 l m时，则光通量减至$\left(\frac{1}{10}\right)^l$。若假定烟尘浓度是变化的，浓度为2时，则在1 m距离处光通量减到$\left(\frac{1}{10}\right)^2$；同理，浓度为 K 时，光通量减至$\left(\frac{1}{10}\right)^K$。因此，光源光穿过 l m厚的、烟尘浓度为 l 的污染空气后，透光率 $\tau=\left(\frac{1}{10}\right)^{l\times l}$，光源光穿过 l m厚的、烟尘浓度为 K 的污染空气后，透光率为：

$$\tau=\left(\frac{1}{10}\right)^{l\times K}(\%) \tag{2-3}$$

式中 K——烟尘浓度，m^{-1}；

l——烟尘层厚度，m。

式(2-3)还可以表示为：

$$K=-\frac{1}{l}\lg\tau \tag{2-4}$$

式中 τ——光源光穿过1 m厚的空气的容许透光率。

在隧道通风与照明中，取 $l=100$ m，故烟尘容许浓度 $K=-\frac{1}{100}\lg\tau$。

当采用显色指数 $33\leqslant Ra\leqslant 60$、相关色温为2000～3000 K的钠光源时，隧道中烟尘设计浓度 K 应按表2-3取值。

表2-3 **烟尘设计浓度 K(钠光源)**

设计速度 v_t/(km/h)	≥90	$60\leqslant v_t<90$	$50\leqslant v_t<60$	$30<v_t<50$	$v_t\leqslant 30$
烟尘设计浓度 K/m^{-1}	0.0065	0.0070	0.0075	0.0090	0.0120*

注：*指此工况下应采取交通管制或关闭隧道等措施。

当采用显色指数 $Ra\geqslant 65$、相关色温为3300～6000K的荧光灯、LED灯等光源时，隧道中烟尘设计浓度 K 应按表2-4取值。

表2-4 **烟尘设计浓度 K(荧光灯、LED灯等光源)**

设计速度 v_t/(km/h)	≥90	$60\leqslant v_t<90$	$50\leqslant v_t<60$	$30<v_t<50$	$v_t\leqslant 30$
烟尘设计浓度 K/m^{-1}	0.0050	0.0065	0.0070	0.0075	0.0120*

注：*指此工况下应采取交通管制或关闭隧道等措施。

当双洞单向交通临时改为单洞双向交通时，隧道内烟尘允许浓度不应大于0.012 m^{-1}。

当隧道内养护维修时，隧道作业段空气的烟尘允许浓度不应大于0.0030 m^{-1}。

2.2.1.3 换气要求

为提高洞内舒适度，去除隧道内的异味，要求隧道空间最小换气频率不应低于3次/h。对于采用纵向通风的隧道，隧道换气风速不应低于1.5 m/s。

通风设计时必须考虑火灾对策，长度大于 1500 m 且交通量大的隧道应考虑排烟措施。火灾时的排烟风速可按 2～3 m/s 取值。

隧道内所采用的风机要求在环境温度为 250 ℃情况下，可靠运行时间不小于 60 min。

2.2.2 铁路隧道空气卫生标准

铁路隧道中行驶的列车主要为电力机车和内燃机车。电力机车在隧道内行驶过程中所产生的有害物质主要是臭氧和粉尘，由于铁路运输的货物多种多样，运营隧道内危害人体健康的粉尘除了石英粉尘以外还有动、植物性粉尘等。电力机车牵引的运营隧道的空气卫生标准见表 2-5。

表 2-5 电力机车牵引的运营隧道的空气卫生标准

指标		正常运营			维护	备注
		日均浓度	15 min 加权浓度	最高容许浓度	最高容许浓度	
臭氧/(mg/m^3)		—	0.5	0.8	0.3	$H<3000$ m
粉尘/(mg/m^3)	石英粉尘	8	10	—	8	$M_{SiO_2}<10\%$
		$M_{SiO_2}>10\%$	1	2	—	2
	动、植物性粉尘	2	4	—	3	—

注：H 为隧址平均海拔高度(m)，M_{SiO_2} 为游离二氧化硅粉尘的浓度。

本着"以人为本，服务运输"的铁路建设理念，对电力机车牵引的运营隧道，除了其空气卫生标准必须满足表 2-5 的要求外，还应控制隧道内的温度和湿度，以满足列车上驾乘人员的舒适性要求。表 2-6 列出了电力机车牵引的运营隧道温、湿度环境标准。

表 2-6 电力机车牵引的运营隧道温、湿度环境标准

温、湿度环境	标准
湿度	应小于 80%
温度	应低于 28 ℃

内燃机车在隧道中运行所产生的污染物与柴油汽车类似，主要是一氧化碳、氮氧化物等。表 2-7 所示为内燃机车牵引的运营隧道的空气卫生标准。

表 2-7 内燃机车牵引的运营隧道的空气卫生标准

指标	正常运营			维护	备注
	日均浓度	15 min 加权浓度	最高容许浓度	最高容许浓度	
一氧化碳/(mg/m^3)	40	50	—	30	$H<2000$ m
	30	40	—	20	2000 m$\leqslant H \leqslant$3000 m
	20	35	—	15	$H>3000$ m
氮氧化物(换算成 NO_2)/(mg/m^3)	8	10	—	5	$H<3000$ m

注：H 为隧址平均海拔高度(m)。

2.3 隧道需风量计算

当隧道内的空气中所含有害物质含量、粉尘含量或异味达不到相应行业的空气卫生标准时，就需要向隧道内输入一定量的新鲜空气，以稀释和置换隧道内的污浊空气。尤其是对于需要采用机械通风的隧道而

言，确定隧道通风所需风量是隧道通风设计最重要的工作之一。以下就公路隧道和铁路隧道分别介绍需风量的计算方法。

2.3.1 公路隧道需风量的计算

(1) 需风量计算应遵循的原则

确定公路隧道需风量应分别计算稀释隧道内 CO、烟尘及各种异味的需风量。需风量的计算应遵循以下原则：

① 在需风量计算中，设计小时交通量及相对应的机动车有害气体排放量均应与各设计目标年份相匹配。

② 机动车有害气体基准排放量宜均以 2000 年为起点，按每年 2.0％的递减率计算至设计目标年份的排放量，作为隧道通风设计目标年份的基准排放量，且最大折减年限不宜超过 30 年。

③ 当隧道所在路段交通组成中有新型环保发动机车辆时，其有害气体排放量宜单独计算。

④ 确定需风量时，应对稀释烟尘、CO 的需风量按隧道设计速度以下各工况车速 10 km/h 为一挡分别进行计算，并计算交通阻滞和换气的需风量，取其中的较大者作为设计需风量。

(2) 确定设计小时交通量的要求

通风设计采用的设计小时交通量应根据隧道所在路段项目可行性研究报告提出的设计(预测)年平均日交通量(AADT)进行换算，并宜符合下列规定：

① 设计小时交通量系数宜采用项目可行性研究报告提供的数据。当项目可行性研究报告没有明确提出该数据时，山岭重丘区隧道可取 12％，平原微丘区隧道可取 10％，城镇附近的隧道可取 9％。

② 单向交通隧道的方向分布系数宜根据项目可行性研究报告取值，当项目可行性研究报告没有明确提出该值时，可取 55％；双向交通隧道行车上坡较长方向的方向分布系数可取 60％。

③ 当设计小时交通量大于隧道所在路段的最大服务交通量时，宜采用最大服务交通量换算的设计小时交通量。

2.3.1.1 按稀释 CO 浓度计算需风量

通风设计中，车辆有害气体的排放量及与之对应的交通量都应有明确的远景设计年限，两者应相匹配。计算近期的需风量时应采用相应年份的交通量。在确定需风量时，应对计算行车速度以下的各工况车速按 10 km/h 为一挡分别计算，并考虑交通阻滞状态，取其中的较大者作为设计需风量。

为了计算稀释 CO 到容许浓度的需风量，首先必须计算隧道内汽车排放的 CO 量，汽车 CO 排放量按照下式计算：

$$Q_{CO}=\frac{1}{3.6\times10^6}q_{CO}f_af_df_hf_{iv}L\sum_{m=1}^{n}(N_mf_m) \tag{2-5}$$

式中 Q_{CO}——隧道全长 CO 排放量，m^3/s；

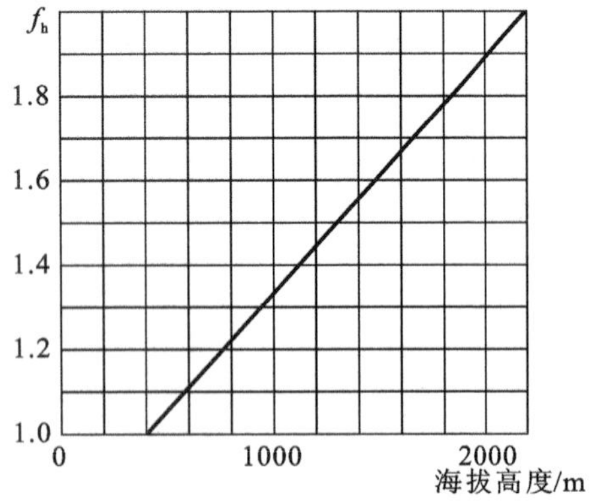

图 2-1 考虑 CO 的海拔高度系数 f_h

q_{CO}——CO 基准排放量，$m^3/(辆 \cdot km)$，其取值应符合下列规定：① 正常交通时，2000 年的机动车尾排有害气体中 CO 的基准排放量应取 0.007 $m^3/(辆 \cdot km)$，② 交通阻滞时车辆按怠速考虑，2000 年的机动车尾排有害气体中 CO 的基准排放量应取 0.015 $m^3/(辆 \cdot km)$，且阻滞段计算长度不宜大于 1000 m；

f_a——考虑 CO 的车况系数，对高速、一级公路取 1.0，对二、三、四级公路取 1.1～1.2；

f_h——考虑 CO 的海拔高度系数，按图 2-1 取值；

f_d——车密度系数，按表 2-8 取值；

N_m——相应车型的设计交通量，辆/h；

f_m——考虑 CO 的车型系数，按表 2-9 取值；

f_{iv}——考虑 CO 的纵坡-车速系数，按表 2-10 取值；

n——车型类别数。

表 2-8 **车密度系数 f_d**

车速/(km/h)	100	80	70	60	50	40	30	20	10
f_d	0.6	0.75	0.85	1	1.2	1.5	2	3	6

表 2-9 **考虑 CO 的车型系数 f_m**

车型	各种柴油车	汽油车			
		小客车	旅行车、轻型货车	中型货车	大型客车、拖挂车
f_m	1.0	1.0	2.5	5.0	7.0

表 2-10 **考虑 CO 的纵坡-车速系数 f_{iv}**

v/(km/h) \ i/%	−4	−3	−2	−1	0	1	2	3	4
100	1.2	1.2	1.2	1.2	1.2	1.4	1.4	1.4	1.4
80	1.0	1.0	1.0	1.0	1.0	1.0	1.2	1.2	1.2
70	1.0	1.0	1.0	1.0	1.0	1.0	1.0	1.2	1.2
60	1.0	1.0	1.0	1.0	1.0	1.0	1.0	1.0	1.2
50	1.0	1.0	1.0	1.0	1.0	1.0	1.0	1.0	1.0
40	1.0	1.0	1.0	1.0	1.0	1.0	1.0	1.0	1.0
30	0.8	0.8	0.8	0.8	0.8	1.0	1.0	1.0	1.0
20	0.8	0.8	0.8	0.8	0.8	1.0	1.0	1.0	1.0
10	0.8	0.8	0.8	0.8	0.8	0.8	0.8	0.8	0.8

根据式(2-5)计算的 CO 排放量，稀释 CO 到容许浓度的需风量按下式计算：

$$Q_{req(CO)}=\frac{Q_{CO}}{\delta}\frac{p_0}{p}\frac{T}{T_0}\times 10^6 \tag{2-6}$$

式中 $Q_{req(CO)}$——隧道全长稀释 CO 的需风量，m^3/s；

p_0——标准大气压，取 101.325 kN/m^2；

p——隧址设计气压，kN/m^2；

T_0——标准气温，取 273 K；

T——隧址夏季的设计气温，K；

δ——CO 设计浓度。

2.3.1.2 按稀释烟尘浓度计算需风量

烟尘排放量是以柴油车作为计算依据的，当交通流组成柴油车比例大到某一限度以后，烟尘危害将超过 CO 危害，因此根据烟尘排放量计算所需通风量成为重要工作。烟尘排放量按下式计算：

$$Q_{VI}=\frac{1}{3.6\times 10^6}q_{VI}f_{a(VI)}f_d f_{h(VI)}f_{iv(VI)}L\sum_{m=1}^{n_D}[N_m f_{m(VI)}] \tag{2-7}$$

式中 Q_{VI}——隧道全长烟尘排放量，m^2/s；

q_{VI}——烟尘基准排放量，机动车有害气体基准排放量宜以 2000 年为起点，按每年 2.0%的递减率计算，至设计年份或得的排放量，作为隧道通风设计目标年份的基准排放量，最大折减年限不宜超过 30 年，2000 年的机动车尾排有害气体中烟尘的基准排放量取2.0 m^2/(辆 · km)；

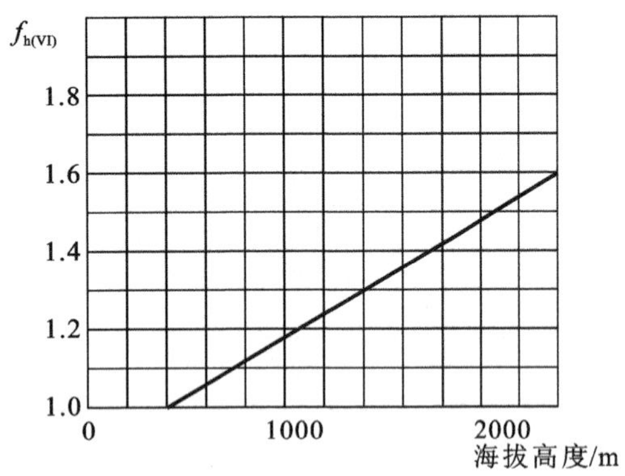

图 2-2 考虑烟尘的海拔高度系数 $f_{h(VI)}$

$f_{a(VI)}$——考虑烟尘的车况系数，对高速、一级公路取 1.0，对二、三、四级公路取 1.2～1.5；

$f_{h(VI)}$——考虑烟尘的海拔高度系数，按图 2-2 取值；

$f_{iv(VI)}$——考虑烟尘的纵坡-车速系数，按表 2-11 取值；

$f_{m(VI)}$——考虑烟尘的车型系数，按表 2-12 取值；

n_D——柴油车车型类别数。

稀释烟尘到设计浓度所需新鲜风量按下式计算：

$$Q_{req(VI)}=\frac{Q_{VI}}{K} \tag{2-8}$$

式中 $Q_{req(VI)}$——隧道全长稀释烟尘的需风量，m^3/s；

K——烟尘设计浓度，m^{-1}。

表 2-11 考虑烟尘的纵坡-车速系数 $f_{iv(VI)}$

v/(km/h) \ i/%	−4	−3	−2	−1	0	1	2	3	4
80	0.3	0.4	0.55	0.8	1.3	2.6	3.7	4.4	—
70	0.3	0.4	0.55	0.8	1.1	1.8	3.1	3.9	—
60	0.3	0.4	0.55	0.75	1.0	1.45	2.2	2.95	3.7
50	0.3	0.4	0.55	0.75	1.0	1.45	2.2	2.95	3.7
40	0.3	0.4	0.55	0.7	0.85	1.1	1.45	2.2	2.95
30	0.3	0.4	0.5	0.6	0.72	0.9	1.1	1.45	2.0
10～20	0.3	0.36	0.4	0.5	0.6	0.72	0.85	1.03	1.25

表 2-12 考虑烟尘的车型系数 $f_{m(VI)}$

柴油车			
轻型货车、小客车	中型货车	重型货车、大型客车	集装箱车、拖挂车
0.4	1.0	1.5	3

2.3.1.3 按稀释异味计算需风量

设长度为 L m 的隧道，每小时换气 n 次(一般为 3～5 次)来稀释隧道内的异味，则稀释异味需风量为：

$$Q_{req(异)}=\frac{LA_r}{3600}n \tag{2-9a}$$

式中 $Q_{req(异)}$——稀释异味需风量，m^3/s；

A_r——隧道内净空断面面积，m^2。

采用纵向式通风的隧道，换气需风量应按式(2-9a)和式(2-9b)计算，并取其中的较大者作为隧道空间不间断换气的需风量，即：

$$Q_{req(ac)}=v_{ac}A_r \tag{2-9b}$$

式中 v_{ac}——隧道换气风速，不应低于 1.5 m/s。

2.3.2 铁路隧道需风量的计算

铁路隧道中的空气污染物与牵引列车的类型直接相关。早期的列车都是以蒸汽机车牵引，蒸汽机车的缺点是：牵引能力有限、速度低、烧煤产生大量有害气体和粉尘。到后来有了内燃机车，与蒸汽机车相比，内燃机车牵引力和速度都大为提高，同时所产生的有害气体也大大减少。再到后来出现了电力机车，电力机车以速度高、牵引力大且产生的污染物极少的特点很快成为主要的列车牵引设备。目前，我国和世界上大多数国家的列车都采用电力机车牵引，内燃机车在缺电和非干线的铁路上仍有运行，蒸汽机车基本退出商业运营进入博物馆。

① 内燃机车牵引的运营隧道的通风量应根据一定时间范围内，排出隧道内烟气段的长度来确定。隧道内烟气段是指列车车尾出洞时，烟气段末端距隧道出口的距离，简称"排烟长度"。在烟气流动过程中，烟气界面在烟气段中的相对位置将随时间而变化，故烟清(即当高于容许浓度的烟气段全部排出隧道时)所需的排烟长度将比计算长度有所增加。其增加的幅度与烟气段初始浓度、有害气体容许浓度、烟气界面状况、通风方式和时间、隧道断面风速分布等条件有关；但通过试验，其增加的幅度值未得到较好的验证，也看不出其规律性。研究认为，在目前的情况下，以一安全系数(即活塞风修正系数 K_i)的形式考虑烟气扩散的影响更为直观。

列车出洞后打开风机，洞内风速由列车活塞风速度 v_m 变至 v_e 有一个时间过程，此变速过程可略去不计。

② 电力机车牵引的运营隧道，当需要稀释空气中异味或除湿降温而进行换气时，应根据换气时间确定通风量。

铁路隧道通风量可按式(2-10)计算：

$$Q=K_i\left(1-\frac{v_m}{v_T}\right)\frac{SL_T}{t_q} \tag{2-10}$$

式中 Q——铁路隧道通风量，m^3/s；

K_i——活塞风修正系数，内燃机车牵引的运营隧道可取 1.1，电力机车牵引的运营隧道可取 1；

v_m——活塞风速度，m/s；

v_T——列车速度，m/s；

S——隧道断面面积，m^2；

L_T——隧道长度，m；

t_q——通风排烟时间，s。

知识归纳

(1) 隧道内空气的成分与组成。

(2) 公路、铁路、地铁隧道的空气卫生标准。

(3) 公路、铁路隧道需风量的计算方法。

独立思考

2-1 地面空气的主要成分是什么？隧道空气与地面空气的组成成分有何区别？

2-2 氧气有哪些性质？造成隧道内空气中氧浓度减小的主要原因有哪些？

2-3 隧道空气中常见的有害气体有哪些？公路隧道与铁路隧道对隧道空气中有害气体的最高容许浓度分别有哪些具体规定？

2-4 CO 有哪些性质？试说明 CO 对人体的危害及矿井空气中 CO 的主要来源。

2-5 对公路隧道和铁路隧道空气的质量分别有哪些具体规定？

2-6 某隧道工作面 CO_2 的绝对涌出量为 7.56 m^3/min，当供风量为 850 m^3/min 时，该工作面回风流中 CO_2 浓度为多少？能否进行正常工作？

2-7 隧道空气中，按体积计 CO 浓度不得超过 0.0024%，试将体积浓度 c_V(%)换算为 0 ℃、压力为 101325 Pa 状态下的质量浓度 c_m(mg/m^3)。

3

隧道通风阻力

课前导读

内容提要

本章重点分析风流的流动状态，阐述摩擦阻力和局部阻力的计算公式，这是进行隧道通风设计和改善通风状况的技术基础。

能力要求

通过本章的学习，学生应了解隧道内风流的流动状态及隧道断面上风速分布规律，隧道通风阻力分类与来源；掌握隧道摩擦风阻和局部风阻的计算方法。

3.1 风流的流动状态 >>>

3.1.1 风流流态

3.1.1.1 管道流

同一流体在同一管道中流动时，不同的流速会形成不同的流动状态。当流速较低时，流体质点互不混杂，沿着与管轴平行的方向作层状运动，称为层流（或滞流）；当流速较大时，流体质点的运动速度在大小和方向上都随时发生变化，成为互相混杂的紊乱流动，称为紊流（或湍流）。

（1）雷诺数（Re）

$$Re=\frac{vd}{\upsilon} \tag{3-1}$$

式中 v——平均流速；

d——管道直径；

υ——流体的运动黏性系数。

在实际工程计算中，为简便起见，通常以 $Re=2300$ 作为管道流动状态的判定准数，即：

① 当 $Re<2300$ 时，为层流；

② 当 $Re>2300$ 时，为紊流；

③ 当 $Re=2300$ 时，为临界流。

（2）当量直径

对于非圆形断面的隧道，Re 计算式中的管道直径 d 应以隧道断面的当量直径 de 来表示：

$$de=\frac{4S}{U} \tag{3-2}$$

因此，非圆形断面隧道的雷诺数可用下式表示：

$$Re=\frac{4vS}{\upsilon U} \tag{3-3}$$

对于不同形状的隧道断面，其周长 U 与断面面积 S 的关系可用下式表示：

$$U=C\sqrt{S} \tag{3-4}$$

式中 C——断面形状系数，对梯形，$C=4.16$；对三心拱，$C=3.85$；对半圆拱，$C=3.90$。

3.1.1.2 孔隙介质流

对坍塌破碎带、采空区和煤层等多孔介质，风流的流态判别准数为：

$$Re=\frac{vK}{l\upsilon} \tag{3-5}$$

式中 K——冒落带渗流系数，m^2；

l——滤流带粗糙度系数，m。

对层流，$Re\leqslant0.25$；对紊流，$Re>2.5$；对过渡流，$0.25<Re\leqslant2.5$。

3.1.2 隧道断面上风速分布

（1）紊流脉动

紊流脉动是指风流中各点的流速、压力等物理参数随时间作不规则变化。

（2）时均速度

虽然瞬时速度 v_x 随时间 t 的变化不断变化，但在一足够长的时间段 T 内，流速 v_x 总是围绕着某一平均值上下波动(图 3-1),这一平均值称为时均速度。

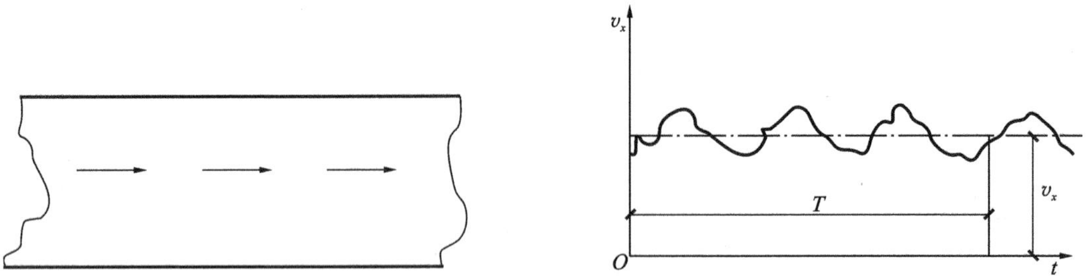

图 3-1 瞬时速度变化示意图

(3) 隧道风速分布

由于受空气的黏性和隧道壁面摩擦的影响,隧道断面上风速分布是不均匀的。

在贴近壁面处仍存在层流运动薄层,即层流边层,其厚度 δ 随 Re 增加而减小。它的存在对流动阻力、传热和传质过程有较大影响。

在层流边层以外,从洞壁向隧道轴心方向,风速逐渐增大,呈抛物线分布(图 3-2)。

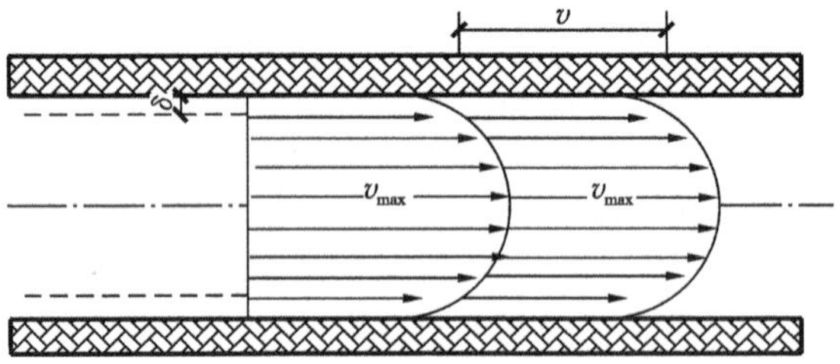

图 3-2 风速分布示意图

平均风速为:

$$v = \frac{1}{S}\int_S v_i \mathrm{d}S \tag{3-6}$$

式中 $\int_S v_i \mathrm{d}S$ ——隧道通过风量 Q,则 $Q = vS$。

断面上平均风速 v 与最大风速 v_{max} 的比值称为风速分布系数(速度场系数),用 K_v 表示,则:

$$K_v = \frac{v}{v_{max}} \tag{3-7}$$

隧道壁面愈光滑,K_v 值愈大,即断面上风速分布愈均匀。

对模筑混凝土隧道,K_v = 0.8~0.86;对木棚支护隧道,K_v = 0.68~0.82;对无支护隧道,K_v = 0.74~0.81。

3.2 隧道通风阻力定理及计算 >>>

当空气沿隧道运动时,由于风流的黏滞性和惯性及隧道壁面等对风流的阻滞、扰动作用而形成通风阻力,它是造成风流能量损失的原因。隧道通风阻力可分为两类:摩擦阻力(也称为沿程阻力)和局部阻力。

3.2.1 摩擦风阻与阻力

3.2.1.1 摩擦阻力

风流在隧道中作沿程流动时,由流体层间的摩擦和流体与隧道壁面之间的摩擦形成的阻力称为摩擦阻力(也叫沿程阻力)。

由流体力学可知，无论是层流还是紊流，以风流压能损失来反映的摩擦阻力(Pa)可用下式来计算：

$$h_f=\lambda\frac{L}{d}\rho\frac{v^2}{2} \tag{3-8}$$

式中 λ——无因次系数，即摩擦阻力系数，通过实验求得；

d——圆形风管直径，非圆形管用当量直径；

v——断面平均风速，m/s。

(1) 尼古拉兹实验

实际流体在流动过程中，沿程能量损失一方面(内因)取决于黏滞力和惯性力的比值，用雷诺数 Re 来衡量；另一方面(外因)是固体壁面对流体流动的阻碍作用，故沿程能量损失又与管道长度、断面形状及大小、壁面粗糙度有关。其中，壁面粗糙度的影响通过 λ 值来反映。

1932—1933 年，尼古拉兹把经过筛分、粒径为 ε 的砂粒均匀粘贴于管壁。砂粒的直径 ε 就是管壁凸起的高度，称为绝对糙度；绝对糙度 ε 与管道半径 r 的比值(ε/r)称为相对糙度。以水作为流动介质，对相对糙度分别为 1/15、1/30.6、1/60、1/126、1/256、1/507 六种不同的管道进行实验研究。对实验数据进行分析整理，在对数坐标纸上画出 λ 与 Re 的关系曲线，如图 3-3 所示。

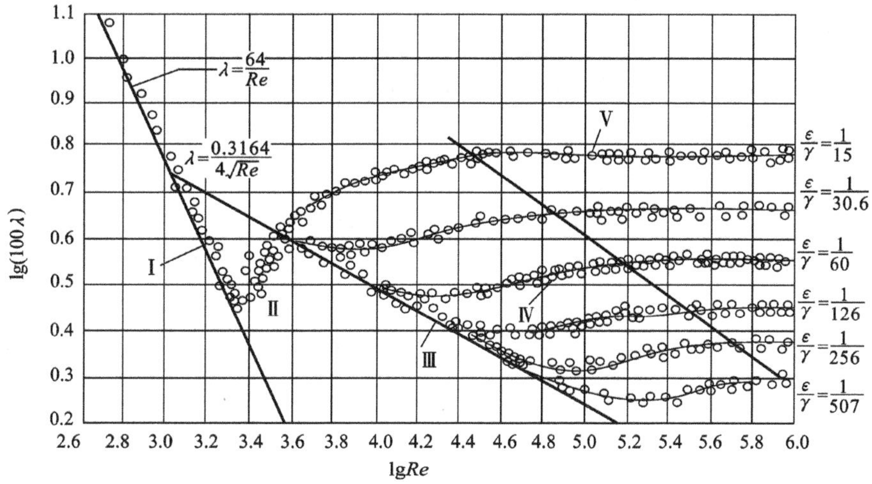

图 3-3 尼古拉兹实验结果

结论分析如下：

Ⅰ区——层流区，当 $Re<2300$(即 $\lg Re<3.36$)时，不论管道粗糙度如何，其实验结果都集中分布于直线Ⅰ上。这表明 λ 与相对糙度 ε/r 无关，只与 Re 有关，且 $\lambda=64/Re$。

Ⅱ区——过渡流区，$2300\leqslant Re\leqslant 4000$(即 $3.36\leqslant \lg Re\leqslant 3.6$)。在此区间内，不同相对糙度的管内流体的流态由层流转变为紊流。所有的实验点几乎都集中在线段Ⅱ上。λ 随 Re 的增大而增大，与相对糙度无明显关系。

Ⅲ区——水力光滑管区。在此区段内，管内流体虽然都已处于紊流状态($Re>4000$)，但在一定的雷诺数下，当层流边层的厚度 δ 大于管道的绝对糙度 ε 时(此时管道称为水力光滑管)，其实验点均集中在直线Ⅲ上，表明 λ 与 ε 仍然无关，而只与 Re 有关。随着 Re 的增大，对相对糙度大的管道，实验点在 Re 较小时就偏离直线Ⅲ，而相对糙度小的管道要在 Re 较大时才偏离直线Ⅲ。

Ⅳ区——紊流过渡区，即图 3-3 中Ⅳ所示区段。在这个区段内，各种不同相对糙度的实验点各自分散呈一波状曲线，λ 值既与 Re 有关，又与 ε/r 有关。

Ⅴ区——水力粗糙管区。在该区段内，Re 值较大，管内液流的层流边层已变得极薄，有 $\varepsilon\gg\delta$，砂粒凸起高度段几乎全暴露在紊流核心中，故 Re 对 λ 值的影响极小，可略去不计，相对糙度成为 λ 值的唯一影响因素。故在该区段，λ 与 Re 无关，而只与相对糙度有关。摩擦阻力与流速平方成正比，故该区称为阻力平方区，尼古拉兹公式为：

$$\lambda=\frac{1}{\left(1.74+2\lg\frac{r}{\varepsilon}\right)^2} \tag{3-9}$$

(2) 层流摩擦阻力

当流体在圆形管道中作层流流动时，从理论上可以导出摩擦阻力计算式如下：

$$h_f=\frac{32\mu L}{d^2}v$$

$$Re=\frac{vd}{\upsilon}$$

$$\mu=\rho\upsilon$$

所以

$$h_f=\frac{64}{Re}\cdot\frac{L}{d}\rho\frac{v^2}{2} \tag{3-10}$$

可得圆形管道中流体层流时的沿程阻力系数为：

$$\lambda=\frac{64}{Re} \tag{3-11}$$

尼古拉兹实验所得的层流时 λ 与 Re 的关系，与理论分析得到的关系完全相同，理论与实验结论的正确性得到相互验证。

层流摩擦阻力和平均流速的一次方成正比。

(3) 紊流摩擦阻力

对于紊流运动，$\lambda=f(Re,\varepsilon/r)$，关系比较复杂。用当量直径 $de=4S/U$ 代替 d，代入阻力公式，则得到紊流状态下隧道的摩擦阻力计算式为：

$$h_f=\frac{\lambda\rho}{8}\cdot\frac{LU}{S}v^2=\frac{\lambda\rho}{8}\cdot\frac{LU}{S^3}Q^2 \tag{3-12}$$

3.2.1.2 摩擦阻力系数与摩擦风阻

(1) 摩擦阻力系数 α

隧道中大多数通风隧道风流的 Re 值已处于阻力平方区，λ 值只与相对糙度有关。对于几何尺寸和支护已定型的隧道，相对糙度一定，则 λ 可视为定值；在标准状态下，空气密度 $\rho=1.2\ \text{kg/m}^3$。

对式(3-12)，令：

$$\alpha=\frac{\lambda\rho}{8} \tag{3-13}$$

式中 α——摩擦阻力系数，kg/m^3 或 $\text{N}\cdot\text{s}^2/\text{m}^4$。

则得到紊流状态下隧道的摩擦阻力计算式为：

$$h_f=\alpha\frac{LU}{S^3}Q^2 \tag{3-14}$$

标准摩擦阻力系数：通过大量实验和实测所得的、在标准状态($\rho_0=1.2\ \text{kg/m}^3$)下的隧道的摩擦阻力系数，即所谓标准值 α_0。当隧道中空气密度 $\rho\neq1.2\ \text{kg/m}^3$ 时，其 α 值应按下式修正：

$$\alpha=\alpha_0\frac{\rho}{1.2} \tag{3-15}$$

(2) 摩擦风阻 R_f

对于已给定的隧道，L、U、S 都为已知数，故可把式(3-14)中的 α、L、U、S 归结为一个参数 R_f，则：

$$R_f=\alpha\frac{LU}{S^3} \tag{3-16}$$

式中 R_f——隧道的摩擦风阻，kg/m^7 或 $\text{N}\cdot\text{s}^2/\text{m}^8$。

R_f 工程单位写为 $\text{kgf}\cdot\text{s}^2/\text{m}^8$，或写成 $\text{k}\mu$，且有 $1\ \text{N}\cdot\text{s}^2/\text{m}^8=9.8\ \text{k}\mu$，$1\ \text{kgf}=1\ \text{N}$。

$R_f=f(\rho,\varepsilon,S,U,L)$。在正常条件下当某一段隧道中的空气密度 ρ 变化不大时，可将 R_f 看作是反映隧道几何特征的参数。则得到紊流状态下隧道的摩擦阻力计算式为：

$$h_f=R_fQ^2 \tag{3-17}$$

式(3-17)就是在完全紊流(进入阻力平方区)状态下的摩擦阻力定理。

3.2.1.3 隧道摩擦阻力计算方法

新建隧道：查表得 $\alpha_0 \to \alpha \to R_f \to h_f$。

生产隧道：$h_f \to R_f \to \alpha \to \alpha_0$。

3.2.1.4 生产隧道一段隧道阻力测定

(1) 压差计法

用压差计法测定通风阻力的实质是测量风流两点间的势能差和动压差，计算出两测点间的通风阻力。

$$h_R \approx (P_1 - P_2) + \left(\frac{v_1^2}{2}\rho_1 - \frac{v_2^2}{2}\rho_2\right) + (g\rho_{m1} Z_1 - g\rho_{m2} Z_2) \tag{3-18}$$

其中，右侧的第二项为动压差，通过测定 1、2 两断面(图 3-4)的风速、大气压、干湿球温度，即可计算出其值；第一项和第三项之和称为势能差，需通过实际测定。

① 布置方式及连接方法。

压差计法布置及连接示意图如图 3-4 所示。

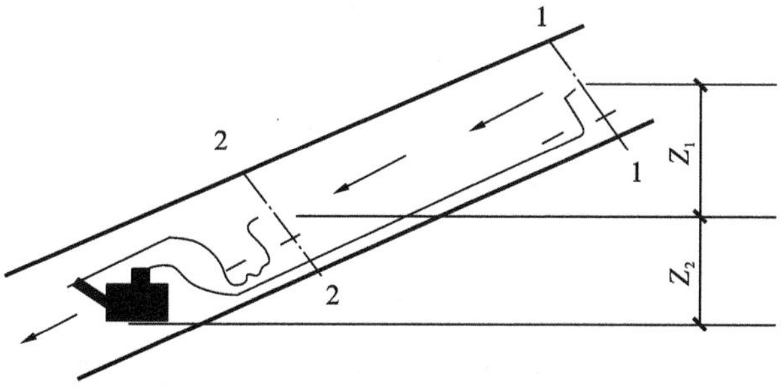

图 3-4 压差计法布置及连接示意图

② 阻力计算。

压差计“+”感受的压力：$P_1 + \rho'_{m1} g (Z_1 + Z_2)$。

压差计“−”感受的压力：$P_2 + \rho'_{m2} g Z_2$。

故压差计所示测值为：

$$h = P_1 + \rho'_{m1} g (Z_1 + Z_2) - (P_2 + \rho'_{m2} g Z_2)$$

设

$$\rho'_{m1}(Z_1 + Z_2) - \rho'_{m2} Z_2 = \rho'_m Z_{12}$$

且与 1、2 断面间隧道中空气平均密度相等，则：

$$h = P_1 - P_2 + Z_{12}\rho'_m g$$

式中 Z_{12}——1、2 断面高差；

h——1、2 两断面压能与位能和的差值。

根据能量方程，则 1、2 断面间隧道段的通风阻力 h_{R12} 为：

$$h_{R12} = h + \frac{\rho_1}{2} v_1^2 - \frac{\rho_2}{2} v_2^2 \tag{3-19}$$

(2) 气压计法

$$h_{R12} \approx h + \frac{v_1^2}{2}\rho'_{m1} - \frac{v_2^2}{2}\rho'_{m2} \tag{3-20}$$

由能量方程，得：

$$h_{R12} = (P_1 - P_2) + \left(\frac{\rho_1 v_1^2}{2} - \frac{\rho_2 v_2^2}{2}\right) + \rho_{m12} g Z_{12} \tag{3-21}$$

式中 ρ_{m12}——1、2 断面的平均密度，若高差不大，就用算术平均值，若高差大，则用加权平均值；

Z_{12}——1、2 断面高差，从设计工程平面图查得。

用精密气压计分别测得 1、2 断面的静压 P_1、P_2；用干湿球温度计测得 t_1、t_2、t_1'、t_2' 和 φ_1、φ_2，进而计算 ρ_1、ρ_2；用风表测定 1、2 断面的风速 v_1、v_2。

可用逐点测定法，用一台仪器在隧道洞口或井底监视大气压变化，然后对式(3-21)进行修正。

$$h_{R12}=(P_1-P_2)+\Delta P_{12}+\left(\frac{\rho_1 v_1^2}{2}-\frac{\rho_2 v_2^2}{2}\right)+\rho_{m12}gZ_{12} \tag{3-22}$$

3.2.2 局部风阻与阻力

由于隧道断面、方向变化及分岔或汇合等原因，风流的均匀流动在局部地区受到影响而破坏，从而引起风流速度场分布变化和产生涡流等，造成风流的能量损失，这种阻力称为局部阻力。其所产生风流速度场分布的变化比较复杂，对其计算一般采用经验公式。

3.2.2.1 局部阻力及其计算

和摩擦阻力类似，局部阻力 h_l 一般也用动压的倍数来表示，即：

$$h_l=\xi\frac{\rho}{2}v^2 \tag{3-23}$$

式中 ξ——局部阻力系数，无因次。

层流的 ξ 为：

$$\xi=\frac{B}{Re}$$

计算局部阻力关键是确定局部阻力系数，因 $v=Q/S$，当 ξ 确定后，便可利用式(3-24)计算局部阻力，即：

$$h_l=\xi\frac{\rho}{2S^2}Q^2 \tag{3-24}$$

几种常见的局部阻力产生的类型如下。

(1) 突变

紊流通过流体管道截面突变部分时，由于惯性作用，出现主流与边壁脱离的现象，在主流与边壁之间形成涡旋区，从而增加能量损失(图 3-5)。

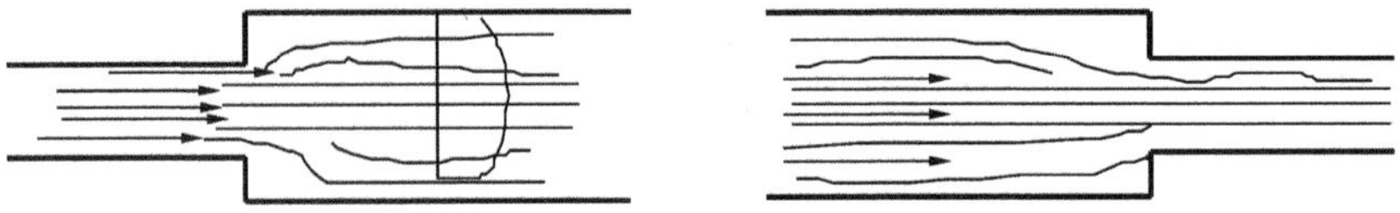

图 3-5 流体管道截面突变示意图

(2) 渐变

渐变主要是由于流体沿流动方向出现减速增压现象，在边壁附近产生涡旋。因为 v、h_v、p，压差的作用方向均与流动方向相反，所以边壁附近流速趋于 0。在这些地方主流与边壁面脱离，流体出现与主流相反方向的流动，称为面涡旋(图 3-6)。

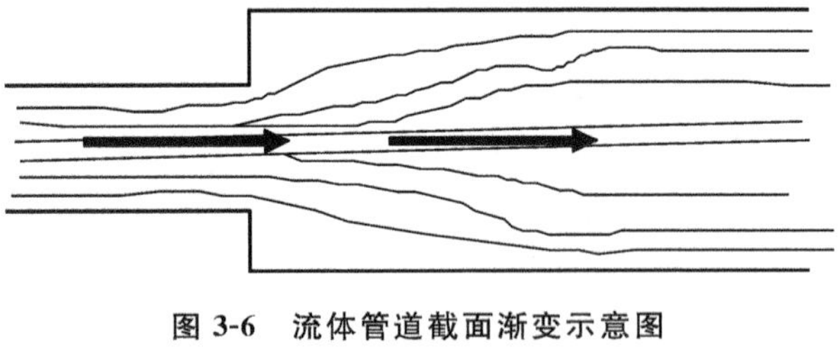

图 3-6 流体管道截面渐变示意图

(3) 转弯

流体质点在转弯处受到离心力作用，在外侧出现减速增压现象，产生涡旋(图 3-7)。

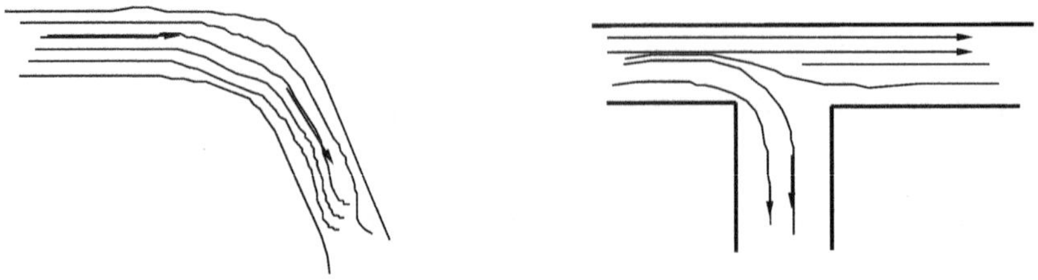

图 3-7 流体管道转弯示意图

此外还有分岔与汇合等，所有这些局部阻力的产生主要是与气流运动产生的涡旋区有关，涡旋区愈大，能量损失愈多，局部阻力愈大。

3.2.2.2 *局部阻力系数和局部风阻*

(1) 局部阻力系数 ξ

紊流局部阻力系数 ξ 一般主要取决于局部阻力物的形状，而边壁的粗糙程度为次要因素。

① 突然扩大。

$$h_l=\left(1-\frac{S_1}{S_2}\right)^2\frac{\rho v_1^2}{2}=\xi_1\frac{\rho}{2}v_1^2=\xi_1\frac{\rho}{2S_1^2}Q^2 \tag{3-25}$$

$$h_l=\left(\frac{S_2}{S_1}-1\right)^2\frac{\rho v_2^2}{2}=\xi_2\frac{\rho}{2}v_2^2=\xi_2\frac{\rho}{2S_2^2}Q^2 \tag{3-26}$$

式中 v_1,v_2——小断面和大断面的平均流速，m/s；

S_1,S_2——小断面和大断面的面积，m^2；

ρ——空气平均密度，kg/m^3。

对于粗糙度较大的隧道，局部阻力系数可进行修正，即：

$$\xi'=\xi\left(1+\frac{\alpha}{0.01}\right) \tag{3-27}$$

② 突然缩小。

对应于小断面的动压，ξ 及其修正值可按下列公式计算：

$$\xi=0.5\left(1-\frac{S_1}{S_2}\right) \tag{3-28a}$$

$$\xi'=\xi\left(1+\frac{\alpha}{0.013}\right) \tag{3-28b}$$

③ 逐渐扩大。

逐渐扩大的局部阻力比突然扩大的局部阻力小得多，其能量损失可认为由摩擦损失和扩张损失两部分组成。

当 $\theta<20°$ 时，渐扩段的局部阻力系数 ξ 可用下式计算：

$$\xi=\frac{\alpha}{\rho\sin\dfrac{\theta}{2}}\left(1-\frac{1}{n^2}\right)+\sin\theta\left(1-\frac{1}{n}\right)^2 \tag{3-29}$$

式中 α——风道的摩擦阻力系数，$N\cdot s^2/m^4$；

n——风道大、小断面面积之比，即 $n=S_2/S_1$；

θ——扩张角。

④ 转弯。

隧道转弯时的局部阻力系数(考虑隧道粗糙程度的影响)的计算如下：

当隧道高、宽之比 $H/b=0.2\sim1.0$ 时，则

$$\xi'=(\xi_0+28\alpha)\frac{1}{0.35+0.65\dfrac{H}{b}}\beta \tag{3-30}$$

当 $H/b=1\sim2.5$ 时，则

$$\xi'=(\xi_0+28\alpha)\frac{b}{H}\beta \tag{3-31}$$

式中 ξ_0——假定边壁完全光滑时，隧道 90°转弯时的局部阻力系数；

α——隧道的摩擦阻力系数，$N\cdot s^2/m^4$；

β——隧道转弯角度影响系数。

⑤ 风流分叉与汇合。

a. 风流分叉。

典型的分叉隧道如图 3-8 所示，1～2 段的局部阻力 $h_{l1\sim2}$ 和 1～3 段的局部阻力 $h_{l1\sim3}$ 分别按下式计算：

$$h_{l1\sim2}=K_{\alpha}\ \frac{\rho}{2}(v_1^2-2v_1v_2\cos\theta_1+v_2^2) \tag{3-32}$$

$$h_{l1\sim3}=K_{\alpha}\ \frac{\rho}{2}(v_1^2-2v_1v_3\cos\theta_2+v_3^2) \tag{3-33}$$

b. 风流汇合。

汇合隧道如图 3-9 所示，1～3 段和 2～3 段的局部阻力 $h_{l1\sim3}$、$h_{l2\sim3}$ 分别按下式计算：

$$h_{l1\sim3}=K_{\alpha}\ \frac{\rho}{2}(v_1^2-2v_3\omega+v_3^2) \tag{3-34}$$

$$h_{l2\sim3}=K_{\alpha}\ \frac{\rho}{2}(v_2^2-2v_3\omega+v_3^2) \tag{3-35}$$

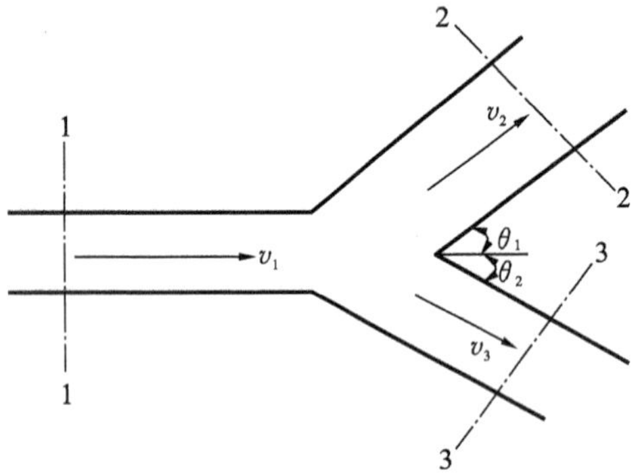

图 3-8　风流分叉示意图

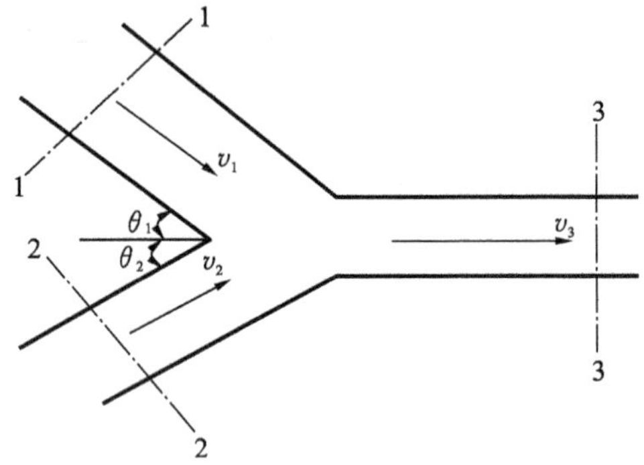

图 3-9　风流汇合示意图

其中：

$$\omega=\frac{Q_1}{Q_2}v_1\cos\theta_1+\frac{Q_2}{Q_3}v_2\cos\theta_2$$

(2) 局部风阻

在局部阻力计算式中，令

$$\xi\frac{\rho}{2S^2}=R_l$$

则有：

$$h_l=R_lQ^2 \tag{3-36}$$

式中　R_l——局部风阻，N·s²/m⁸ 或 kg/m⁷。

式(3-36)表明，在紊流条件下局部阻力与风量的平方成正比。

知识归纳

(1) 风流的流动状态。
(2) 风流沿隧道断面的流速分布规律。
(3) 隧道摩擦风阻的产生与计算方法。
(4) 隧道局部风阻的产生与计算方法。

独立思考

3-1　隧道通风阻力有哪几种？它们产生的原因是什么？各种阻力如何计算？

3-2 在尼古拉兹实验资料中，λ 随 Re 或相对糙度变化的图形分为五个区，各区有何特征？

3-3 什么是通风阻力定理？为什么风流的流动状态不同时，通风阻力定理也不同？隧道通风中常用哪种流动状态下的通风阻力定理？

3-4 摩擦阻力系数 α 与哪些因素有关？

3-5 “阻力”与“风阻”是不是同一个概念？其相互关系如何？各受什么因素影响？

3-6 为什么要减小通风阻力？用什么方法能减小通风阻力？

3-7 什么是层流、紊流？如何判别流体的流动状态？

3-8 某半圆拱通风隧道采用喷锚支护，隧道宽 3.2 m，中心处高度为 3.4 m，隧道中通过风量为 600 m^3/min，试判别风流的流态（Re=225307，紊流）。

3-9 什么是风速分布系数？它与哪些因素有关？为什么隧道壁愈光滑，隧道断面上风速分布愈均匀？

3-10 摩擦阻力 h_f 与摩擦风阻 R_f 有何区别？

3-11 已知某半圆拱通风巷道摩擦阻力系数 α=0.0177 $N\cdot s^2/m^8$，巷道长 L=200 m，净断面面积 S=5 m^2，通过风量 Q=720 m^2/min。试求摩擦风阻与摩擦阻力（R_f=0.2634 $N\cdot s^2/m^8$，h_f=37.9 Pa）。

3-12 局部阻力是如何产生的？

3-13 某隧道摩擦阻力系数 α=0.004 $N\cdot s^2/m^8$，通过风量 Q=40 m^3/s，空气密度 ρ=1.25 kg/m^3，在突然扩大段，隧道断面面积由 S_1=6 m^2 变为 S_2=12 m^2。① 求突然扩大的局部阻力 h_{1-2}；② 若风流由大断面 2 流向小断面 1，则局部阻力 h_{2-1} 为多少？

3-14 降低摩擦阻力和局部阻力采用的措施有哪些？

3-15 用压差计法测定通风阻力，当两断面相等时，为什么压差计的读数就等于通风阻力？

3-16 某隧道有三种支护形式，断面面积均为 8 m^2，第一段为三心拱喷锚支护隧道，长 400 m；第二段为工字梁梯形支架巷道，工字梁高 d=10 cm，支架间距为 0.5 m，隧道长 500 m，该隧道的风量为 20 m^3/s。试求出各段隧道的风阻和摩擦阻力。

4 通风动力

课前导读

内容提要

空气在隧道中流动会遇到隧道通风阻力，克服隧道通风阻力的能量或压力称为隧道通风动力。隧道通风动力分为车辆在隧道内行驶产生的风压和隧道风机产生的机械风压两种。本章主要介绍这两种通风动力的影响因素、特性及其对隧道通风的作用。

能力要求

通过本章的学习，学生应了解隧道内通风动力分类与来源，掌握隧道活塞风压和射流风机风压的计算方法。

4.1 隧道中行驶车辆产生的活塞风

隧道中车辆在区间隧道中运行时，隧道中的空气被车辆带动而顺着车辆运行的方向流动，这一现象称为车辆的活塞作用，所形成的气流称为活塞气流。

车辆在空旷的地面上运行时，车辆前面的空气可毫无阻挡地被排挤到车辆的两侧和上方，然后绕流到车辆的后面。车辆在隧道中运行时，由于受隧道壁所构成的空间的限制，车辆所推挤的空气不能全部绕流到车辆后方，必然有部分空气会被车辆向前推动，排到隧道出口之外；而车辆尾端后方存在着负压涡旋区域，因此也必然会有相应空气经开口被引入到隧道中，由此形成活塞风，如图 4-1 所示。隧道活塞风的大小与车辆在隧道内的堵塞比、车辆的行驶速度、车辆行驶时的空气阻力、空气与隧道壁面间的摩擦力等因素有关。

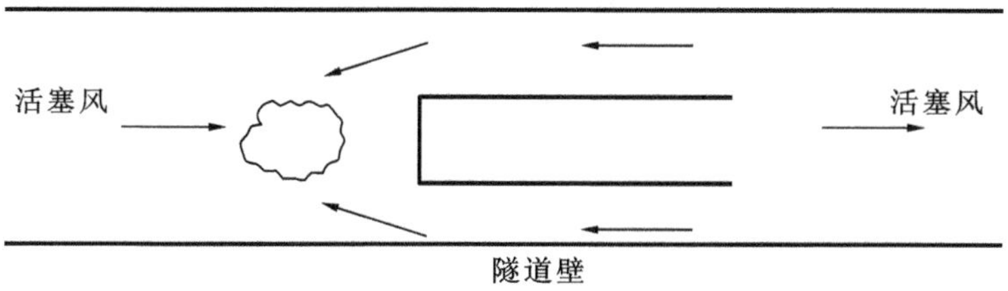

图 4-1 活塞风成因示意图

4.1.1 汽车的活塞风

4.1.1.1 汽车行驶产生的交通通风力

汽车行驶产生的交通通风力为：

$$\Delta P_t=\frac{A_m}{A_r}\frac{\rho}{2}n_+(v_{t+}-v_r)^2-\frac{A_m}{A_r}\frac{\rho}{2}n_-(v_{t-}+v_r)^2=-\frac{A_m}{A_r}\frac{\rho}{2}4nv_tv_r \tag{4-1}$$

式中 ΔP_t——交通通风力，N/m^2；

ρ——空气密度，kg/m^3；

A_r——隧道断面面积，m^2；

A_m——汽车等效阻抗面积，m^2；

v_r——隧道设计风速，m/s，一般情况 $v_r=\frac{Q_{req}}{A_r}$，其中 Q_{req} 为需风量；

v_{t-}——与 v_r 反向的各工况车速，m/s；

v_{t+}——与 v_r 同向的各工况车速，m/s；

n_+——隧道内与 v_r 同向的车辆数，辆，$n_+=\frac{N_+L}{3600v_{t+}}$，其中 N_+ 代表隧道内与 v_r 同向的设计高峰小时车流量；

n_-——隧道内与 v_r 反向的车辆数，辆，$n_-=\frac{N_-L}{3600v_{t-}}$，其中 N_- 代表隧道内与 v_r 反向的设计高峰小时车流量；

n——单向交通时的交通量。

4.1.1.2 汽车等效阻抗面积

汽车等效阻抗面积的计算如下。

为了计算方便，将车辆分为大型车和小型车两类：大型车包括普通货车和大公共汽车，其余均为小型车。大型车在车流中占的比例为大型车混入率，并假定每辆车都以同样的速度匀速行驶。这样，汽车等效阻抗面积为：

$$A_m=(1-r)A_p\xi_p+rA_t\xi_t \tag{4-2}$$

式中 A_m——汽车等效阻抗面积；

r——设计大型车混入率；

A_p,ξ_p——小型车前端投影面积和空气阻力系数，$A_p=2.13\ m^2$，$\xi_p=0.5$；

A_t,ξ_t——大型车前端投影面积和空气阻力系数，$A_t=5.37\ m^2$，$\xi_t=1.0$。

4.1.1.3 通风阻抗力

通风阻抗力可按式(4-3)计算：

$$\Delta P_t=\left(1+\xi_e+\lambda_r\frac{L}{D_r}\right)\frac{\rho}{2}v_t^2 \tag{4-3}$$

式中 ξ_e——隧道入口局部阻力系数；

λ_r——隧道摩擦阻力系数；

L——隧道长度，m；

D_r——车道断面当量直径，m；

v_t——交通通风风速，m/s；

ρ——空气密度；

ΔP_t——通风阻抗力。

4.1.2 列车的活塞风

当列车在隧道中运行时，隧道中的空气被列车带动而顺着列车前进的方向流动，这一现象称为列车的活塞作用，所形成的气流称为活塞风。第1.3.5节例1-2中已推导了空气为恒定流条件下，忽略隧道内自然风的影响的列车活塞风速为：

$$v=\frac{v_0}{1+\sqrt{\frac{\xi_t}{K}}} \tag{4-4}$$

4.1.2.1 按非恒定流计算活塞风速

当列车在隧道内高速运行时，严格地说，列车的活塞风速应按非恒定流情况计算。现写出图1-17中的断面3—3与断面2—2之间气流相对于列车运动的非恒定流伯诺里方程，当洞内无自然风时，可得

$$\frac{p_3}{\rho}-\frac{p_2}{\rho}=h_f+l_0\frac{\mathrm{d}v_s}{\mathrm{d}t} \tag{4-5}$$

由第1.3.5节例1-2式(a)知，环状空间气流相对于列车的速度为：

$$v_s=\frac{v_0-v}{1-\alpha}$$

因此

$$\frac{\mathrm{d}v_s}{\mathrm{d}t}=-\frac{1}{(1-\alpha)}\frac{\mathrm{d}v}{\mathrm{d}t} \tag{4-6a}$$

式中 v——随时间变化的列车活塞风速。

由上所述，环状空间的压力损失为：

$$h_f=\left(\zeta_1+\lambda_0\frac{l_0}{d_0}+\zeta_2\right)\frac{\rho v_s^2}{2}=Nl_0\frac{\rho v_s^2}{2}=\frac{Nl_0}{(1-\alpha)^2}\frac{\rho(v_0-v)^2}{2}=\frac{K\rho(v_0-v)^2}{2} \tag{4-6b}$$

将式(4-6a)及式(4-6b)代入式(4-5)，得

$$p_3-p_2=\frac{\rho K(v_0-v)^2}{2}-\frac{\rho l_0}{(1-\alpha)}\frac{\mathrm{d}v}{\mathrm{d}t}$$

同理，可以写出

$$\frac{p_3}{\rho}+\frac{v^2}{2}=\frac{p_0}{\rho}+\left(\lambda\frac{l_{34}}{d}+1\right)\frac{v^2}{2}+l_{34}\frac{\mathrm{d}v}{\mathrm{d}t}$$

及

$$\frac{p_0}{\rho}=\frac{p_2}{\rho}+\frac{v^2}{2}+\left(\lambda\frac{l_{12}}{d}+\zeta\right)\frac{v^2}{2}+l_{12}\frac{\mathrm{d}v}{\mathrm{d}t}$$

于是

$$\begin{aligned}p_3-p_2&=\left(\zeta+\lambda\frac{l-l_0}{d}+1\right)\frac{\rho v^2}{2}+\rho(l-l_0)\frac{\mathrm{d}v}{\mathrm{d}t}\\&=\zeta_t\frac{\rho v^2}{2}+\rho(l-l_0)\frac{\mathrm{d}v}{\mathrm{d}t}\end{aligned}\tag{4-6c}$$

由式(4-5)及式(4-6c),得

$$\frac{\rho K(v_0-v)^2}{2}-\frac{\rho l_0}{(1-\alpha)}\frac{\mathrm{d}v}{\mathrm{d}t}=\zeta_t\frac{\rho v^2}{2}+\rho(l-l_0)\frac{\mathrm{d}v}{\mathrm{d}t}$$

或

$$K(v_0-v)^2-\zeta_t v^2=2\left(l+\frac{\alpha l_0}{1-\alpha}\right)\frac{\mathrm{d}v}{\mathrm{d}t}\tag{4-6d}$$

令

$$\begin{cases}A=\dfrac{Kv_0^2}{2\left(l+\dfrac{\alpha l_0}{1-\alpha}\right)}\\B=-\dfrac{Kv_0}{l+\dfrac{\alpha l_0}{1-\alpha}}\\C=\dfrac{K-\zeta_t}{2\left(l+\dfrac{\alpha l_0}{1-\alpha}\right)}\end{cases}$$

则式(4-6d)可整理成

$$\mathrm{d}t=\frac{\mathrm{d}v}{A+Bv+Cv^2}\tag{4-6e}$$

当 $K>\zeta_t$ 时,$C>0$,又因 $B^2-4AC>0$,所以对式(4-6e)积分得

$$t+C_1=\frac{1}{\sqrt{B^2-4AC}}\ln\left|\frac{2Cv+B-\sqrt{B^2-4AC}}{2Cv+B+\sqrt{B^2-4AC}}\right|$$

当 $t=0$ 时,$v=0$,代入上式得积分常数:

$$C_1=\frac{1}{\sqrt{B^2-4AC}}\ln\left|\frac{B-\sqrt{B^2-4AC}}{B+\sqrt{B^2-4AC}}\right|$$

于是

$$t=\frac{1}{\sqrt{B^2-4AC}}\ln\left[\frac{2Cv(B+\sqrt{B^2-4AC})+4AC}{2Cv(B-\sqrt{B^2-4AC})+4AC}\right]$$

由上式解得非恒定流的活塞风速为:

$$v=\frac{-2AC+2AC\mathrm{e}^{t\sqrt{B^2-4AC}}}{C(B+\sqrt{B^2-4AC})-C(B-\sqrt{B^2-4AC})\mathrm{e}^{t\sqrt{B^2-4AC}}}\tag{4-7}$$

当 $K<\zeta_t$ 时,则令 $C=\dfrac{\zeta_t-K}{2\left(l+\dfrac{\alpha l_0}{1-\alpha}\right)}>0$,式(4-6d)可写为

$$\mathrm{d}t=\frac{\mathrm{d}v}{A+Bv-Cv^2}$$

积分得

$$t=\frac{1}{\sqrt{B^2+4AC}}\ln\left[\frac{2Cv(B+\sqrt{B^2-4AC})+4AC}{2Cv(B-\sqrt{B^2-4AC})+4AC}\right]$$

由上式解得

$$v=\frac{-2AC+2ACe^{t\sqrt{B^2+4AC}}}{C(B+\sqrt{B^2+4AC})-C(B-\sqrt{B^2+4AC})e^{t\sqrt{B^2+4AC}}} \tag{4-8}$$

由国外(如日本、美国)资料看来,目前多用非恒定流理论来计算活塞风速,但考虑到按式(4-7)或式(4-8)计算比较繁冗,而且对于很长的隧道,列车在隧道内运行一段时间之后,活塞风速将达到一个稳定值,所以仍可采用式(4-4)计算,且较为简便。然而,式(4-7)及式(4-8)推导理论比较严谨,对于较短的隧道,比用式(4-4)计算更切合实际。

4.1.2.2 列车出洞后活塞风速的衰减

列车出洞后,隧道内的气流一方面在惯性作用下继续流动,另一方面在摩擦阻力影响下速度逐渐减小,所以属于非恒定流动。为计算列车出洞后随时间而逐渐减小的活塞风速,可引用下式:

$$\frac{v_1^2}{2}+\frac{p_1}{\rho}+gz_1=\frac{v_2^2}{2}+\frac{p_2}{\rho}+gz_2+h_f+\int_s\frac{\partial v}{\partial t}ds \tag{4-9}$$

现将断面 1—1 及断面 2—2 选取在隧道洞口之外(图 4-2)。

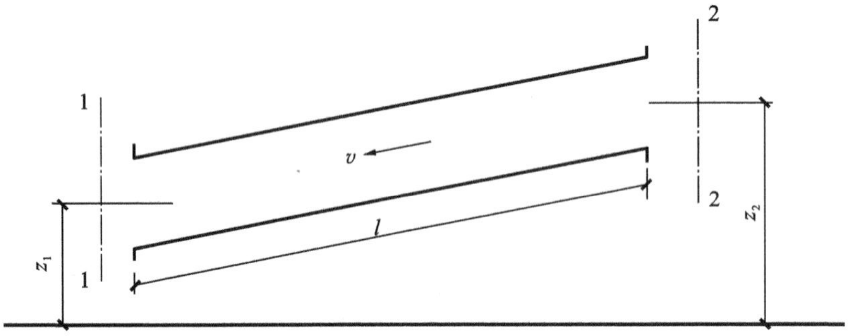

图 4-2 推导列车活塞风速衰减简图

当洞外无自然风时,$v_1\approx0$,$v_2\approx0$,而且

$$\frac{p_1}{\rho}+gz_1=\frac{p_2}{\rho}+gz_2$$

又

$$h_f=\left(\zeta+\lambda\frac{l}{d}+1\right)\frac{\rho v^2}{2}=\frac{k\rho v^2}{2}$$

式中,k 为隧道的总阻力系数,$k=\zeta+\lambda\frac{l}{d}+1$;$\rho$ 取 1。

惯性水头为:

$$\int_s\frac{\partial v}{\partial t}ds=l\frac{dv}{dt}$$

将以上各式代入式(4-9),得

$$\frac{kv^2}{2}+l\frac{dv}{dt}=0 \tag{4-10}$$

或

$$\frac{kdt}{2l}+\frac{dv}{v^2}=0$$

对上式积分得

$$\frac{kt}{2l}-\frac{1}{v}=C \tag{4-11}$$

当 $t=0$ 时,即列车尾端出洞口的时刻,洞内的风速为 v_p,等于按式(4-4)算得的活塞风速,即:

$$v=v_p=\frac{v_0}{1+\sqrt{\frac{\xi_t}{K}}}$$

将式(4-11)代入上式,得积分常数为:

$$C=-\frac{1}{v_p}$$

于是

$$t=\frac{2l}{k}\left(\frac{1}{v}-\frac{1}{v_p}\right) \tag{4-12}$$

或

$$v=\frac{2lv_p}{2l+kv_pt} \tag{4-13}$$

由式(4-12)可算得列车出洞后,洞内风速由列车刚出洞时的活塞风速 v_p 减小到 v 值所需的时间;反之,由式(4-13)可算得列车出洞后各时刻的衰减的活塞风速。

【例 4-1】 某隧道长度 $l=3000$ m,隧道横断面面积 $A=30.3$ m^2,隧道水力直径 $d=5.8$ m,沿程阻力系数 $\lambda=0.025$,进口局部阻力系数 $\zeta=0.5$,列车长度 $l_0=300$ m,列车横断面面积 $A_0=12.6$ m^2,列车速度 $v_0=25$ km/h。求洞内无自然风条件下列车尾端驶出隧道出口 15 min 时隧道内衰减的活塞风速。

【解】 由例 1-2 知列车尾端刚出洞时的活塞风速计算如下:

$$\xi_t=\zeta+\lambda\frac{l-l_0}{d}+1=13.14$$

$$K=\frac{86\times10^{-4}l_0}{(1-\alpha)^2}=7.561$$

$$v_0=25\ \text{km/h}=6.944\ \text{m/s}$$

$$v_p=\frac{v_0}{1+\sqrt{\dfrac{\xi_t}{K}}}=\frac{6.944}{1+\sqrt{\dfrac{13.14}{7.561}}}=2.995\ (\text{m/s})$$

式中 α——列车横断面面积 A_0 对隧道横断面面积 A 的比值,又称为堵塞比。

又

$$k=\zeta+\lambda\frac{l}{d}+1=14.43$$

$$t=15\ \text{min}=900\ \text{s}$$

则由式(4-13)得

$$v=\frac{2lv_p}{2l+kv_pt}=0.4\ \text{m/s}$$

4.1.2.3 自然风对活塞风的影响

前文已经说明,在隧道内无自然风的情况下,列车活塞作用所形成的列车前、后端压力差恰等于活塞风在列车前、后隧道段中的压头损失,即

$$\frac{K\rho\,(v_0-v)^2}{2}=\frac{\xi_t\rho v^2}{2}$$

由上式可得活塞风速计算式,即式(4-4)。

现设列车未进入隧道前,隧道内已存在自然风,其风速为 v_n。若洞内自然风流动方向与列车运行方向相同,则所形成的活塞风较洞内无自然风时大;若洞内自然风流动方向与列车运行方向相反,则所形成的活塞风比洞内无自然风时小。在隧道通风设计中,常利用列车活塞风来排除隧道中的一部分烟气,因此要考虑洞内逆向自然风对列车活塞风的不利影响(图 4-3)。

洞内逆向自然风的影响可表示为在隧道两洞口间存在自然风的等效压差 p_n(图 4-2)。仿照式(4-4)的推导过程,可写出

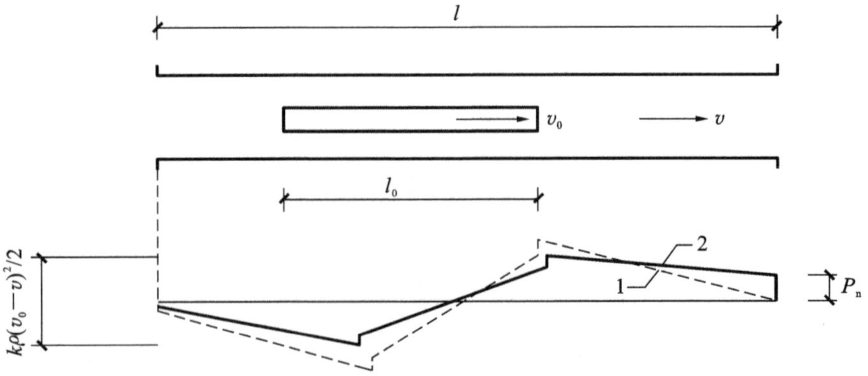

图 4-3 逆向自然风对活塞风影响的简图

1—洞内无自然风时的活塞风压力线；2—洞内有自然风时的活塞风压力线

$$\frac{K\rho\,(v_0-v)^2}{2}=\frac{\xi_t\rho v^2}{2}+p_n$$

$$p_n=\left(\xi+\lambda\,\frac{l}{d}+1\right)\frac{\rho_d v_n^2}{2}=\frac{k\rho_d v_n^2}{2}$$

于是

$$K\,(v_0-v)^2=\xi_t v^2+kv_n^2$$

由上式解得在自然风影响下的列车活塞风速为：

$$v=\frac{v_0\left[-1+\sqrt{1+\left(\frac{\xi_t}{K}-1\right)\left(1-\frac{kv_n^2}{Kv_0^2}\right)}\ \right]}{\frac{\xi_t}{K}} \tag{4-14}$$

式中 v_0——列车在隧道中的运行速度，m/s；

v_n——列车未进洞前的洞内自然风速，m/s；

K——隧道的总阻力系数。

其余符号的意义同式(4-4)。

自然风对非恒定流活塞风的影响，可在隧道气流的伯诺里方程式中加一项自然风等效压差 p_n 进行计算，其使式(4-6e)中的 A 值变为：

$$A=\frac{Kv^2+kv_n^2}{2\left(l+\frac{\alpha l_0}{1-\alpha}\right)}$$

同理，列车出洞后，衰减的活塞风也受逆向自然风的影响，于是式(4-10)应改写为

$$\frac{kv^2}{2}+\frac{kv_n^2}{2}+l\,\frac{\mathrm{d}v}{\mathrm{d}t}=0$$

或

$$\frac{k\mathrm{d}t}{2l}+\frac{\mathrm{d}v}{v^2+v_n^2}=0$$

对上式积分，得

$$\frac{kt}{2l}+\frac{1}{v_n}\arctan\frac{v}{v_n}=C$$

当 $t=0$ 时，v 等于列车尾端出洞时的活塞风速 v_p，代入上式得积分常数为：

$$C=\frac{1}{v_n}\arctan\frac{v_p}{v_n}$$

于是

$$t=\frac{2l}{kv_n}\left(\arctan\frac{v_p}{v_n}-\arctan\frac{v}{v_n}\right) \tag{4-15}$$

在自然风速 v_n 影响下的衰减活塞风速为

$$v=v_n\tan\left(\arctan\frac{v_p}{v_n}-\frac{kv_nt}{2l}\right) \tag{4-16}$$

4.2 风机动力 >>>

前面介绍了隧道内气流运动形成的摩擦阻力、局部阻力及车辆行驶产生的活塞风动力。当隧道内各种阻力的总和大于车辆行驶产生的活塞风动力时，隧道内的空气难以排出隧道外，空气质量也就无法达到规范要求的空气卫生标准。在此情况下，必须增加机械通风动力送入新鲜风，并将隧道内污浊空气强行排出隧道外。提供这一通风动力的设备就是隧道通风机。隧道通风机多采用轴流风机（详见第 8 章），风机所能提供的风压与风机出口风速、风道断面形式、风道与隧道连接方式、风机安装方式等多种因素有关。当一台风机提供的动力不够时可采用多台风机联合运行。对于采用全射流通风方式的隧道，其单台射流风机压力按下式计算：

$$P_j=np_j \tag{4-17a}$$

$$p_j=\rho v_j^2\varphi(1-\Phi)\frac{1}{K_j} \tag{4-17b}$$

$$\varphi=\frac{A_j}{A},\quad \Phi=\frac{v_e}{v_j} \tag{4-17c}$$

式中 P_j——射流风机压力，Pa；

n——射流风机数量，台；

p_j——单台射流风机压力，Pa；

v_e——隧道断面平均风速，m/s；

v_j——射流风机出口风速，m/s；

A_j——射流风机出口面积，m^2；

A——隧道断面面积，m^2；

K_j——考虑隧道壁面摩擦影响的射流损失系数，与风机至壁面的距离有关，可按图 4-4 取值。

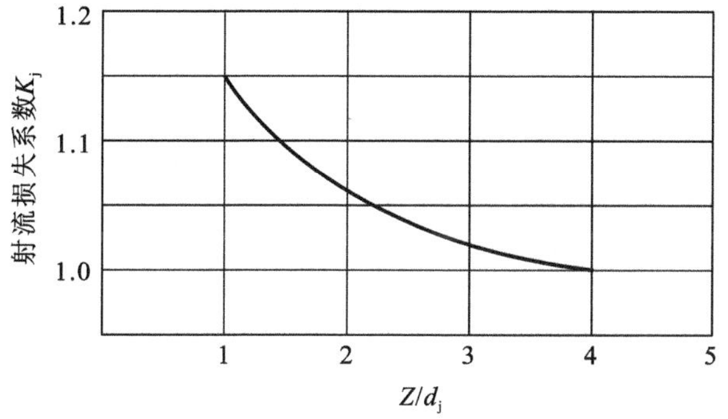

图 4-4 风机射流损失系数

Z—风机中线至隧道壁面的距离(mm)；d_j—风机出口直径(mm)

【例 4-2】 某隧道长度 $L_T=15100$ m，采用全射流纵向式通风，隧道断面面积 $A=92\ m^2$，隧道水力直径 $d=9.96$ m，洞内采用板式无砟轨道，沿程阻力系数 $\lambda=0.021$；洞内自然风风速为 2.0 m/s 的反风，空气密度为 1.225 kg/m^3，隧道断面平均风速为 2.8 m/s。求需要的风机台数。

【解】 ① 隧道阻力与自然风压计算。

$$\xi_n = 1.5 + \frac{\lambda L_T}{d} = 33.337$$

$$P_\lambda + P_\xi = \xi_n \frac{\rho}{2} v^2 = 160.09 \text{ Pa}$$

$$p_n = \xi_n \frac{\rho}{2} v_n^2 = 81.68 \text{ Pa}$$

② 经方案比较拟选用 112 型射流机，出口风速为 33.9 m/s，轴向推力为 1190 N，电动功率为 37 kW。风机中心距壁面 0.96 m，由 $Z/d_j = 0.857$ 经图 4-4 查得射流损失系数 $K_j = 1.162$，即 $\frac{1}{K_j} = 0.8605$。

③ 单台风机压力计算。

$$v_j = 33.9 \text{ m/s}$$

$$A_j = 0.985 \text{ m}^2$$

$$\varphi = \frac{A_j}{A} = 0.01071$$

$$\Phi = \frac{v_e}{v_j} = 0.0826$$

$$p_j = \rho v_j^2 \varphi (1 - \Phi) \frac{1}{K_j} = 11.9 \text{ Pa}$$

④ 需要风机台数为：

$$n = \frac{P_\xi + P_\lambda + p_n}{p_j} = 20.31$$

需要射流机 21 台，总功率为 777 kW。

知识归纳

(1) 公路隧道中行驶汽车产生的活塞风动力的产生及计算方法。

(2) 铁路隧道中行驶列车产生的活塞风动力的产生及计算方法。

(3) 隧道射流通风机动力及其计算方法。

独立思考

4-1 哪些因素影响公路隧道中行驶汽车产生的活塞风动力？

4-2 简述影响铁路隧道中行驶列车产生的活塞风动力的主要因素。

4-3 射流风机通风动力与哪些因素有关？

5 自然风及其对隧道通风的影响

课前导读

▽ 内容提要

本章介绍自然风的特性，影响自然风风向、风压的各种因素，自然风在不同条件下对隧道通风的影响。

▽ 能力要求

通过本章的学习，学生应了解自然风的产生及分布规律，自然风对隧道通风的影响，以便在隧道通风设计及通风控制中合理利用自然风，趋利避害，以节省能源。

5.1 自 然 风 >>>

5.1.1 自然风的产生

风是大气的水平运动。大气运动的能源来自太阳的辐射能被地表反射到大气中的能量。然而，地表接受太阳的辐射热量随纬度的升高而减小，再加上海洋和陆地热力学性质(即吸热、传热、散热等方面)的差异，所以各地的气温不同，从而各地空气的密度和气压都不相同。如果同一水平面上两点的气压不相等，那么就会引起空气的水平运动。

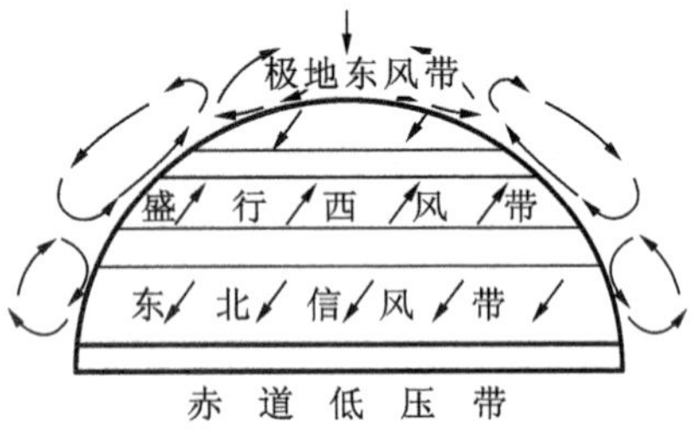

图 5-1 大气环流

由地球上赤道至南北两极间不同纬度的温度差和地球自转是地球大气环流的主要原动力，并在全球形成不同风带。如图 5-1 所示，地球北半球近地面层可分为四个风带。

(1) 东北信风带

从赤道受热膨胀上升到高空而向北流动的空气，受地球自转偏向力的作用要向右偏移，大约到北纬 30°上空就偏转为与纬圈相平行的西风。高空西风的形成阻碍了低纬度的高空大气继续北流，于是其在北纬 30°上空堆积并辐散冷却下沉。下沉的空气在低空分为两股气流，分别流向南方和北方。向南流的空气由于受地球自转偏向力的作用，向自身前进方向的右方偏转，形成低纬度近地面层的东北信风带，即低空气流以东北风向返回赤道。

(2) 盛行西风带

北纬 30°高空下沉后向北流动的那一股气流，也由于受地球自转偏向力的作用，向其前进方向的右方偏移，形成中纬度近地面层的盛行西风带，其为偏西风。

我国的地理纬度处于北纬 5°(南沙群岛)到北纬 55°(黑龙江漠河)之间，所以我国中部和北部地区处于盛行西风带，而我国的南部地区则处于东北信风带。

(3) 极地东风带

在北极冷却收缩而下沉的空气在近地面层向南流的过程中，在地球自转偏向力的影响下右偏为东北风，形成极地东风带。

(4) 极锋带

北纬 60°地区是极地东风带和盛行西风带的交界地区。由这两方向来的气流的冷暖性质差异很大，便形成了所谓的极锋面。在这一带中经常有风暴和气旋产生，故该带又称为副极地低压带。

此外，还有两个无风带，即赤道无风带和副热带无风带。

(1) 赤道无风带

东北信风返回赤道地区附近由于受太阳较强的辐射热量，产生上升气流，空气水平运动很微弱，形成了赤道无风带，又称为赤道低压带。

(2) 副热带无风带

在北纬 30°地区，由赤道高空来的气流在这里堆积下沉辐散，所以空气水平运动也很微弱。该带又称为副热带高压带。

我国长江流域的中、下游虽然处于副热带，但由于受季风的影响，因此不是无风带。

以上所述的几个风带只是大气环流的简化模型。实际上由于海、陆热力情况的差异和四季的影响，大气环流存在季节性的变化。当北半球夏天时，太阳光移射到北回归线，地球上的各种风带位置就向北移动，此时北纬 30°附近便位于东北信风带范围之内；相反，在冬季太阳光移射到南回归线，各种风带位置往南移，北纬 30°便处于盛行西风带范围之内。

5.1.2 我国不同地域自然风风向的分布规律

隧道自然风的大小、方向与隧道所在地区的纬度、气候及地形有密切关系。了解全国各地的风向、风速分布情况，有助于研究某一具体隧道自然风的影响。但是隧道所在山区的风向、风速往往又受地形的影响，与平原的气象情况有很大的差别。因此，设计隧道通风时必须注意把一般气象规律与当地具体气象情况相结合。

在冬季，蒙古高原的南部经常发生强大的反气旋。我国的东北、华北、华东、华南分别处于反气旋的东方或东南方。所以上述各地冬季盛行风向都是偏北向，但各地相对于反气旋中心的位置不同，因而风向偏北的角度有所区别。东北地区在反气旋中心的东方，冬季盛行风向以西北方向为主；但在松嫩平原上，因其西部是大兴安岭，由西北方向吹来的风受大兴安岭阻挡，改变为以西南风与西风居多。华北平原、河套盆地、长江下游至浙江沿海，冬季盛行风向在北向和西北向之间。但从南京到武汉及南岭山区，处于高压脊的转角位置，风向又偏在北向和东北向之间。黄河上游在反气旋中心的南部，冬季风向不稳定，无风机会多。例如，兰州冬季静风频率占 31.4%。云南高原海拔在 2000 m 以上，西南风与西风为冬季主要风。

春季时各地风向不如冬季稳定。东北的松嫩平原，春季风向比较凌乱；山东半岛以南包括长江下游直到广东沿海，春季风向以南向至东南向为主；黄河上游接近大陆高压的东南角，风向多为北向至东向之间；云南高原仍以西南风为主。

我国夏季的气压场形势和冬季相反，各地盛行风向也改变成以偏南向至东南向为主。东南风的频率以华东沿海为最大。华南内陆夏季盛行风向为南向至西南向，长江中游风向偏南，云南高原偏西南风更多。四川盆地夏季偏北和偏南风的频率几乎相等。黄河中、下游的夏季风向主要是在东北向至南向之间，河套以西地区则以东南向至东北向居多。

秋季时我国各地的盛行风向已接近冬季状态，各地都以偏北风为主。

5.1.3 我国各地的风速分布

根据我国各地风速的年平均值，可将我国分成以下几个相对的大风区和小风区，并可将我国各地的风速绘制成等速线。

① 沿海大风区包括从辽东半岛到北部湾，风速都比内陆大。年平均风速都在2.5 m/s 以上。

② 从沿海向内陆，风速逐步减小，武夷山及其以西的赣江流域形成一个小风区。但该区两侧都有山岭，平原形状像漏斗，冬季从北流来的气流到了该区要加速，因而风速可达 1.5 m/s 以上；夏季该区处于背风位置，风速较小。

③ 洞庭湖湘江流域的风速又增大到 2.0 m/s 以上，形成内陆大风区。

④ 以长江三峡为中心的全国风速最小区，其范围为北至秦岭，南至黔鄂山地，东至宜昌，西至邛崃山东坡，包括四川中部、贵州北部、湘西、鄂西等地。该区地形闭塞又崎岖不平，是有名的东亚大气环流的“死水区”，年平均风速很小。

⑤ 西南高原的平均海拔已达 1000 ~ 2000 m，风速显著增大，和四川相比，形成一个风速较大区域。例如，贵阳年平均风速为 3.0 m/s，昆明为 2.7 m/s，大理为 2.0 m/s。此外，云南高原和横断山脉的山区中山谷风很显著。

⑥ 广西山地与南方沿海相比为小风区，年平均风速在 2.0 m/s 以下。

⑦ 青藏高原为大风区。这一地区大风主要是由海拔高度较高所造成的。

⑧ 华北平原受西部太行山的约束，又是南、北气流交换的孔道，所以形成大风区，尤以春冬两季风速较大。该地区年平均风速为 2.7～3.5 m/s。

⑨ 黄土高原的风速比较小，一般在 2.0 m/s 以下。过了陇西黄河风速又增大，河西走廊风速更大。

⑩ 松辽平原为大风区，平原的年平均风速在 3.0 m/s 左右，该区山地风速在 3.0 m/s 以下。

由于受地形因素的影响，我国还有几个有名的局部性大风区，具体如下：

① 新疆乌鲁木齐的东南大风。由于天山山脉被乌鲁木齐南面的柴窝堡谷地切割成喇叭状缺口，呈东南—西北方向，乌鲁木齐位于北口，当天山南的气压比天山北的气压高时，谷地中出现偏西风。但喇叭管的作用使风速加大，到了喇叭管北端的乌鲁木齐便形成了强劲的东南风。

② 新疆阿拉山口的西北大风。该山口两边的山峰相对高度为 2000～3000 m，而且是冷空气侵入新疆的重要通道，喇叭状地形使风速加大。

③ 新疆喀什的春季大风，也是由于地形条件形成的。

④ 云南大理的雪风，多发生在冬春两季。这种风是内高山沿山坡吹下的较寒冷的强风。

⑤ 四川西部康定、小金一带的偏东大风，该区位于大雪山和邛崃山的东西向峡谷里，由于地形影响及川西高原与四川盆地受热不同，容易产生偏东大风。

5.1.4 局部地形与温度对自然风的影响

(1) 海陆风

近海岸地区有一种局部性的风，它的风向在夜间是从陆上吹向海面，而在白天则是从海面吹向陆上，这种风称为海陆风(图 5-2)。海陆风的起因是水面与陆面的受热不均一。白天由于大陆上空气受热比海面上空气受热多，大陆上空气受热膨胀后密度比海面上空气小，因而大陆上空的气压比同一水平面上的海面上空的气压低，所以白天风从海面吹向陆上，夜间则相反。

图 5-2 海陆风

海陆风发展最强烈的地点是在一昼夜间气温变化较大及在白天和夜间海陆之间有较大气温差异之处。所以在热带的海滨，海陆风较大。但海风只能伸入陆地 20～40 km，因此只在沿海的铁路隧道才需要考虑海陆风对隧道通风的影响。在中、高纬度地区，仅在夏天可观测到微弱的海陆风。该地区冬季白天陆上气温仍比海上低，故冬季海陆风无从产生。

(2) 山谷风

晴天夜间地表面的辐射冷却比空气的辐射冷却快，山坡上接近地面的一层空气比同一水平面上的山沟上空的空气冷，其密度也较大，这一层冷空气沿山坡向下流动形成下坡风。山沟两侧山坡的下坡风在沟内汇集起来，再向山沟外流动，就形成了所谓的夜间山风。反之，白天日出之后接近山坡的空气因接受地面的长波辐射，很快增温，密度随之减小，比山谷中同一水平面上的空气轻。于是山坡上的暖空气便沿山坡爬升形成上坡风，而山沟外的冷空气向山沟内补充，就形成了白天的山谷风，如图 5-3 所示。当大范围的水平气压梯度比较小时，山谷风的局部作用就更为明显。

图 5-3 山谷风

山谷风对隧道通风往往有直接的影响，尤其是在岩石显露、草木短少的谷地及山坡，山谷风特别发达的情况下。隧道两洞口换算到同一高度上的气压差主要是山谷风引起的。它是形成隧道内自然风的重要原因之一。

(3) 峡谷风

当气流由开阔地区进入峡谷口时，气流的横断过流面积减小。根据流体运动的连续性原理，在峡谷内气流速度要增大，从而形成强风，这种风称为峡谷风。例如，我国的松辽平原两侧都有山岭，地形像喇叭管，当气流直灌管口时，经常出现大风就是这个缘故。峡谷风和山谷风的不同之处在于，峡谷风不是由气温差异引起的气流，而是平原气流进入峡谷后速度增加而形成的。

5.2 隧道自然风 >>>

自然风对隧道通风往往有着不可忽视的影响。隧道内形成自然风的原因有两个：一是两洞口大气压的超静压差，二是洞内外的气温差。

(1) 两洞口大气压的超静压差

如隧道两洞口的高差并不大，则在 H 高度范围内，大气容重 γ 可认为是常量。在静止的大气中，低洞口的气压 P_1 与高洞口的气压 P_2 的压差称为静压差。

当隧道外有风流动时，必定有

$$P_1 - P_2 \neq \gamma H$$

引起隧道两端由洞口 1 流向洞口 2 的气流压差称为超静压差 ΔP，则

$$\Delta P = P_1 - P_2 - \gamma H \tag{5-1}$$

隧道两洞口大气压存在超静压差 ΔP 的原因，首先是隧道上空的大气存在水平气压梯度 $\frac{\partial P}{\partial n}$。其值一般为 1～3 mPa/km（相当于 0.09～0.28 mmH_2O/km），而大气压的等压线不一定与隧道垂直，因而由它所形成的两洞口间的水平气压差很小。虽然其数值很小，但它是大气水平运动的启动力，有大气水平气压梯度的存在才能产生风。一旦隧道外有自然风之后，速度为 v 的风绕流过高山时在山前形成正压而在山后形成负压，两者压差的大小与山的形状有关。国外有人提出，山前正压为 $0.9\frac{\rho v^2}{2}$，山后负压为 $-0.3\frac{\rho v^2}{2}$，如图 5-4 所示。

这是超静压差的主要部分。例如，洞外吹三级风，风速约为 4.5 m/s，空气密度 $\rho = 1.2\ kg/m^3$，则山前和山后的超静压差可达 14.6 N/m^2（相当于 1.5 mmHg）。对于某一具体隧道，其超静压差应模拟山体形状在空气动力学的风洞试验中测定。

(2) 洞内外的气温差

形成隧道内自然风的另一个原因是洞内外气温的差异，致使洞内外空气的密度不同，即容重不同。

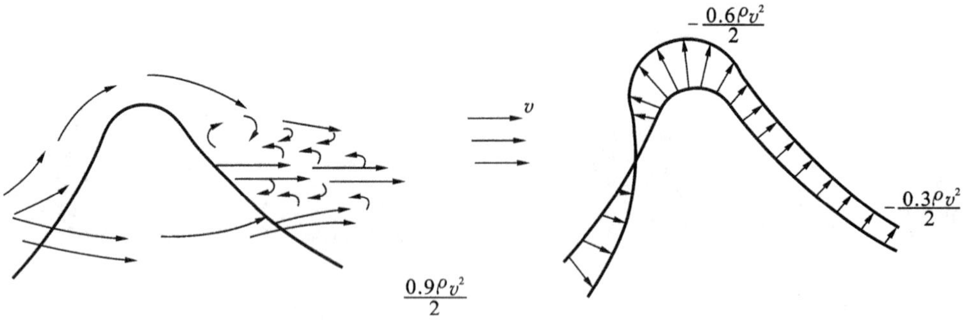

图 5-4 大气绕流山体的压差

如洞内气温高于洞外气温，则洞内空气的容重比洞外空气的容重小。于是，洞外空气有从低洞口流入洞内，将洞内空气从高洞口赶出的趋势，即浮升效应。反之，如洞内气温低于洞外气温，则洞内空气容重比洞外空气容重大。在这种情况下，洞内空气有从高洞口流向低洞口并流出洞外的趋势，即沉降效应。与此同时，洞外空气将从高洞口流入洞内。这种由洞内外的气温差及两洞口的高程差所引起空气流动的压力称为热位差。

(3) 自然风风速和风向

在现场测量获得的洞口风速值均很小，这是由于隧道外吹向隧道洞口的自然风在碰到山坡后，受到阻挡使其速度减小，其部分动压转变成静压力。这种吹向洞口时产生的风压，有人形象地称之为“风墙压差”。此部分动压即为山体迎风面正压区的风压，对于风向与隧道纵向成 α 角的外界自然风，其风墙压差可近似用下式计算：

$$\Delta P_v=\delta\frac{\rho v_n^2\cos^2\alpha}{2} \tag{5-2}$$

式中 v_n——隧道外自然风速，m/s；

α——自然风风向与隧道纵向所成夹角；

δ——风压系数，由风向、山坡倾斜度及表面形状、附近地形及洞口形状、尺寸而定，现场测试表明，在风速为 1～9 m/s 的情况下，当自然风风向与隧道纵向一致时，隧道迎风面洞口风压系数 δ 大致为 0.7，当自然风风向与隧道纵向垂直时，隧道迎风面洞口风压系数 δ 接近为 0。

由以上分析可知，自然风压的影响因素应由三部分构成，即：

① 洞内环境因素——隧道内外气温引起的热位差；

② 洞外环境因素——隧道两洞口大气的水平气压梯度产生的超静压差；

③ 洞口环境因素——外界自然风吹至洞口时产生的风墙压差。

两洞口大气压的超静压差与热位差可以叠加，分析表明洞内自然风等效压差由三部分组成，即：

① 两洞口大气压的超静压差 ΔP。

② 洞外自然风气流吹至洞口时产生的动压(风墙压差)ΔP_v。它是在两洞口大气压的超静压差作用下进入隧道的气流所带入的动能。当自然通风时，动压与 ΔP 同时存在(即如 $\Delta P=0$，则 $v_n=0$)。

③ 热位差$(\rho_1-\rho_d)gH$。它是由洞内外气温差引起的。当 $\rho_1<\rho_d$ 时，热位差自动显示为负值，表示它将促使隧道内空气由高洞口流向低洞口。

则洞内自然风等效压差为：

$$P_n=\Delta P+\delta\frac{\rho v_n^2\cos^2\alpha}{2}+(\rho_1-\rho_d)gH \tag{5-3}$$

而自然风在隧道内流动过程中的阻力(压头损失)可表示为：

$$P_n=\left(1+\xi+\lambda\frac{l}{d}\right)\frac{\rho_d v_n^2}{2} \tag{5-4}$$

上述对于隧道自然风的分析，对于一般无竖井（或斜井）普通中短隧道是适用的，而对于有竖井（或斜井）隧道则情况更为复杂，需要分段进行。

在隧道通风技术发展初期，人们曾在长隧道中设置竖井（或斜井）以期获得稳定的自然风通风效果，但事实表明，这一方法收效甚微。因为隧道内外的气温差随着季节的不同而有很大的变化，且只在冬夏两季竖井（或斜井）才能形成较大的热位差，从而在洞内形成较大的自然风；而在春秋两季洞内外气温差比较小时，竖井（或斜井）的热位差及其所形成的自然风就很小，所以竖井（或斜井）不能在全年四季都起有效的通风作用。

此外，在竖井（或斜井）两侧的隧道段中，竖井（或斜井）的热位差所形成的自然风在某一侧的隧道段中往往与车辆活塞风相干扰而对该段的通风不利，现说明如下：

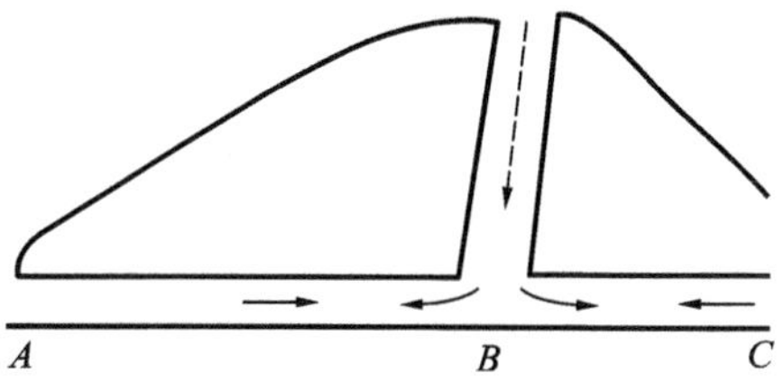

图 5-5 竖井的热位差自然风

在冬季，洞内气温较洞外高，洞内空气容重较洞外小，于是竖井（或斜井）中的自然风方向向上，如图 5-5 中的实线箭头所示。当列车在隧道中由低洞口 A 至高洞口 C 方向运行经过竖井底部之后，列车尾端的负压将竖井中的空气向隧道吸入，即由列车活塞作用所引起的竖井（或斜井）中的气流方向与竖井（或斜井）中原有的自然风逆向，而且隧道 BC 段的活塞风风向也与原来的自然风逆向。待列车出洞再经历一段时间，BC 段的活塞风风速衰减到 0 之后，BC 段才能逐渐恢复到原来的热位差自然风的风向和风速。因此，BC 段的烟气在经历较长的时间后才能由竖井（或斜井）排至洞外。

在夏季，竖井（或斜井）中的热位差自然风向向下，如图 5-6 中虚线箭头所示。在这种情况下，竖井（或斜井）热位差所形成的自然风在 AB 段与活塞风逆向。AB 段中的烟气要等到活塞风风速衰减到 0 之后再在自然风的作用下由低洞口 A 排至洞外，也需要经历较长的时间。

实践证明，利用竖井（或斜井）作为自然通风之用总会对竖井（或斜井）两侧的某一侧隧道段的排烟通风不利，何况在春秋两季竖井（或斜井）热位差所形成的自然风又很小。因此，不能期望竖井（或斜井）能实现可靠的自然通风。对我国铁路隧道的竖井（或斜井）自然通风情况的调查也证实了这一点。

综上所述，隧道两洞口大气压的超静压差和热位差都随着气象条件而经常发生变化。因此除了对通风要求低的短隧道，在一般情况下洞内自然风难以用于隧道内稳定的自然通风。在设计机械通风时，必须考虑与机械风（即风机送出来的风）逆向的自然风的不利影响。

但通过认识和了解自然风的特性和分布规律，可以帮助我们在隧道通风设计及通风控制中合理利用自然风，趋利避害，以节省能源。

知识归纳

(1) 自然风的产生。

(2) 自然风的分布规律。

(3) 影响自然风压的因素。

(4) 自然风对隧道通风的影响。

独立思考

5-1 隧道自然风压是如何产生的？用两个深度完全相同的通风竖井是否也会产生自然风压？机械通风隧道有没有自然风压存在？

5-2 自然风压有何特性？在实际工作和设计中如何考虑自然通风对机械通风的影响？

5-3 通风机在运转时，通风机房中静压U形压差计能否反映自然风压值的大小？为什么？自然风压如何测量？

5-4 机械通风的隧道，由于自然风压的影响，发生风流反向的条件是什么？如何防止风流反向？

5-5 在隧道中怎样利用自然通风？怎样改善自然通风？

5-6 影响自然风压大小和方向的主要因素是什么？能否用人为的方法产生或增加自然风压？

6 隧道通风方式

课前导读

▽ 内容提要

本章介绍目前交通隧道各类通风方式及其特点和适用条件，并着重讲述纵向通风的压力模式和计算方法；在此基础上，讲述选择隧道通风方式的原则和影响隧道通风方式的选择因素；最后通过实例演示隧道通风方式的选择过程。

▽ 能力要求

通过本章的学习，学生应了解影响隧道通风方式选择的主要因素；熟悉各种隧道通风方式的特点和适用条件，以及选择隧道通风方式的原则。

6.1 隧道通风的方式和特点

隧道通风方式按送风形态、空气流动状态、送风原理等可分为自然通风和机械通风两种方式。机械通风又可分为纵向通风、半横向通风和全横向通风及前几种通风方式的组合。

表 6-1 为公路隧道中常见机械通风方式的分类。

表 6-1 公路隧道中常见机械通风方式的分类

纵向通风方式	半横向通风方式	全横向通风方式	组合通风方式
(1)全射流 (2)集中送入式 (3)通风井送排式 (4)通风井排出式 (5)吸尘式	(1)送风式 (2)排风式 (3)平导压入式	(1)顶送顶排式 (2)底送顶排式 (3)顶送底排式 (4)侧送侧排式	(1)纵向组合式 (2)纵向+半横向组合式 (3)纵向+集中排烟组合式

隧道选择哪一种通风方式应根据隧道长度、车流量的大小、纵坡坡率、海拔高度、车辆组成、设计时速等因素综合比选来确定。其中隧道长度、车流量的大小是影响隧道通风方式选择的主要因素。

6.1.1 自然通风

这种通风方式不设置专门的通风设备,利用存在于洞口间的自然压力差或汽车行驶时活塞作用产生的交通通风力达到通风目的。自然通风方式一般只适用于短隧道,且车流量较小的情况。

对于公路隧道,下列经验公式可作为选择机械通风的判据:

$$LN \geqslant 6\times10^5 \quad (\text{双向行车}) \tag{6-1a}$$

或

$$LN \geqslant 2\times10^6 \quad (\text{单向行车}) \tag{6-1b}$$

式中 L——隧道长度,m;

N——设计小时交通量,辆/日。

当 L 与 N 的乘积大于 6×10^5(双向行车)或 2×10^6(单向行车)时,必须考虑机械通风。

对于铁路隧道,下列经验公式可作为选择自然通风的判据:

$$LN \geqslant 100 \tag{6-2}$$

式中 L——隧道长度,km;

N——列车密度,对/日。

采用活塞风进行通风的隧道,其风流在出口处或多或少地要受自然风的影响。单向交通的隧道,如果风从出口吹进隧道内部,则会对交通风的速度起削减作用。由于交通风的作用较自然风大,因此单向交通隧道即使相当长,也有足够的通风能力。由于各种风的方向和参数的差异,在自然风方向、隧道内风向及交通方向之间存在着不同的组合方式。

6.1.2 纵向通风

所谓纵向通风,是指隧道中的风流沿着与隧道内车行方向一致(或相反)的方向流动的通风方式。纵向通风又可分为全射流纵向通风、集中排风的纵向式通风、送排风组合式纵向通风等,以下分别进行介绍。

6.1.2.1 全射流纵向通风

(1) 全射流纵向通风的特点

所谓全射流纵向通风,是指采用射流风机进行通风。射流风机是一种特殊的通风机,图 6-1 为其构造简图。与一般通风机相比,其具有风速高、风量小、价格便宜等特点。表 6-2 所示是目前使用的部分国产射流风机的规格。射流风机安装简单、方便，图 6-2 为某隧道全射流纵向通风风机布置与安装图。

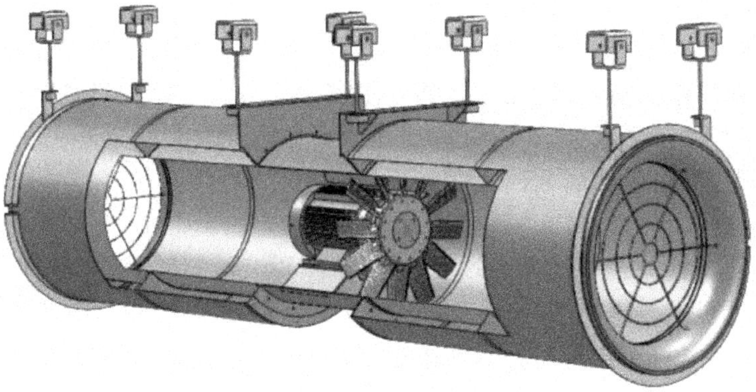

图 6-1 射流风机构造简图

表 6-2 部分国产射流风机规格及安装尺寸表

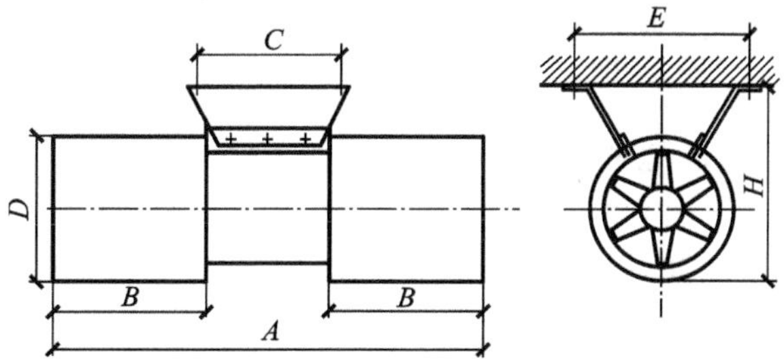

机号(No)	63	90	100	112	125	140
叶轮直径/mm	630	900	1000	1120	1250	1400
轴向推力/N	245～515	390～840	530～1095	695～1340	845～1655	645～1330
流量/(m^3/s)	6.6～12.3	15.4～22.3	20～28.5	25.8～35.5	31.8～44	31～44
出口风速/(m/s)	27.6～39.5	24.2～35.1	25.5～36.3	26.2～36	25.9～35.9	20.1～28.6
转速/(r/min)	2900～2930	1440～1470	1460～1480	1460～1480	1470～1480	970～980
电机功率/kW	5.5～15	7.5～22	11～30	15～37	18.5～45	11～30
噪声/dB	68～75	66～75	68～75	69～75	69～75	68～75
A/mm	2980	3130	3380	3880	4480	3880
B/mm	1215	1215	1315	1515	1815	1515
C/mm	940	1180	1260	1360	1470	1740
D/mm	800	1100	1200	1320	1450	1700
E/mm	750	940	1000	1100	1160	1160
H/mm	1100	1400	1500	1620	1750	2100
总重力/kN	80	770	985	1165	1410	1820
最小间距/m	80	100	120	150	180	180

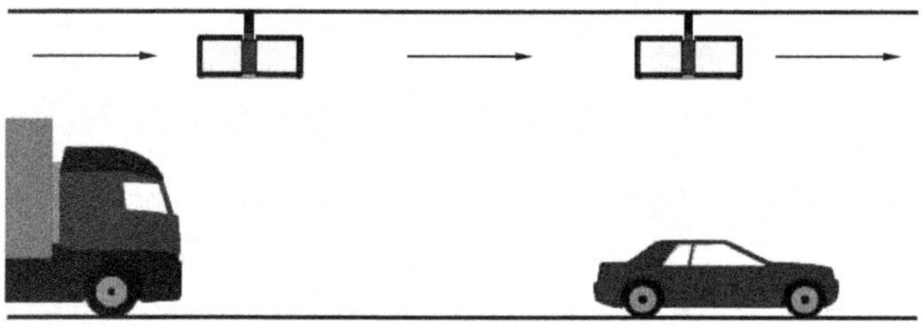

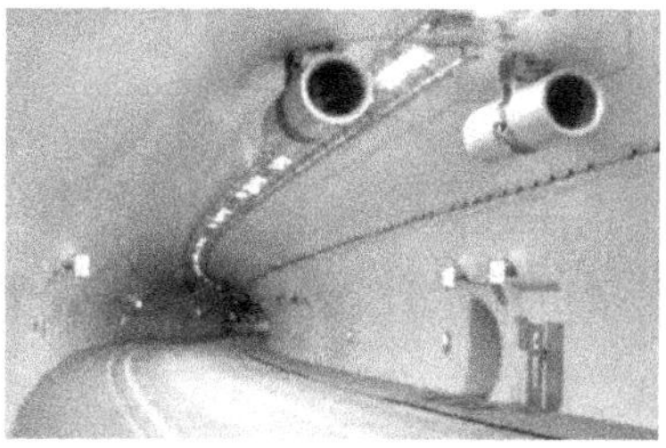

图 6-2 全射流纵向通风风机布置与安装图

射流风机的通风原理是：利用风机所产生的高速气流推动前方空气流动，同时在后方形成一个负压区，带动后方空气流动，从而在通风风机的前后一定范围内形成空气沿隧道轴向（纵向）的定向流动，以达到通风的目的。一般来讲，风速越大，射流越长。

射流风机的功率小，通风距离短，一般在一个隧道中需要安装多台风机同时工作。

射流风机纵向通风无须开凿通风井，全射流纵向通风的通风设施最为简单，为此而花费的费用少；但是由于单机通风效率低，噪声大，射出的高速风流可能影响正常行车。

射流风机的噪声随风速的增大而增大，故效率最高的风量有一个范围，此时风速为 30～40 m/s，这就是最经济的风速。根据某隧道试验结果，结果当风速为 30 m/s 时，风机的噪声为 85～90 dB，符合环境要求。这就说明从噪声要求看，风机的风速以 30 m/s 为宜。

射流风机所产生的高速风流对行车的影响大小主要取决于风机安装高度（即风机至运行车辆的横距）。研究表明，当风机吹出风的风速为 30 m/s 时，在风机风口前方假想圆筒以外横距 0.5 m 处，行车几乎不受影响，因此射流风机宜安装在隧道建筑界限以外的顶部。

当多台风机同时工作时，若风机安装距离过近，会产生噪声混合现象。噪声混合的距离与噪声大小有关，噪声大，混合距离大。为了避免噪声混合，在实践中采用的风机安装距离为：对小口径（ϕ630 mm），大于 80 m；对大口径（ϕ1030 mm），大于 140 m。

目前利用射流风机通风在公路隧道通风中所占比重非常大。

（2）全射流纵向通风的计算

① 全射流纵向通风所需风压计算。

射流风机纵向通风模式如图 6-3 所示。

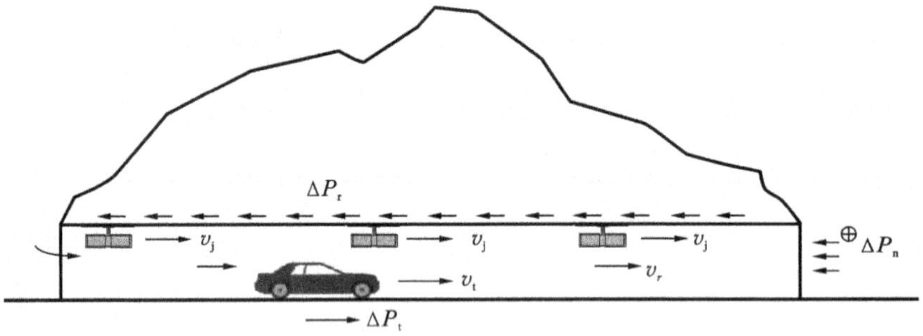

图 6-3 射流风机纵向通风模式

隧道内风机启动后经过一段时间，洞内风流基本稳定，根据伯诺里方程可得：

$$\Delta P = \Delta P_r + \Delta P_n - \Delta P_t \tag{6-3}$$

式中 ΔP——射流风机提供的通风压力；

ΔP_r——隧道摩擦阻力和出入口局部阻力损失；

ΔP_n——自然风产生的风压；

ΔP_t——交通风产生的风压。

ΔP_r为气流进入和流出隧道洞口产生的局部阻力损失与气流在隧道内流动过程中与隧道壁摩擦产生的沿程阻力损失之和。

洞外气流进入隧道产生的局部阻力损失为：

$$\Delta P_1 = \xi_e \frac{\rho v_r^2}{2}$$

式中 ξ_e——空气流进隧道的局部阻力系数，一般取 $\xi_e = 0.60$。

气流由洞内流出隧道洞外产生的局部阻力损失为：

$$\Delta P_2 = \xi_0 \frac{\rho v_r^2}{2}$$

式中 ξ_0——空气流出隧道的局部阻力系数，一般取 $\xi_0 = 1$。

气流在隧道内流动过程中与隧道壁摩擦产生的沿程阻力损失为：

$$\Delta P_3=\frac{L}{D_r}\frac{\lambda\rho}{2}v_r^2$$

式中 L——隧道长度，m；

D_r——隧道净空断面当量直径，m，$D_r=\frac{4A_r}{\text{隧道断面周长}}$，其中 A_r 为隧道净空断面面积(m^2)；

v_r——隧道内设计风速，m/s，一般 $v_r=\frac{Q_{req}}{A_r}$；

λ——与隧道衬砌表面相对糙度有关的摩擦阻力系数。

由此可得：

$$\Delta P_r=(\xi_e+\xi_0+\lambda\frac{L}{D_r})\frac{\rho}{2}v_r^2 \tag{6-4}$$

《公路隧道通风设计细则》(JTG/T D70/2-02—2014)建议隧道两洞口的等效压差 ΔP_n 按下式计算：

$$\Delta P_n=(\xi_e+\xi_0+\lambda\frac{L}{D_r})\frac{\rho}{2}v_n^2 \tag{6-5}$$

式中 v_n——隧道内自然风引起的风速，m/s。

ΔP_n 随隧道环境略有不同，需要通过实测得到。在隧道内，自然风风向与交通方向一致时产生推力(顺压)，相反时则产生阻力(逆压)。从实际情况看，自然风风向经常变化不定，从安全角度考虑，通风计算中通常视自然风风向与交通方向逆向，即作为阻力考虑。同样由自然通风力产生的隧道两洞口的等效压差 ΔP_n，在计算中也作为逆向阻力考虑。

我国地域辽阔，不同地区的气候类型千差万别，目前尚未建立起分区域自然风阻力的估算模式。在设计阶段，自然风阻力的确定还有一定难度。结合我国已经建成的大量山岭隧道的气象观测资料和隧道运营资料分析，可将隧道自然风阻力 ΔP_n 按 10～30 Pa 的常压差考虑。

隧道内车辆行驶时产生的交通风风压可按下式计算：

$$\Delta P_t=\frac{A_m}{A_r}\frac{\rho}{2}n_+(v_{t+}-v_r)^2-\frac{A_m}{A_r}\frac{\rho}{2}n_-(v_{t-}+v_r)^2 \tag{6-6}$$

式中 A_m——汽车等效阻抗面积，m^2；

v_t——隧道内车辆行驶速度，m/s；

v_r——隧道内风流速度，m/s。

当整个路线上下行交通比例为 1∶1 时，有 $n_+=n_-=\frac{n}{2}$。

对于单洞双向行车隧道，式(6-6)可简化为：

$$\Delta P_t=\frac{A_m}{A_r}\frac{\rho}{2}\cdot 2nv_tv_r \tag{6-7a}$$

式中 n——上下行总交通量。

其余符号意义同前。

对于双洞单向行车隧道，式(6-6)可简化为：

$$\Delta P_t=\frac{A_m}{A_r}\frac{\rho}{2}\frac{n}{2}(v_t-v_r)^2 \tag{6-7b}$$

对于一般地区隧道，自然风不稳定，因而在通风设计计算时常将自然风视为阻力；交通风一般较为稳定，对于采用可以逆转的射流风机通风，在单向交通隧道中可视为动力，在双向交通隧道中则视为阻力。

② 隧道通风所需射流风机的台数计算。

隧道内每处风机所产生的压力按下式计算：

$$\Delta P_j=\rho v_j^2\Phi(1-\psi)\eta i \tag{6-8}$$

式中 v_j——射流风机出口风速，m/s；

A_j——射流风机风口面积，m^2；

Φ——断面面积比，即 $\Phi=A_j/A_r$；

ψ——流速比，即 $\psi=v_r/v_j$；

η——射流风机位置摩阻损失折减系数，可按表 6-3 取值；

i——每一处设置风机的台数。

表 6-3 **射流风机位置摩阻损失折减系数**

$\frac{Z}{D_j}$	1.5	1.0	0.7	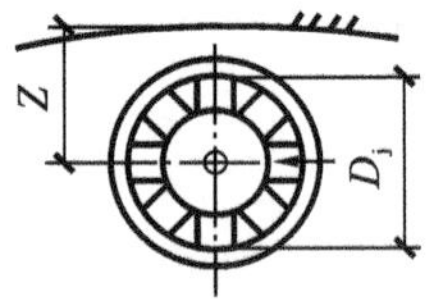
η	0.91	0.87	0.85	

整个隧道需要设置风机的处数为：

$$Z=\frac{\Delta P_r+\Delta P_n-\Delta P_t}{\Delta P_j} \tag{6-9}$$

由此可得隧道所需风机的总台数为：

$$Z_{总}=Z_i \tag{6-10}$$

【例 6-1】 某双向行驶隧道，上下行车辆比例为 1∶1。根据已知条件，求解隧道所需风机台数。

已知：① 隧道长度 $L=800$ m，坡度为 0.6%；

② 隧道断面面积 $A_r=55\ m^2$；

③ 隧道当量直径 $D_r=7$ m；

④ 设计高峰小时交通量 $N=1500$ 辆/h；

⑤ 大型车混入率 $r=31\%$；

⑥ 设计时速 $v_t=13.9$ m/s；

⑦ 隧道内自然风风速 $v_n=2.5$ m/s；

⑧ 隧道设计需风量 $Q=72\ m^3/s$；

⑨ 隧址空气密度 $\rho=1.224\ kg/m^3$。

【解】 (1) 隧道内风速计算

$$v_r=\frac{Q}{A_r}=\frac{72}{55}=1.309(m/s)$$

(2)隧道内所需升压力计算

① $\Delta P_r=(1+\xi_e+\lambda_r\frac{L}{D_r})\frac{\rho}{2}v_r^2=(1+0.6+0.025\times\frac{800}{7})\times\frac{1.224}{2}\times1.309^2=4.67(Pa)$。

② 自然风引起的等效压差：$\Delta P_n=(1+\xi_e+\lambda_r\frac{L}{D_r})\frac{\rho}{2}v_n^2=(1+0.6+0.025\times800/7)\times\frac{1.224}{2}\times2.5^2=17.05(Pa)$。

(3)交通风产生的风压计算

ΔP_t 由式(6-6)求得。

$$A_m=(1-0.31)\times2.13\times0.65+0.31\times5.37\times1.1=2.78(m^2)$$

隧道内车辆数为：

上行车辆数：$n_+=(1500\times50\%\times800)/(3600\times13.9)=11.99$(辆)

下行车辆数：$n_-=(1500\times50\%\times800)/(3600\times13.9)=11.99$(辆)

则

$$\Delta P_t=\frac{2.78}{55}\times\frac{1.224}{2}\times[11.99\times(13.9-1.309)^2-11.99\times(13.9+1.309)^2]=-26.99(\text{Pa})$$

(4) 隧道所需风机台数计算

选择900型射流风机，隧道中每处设置两台风机，则每处风机可产生的升压力为：

$$\Delta P_j=\rho v_j^2\Phi(1-\psi)\eta$$

900型射流风机吹出风的风速 $v_j=25$ m/s，风口面积 $A_j=0.636$ m²，则

$$\Phi=\frac{A_j}{A_r}=\frac{0.636}{55}=0.01156,\quad \psi=\frac{v_r}{v_j}=\frac{1.309}{25}=0.05236$$

设射流风机位置摩阻损失折减系数 $\eta=0.7$，则

$$\Delta P_j=\rho v_j^2\Phi(1-\psi)\eta=1.224\times25^2\times\frac{0.636}{55}\times\left(1-\frac{1.309}{25}\right)\times0.7=5.87$$

所以

$$Z=\frac{\Delta P_r+\Delta P_n-\Delta P_t}{\Delta P_j}=\frac{4.77+15-(-23.82)}{14.953}=[4.67+17.05-(-26.99)]/5.87=\frac{48.71}{5.87}=8.3(\text{台})$$

根据《公路隧道通风设计细则》(JTG/T D70/2-02—2014)备用射流风机宜采用同种型号风机成组备用，计算所需射流风机台数为1～6组时，可备用1组。故合计需10台射流风机，按5组布置。

6.1.2.2 集中排风的纵向式通风

(1) 集中排风的纵向式通风的特点

图6-4为一集中排风的纵向式通风系统图。由图6-4可见，通风设施是由竖井、风道和风机构成的。竖井开在隧道全长的中点处或尽量靠近中点，这样两边向竖井汇流的风量就会相等或相近，通风效果好。若受地表条件限制，竖井不能开在隧道中部，这时要取得较好的通风效果，就需要采取其他措施，如在较长一段中设射流风机。竖井可利用隧道施工井，也可以专门开凿。其专门开凿时就需要考虑竖井的深度、开凿费用等。当然，在一些特定条件下，竖井也可能变为斜井或横洞，这要看哪个更方便、更经济。风道是为安装风机开凿的，工程量较小，可根据所选风机的安装要求施工。风机采用排风式工作方式，新鲜空气经隧道两端洞口进入隧道，在中央汇入竖井，污染空气经竖井、风机集中排入大气。

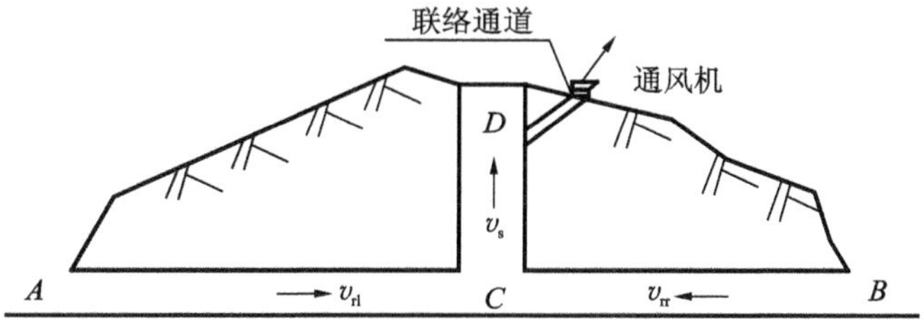

图6-4 集中排风的纵向式通风系统图

采用集中排风的纵向式通风，隧道内有害气体浓度最大的地方是竖井处。在这里应该加强对有害气体的监测。竖井排风式可以变为竖井送风式，只要将风机的工作方式由排风式改变为送风式即可。竖井送风式隧道空气污染最严重的地方在隧道两洞口，在洞口的污染空气有时会产生光幕现象，影响行车安全，所以这种方式较少采用。

由上可见，集中排风的纵向式通风方式通风简单。当可以利用施工井作为竖井，或开凿竖井比较方便时，可以考虑采用集中排风的纵向式通风方式。

(2) 集中排风的纵向式通风的计算

① 集中排风的纵向式通风所需风压为：

$$\Delta P=\Delta P_0+\Delta P_s \tag{6-11}$$

式中 ΔP_0——隧道洞口的空气与通风井底部隧道内空气的压力差；

ΔP_s——竖井(或斜井、横洞)的摩擦阻力及出入口损失。

② ΔP_0的计算采用下式：

$$\Delta P_0 = \Delta P_r \pm \Delta P_t \pm \Delta P_n \tag{6-12}$$

式中 ΔP_r——空气自身在隧道内流动受到的阻力，$\Delta P_r = \left(1+\xi_r+\lambda_r \frac{L}{D_r}\right)\frac{\rho}{2}v_r^2$；

ΔP_t——交通风风压，$\Delta P_t = \frac{A_m}{A_r}\frac{\rho}{2}n_r^+(v_t - v_{rr})^2 - \frac{A_m}{A_r}\frac{\rho}{2}n_r^-(v_t + v_r)^2$；

ΔP_n——隧道洞口与压力基准点的等效压差，一般可取一端洞口为基准点，在无实测资料时可取10 Pa。

上述三部分根据其对通风有利与否决定取正值或负值。

ΔP_0的计算应分别考虑通风井左、右侧所需压差，取其中的较大值作为设计值。这样，另一区段的压力就会超过所需压力，从而造成该区段风量大于所需风量。

③ ΔP_s的计算采用下式：

$$\Delta P_s = \left(1+\xi_s+\lambda_s \frac{L_s}{D_s}\right)\frac{\rho}{2}v_s^2 \tag{6-13}$$

式中 L_s——竖井高度，m；

λ_s——竖井的摩擦损失系数；

D_s——竖井的当量直径，m；

ξ_s——汇流及弯曲损失系数；

v_s——竖井内的风速，m/s。

【例 6-2】 某双向行驶隧道上下行车辆比例为 1∶1，如图 6-5 所示。根据已知条件，求竖井排风的纵向通风所需风压值。

已知：① 隧道长度 L=3825 m(L_{rl}=2000 m，L_{rr}=1825 m)；

② 车速 v_t=60 km/h=16.67 m/s；

③ 交通量 N=2000 辆/h；

④ 所需通风量 Q_{req}=450 m^3/s；

⑤ 大型车混入率 r_1=30%(A_m=2.4 m^2)；

⑥ 竖井高度 L_s=135 m；

⑦ 隧道断面面积 A_r=56.9 m^2；

⑧ 隧道当量直径 D_r=7.79 m；

⑨ 竖井的摩擦损失系数 λ_s=0.015；

⑩ 汇流及弯曲损失系数 ξ_s=3.0；

⑪ 竖井的面积 A_s=38.47 m^2；

⑫ 竖井当量直径 D_s=7 m；

⑬ 隧道壁面摩擦损失系数 λ_r=0.02；

⑭ 隧道汇流损失系数 ξ_r=0.6。

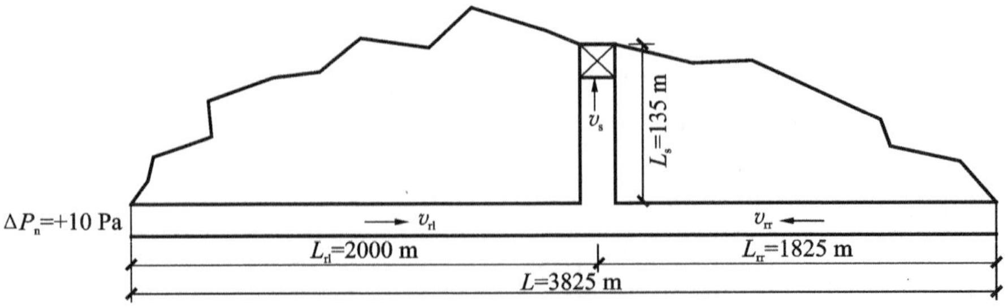

图 6-5 例 6-2 图

【解】 (1) 竖井右侧区段计算

$$Q_r = Q\frac{L_{rr}}{L} = 450\times\frac{1825}{3825} = 214.7(\mathrm{m^3/s})$$

$$v_{rr} = \frac{Q_r}{A_r} = \frac{214.7}{56.9} = 3.77(\mathrm{m/s})$$

$$n_r^+ = n_r^- = \frac{1}{2}\frac{NL_{rr}}{v_t} = \frac{1}{2}\times\frac{2000\times1825}{16.67\times3600}\approx 31(辆)$$

风从右洞口以 v_{rr} 的速度流动到竖井底，需克服的阻力 ΔP_{or} 按 $\Delta P_{or} = \Delta P_{rr} + \Delta P_{tr}$ 计算(洞口等效压差的基准点为右洞口，因而 $\Delta P_{nr} = 0$)。

空气在隧道内流动受到的摩擦阻力及入口损失为：

$$\Delta P_{rr} = \left(\xi_r + \lambda_r\frac{L_{rr}}{D_r}\right)\frac{\rho}{2}v_{rr}^2 = \left(0.6 + 0.025\times\frac{1825}{7.79}\right)\times\frac{1.224}{2}v_{rr}^2 = 3.95v_{rr}^2$$

车辆行驶产生的交通风压为：

$$\begin{aligned}\Delta P_{tr} &= \frac{A_m}{A_r}\frac{\rho}{2}n_r^+(v_t - v_{rr})^2 - \frac{A_m}{A_r}\frac{\rho}{2}n_r^-(v_t + v_{rr})^2\\ &= -\frac{A_m}{A_r}\frac{\rho}{2}\cdot 4n_r^+ v_t v_{rr}\\ &= -\frac{2.4}{56.9}\times\frac{1.224}{2}\times4\times31\times16.67v_{rr}\\ &= -53.36v_{rr}\end{aligned}$$

当 $v_{rr} = 3.77$ m/s 时，得

$$\Delta P_{or} = 3.95\times3.77^2 + 53.36\times3.77 = 257.31(\mathrm{Pa})$$

(2) 竖井左侧区段计算

$$Q_l = Q\frac{L_{rl}}{L} = 450\times\frac{2000}{3825} = 235.3(\mathrm{m^3/s})$$

$$v_{rl} = \frac{Q_l}{A_r} = \frac{235.3}{56.9} = 4.14(\mathrm{m/s})$$

$$n_l^+ = n_l^- = \frac{1}{2}\frac{NL_{rl}}{v_t} = \frac{1}{2}\times\frac{2000\times2000}{16.67\times3600}\approx 34(辆)$$

风从左洞口以 v_{rl} 的速度流动到竖井底，需克服的阻力 ΔP_{ol} 按 $\Delta P_{ol} = \Delta P_{rl} + \Delta P_{tl} + \Delta P_{nl}$ 计算，空气在隧道内流动受到的摩擦阻力及入口损失为：

$$\Delta P_{rl} = \left(\xi_r + \lambda_r\frac{L_{rl}}{D_r}\right)\frac{\rho}{2}v_{rl}^2 = \left(0.6 + 0.025\times\frac{2000}{7.79}\right)\times\frac{1.224}{2}v_{rl}^2 = 4.30v_{rl}^2$$

车辆行驶产生的交通风压为：

$$\begin{aligned}\Delta P_{tl} &= \frac{A_m}{A_r}\frac{\rho}{2}n_l^+(v_t - v_{rl})^2 - \frac{A_m}{A_r}\frac{\rho}{2}n_l^-(v_t + v_{rl})^2\\ &= -\frac{A_m}{A_r}\frac{\rho}{2}\cdot 4n_l^+ v_t v_{rl}\\ &= -\frac{2.4}{56.9}\times\frac{1.224}{2}\times4\times34\times16.67v_{rl}\\ &= -58.52v_{rl}\end{aligned}$$

左洞口的自然风压力为左侧段的动力，即：

$$\Delta P_{nl} = 10\ \mathrm{Pa}$$

当 $v_{rl} = 4.14$ m/s 时，得：

$$\Delta P_{ol} = 4.30\times4.14^2 + 58.52\times4.14 - 10 = 250.07(\mathrm{Pa})$$

(3) 竖井吸出风量

为保证所需通风量，竖井底压力必须取左、右两侧隧道段压差绝对值中的较大者，按(1)、(2)的计算结果取 $\Delta P_o = 257.31$ Pa。因此，右侧区段的风速按(1)的压力公式计算如下：

$$3.95v_{rr}^2+53.36v_{rr}=257.31\ \text{Pa}$$

解得 $v_{rr}=3.77\ \text{m/s}$，较所需风速大。

竖井通风量 Q_s 为：

$$Q_s=A_r(v_{rr}+v_{rl})=56.9\times(3.77+4.14)=450.08(\text{m}^3/\text{s})$$

竖井风速 v_s 为：

$$v_s=\frac{Q_s}{A_s}=\frac{450.08}{38.47}=11.70(\text{m/s})$$

(4) 竖井排风式通风所需风压值

竖井风机所需风压为竖井底压力加上空气在竖井中流动的压力损失，采用 $\Delta P_s=\left(1+\xi_s+\lambda_s\frac{L_s}{D_s}\right)\frac{\rho}{2}v_s^2$ 和 $\Delta P=\Delta P_o+\Delta P_s$ 计算如下：

$$\Delta P_s=\left(1+3.0+0.015\times\frac{135}{7}\right)\times\frac{1.224}{2}\times11.70^2=359.34(\text{Pa})$$

$$\Delta P_o=257.31\ \text{Pa}$$

$$\Delta P=\Delta P_o+\Delta P_s=257.31+359.34=616.65(\text{Pa})$$

6.1.2.3　送排风组合式纵向通风

(1) 送排风组合式纵向通风的特点

集中排风纵向式通风如果用于双向交通的隧道内，则会造成排风井一侧的隧道内车辆行驶方向与风流方向一致，利用交通风作为隧道通风的动力；而在排风井的另一侧隧道内车辆行驶方向与风流方向相反，交通风则成为通风阻力。对于单向交通的高等级公路长大隧道，采用送排风组合式纵向通风方式可以充分利用单向交通隧道内车辆产生的交通风；对于近期为双向交通、远期为单向交通的隧道，也可采用通风井送排风组合式纵向通风方式。目前国内外已建和在建的一些长大隧道大都采用了送排风组合式纵向通风方式（图 6-6）。

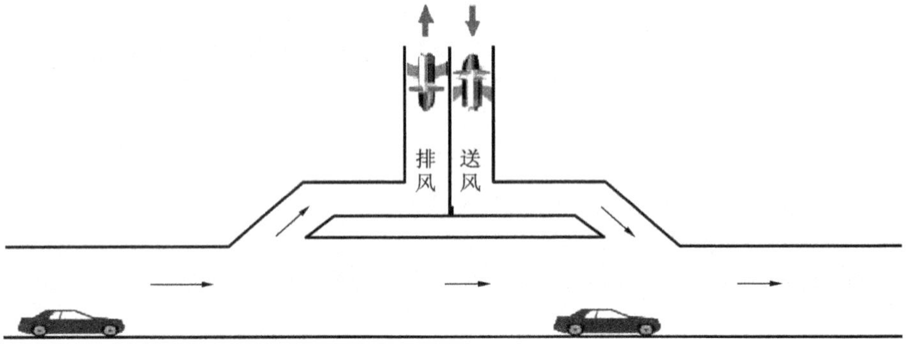

图 6-6　送排风组合式纵向通风方式

与集中排风的纵向式通风相比，送排风组合式纵向通风的优点在于：在通风井的两侧，隧道内车辆的行驶方向与隧道内的风流方向一致，无论是对隧道通风的节能，还是对车辆本身的节能，都是非常有益的。在实际工程中，人们常常将排风井与送风井合并为一个通风井进行修建，再按隧道送排风的需求将通风井分隔为所需要的排风井与送风井。

采用送排风组合式纵向通风方式隧道内最大设计风速不宜大于 8.0 m/s。设计时应防止短道段出现回流，短道段长度不应小于 50 m。同时，设计时应提供一定的短道段窜流风速；送风量计算应充分考虑短道段窜流风量及其污染浓度。

需要说明的是，在竖井集中排风的纵向式通风和竖井送排风组合式纵向通风中，由于受地形、经济水平的限制，修建的少数几个竖井虽然能够满足降低隧道中部有害气体浓度的要求，但是竖井处安装的少量大功率风机一般都不能给隧道内空气流动提供足够的动力，因而在多数设有竖井的隧道中，仍需要在竖井之间、竖井与洞口之间设射流风机来满足隧道内空气流动的需要。

(2) 送排风组合式纵向通风的计算

① 送排风组合式纵向通风模式。

图 6-7 所示为典型的送排风组合式纵向通风模式。图 6-7 中，P_1、P_2、P_3、P_4分别为断面 1、2、3、4 的静压；v_1、v_2、v_3、v_4分别为断面 1、2、3、4 的风速；Q_1、Q_4、Q_s分别为断面 1、4 及短道内的风量；v_e、Q_e分别为排风口的风速与风量；v_b、Q_b分别为送风口的风速与风量；α、β分别为排风道、送风道的外端(段)与隧道的夹角。这种通风方式在排风口与送风口之间的短道段 L_s内的流动空气称为短道风流。短道风流的流动方向有可能与隧道内车流方向一致，也有可能与隧道内车流方向相反，一致时称为顺流，相反时称为回流。在送排风组合式纵向通风设计中通常要求短道内为顺流。

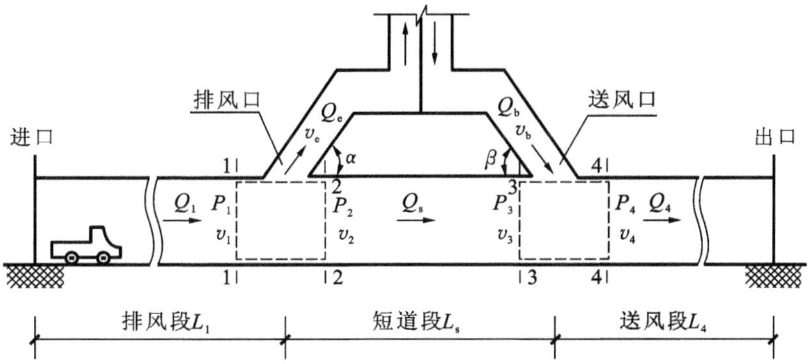

图 6-7 排送风组合式纵向通风模式

设隧道轴线方向(向右为正)，在短道风流为顺流时，取图 6-7 中虚线所示的控制体分别列出排风口和送风口在隧道轴线方向的动量方程如下：

$$A(P_1-P_2)=c_2\rho Q_s v_2+c_e\rho Q_e v_e\cos\alpha-c_1\rho Q_1 v_1 \tag{6-14}$$

$$A(P_3-P_4)=c_4\rho Q_4 v_4+c_b\rho Q_b v_b\cos\beta-c_3\rho Q_s v_3 \tag{6-15}$$

式中 A——隧道的断面面积；

ρ——空气的密度；

c_1,c_2,c_3,c_4,c_e,c_b——动量修正系数。

根据连续性方程 $Q_s=Q_1-Q_e$，将 $v_2=Q_s/A=v_1(1-Q_e/Q_1)$代入式(6-15)中(根据第 1.3 节，c_1、c_2、c_3、c_4、c_e、c_b可取为 1)，得：

$$P_1-P_2=2\frac{Q_e}{Q_1}\left(\frac{Q_e}{Q_1}-2+\frac{v_e}{v_1}\cos\alpha\right)\frac{\rho v_1^2}{2} \tag{6-16}$$

同样，根据连续性方程 $Q_s=Q_4-Q_b$，将 $v_3=Q_s/A=v_4(1-Q_b/Q_4)$代入式(6-16)并整理，可得：

$$P_3-P_4=2\frac{Q_b}{Q_4}\left(2-\frac{Q_b}{Q_4}-\frac{v_b}{v_4}\cos\beta\right)\frac{\rho v_4^2}{2} \tag{6-17}$$

令 $P_2-P_1=\Delta P_e$，$P_4-P_3=\Delta P_b$，分别代入式(6-16)、式(6-17)得：

$$\Delta P_e=2\frac{Q_e}{Q_1}\left(2-\frac{Q_e}{Q_1}-\frac{v_e}{v_1}\cos\alpha\right)\frac{\rho v_1^2}{2} \tag{6-18}$$

$$\Delta P_b=2\frac{Q_b}{Q_4}\left(\frac{Q_b}{Q_4}+\frac{v_b}{v_4}\cos\beta-2\right)\frac{\rho v_4^2}{2} \tag{6-19}$$

其中，ΔP_e、ΔP_b 分别称为排风口与送风口的升压力。

② 送排风组合式纵向通风中的有害气体浓度。

针对图 6-7 所示短道顺流情况，按第 2 章介绍的方法，可分别计算出隧道入口至断面 1 范围内(下称排风段)车辆的 CO 排放量 Q_{CO1}、断面 4 至隧道出口范围内(下称送风段)车辆的 CO 排放量 Q_{CO4}。对于车辆在短道内 CO 排放量 Q_{CO3}，在纵坡坡度不变或变化不大的情况下，可以根据排风段 L_1和短道段 L_s长度的比例关系进行简化处理，计算式为

$$Q_{CO3}=Q_{CO1}\frac{L_s}{L_1} \tag{6-20}$$

各区段 CO 浓度详细分析如下：

隧道入口处全为新鲜空气，CO 浓度 $\delta_{in}=0$。

隧道入口至断面 1 范围内，CO 浓度呈线性递增，断面 1 处 CO 浓度 δ_1 为

$$\delta_1=\frac{Q_{CO1}}{Q_1} \tag{6-21}$$

经排风口分流后，断面 2 处 CO 浓度 δ_2 与断面 1 处相当，则 δ_2 为

$$\delta_2=\delta_1=\frac{Q_{CO1}}{Q_1} \tag{6-22}$$

由断面 2 带入短道的 CO 流量为

$$Q_{CO2}=\delta_2 Q_s=\frac{Q_{CO1}}{Q_1}(Q_1-Q_e) \tag{6-23}$$

则断面 3 处 CO 浓度 δ_3 为

$$\delta_3=\frac{Q_{CO2}+Q_{CO3}}{Q_s} \tag{6-24}$$

将式(6-20)和式(6-23)代入式(6-24)，并整理得：

$$\delta_3=\frac{Q_{CO1}}{Q_1}\left(\frac{Q_1}{Q_1-Q_e}\frac{L_s}{L_1}+1\right)=\delta_1\left(\frac{Q_1}{Q_1-Q_e}\frac{L_s}{L_1}+1\right) \tag{6-25}$$

断面 4 处与断面 3 处的 CO 流量相当，为 $Q_{CO2}+Q_{CO3}$，则断面 4 处 CO 浓度 δ_4 为

$$\delta_4=\frac{Q_{CO2}+Q_{CO3}}{Q_4}=\frac{Q_{CO2}+Q_{CO3}}{Q_s+Q_b} \tag{6-26}$$

断面 4 至隧道出口范围内 CO 浓度呈线性递增，出口处 CO 浓度为

$$\delta_{out}=\frac{Q_{CO2}+Q_{CO3}+Q_{CO4}}{Q_4}=\frac{Q_{CO2}+Q_{CO3}+Q_{CO4}}{Q_s+Q_b} \tag{6-27}$$

通过分析各控制点的 CO 浓度，可以绘出短道顺流时隧道内 CO 浓度分布情况，如图 6-8 所示。

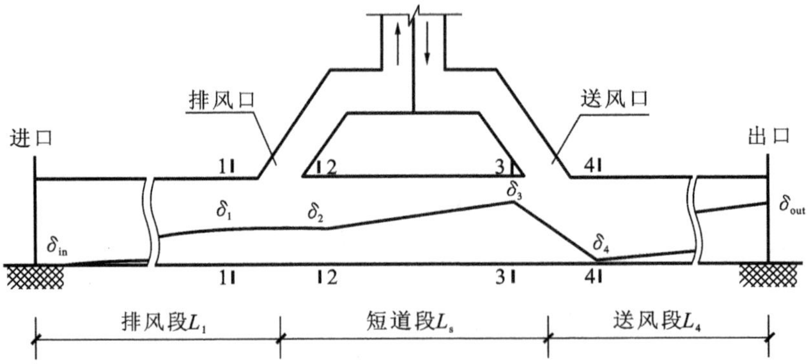

图 6-8 隧道内 CO 浓度分布

从图 6-8 可以看出：a. 短道末端和隧道出口出现 CO 浓度极值；b. 短道内由于风速和空气流量小，CO 浓度升高很快。

③ 排、送风段的风量和风压。

a. 排风段风量与风压。

根据上述有害气体浓度分析，排风段风量设计以满足稀释短道末端有害气体的要求为标准，除与隧道内污染空气的排放要求有关外，还取决于两个控制因素：排风口分流系数和短道长度。

排风口分流系数 k 定义为排风口排出风流量占隧道入口进风量的比例，即

$$k=\frac{Q_e}{Q_1} \tag{6-28}$$

由于只考虑顺流情况，k 值总是小于 1。从有效排放污染空气角度出发，应尽量提高 k 值；但如果 k 值过高，短道内风速大大降低，污染空气浓度很容易超限。《公路隧道通风设计细则》(JTG/T D70/2-02—2014)要求：$0.9 \leqslant k \leqslant 1.0$。

短道长度 L_s 的选取考虑两方面因素：短道内空气流向和污染空气浓度。短道内设计为顺流，为了避免出现回流，短道长度不应过短；由于短道内污染空气浓度上升很快，为了避免短道内污染空气浓度超过设计值，短道长度不宜过长。所以，为避免短道出现回流，《公路隧道通风设计细则》(JTG/T D70/2-02—2014)要求隧道短道长度不小于 50 m。

事实上，影响短道内空气流动的因素很多，使其流动状态复杂多变，短道合理长度需要通过试验确定。参考国内外资料，短道长度取值略大于 50 m。

选定排风口分流系数 k 和短道长度 L_s，考虑短道末端(断面 3)有害空气浓度应低于设计容许浓度，应有

$$\frac{\delta_3}{\delta_D}<1 \tag{6-29}$$

式中 δ_D——有害气体设计容许浓度。

将式(6-28)代入式(6-26)，可得隧道入口送风量为

$$Q_1=\frac{Q_{CO1}}{\delta_D}\left[\frac{L_s}{(1-k)L_1}+1\right] \tag{6-30}$$

进而由 Q_1 可算出短道风量 Q_s 和排风口的排风量 Q_e。

由排风机提供的排风口升压力 ΔP_e 能否保证从隧道进口送入风量 Q_1，需要进一步分析排风段的压力情况。排风段的通风阻力 ΔP_{r1}、交通通风阻力 ΔP_{t1} 和自然风阻力 ΔP_{m1} 分别计算，如下：

$$\Delta P_{r1}=\left(\xi_{in}+\lambda\frac{L_1}{D_r}\right)\frac{\rho}{2}v_{r1}^2+\xi_p\frac{\rho}{2}v_{r1}^2 \tag{6-31}$$

$$\Delta P_{t1}=\frac{A_m}{A_r}\frac{\rho}{2}n_1(v_{t1}-v_{r1})^2 \tag{6-32}$$

$$\Delta P_{m1}=\text{Const}(常数) \tag{6-33}$$

式中 ξ_{in}——隧道入口局部阻力系数；

ξ_p——排风口分叉处局部阻力系数；

λ——排风段隧道壁面摩阻损失系数；

D_r——隧道断面当量直径；

v_{r1}——排风段隧道设计风速；

A_m——汽车等效抗阻面积；

A_r——隧道净空断面面积；

n_1——排风段内车辆数量；

v_{t1}——排风段内车速。

另

$$\Delta e=\Delta P_{r1}-\Delta P_{t1}+\Delta P_{m1}-\Delta P_e \tag{6-34a}$$

其中，Δe 为隧道排风段的通风阻力与通风动力之差。如果 $\Delta e\leqslant 0$，表明排风段通风动力充足，能保证从隧道进口吸入风量 Q_1，所以《公路隧道通风设计细则》(JTG/T D70/2-02—2014)要求隧道内压力应该满足：

$$\Delta e+\Delta P_e\geqslant\Delta P_{r1}-\Delta P_{t1}+\Delta P_{m1} \tag{6-34b}$$

如果 $\Delta e>0$，表明无法从隧道进口吸入风量 Q_1。在此情况下，需要调整设计参数重新计算。若仍希望能从隧道入口送入风量 Q_1，也可以在排风段设置射流风机，从而使射流风机产生的总风压满足 $\Delta P_{ej}\geqslant\Delta e$，且

$$\Delta e+\Delta P_{ej}\geqslant\Delta P_{r1}-\Delta P_{t1}+\Delta P_{m1}-\Delta P_e \tag{6-35}$$

此时，原来的送排风纵向通风系统变为"送排风纵向通风系统+射流风机"的组合式纵向通风系统。

b. 送风段风量与风压。

在送风段，送入风量 Q_b 应保证隧道出口处（断面 4）有害空气浓度不超过设计容许浓度，即要求

$$\delta_{out} \leqslant \delta_D \tag{6-36}$$

将式(6-24)、式(6-27)代入式(6-36)，可得

$$Q_b \geqslant \frac{Q_{CO1}\dfrac{L_s}{L_1}+Q_{CO1}\dfrac{(Q_1-Q_e)}{Q_1}+Q_{CO4}}{\delta_D}-(Q_1-Q_e)=\frac{Q_{CO4}}{\delta_D} \tag{6-37}$$

从式(6-37)可以看出，由于要求短道末端污染空气浓度不超过设计容许值，短道进入送风段的气体不影响送风段的需风量，即送风口送入的新鲜空气 Q_b 保证稀释送风段车辆排放的有害气体便可。送风段空气总流量为

$$Q_4 = Q_s + Q_b \tag{6-38}$$

同样，在送风段需要校核送风机产生的送风口升压力能否将流量为 Q_4 的空气送至隧道出口。为此，分别计算送风段的通风阻力 ΔP_{r4}、交通通风阻力 ΔP_{t4} 和自然风阻力 ΔP_{m4}，即

$$\Delta P_{r4} = \left(\xi_{out} + \lambda\frac{L_4}{D_r}\right)\frac{\rho}{2}v_{r4}^2 + \xi_s\frac{\rho}{2}v_{r4}^2 \tag{6-39}$$

$$\Delta P_{t4} = \frac{A_m}{A_r}\frac{\rho}{2}n_4(v_{t4}-v_{r4})^2 \tag{6-40}$$

式中 ξ_{out}——隧道出口局部阻力系数；

ξ_s——送风口合流处局部阻力系数；

v_{r4}——送风段隧道设计风速；

n_4——送风段内车辆数量；

v_{t4}——送风段内车速。

$$\Delta P_{m4} = \text{const}(常数) \tag{6-41}$$

另

$$\Delta b = \Delta P_{r4} + \Delta P_{m4} - \Delta P_{t4} \tag{6-42}$$

其中，Δb 为隧道送风段的通风阻力与通风动力之差。

如果 $\Delta b \leqslant 0$，表明送风段通风动力充足，风流可以按设想的方式在送风段流动；

如果 $\Delta b > 0$，送风段风流则不能按设想的方式流动。在这种情况下，可调整设计参数重新计算。若仍希望能从隧道出口排出风量 Q_4，则需要在排风段设置射流风机，并使射流风机产生的总风压为

$$\Delta P_{bj} \geqslant \Delta b \geqslant \Delta P_{r4} + \Delta P_{m4} - \Delta P_{t4} \tag{6-43}$$

此时，原来的送排风纵向通风系统变为“送排风纵向通风系统＋射流风机”的组合式纵向通风系统。

④ 排、送风机压力。

排风机、送风机的设计风压计算公式为

$$\Delta P_{tote} = 1.1\left(\frac{\rho}{2}v_e^2 + \Delta P_{se} - \Delta P_e\right) \tag{6-44}$$

$$\Delta P_{totb} = 1.1\left(\frac{\rho}{2}v_b^2 + \Delta P_{sb} + \Delta P_b\right) \tag{6-45}$$

式中 ΔP_{tote}——排风机的设计风压；

ΔP_{totb}——送风机的设计风压；

ΔP_{se}——由隧道内排风口到通风井排风口的沿程阻力和局部阻力总和；

ΔP_{sb}——由通风井送风口到隧道内送风口的沿程阻力和局部阻力总和。

根据算出的排风机风压 ΔP_{tote} 和隧道排风口的排风量 Q_e，便可进行排风机选型；根据送风机的设计风压 ΔP_{totb} 和隧道送风口的送风量 Q_b，便可以对送风机进行选型。

⑤ 送排式纵向通风系统风口升压力。

国内已建成的采用送排式纵向通风的隧道中，其排风口的常用构造是其轴线与隧道轴线垂直，送风口的常用构造是在隧道顶部设置与隧道轴线平行的送风口。因此，在推导送排风纵向通风系统风口升压力计算公式时，可将图 6-7 所示的送排风纵向通风系统简化为图 6-9 所示的通风模式进行推导。

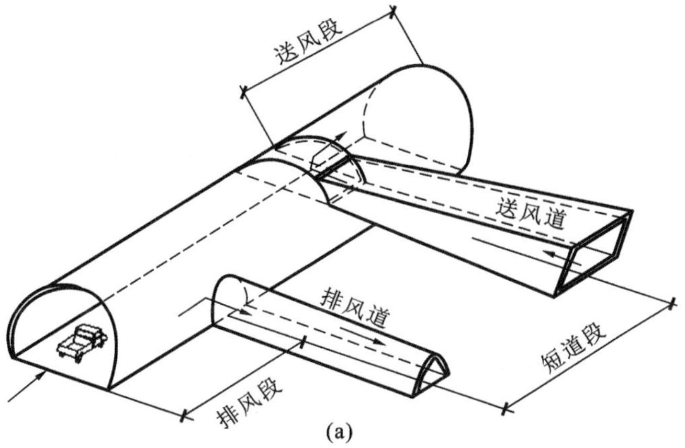

(a)

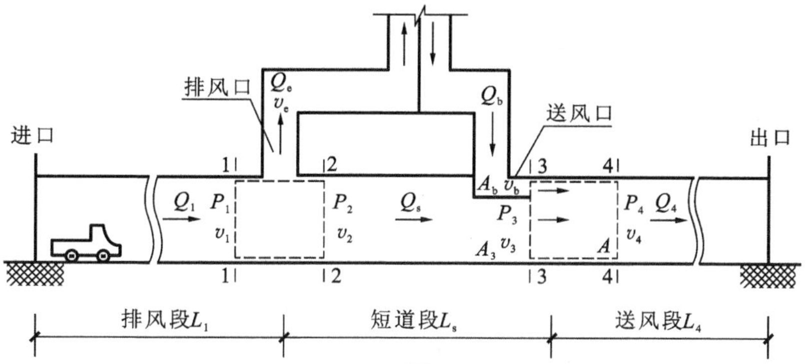

(b)

图 6-9 常用构造排送风通风模式

注：A、A_b、A_3分别为隧道净空断面面积、送风口面积、送风口处行车道面积。

在图 6-9 中，P_3 和 v_3 分别是短道末端的静压和风速，其他符号意义同前。应用动量方程，在排风口断面 2 与断面 1 的静压差 $P_2-P_1=\Delta P_e$，即排风口的升压力为

$$\Delta P_e = 2\frac{Q_e}{Q_1}\left(2-\frac{Q_e}{Q_1}\right)\frac{\rho}{2}v_1^2 \tag{6-46}$$

可见式(6-46)与将 $\alpha=90°$代入式(6-19) 得到的结论是相同的。

由于送风口的构造有些许变化，取图 6-9(b) 所示的虚线包围的体积为控制体，对控制体内的风流应用动量方程，设坐标轴水平向右为正，可得

$$A_b P_b + A_3 P_3 - A P_4 = Q_4 v_4 \rho - Q_b v_b \rho - Q_3 v_3 \rho \tag{6-47}$$

在式(6-47) 中，考虑到 $A_b+A_3=A$，则 $Q_4=Q_b+Q_3$；由于断面 3 的上、下部静压差别不大，如果该静压很大，则喷出的射流应立即向下扩散或向上收缩。

因此，假设断面 3 的上、下部静压相同，即 $P_b=P_3$，代入式(6-47) 并整理，可得断面 4 与断面 3 的静压差 $P_4-P_3=\Delta P_b$，即送风口的升压力

$$\Delta P_b = 2\left[\frac{A}{A_3}\left(1-\frac{Q_b}{Q_4}\right)^2-\left(1-\frac{v_b}{v_4}\frac{Q_b}{Q_4}\right)\right]\frac{\rho}{2}v_4^2 \tag{6-48}$$

6.1.3 横向通风

图 6-10 为某隧道横向通风系统图。由图 6-10 可见，隧道断面被分为送风道、排风道和行车道三部分。

新鲜风流由风机送入送风道，经送风孔进入行车道，与污染空气混合后，横穿隧道，经排风口进入排风道，由风机排出。

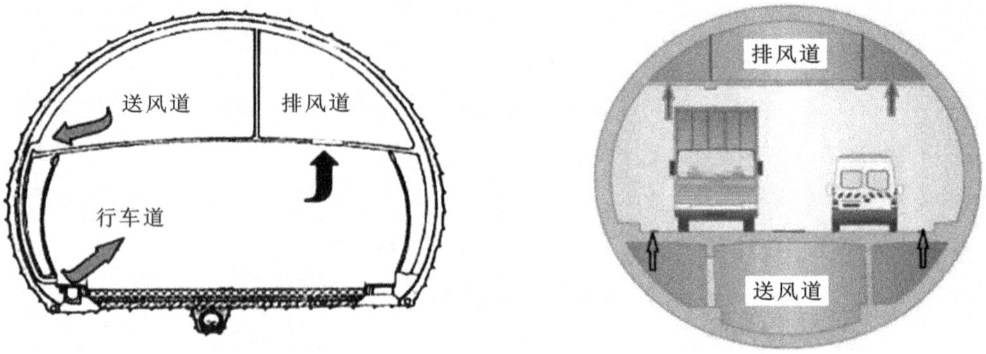

图 6-10 隧道横向通风系统图

与纵向通风相比，横向通风供风均匀，污染空气在隧道内滞留时间短，隧道内能见度高，有利于对火灾进行防治和管理，是更为理想的隧道通风方式。但横向通风需要在隧道内设车道板和吊顶，还要设风井，从而使隧道建设工程量增大，费用增高；另外，由于受隧道施工断面限制，设在车道板下和吊顶上的送风道和排风道断面小，隧道通风阻力大，通风能耗大，运营管理费用高。

由于建设费用和运营管理费用高，使得横向通风方式的使用受到了很大的限制。目前在世界各国大都只在非常重要的长大隧道中使用横向通风。

6.1.4 半横向通风

半横向通风只需设置一个送风道或排风道，如图 6-11 所示，隧道断面被分成送风道或排风道和行车道两部分。新鲜空气由风机、风井送入送风道，经送风孔进入行车道，在行车道内与污染空气混合后沿隧道排出。可见，半横向通风是介于纵向和横向通风之间的一种通风方式。

简单地说，这种通风方式综合了纵向通风和横向通风的优点和缺点，通风效果和安全性等也介于两者之间。在一些重要隧道中，因采用横向通风费用高，可考虑采用半横向通风方式。

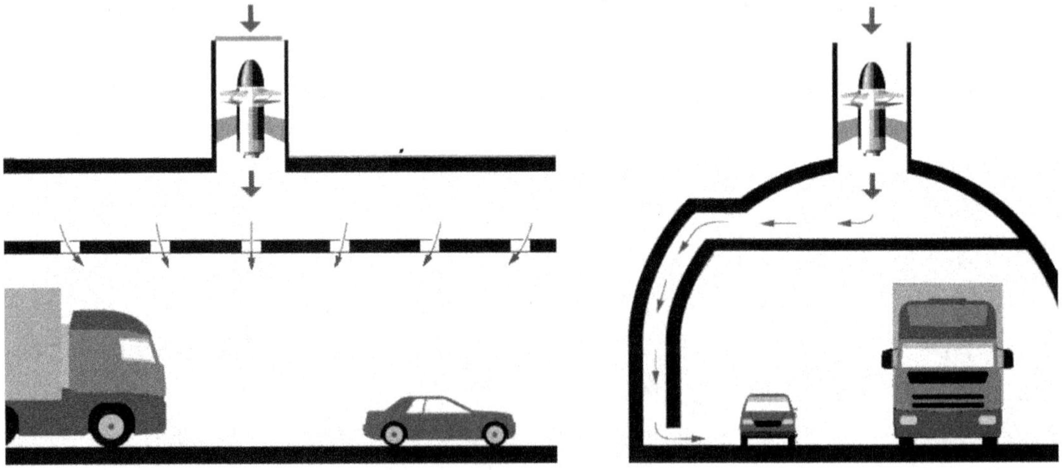

图 6-11 半横向通风系统图

6.1.5 组合式通风

根据隧道的具体条件和特殊需要，可由竖井与上述各种通风方式组合成最合理的通风系统。

6.2 隧道通风方式的选择 >>>

6.2.1 影响隧道通风方式选择的因素

① 隧道长度。隧道长度是影响隧道通风方式选择的最主要的因素。一方面,当交通量一定时,隧道越长,单位时间内隧道中的车辆数越多,这也就意味着隧道内废气越多,设计需风量越大;另一方面,隧道越长,隧道发生事故概率及灾害造成的损失也越大。所以,隧道越长,对隧道通风的安全性和可靠性要求越高。

② 隧道交通条件。隧道交通条件是指隧道内为单向行车还是双向行车及隧道的交通量。一般单向行车的隧道采用纵向和半横向通风较好,能够较充分地利用自然风和活塞风。交通量大的隧道一方面有害气体排放量大,另一方面安全性要求高,所以一般应选用横向通风或半横向通风方式。

③ 隧道所处地层的地质条件。隧道所处地层的地质条件好,隧道施工比较容易,工程费用低,这时选用横向通风方式,隧道断面可适当加大,送风道和排风道容易布置并可以布置得大一些。这样隧道的建设和运营费用不会很高。相反,如果围岩条件差,则可能由于隧道施工困难,以及施工费用高而影响到横向通风方式的使用。

④ 隧道所处地区的地形和气象条件。隧道所处地区的地形和气象条件直接影响隧道自然风的流向和流量。当自然风流比较大,流向相对稳定时,对于较短的隧道,可直接利用其通风。但对于纵向通风的隧道,若自然风流变化较大,将会影响通风效果,严重者会造成隧道无风或风机损坏。所以,在这种条件下宜采用横向通风方式;若采用纵向通风方式,需加强管理。

6.2.2 公路隧道通风方式的特点

改革开放以来,伴随着我国公路隧道建设高速发展,公路隧道通风技术得到长足发展。以纵向通风为主的各类通风方式都应用于不同公路隧道的运营通风中。表 6-4 和表 6-5 列出了各类通风方式在公路隧道中的适应性和优缺点,可供在选择隧道通风方式时参考。

6.2.3 铁路隧道运营通风

我国现代干线铁路已基本实现电气化运营,电力牵引的列车除了具有速度快、牵引能力大的特点外,更重要的还在于电力牵引避免了燃油、燃气产生的有害物质对环境的污染,符合当代绿色环保理念。由于电力机车速度快且运行过程中基本无污染,对于一般铁路隧道,国内外大多数电气化铁路隧道的通风主要依靠列车在隧道中行驶时所产生的活塞风及自然风的作用就可满足隧道通风换气和空气卫生标准,无须设置专门机械通风。但是对于特长铁路隧道及某些洞身存在瓦斯、放射性有害物质的隧道,高地温隧道和有异味隧道仍然必须设置机械通风。

铁路隧道设置机械通风的条件是通过我国 40 多座运营隧道的调查结果及原中华人民共和国铁道部科技研究开发计划“长大隧道通风关键技术研究”项目的研究成果确定的。我国颁布的《铁路隧道运营通风设计规范》(TB 10068—2012)规定:“电力机车牵引,长度大于 20 km 的客运专线铁路隧道及长度大于 15 km 的货运专线、客货共线铁路隧道应设置机械通风。”

除了电气化铁路以外,在我国个别缺电地区、少数地方铁路及一些厂矿内部专用铁路仍然采用内燃机作为列车牵引动力。大量测试结果表明,内燃机牵引的列车通过隧道时,产生的有害物质主要有一氧化氮、二氧化氮和臭氧。其中,一氧化氮和臭氧的瞬时最大超标系数分别达到 6.16 和 15 的高值,二氧化氮则没有超过国标限值,粉尘浓度瞬时最大值为 5.52 mg/m^3。

表 6-4　**公路隧道各纵向通风方式特点**

行车方式		双向交通		
基本特征		通风风流沿隧道纵向流动		
代表形式		全射流式	洞口集中送入式	通风井排出式
形式特征		由射流风机群升压	由喷流送风升压	洞口两端进风、中部集中抽风
通风系统略图 隧道内压 隧道风速 浓度分布		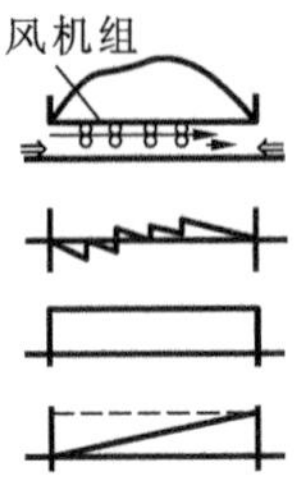	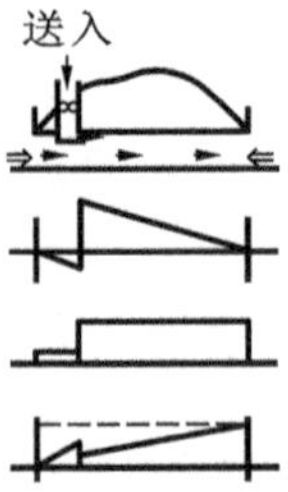	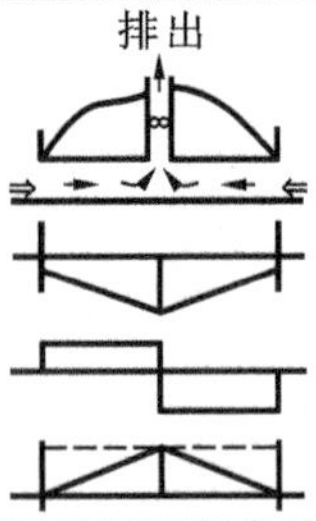
一般特征	适用长度	1500～3000 m	1500 m 左右	4000 m 左右
	活塞风利用	不好	不好	不好
	洞内环境	噪声较大	洞口噪声较大	噪声较小
	火灾处理	排烟不便	排烟不便	排烟较方便
	工程造价	低	一般	一般
	管理与维护	不便	方便	方便
	分期实施	易	不易	不易
	技术难度	不难	一般	一般
	运营费用	低	一般	一般
	洞口环保	不利	不利	有利

行车方式		单向交通			
基本特征		通风风流沿隧道纵向流动			
代表形式		全射流式	洞口集中送入式	通风井排出式	通风井送排式
形式特征		由射流风机群升压	由喷流送风升压	洞口两端进风、中部集中排风	由喷流送风升压
通风系统略图 隧道内压 隧道风速 浓度分布		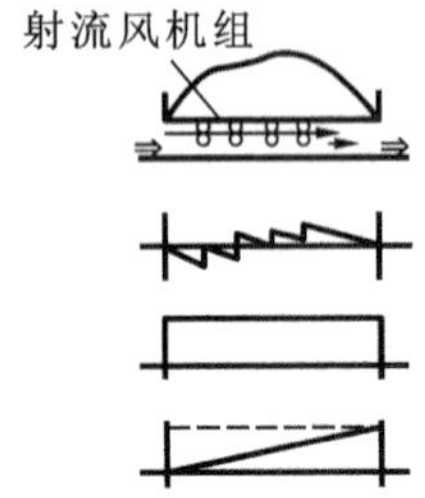	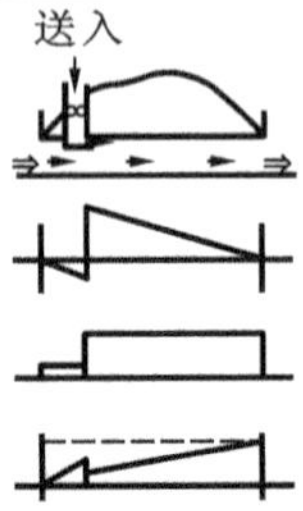	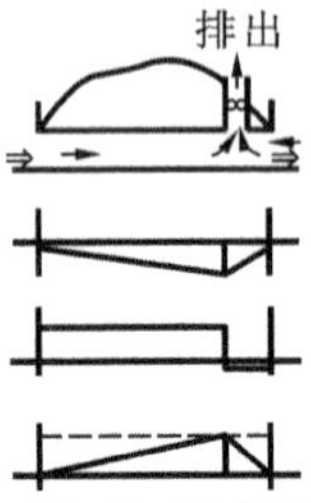	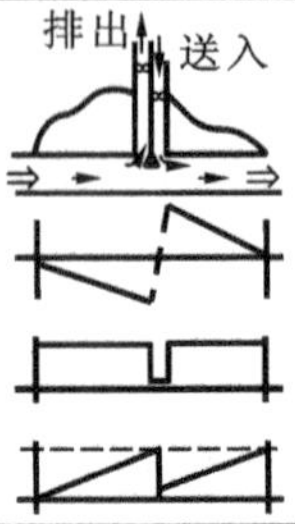
一般特征	非火灾工况的适用长度	5000m 以内	3000m 左右	5000m 左右	不受限制
	交通风利用	很好	很好	部分较好	很好
	噪声	较大	洞口噪声较大	较小	较小
	火灾处理	排烟不便	排烟不便	排烟较方便	排烟较方便
	工程造价	低	一般	一般	一般
	管理与维护	不便	方便	方便	方便
	分期实施	易	不易	不易	不易
	技术难度	不难	一般	一般	稍难
	运营费用	低	一般	一般	一般
	洞口环保	不利	不利	有利	一般

注：表中所示各通风方式的适用长度是指在一般情况下的参考值。

表 6-5 **公路隧道横向及半横向通风方式特点**

行车方式		双向交通		
通风方式		半横向式		横向式
基本特征		由隧道通风道送风或排风，由洞口沿隧道纵向排风或抽风		分别设有送、排风道，通风风流在隧道内作横向流动
代表形式		送风半横向式	排风半横向式	
形式特征		由送风道送风	由排风道排风	
通风系统略图 隧道内压 隧道风速 浓度分布		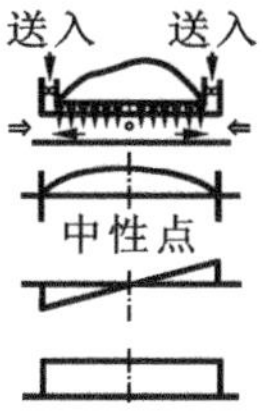	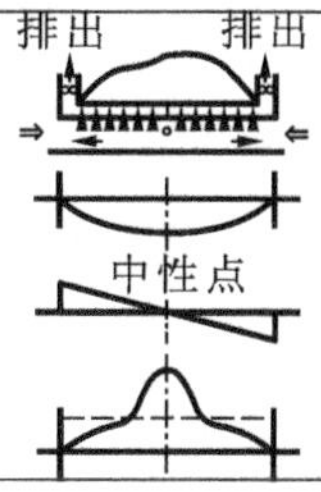	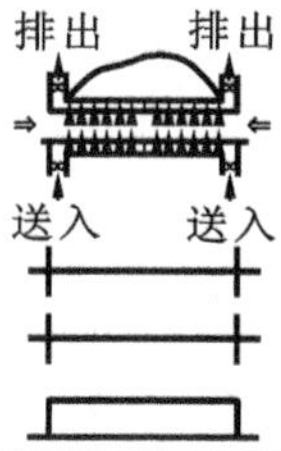
一般特征	适用长度	3000 m 左右	3000 m 左右	不受限制
	交通风利用	不好	不好	不好
	洞内环境	噪声小	噪声小	噪声小
	火灾处理	排烟较方便	排烟较方便	排烟方便
	工程造价	较高	较高	高
	管理与维护	一般	一般	一般
	分期实施	难	难	难
	技术难度	稍难	稍难	难
	运营费用	较高	较高	高
	洞口环保	一般	有利	有利
行车方式		单向交通		
通风方式		半横向式		横向式
基本特征		由隧道通风道送风或排风，由洞口沿隧道纵向排风或抽风		分别设有送、排风道，通风风流在隧道内作横向流动
代表形式		送风半横向式	排风半横向式	
形式特征		由送风道送风	由排风道排风	
通风系统略图 隧道内压 隧道风速 浓度分布		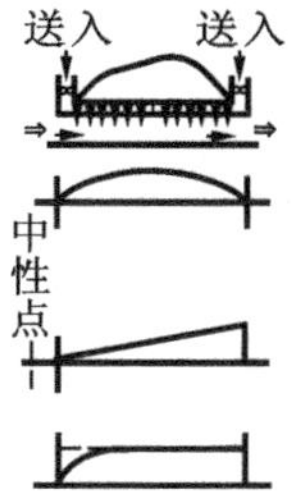	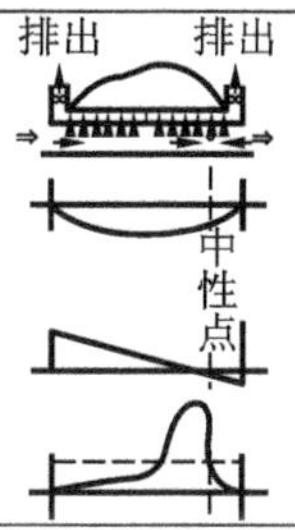	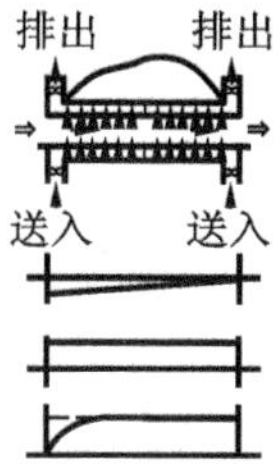
一般特征	适用长度	3000～5000 m	3000 m 左右	不受限制
	交通风利用	较好	不好	不好
	洞内环境	噪声小	噪声小	噪声小
	火灾处理	排烟方便	排烟方便	能有效排烟
	工程造价	较高	较高	高
	管理与维护	一般	一般	一般
	分期实施	难	难	难
	技术难度	稍难	稍难	难
	运营费用	较高	较高	高
	洞口环保	一般	有利	有利

注：表中所示各通风方式的适用长度是指在一般情况下的参考值。

由于内燃机车牵引速度低于电力机车牵引速度，当隧道长度较长时，仅靠列车在隧道运行时所产生的活塞风和自然风难以满足隧道内空气卫生标准和通风换气要求。因此《铁路隧道运营通风设计规范》(TB 10068—2012)规定："内燃机车牵引，长度大于 2 km 的铁路隧道宜设置机械通风。"

6.2.4 地下轨道交通通风方式

地铁通风空调系统一般分为开式系统、闭式系统和屏蔽门式系统。根据使用场所不同、标准不同，其又分为车站通风空调系统、区间隧道通风系统和车站设备管理用房通风空调系统。

6.2.4.1 开式系统

开式系统指的是采用机械或者活塞效应的方法使得地铁内部能够与外界交换空气，利用外界的空气冷却车站和隧道。这种系统多用于当地最热月的月平均温度低于 25 ℃且运量较小的地铁系统。

(1) 活塞通风

当列车的正面与隧道断面面积之比(称为阻塞比)大于 0.4 时，列车在隧道中高速行驶，如同活塞作用，即使列车正面的空气受压，形成正压；列车后面的空气稀薄，形成负压，由此产生空气流动。利用这种原理的通风方式称为活塞通风。

活塞风量的大小与列车在隧道内的阻塞比、列车行驶速度、列车行驶空气阻力系数、空气流经隧道的阻力等因素有关。利用活塞风来冷却隧道，需要与外界有效交换空气。因此，对于全部应用活塞风来冷却隧道的系统来说，应计算活塞风井的间距及风井断面的尺寸，使有效换气量达到设计要求。试验表明，当风井间距小于 300 m、风道的长度在 25 m 以内、风道面积大于 10 m^{2}时，有效换气量较大。在隧道顶上设风口效果更好。由于设置许多活塞风井对大多数城市地铁建设来说都是很难实现的，因此全活塞通风系统只在早期地铁中应用，现今建设的地铁多设置活塞通风与机械通风的联合系统。

(2) 机械通风

当活塞通风不能满足地铁排除余热与余湿的要求时，就要设置机械通风系统。根据地铁系统的实际情况，可在车站与区间隧道分别设置独立的通风系统。车站通风一般为横向的送排风系统，区间隧道通风一般为纵向的送排风系统，这些系统应同时具备排烟功能。区间隧道较长时，宜在区间隧道中部设中间风井。对于当地气温不高、运量不大的地铁系统，可设置车站与区间隧道连在一起的纵向通风系统，一般在区间隧道中部设中间风井，但应通过计算确定。

我国昆明地铁是国内首条采用开式通风系统的地铁线路，其地铁通风空调系统方式采用单风井单活塞的开式通风系统，全部公共区域均没有安装空调，仅设置了机械通风系统，并在地下车站站台边设置全高安全门，充分利用了活塞风效应。这样既保证了车站的候车环境，又保证乘客候车安全及减少了活塞风引起的站台候车乘客的不舒适感。其车站公共区的机械通风系统通过传感器对送风机进行变频控制，能及时对车站和区间隧道进行通风换气，从而控制不同季节室温以满足设计要求。

据上海轨道交通运营线路的能耗统计数据分析，地下车站通风空调系统能耗占车站总用电量的 50%～60%，占整个轨道交通能耗的 25%～30%，系统用电成本约占运营成本的 30%。由于昆明地铁采用开式通风系统，全部公共区域没有安装空调系统，不仅减少了空调系统方面的投资，还降低了土建、设备初投资，用电成本，维修保养等方面的费用。以上海地铁为例，上海一座车站通风空调系统全年用电量约为 280 万千瓦时，而昆明一座车站通风空调系统全年用电量仅约为 100 万千瓦时，相比上海一座车站全年可节约电费约 80 万元。用电量的减少也意味着碳排放量的减少，根据测算，昆明地铁每个站点每年可减少碳排放量 1800 t。

但是，昆明地铁采用开式通风系统是基于昆明"夏无酷暑，冬无严寒"四季如春的气候特点设计的，对于夏季炎热或冬季非常寒冷的地区，开式通风系统可能就不能完全满足设计要求，必须增加空调设备或考虑其他系统。

6.2.4.2 闭式系统

闭式系统使地铁内部基本上与外界大气隔断，仅供给满足乘客所需的新鲜空气量。车站一般采用空调系统，车站两端设置通风竖井。正常运行时，当室外空气焓值高于空调回风焓值时，关闭各通风竖井，使整个车站空调通风系统为闭式循环加新风；当站外空气焓值低于空调回风焓值时，则打开各通风竖井，利用外界空气来降温。

而区间隧道的冷却是借助于列车运行的活塞效应携带一部分车站空调冷风来实现的。

这种系统多用于当地最热月的月平均温度高于 25 ℃且运量较大、高峰时间内每小时的列车运行对数和每列车车辆数的乘积大于 180 的地铁系统。该系统的优点是车站向轨道敞开，利用车站空气降低隧道内温度，系统运行简单可靠；缺点是制冷量大，环控机房面积大，站台层噪声大，环控系统运行费用高。目前，香港地铁、广州地铁的部分车站采用此方式。

6.2.4.3 屏蔽门式系统

在站台两侧安装可滑动的屏蔽门(图 6-12)，将轨道和车站两个环境条件要求不同的区域分隔开来，隧道内空气不与站内空气交流。车站安装空调系统，隧道用通风系统(机械通风系统或活塞通风系统，或两者兼用)。当通风系统不能将区间隧道的温度控制在允许值以内时，应采用空调系统或其他有效的降温方法。

图 6-12 重庆轻轨二号线大坪站屏蔽门

安装屏蔽门后车站成为单一的建筑物，它不受区间隧道行车时活塞风的影响。车站的空调冷负荷只需计算车站本身设备、乘客、广告、照明等发热体的散热，以及区间隧道与车站间通过屏蔽门的传热和屏蔽门开启时的对流换热。此时，屏蔽门式系统的车站空调冷负荷仅为闭式系统的 22%～28%，且由于车站与行车隧道隔开，减少了运行噪声对车站的干扰，不仅使车站环境较安静、舒适，还使旅客更为安全。屏蔽门式系统的优点是：

① 保证乘客在站内的安全；

② 使站内相对干净，清洁；

③ 站台噪声低；

④ 制冷机装机容量低，占地面积小，组合式空调机容量小，二次运行费用低；

⑤ 火灾时气流流向易于控制。

屏蔽门式系统的缺点是对列车停站的位置准确性要求高，屏蔽门本身投资较高，对特长区间隧道不能满足小于 35 ℃的温度要求，同时还具有潜在的危险性。

采用屏蔽门式系统时应核算区间隧道温度是否能达到允许的设计温度。当还采用其他方法如机械通风或空调降温时，要综合比较总能耗。

地铁通风空调系统的设计可按上述系统之一设置，但由于气候是周期变化的，因此可根据不同季节采用开式系统或闭式系统等不同的通风系统。

6.2.5 隧道通风方式选择的原则

选择隧道通风方式时应按“系统安全可靠、建设投资少、运营费用低、维护管理方便”的原则，综合考虑各种因素。合理的通风方式是安全可靠性高、建设安装方便、投资少、隧道内环境好、对灾害的适应能力强、运营管理方便、运营费用低的通风方式。但是，各种通风方式既有优点又有缺点，一种通风方式不可能完全满足这些要求。所以，实际上的合理是在给定条件下尽可能做到既安全、可靠，又经济、方便。对于任何一个隧道，可供选择的通风方式可能有几种，就像一种通风方式，其风井、风道的布置方案也会有多种。所谓经济，其实是相对的，就是在诸多方案中选择建设安装投资少、运营管理费用低、综合经济效益最好的一个。要做到这一点，就需要熟悉和掌握上述各种通风方式的特点，了解隧道所处环境及各种条件的特殊性，尽可能全面地提出各种可行方案，最后进行技术分析和经济比较。经济比较应该把建设投资和运营费用分别比较；在进行建设投资比较时要抓住主要项目，如风井、风道的建设费用，主要设备的投资等；在对建设和运营费用进行综合比较时，要作动态分析。进行通风方式选择时应处理好以下关系：

① 初期建设投资与后期运营费用的关系。

从已建成的国内外长大公路隧道看，隧道运营通风的土建与设备费用约占整个隧道工程费用的 30%，隧道通风的动力头损失与隧道长度的立方成正比。因此，在确定隧道通风方案时，不仅要考虑尽可能减少初期通风系统工程的费用和通风设备的投资，还要十分重视后期运营费用。因为每年的运营费用将是一个巨大的数值，直接影响整个隧道的运营效益和服务水平。

② 近期工程与远期工程的关系。

公路隧道的交通量预测通常分为多个阶段。在进行通风方案研究时，除了土建工程一次完成外，通风设备将分期购置和安装，这样既避免了一次设备投入费用过大，造成设备闲置；又为结合未来实际汽车排污水平而进一步优化设备配置留有空间。

③ 正常运营通风和防灾疏散与通风的关系。

公路隧道通风系统不仅要满足交通运营通风要求，还必须满足火灾发生时的通风需求。将正常运营和火灾时的通风看作是整个通风系统的两种不同工况。在研究通风方案时，对隧道防火区段的划分、横通道的设置、火灾时的风机控制、烟流的排出路径、横通道的开启与关闭、逃生通道的空气补给、避难洞的新风需求等都应仔细考虑。

此外，在隧道通风系统方案选择时，应贯彻节能环保原则，积极采用新技术、新材料和新工艺。总之，隧道通风方式的选择是隧道通风设计中最为关键和主要的工作。在选择通风方式时，要有科学和经济两方面的考虑，要本着对国家和人民负责的态度，认真研究、仔细推敲、反复论证、科学决策。

6.2.6 隧道通风方式选择实例

现以雁门关公路隧道为例，简要介绍该隧道通风方式的选择过程。

雁门关公路隧道位于国道主干线新广武—原平高速公路山西省境内，为双洞单向交通，两洞轴线相距 40 m。中间段隧道最大埋深超过 1000 m。右线(上行线)设计长度为 5235 m，进口标高为 1471.64 m，出口标高为 1389.14 m，平均海拔高度为 1430.39 m；左线(下行线)设计长度为 5160 m，进口标高为 1389.26 m，出口标高为 1472.34 m，平均海拔高度为 1430.80 m。两隧道内均设有人字坡，右线进口段 420 m 坡度为 1.56%，其余 4815 m 坡度为 −1.84%；左线进口段 4830 m 坡度为 1.84%，其余 330 m 坡度为 −1.7%。隧道内设计最大行车速度为80 km/h，隧道区域夏季平均温度为 20 ℃。

该隧道近、远期的需风量如表 6-6 所示。

表 6-6 雁门关公路隧道近、远期需风量控制表

日期	右线/(m^3/s)	左线/(m^3/s)
2014 年	334.2	676.4
2024 年	415.5	839.8

(1) 该隧道运营通风的特点

雁门关公路隧道为 5235 m 特长隧道，隧道内有长达 4830 m 的较大坡。同时，交通流中大型柴油车所占比例比较大，因此在研究通风方式时，不但要结合隧道所处的地形、地质、正常运营、交通阻塞及防火救灾

等因素，而且要考虑长期运营的经济效益。

（2）拟订可能的通风方案

针对本隧道左、右线的技术条件和特点，拟订了若干可能的通风方案进行综合比选。表 6-7 和表 6-8 分别列出了右、左线隧道各通风方案的布置情况和优缺点。

表 6-7 **右线隧道通风方案比较表**

方案	方案布置简图	优点	缺点
A1 方案：全射流纵向通风	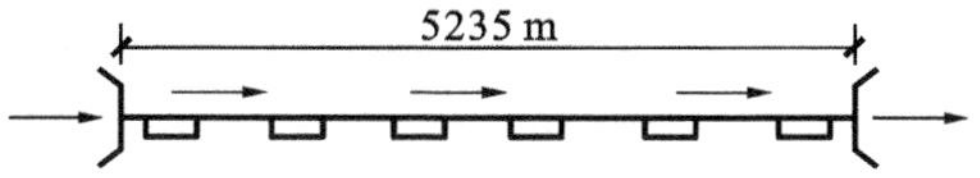	没有设竖井，仅有射流风机，通风工程量小，通风设备安装简便。射流风机可以分期采购和安装，不会造成设备闲置	没有自身单独的火灾区段划分，防火救灾有困难，一旦发生火灾，损失长度很长
B1 方案：单竖井送排式加射流风机	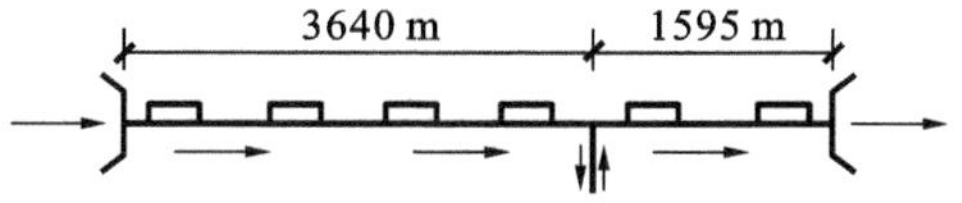 在 K111＋220 m 处设置一竖井，竖井深度为 240 m，直径为 5.0 m，中间设置隔板将其分为两个通风井，一个为送风井，另一个为排风井。隧道内再布置射流风机调压	多了一个竖井，且竖井靠近右线出口，能合理有效地降低隧道内的废气浓度，并且有利于防火救灾	必须修建风机房，上山便道长达9.0 km。更为不利的是竖井附近位置围岩均为Ⅱ类，地质条件较差
C1 方案：单竖井送排式加射流风机	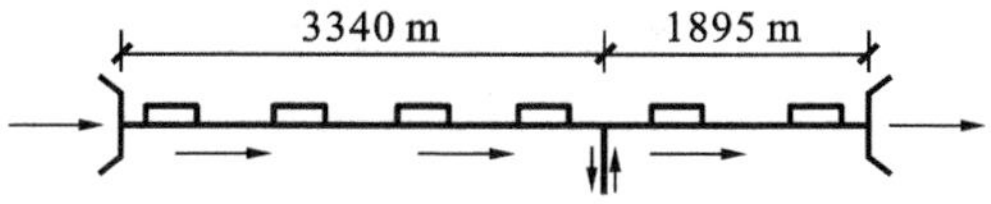 为了改变 B1 方案竖井围岩地质条件较差的情况，将 B1 方案的竖井向中间移了 300 m，如上图所示，即在 K110＋920 m 处设置一竖井，竖井深度为 376.45 m，直径为 5.0 m	与 B1 方案比较，该方案的主要优点是竖井附近围岩地质条件好，达Ⅴ类以上，施工难度小	竖井深度增加了 136.45 m

表 6-8 **左线隧道通风方案比较表**

方案	方案布置简图	优点	缺点
A2 方案：双竖井送排式加射流风机纵向通风	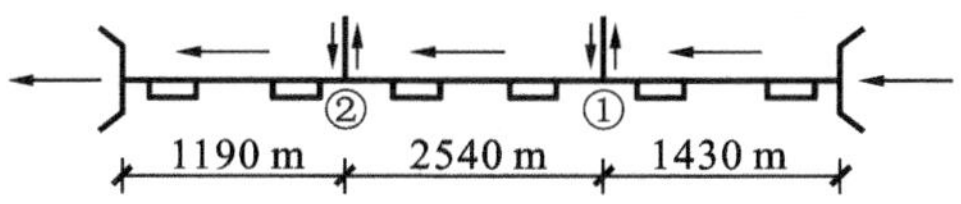 将隧道分为三段，①$^{\#}$竖井位于 K111＋400 m 处，竖井深度为 239 m，直径为 6.4 m；②$^{\#}$竖井位于 K108＋860 m 处，深度为 157 m，直径为 6.4 m	因为采用了双竖井，所以分段长度较短，防火区段划分合理	土建工程量较大，施工便道达 18 km，且竖井位置围岩为Ⅱ类，地质条件较差
B2 方案：双斜井送排式加射流风机纵向通风	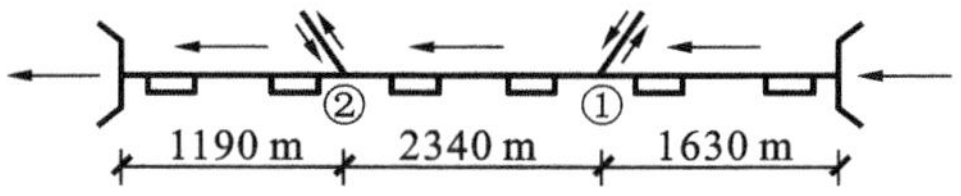 将 A2 方案的双竖井换为双斜井，中间段比 A2 方案短 200 m。斜井长度分别为 245 m 和 410 m，直径为 6.4 m，倾角分别为 22.786°和 23.89°	井口标高比竖井有所降低	井长分别增加 88 m 和 171 m，且由于倾角大，施工比较困难

续表

方案	方案布置简图	优点	缺点
C2 方案：双竖井送排式加射流风机纵向通风	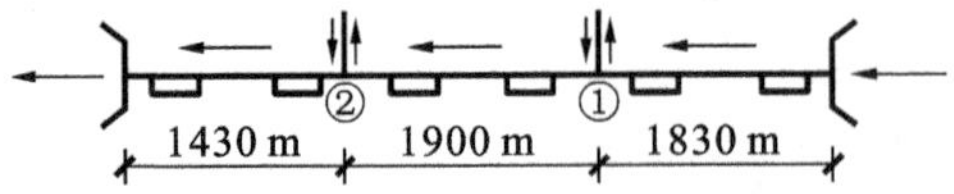 在 A2 方案的基础上，将竖井位置进行了调整，即①# 竖井位于 K111＋000 m 处，竖井深度为 336.922 m，直径为 6.4 m；②# 竖井位于 K109＋100 m 处，深度为 221.962 m，直径为 6.4 m	与 A2 方案相比，由于两竖井向中间移动，使得分段长度较均匀，防火区段划分合理，且竖井位置围岩地质条件较好，便于施工	竖井长度增加较多，土建工程量较大，施工便道达 20 km
D2 方案：斜竖井送排式加射流风机纵向通风	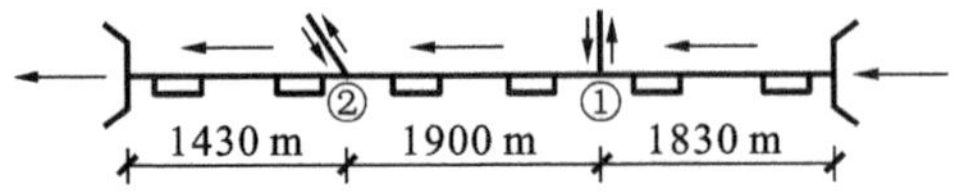 在 C2 方案的基础上，将①# 竖井换为斜井。斜井长度为 391.177 m，直径为 6.4 m，倾角为 19.766°	井口标高比竖井有所降低	井长增加了 169.215 m，且由于倾角大，施工较困难

上述 7 种方案从技术上均可行。最终方案的选择，还必须在详细的通风计算的基础上，对竖井所在位置地质、土建规模、风机配置、防火救灾功能、运营费用各个方面进行全面分析比较后才能确定。不同通风方案的比较，除了技术可行性外，土建及运营费用的经济性、防灾救灾功能的合理性都必须考虑。其中，经济性是十分重要的一个因素。根据国内外已有的经验，长大公路隧道的通风土建和设备费用要占整个项目的 30%左右。通过对上述 7 种方案的分析、比较，得出了各种通风方案的相关费用，如表 6-9 所示。

表 6-9 不同通风方案费用汇总

近、远期方案		项目费用/万元			
		土建费用	设备费用	运营费用	合计
2014 年	A1	0	154	5064	5218
	B1	2174	250	5796	8220
	C1	2617	296	5316	8229
	A2	3824	706	12480	17010
	B2	4592	820	1346	18876
	C2	4265	680	12876	17821
	D2	4719	700	13212	18631
2024 年	A1	0	221	13848	14072
	B1	2174	318	16656	19148
	C1	2617	364	16608	19589
	A2	3824	890	39048	43762
	B2	4592	944	44304	49840
	C2	4265	784	36552	41601
	D2	4719	804	38421	43947

注：1. 风机每天运行时间为 14 h；
2. 每度电费为 1.0 元；
3. 运营费用 2014 年按 10 年计，2024 年按 20 年计。

结合通风效果、防火救灾功能、土建费用、施工难度、设备投入、运营成本等因素对上述 7 种方案进行综合比较，可以看到右线的三种方案都可以考虑，而左线的 A2、C2 方案可以考虑。因为 B2 的双竖井方案和 D2 的竖井加斜井方案都存在土建工程量大、施工有一定难度、运营费用高的缺点，所以直接舍弃。这样，再将上述5种方案进行组合比较，比较结果见表6-10。从表6-10中可以看到，仅考虑土建和设备费用，A1-A2方案最低，考虑10年运营费用，仍然是A1-A2方案最低，考虑20年运营费用，却是A1-C2方案最低。但是从竖井位置的围岩地质及地面条件、防火救灾功能，以及长远运营费用因素来考虑，显然是C1-C2方案最好。故而将C1-C2方案作为雁门关隧道运营通风推荐方案。

表6-10　　不同组合通风方案费用汇总

近、远期方案		项目费用/万元			
		土建费用	设备费用	运营费用	合计
2014年	A1-A2	3824	860	17544	22228
	A1-C2	4625	834	17940	23039
	B1-A2	5953	956	18276	25185
	C1-C2	6832	976	18192	26000
2024年	A1-A2	3824	1114	53896	57834
	A1-C2	4265	1008	50400	55673
	B1-A2	5953	1208	55704	62865
	C1-C2	6832	1148	53160	61140

6.3 隧道通风计算软件简介

隧道通风系统设计需要对隧道通风方式、系统布置进行多方案的论证和比较；在此基础上，再对最终确定的通风方式在不同技术参数、不同工况条件下风量、风压、设备数量及火灾排烟等进行计算分析，逐项确定所选通风系统的设计参数。完成这一过程所需的计算工作量非常大，用人工完成是不太可能的。随着计算机的普及和应用，国内外相关科研设计单位针对不同时段通风问题研发了多种相关计算程序，借助这些程序可大大提高通风系统设计的工作效率和设计质量。本节以上海同岩土木工程科技有限公司研发的公路隧道通风系统辅助设计软件为例简要介绍该程序的使用方法。

6.3.1 软件的基本功能

公路隧道通风系统辅助设计软件实现了公路隧道运营通风、火灾通风设计计算的程序化，不但可以提高设计效率，降低手工运算的强度和减少差错，而且便于进行各种模拟计算分析。通过调整各种通风设计参数，以达到优化设计的目的，使工程设计经济合理，具有很强的工程实用价值。软件包括以下功能模块：

① 公路隧道运营通风分析模块。该模块包含如下功能：a. 交通量和交通组成分析；b. 需风量计算；c. 设计通风计算；d. 轴流风机动力。其中，设计通风计算包括：纯射流风机式通风、单竖（斜）井送排风式结合射流风机通风、多竖（斜）井送排风式结合射流风机通风、全（半）横向通风、静电吸尘式通风的计算。通过风道沿程损失和局部损失的计算结果，计算轴流送风机、排风机、排烟机的升压力、轴功率、电机功率。

程序能将计算结果输出和制图，包括需风量计算书、各种通风方式计算书和不同工况通风系统营运控制表的编制，以桩号为横坐标的沿隧道纵向全压、速度、浓度曲线图的绘制。

此外，软件提供了风机数据库接口，用户可以将不同厂家的风机数据库文件与主程序连接，以便在通风计算过程中选用，同时提供了对风机数据库的简单维护功能。

② 公路隧道火灾工况通风分析模块。

6.3.2 软件的特色

该软件具有如下特色：

① 界面人性化、简单易用，完全符合工程设计人员的工作流程。

② 计算结果均可以形成计算书，并可以绘制全压、速度、浓度曲线图，图文并茂。

③ 运营通风分析模块功能强大，可以进行多坡度、多断面隧道的通风计算，可以进行多竖井送排式结合射流风机纵向通风分析，还可以设定相应于运营条件的风量级挡，遵照运营动力消耗最经济的原则，制订送风机、排风机与射流风机组合开关控制方案。

④ 火灾工况通风分析模块可以考虑两种排烟模式与两种交通模式，两种排烟模式即带独立排烟道的重点排烟模式和不带独立排烟道的纵向排烟模式，两种交通模式即单向交通模式和双向交通模式。

6.3.3 软件主界面及基本操作

选择菜单：开始→程序→公路隧道通风 & 照明分析→公路隧道通风分析，之后出现如图 6-13 所示的对话框。

主界面的顶部是菜单和工具栏，包含了一些常用的操作。

主界面的左上侧是“分析流程导航”栏，如图 6-14 所示，用户只要按照导航栏建议的流程一步一步操作下去就能顺利地完成一个工程的分析。但是操作过程中并不严格要求遵照上述分析流程，用户随时可以返回到前面的过程进行修改。这里简要介绍应用该软件进行公路隧道通风分析的一般步骤。

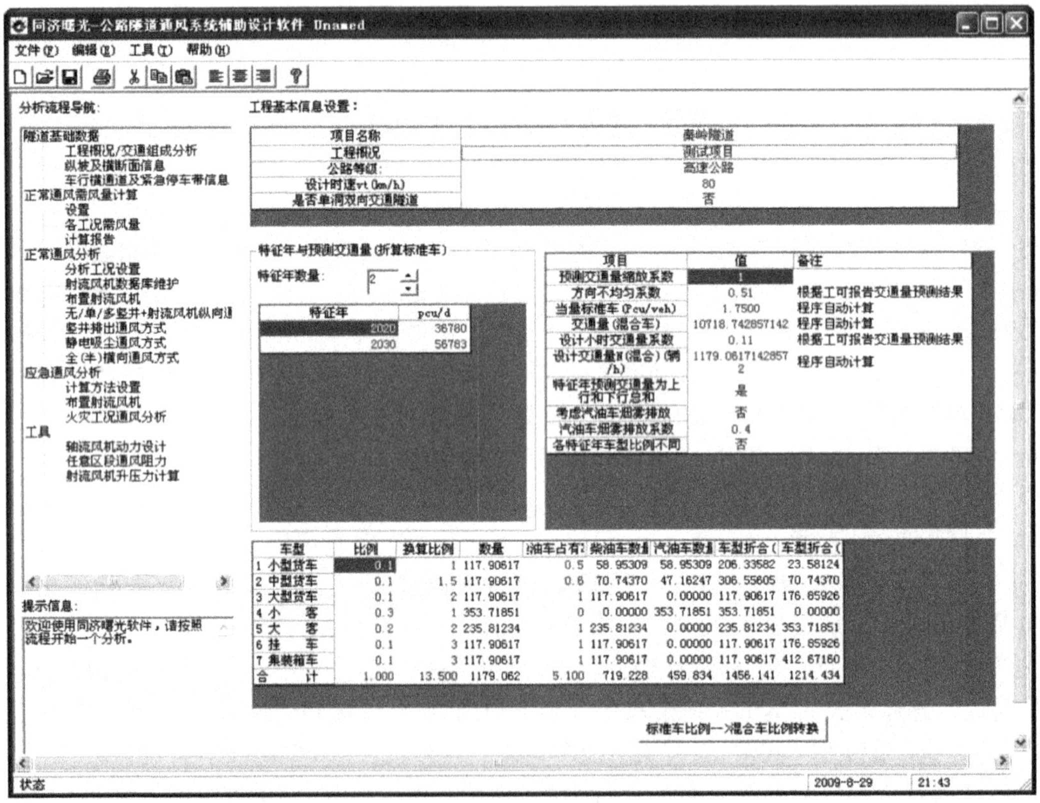

图 6-13　软件主界面

整理所要分析的通风方案的数据，按“分析流程导航”栏指示的步骤顺序输入对话框要求的相关信息。输入数据时需注意：对话框中，背景颜色类似黄色的文本框为需要输入信息的文本框；而背景颜色类似白色的文本框，由程序计算结果自动填充。此外，软件中很多地方都需要输入桩号，桩号在实际工程中通常以“KXXX＋YYY.ZZZ”的形式出现，但在软件中桩号需以实数的形式输入，即以 XXXYYY.ZZZ 的形式输入，不需要输入“K”和“＋”。例如，桩号 K102＋25.23，在软件中则输入 102 0̲25.23。在输入时需要注意的是，加下画线的 0 不要输漏。

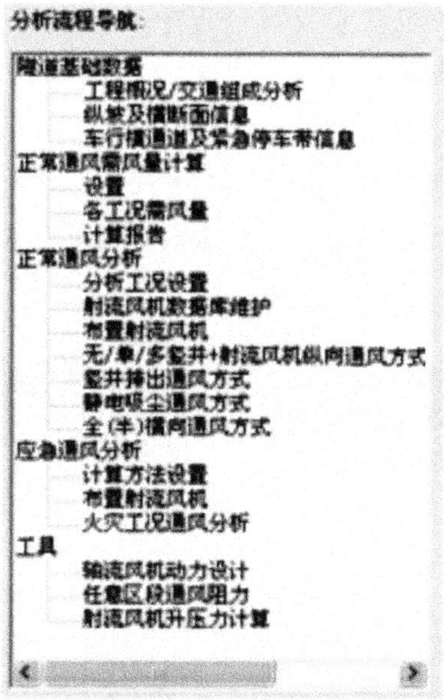

图 6-14 “分析流程导航”栏

6.3.3.1 输入隧道基础数据

① 鼠标点击“分析流程导航”栏下的“工程概况/交通组成分析”,出现工程基本信息和交通量信息输入对话框(图 6-15、图 6-16),按对话框提示将隧道工程概况和各特征年交通量等信息分别填写到对话框中相应位置。

② 鼠标点击“分析流程导航”栏下的“纵坡及横断面信息”,出现隧道纵坡及横断面信息输入对话框(图 6-17),按对话框提示将纵坡及横断面信息填写到对话框中相应位置。

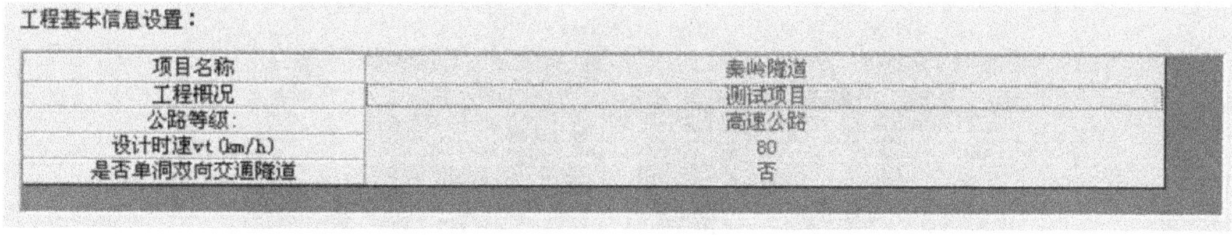

图 6-15 工程概况信息输入对话框

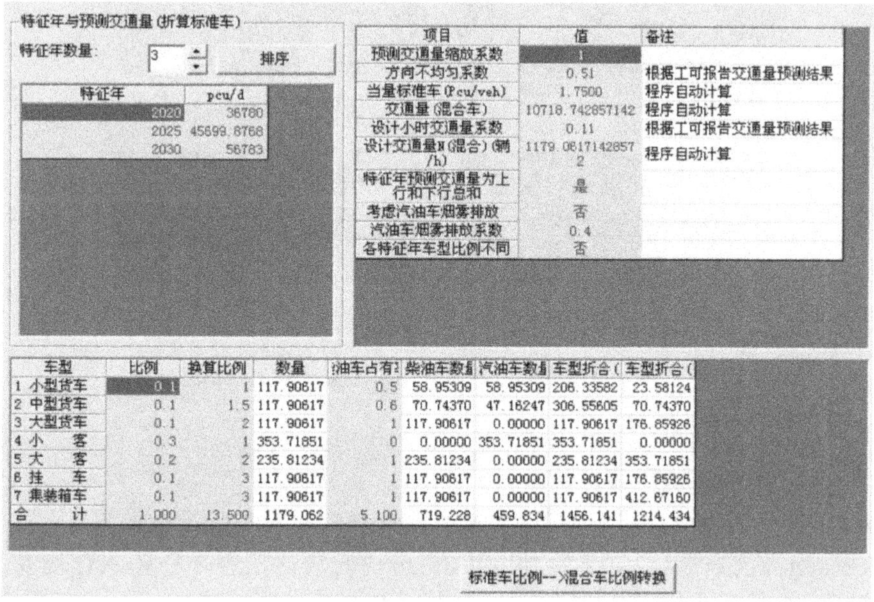

图 6-16 交通量信息输入对话框

需要注意的是，软件所指通风区段在需风量计算过程中是指具有相同坡度、横断面的一段隧道，即在同一个通风区段内，坡度、横断面相同；但在通风计算过程中，通风区段是指竖井之间或竖井与进、出洞口之间的一段隧道。

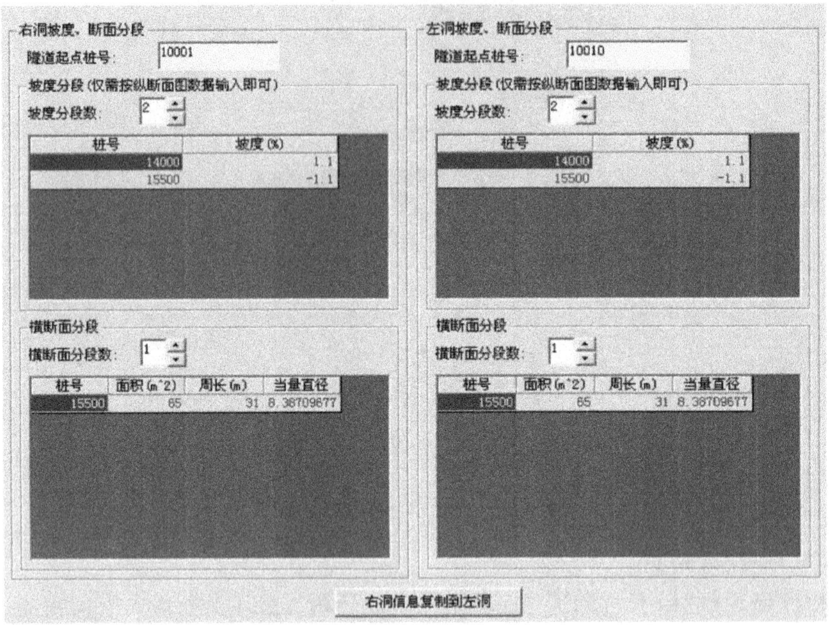

图 6-17　隧道纵坡及横断面信息输入对话框

③ 鼠标点击“分析流程导航”栏下的“车行横通道及紧急停车带信息”，出现车行横通道及紧急停车带信息输入对话框（图 6-18），按对话框提示将车行横通道及紧急停车带信息填写到对话框中相应位置即可。

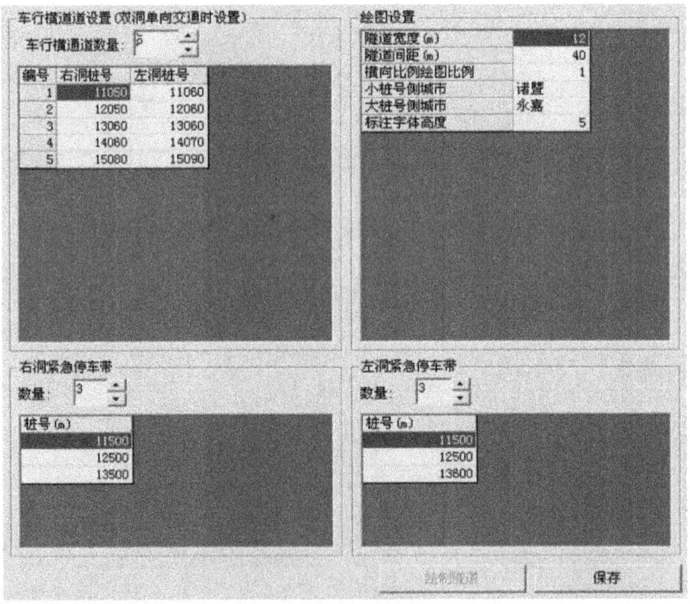

图 6-18　车行横通道及紧急停车带信息输入对话框

自此，隧道基本数据输入完毕。

6.3.3.2　计算正常通风条件下需风量

在进行正常通风条件下需风量计算前，需要对需风量计算的各种参数进行设置。

① 鼠标点击“正常通风需风量计算”下的“设置”，在出现的对话框中逐一输入环境及 CO/VI 基准排放量（图 6-19）、各工况的 CO/VI 浓度限值（图 6-20）、阻滞工况需风量计算值（图 6-21）及按换气次数的需风量计算时每小时换气次数（图 6-22）。

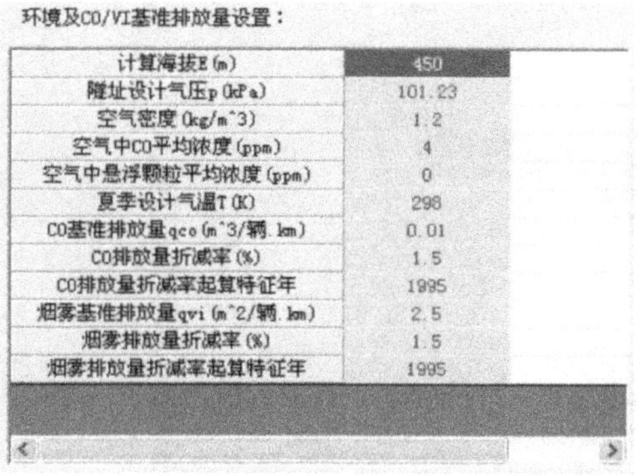

图 6-19 环境及 CO/VI 基准排放量输入对话框

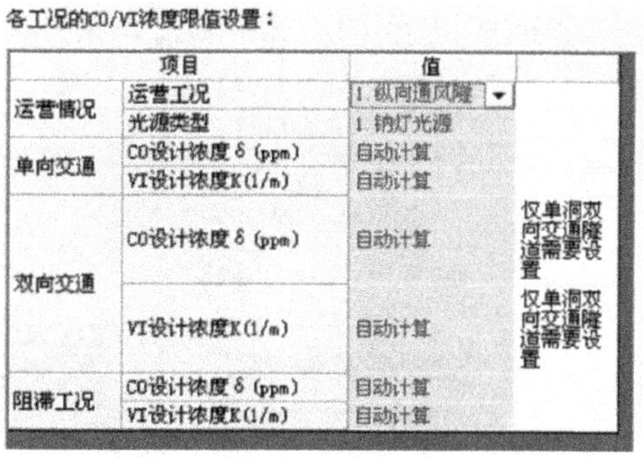

图 6-20 各工况的 CO/VI 浓度限值输入对话框

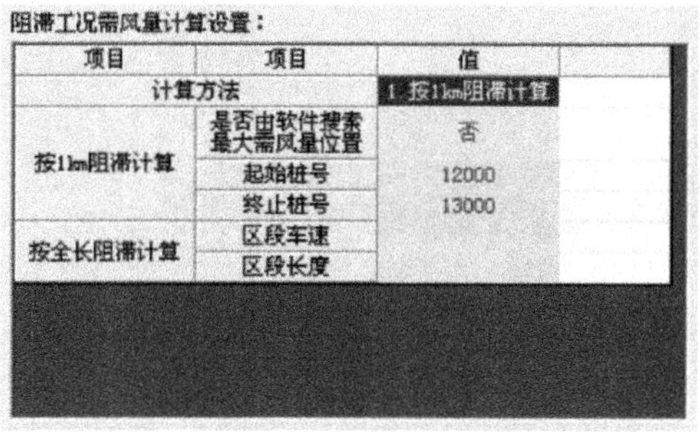

图 6-21 阻滞工况需风量计算值输入对话框

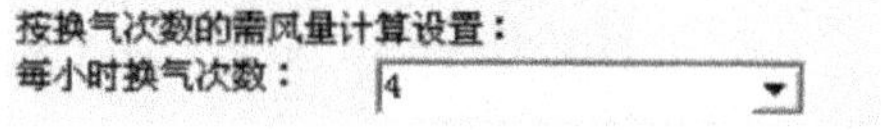

图 6-22 每小时换气次数输入对话框

在设置单洞交通阻滞工况需风量计算时有两种模式，即全长阻滞和按《公路隧道通风设计细则》(JTG/T D70/2-02—2014)1 km 阻滞。该细则中对于阻塞工况需风量计算，仅按照阻滞长度为 1000 m 进行考虑，相当于在隧道进口端发生阻塞事故的情况。但是在城市隧道中，如果在隧道出口端发生阻塞，很难立即阻止后续车辆尾随前行，那么根据计算通风量所选用的设备就不能使隧道内的空气质量达到设计标准。在这种情况下，保留 1000 m 阻滞长度，并将余下隧道长度以不同车速组合来反映实际情况比较合理。具体采用何种模式，可根据实际交通状况进行选择。

如果采用全长阻滞计算模式，需要进行阻塞区段划分，包括确定各区段的设计车速、区段长度。需要注意的是，在布置各区段时应使阻塞区段(车速为 10 km/h 对应的区段)位于出洞口。对于右线隧道，阻塞区段即为桩号较大的一端；对于左线隧道，阻塞区段则为桩号较小的一端。图 6-23 所示为某隧道全长阻滞区段划分示例。

为了与《公路隧道通风设计细则》(JTG/T D70/2-02—2014)保持兼容，软件仍提供按照 1000 m 阻塞长度计算需风量的功能，用户可酌情采用。至于阻塞区段的起始位置，可以由用户自定义，也可以由软件通过一定的算法，通过搜索得到需风量最大的区段。

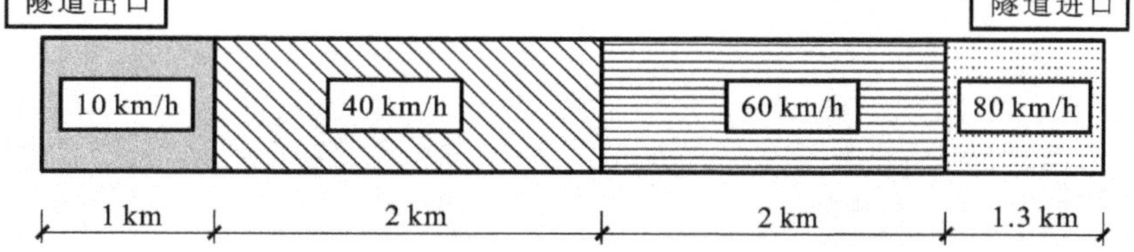

图 6-23 某隧道全长阻滞区段划分示例

② 鼠标点击“正常通风需风量计算”下的“各工况需风量”后，弹出如图 6-24 所示的对话框。在这个对话框中，用户可以选择感兴趣的特征年、计算区段，通过滚动条的拖动可以选择工况车速。上述任意一项的

改变都会引起图 6-24 所示对话框右侧表格中区段需风量和全长需风量计算结果的变化。因此，可以查看不同特征年、不同区段、不同工况下的需风量计算结果。

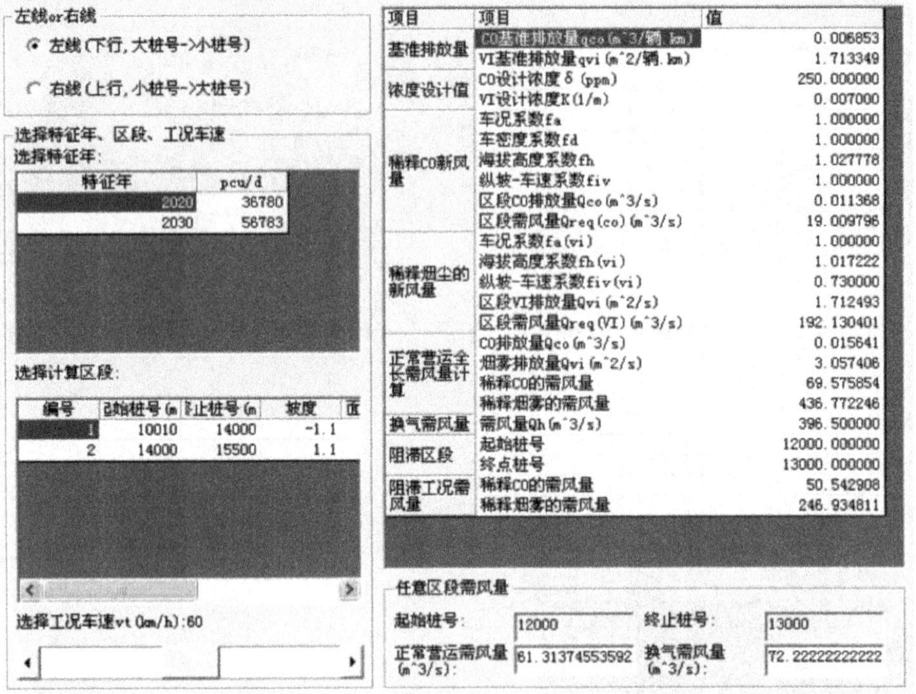

图 6-24　需风量计算报告输出控制对话框

6.3.3.3　分析正常运营条件下各种通风方式

在隧道需风量计算完成后，下一步的工作就是针对设计项目所需要计算的各种通风方式分别分析其在设定工况下的风压、风阻及所需通风机的数量。

（1）通风分析工况设置

点击“分析流程导航”栏，选择“正常通风分析”下的“分析工况设置”，弹出如图 6-25 所示的通风分析工况设置对话框。在表格中，可以设置需要分析的隧道方向、特征年、运营工况、设计时速等；还可以设置当根据 CO、VI 浓度限值计算的需风量小于按照换气次数要求计算的需风量时，是否按照换气需风量控制。以上几项设置的改变，都会引起“计算需风量”和“隧道设计风速”行的相应变化。在变断面隧道中，这里显示的设计风速是根据进口段的断面面积计算的，仅为选择通风方式提供参考指标，在后续的通风计算中并不参与计算。

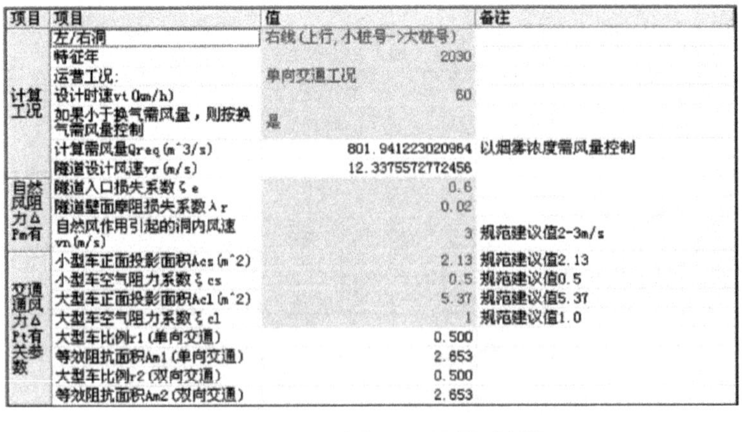

图 6-25　通风分析工况设置对话框

（2）布置射流风机

单击“分析流程导航”栏选择“正常通风分析”下的“布置射流风机”，出现如图 6-26 所示的对话框。

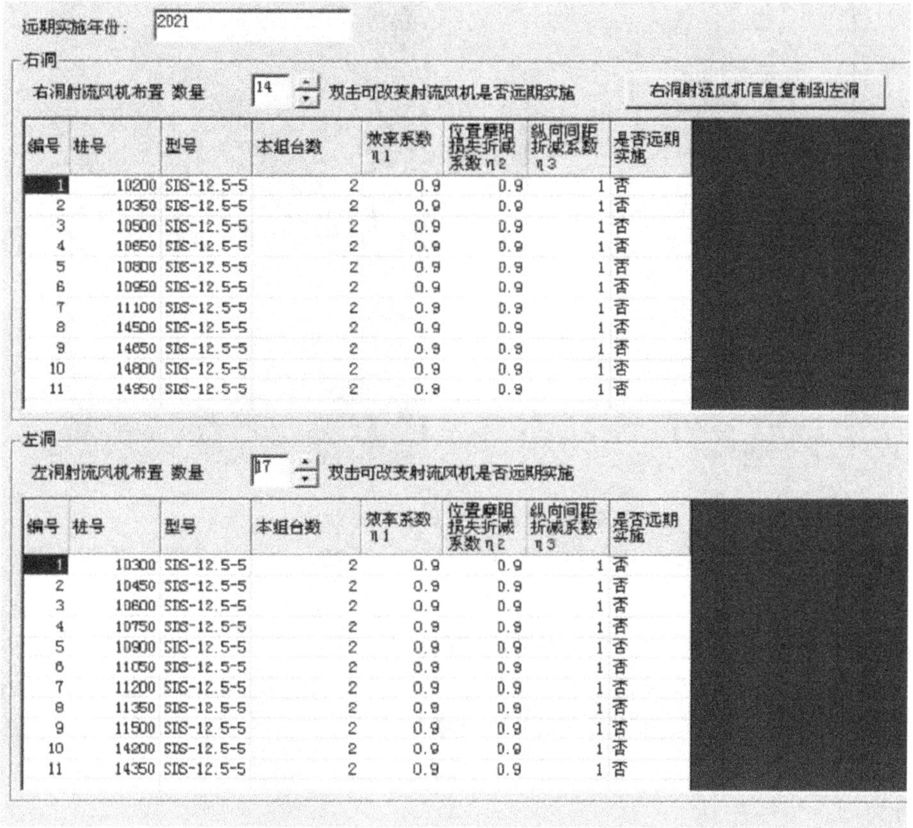

编号	桩号	型号	本组台数	效率系数 η_1	位置摩阻损失折减系数 η_2	纵向间距折减系数 η_3	是否远期实施
1	10200	SDS-12.5-5	2	0.9	0.9	1	否
2	10350	SDS-12.5-5	2	0.9	0.9	1	否
3	10500	SDS-12.5-5	2	0.9	0.9	1	否
4	10650	SDS-12.5-5	2	0.9	0.9	1	否
5	10800	SDS-12.5-5	2	0.9	0.9	1	否
6	10950	SDS-12.5-5	2	0.9	0.9	1	否
7	11100	SDS-12.5-5	2	0.9	0.9	1	否
8	14500	SDS-12.5-5	2	0.9	0.9	1	否
9	14650	SDS-12.5-5	2	0.9	0.9	1	否
10	14800	SDS-12.5-5	2	0.9	0.9	1	否
11	14950	SDS-12.5-5	2	0.9	0.9	1	否

编号	桩号	型号	本组台数	效率系数 η_1	位置摩阻损失折减系数 η_2	纵向间距折减系数 η_3	是否远期实施
1	10300	SDS-12.5-5	2	0.9	0.9	1	否
2	10450	SDS-12.5-5	2	0.9	0.9	1	否
3	10600	SDS-12.5-5	2	0.9	0.9	1	否
4	10750	SDS-12.5-5	2	0.9	0.9	1	否
5	10900	SDS-12.5-5	2	0.9	0.9	1	否
6	11050	SDS-12.5-5	2	0.9	0.9	1	否
7	11200	SDS-12.5-5	2	0.9	0.9	1	否
8	11350	SDS-12.5-5	2	0.9	0.9	1	否
9	11500	SDS-12.5-5	2	0.9	0.9	1	否
10	14200	SDS-12.5-5	2	0.9	0.9	1	否
11	14350	SDS-12.5-5	2	0.9	0.9	1	否

图 6-26 布置射流风机对话框

用户可以根据经验，预先布置一定数量的射流风机，以便在后面进行纵向通风分析时进行压力平衡分析，并绘制通风系统图。至于在纵向通风分析时最终需要的射流风机数量，通过多次试算后方能确定。该软件 2.0 版本增加了近、远期实施的设置。对于远期布置的射流风机，在后面的纵向通风分析过程中，如果特征年早于远期实施年份，那么这些风机是不参与压力平衡分析的。

完成上述设置后，下一步就是对所确定的通风方式进行分析。软件可针对目前公路隧道常见的各类通风方式进行分析。在选择通风方式时需要注意的是，该软件的“分析流程导航”栏在纵向通风中将纯射流风机纵向通风方式、单竖井送排＋射流风机纵向通风方式、多竖井送排＋射流风机纵向通风方式三种通风方式归为一体，合称为无/单/多竖井＋射流风机纵向通风方式。同时，将纵向通风方式中的“竖井排出通风方式”单独列在其下方。

（3）无/单/多竖井＋射流风机纵向通风方式分析

单击“分析流程导航”栏选择“正常通风分析”下的“无/单/多竖井＋射流风机纵向通风方式”后，弹出计算对话框，该对话框主要包括三个表格，以下按照操作流程一一介绍。

① 竖井及轴流风机信息。

该对话框主要用于设置竖井送、排风机的桩号及参数。

在对话框中修改排风机流量或台数后，排风量会自动更新，送风机流量、配置台数和送风量也类似。如果需要编制运营控制表，则排风机配置台数和送风机配置台数应该是风机配置的总数；如果只是常规的单工况分析，则应该是实际开启的风机台数。

② 对送、排风量试算值的几点提示。

在图 6-27 所示的对话框中，竖井送、排风量值往往需要经数次预估或试算设定，通常可以按如下原则预估：

右洞:竖/斜井数量: 1 不论左右线，均由小桩号-->大桩号方向输入。

竖井编号		竖井1
排风	排风口桩号	12050
	每台风机排风量Qe(m^3/s)	150
	每台风机电机功率M(kW)	200
	风机台数(台)	2
	排风风速ve(m/s)	6
	排风口面积Ae(m^2)	33.33
	升压动量系数Ke	0.9
	升压力Δpe(Pa)	26.4458385
	分叉损失系数	0.7
送风	送风口桩号	12100
	每台风机送风量Qb(m^3/s)	150
	每台风机电机功率M(kW)	250
	风机台数(台)	3
	送风风速ve(m/s)	25
	送风口面积Ae(m^2)	8
	升压动量系数Kb	0.9
	喷流角β(度)	5
	升压力Δpb(Pa)	0
	合流损失系数	0.7

图 6-27 竖井参数设置对话框

a. 预估值要满足《公路隧道通风设计细则》(JTG/T D70/2-02—2014)中提出的两个设计准则，即短道回流准则和浓度准则。

b. 按经济风速设定预估值。从运营耗电经济性的角度考虑，进口区段和出口区段的设计风速不宜太高，风速太高会导致洞内调压射流风机数量增加；但也不宜太低，风速太低会使送、排风量提高，而送、排风量的提高必然要求扩大送、排风道的横断面面积，从而增加投资。一般主洞内的风速控制在 6～8 m/s。

c. 使竖井排风量接近进口区段的需风量，竖井送风量接近出口区段的需风量，且送、排风机的数量宜为偶数台，便于控制。

③ 填写好竖井及轴流风机参数后，便可以计算各通风区段，输入各通风区段桩号，如图 6-28 所示。

对通风区段风量和压力进行分析，软件提供两种计算模式，可以通过复选框进行设定。

通风区段划分/计算　　第Ⅰ区段设计风量已知(m^3/s)

区段编号		区段1	短道1	区段2
起讫桩号	起始桩号	10001	12050	12100
	终止桩号	12050	12100	15500
风量风速	需风量Qreq(m^3/s)	388.612047	9.48296846	474.590634
	设计风量Qr(m^3/s)	480.685650	180.685650	630.685650
	新鲜空气量Qf(m^3/s)	480.685650	34.6096845	475.126716
	设计风速vr(m/s)	7.39516384	2.77977923	9.70285615
起讫浓度	起点浓度C1	0	.808453606	.246650504
	终点浓度C2	.808453606	.860936847	.999150001
压力平衡分析	起点压力P1(Pa)	106.370430	105.358433	118.575489
	终点压力P2(Pa)	101.884355	104.166583	-606.84729
	通风阻抗力Δpr(Pa)	202.984168	.552790038	457.981246
	自然风阻力Δpm(Pa)	0	0	79.4502
	交通通风力Δpt(Pa)	189.409861	8.84100392	205.436142
	局部压力损失Δpl(Pa)	0	0	0
	所需射流风机升压力ΣΔ	-12.871531		305.549465

图 6-28 通风区段对话框

a. 送风量已知。如果送风量由送风机开启台数来控制，则送风量随之确定，通过分析第Ⅰ区段和第Ⅱ区段的压力平衡来配置两个区段的调压射流风机数量。

b. 送风量未知。这种模式即送风量与排风量互为关联的模式，送风量由《公路隧道通风设计细则(JTG/T D70/2-02—2014)》中公式 7.6.5-1 计算，即当排风量确定后，送风量也随之确定。如果采用这种控制模式，则需要采用转速控制法、台数控制法及其组合方法来进行风量控制。

④ 区段射流风机控制。

划分通风区段后，软件自动判断射流风机的开启状态，如图 6-29 所示。如果预先设置的射流风机数量不够，在软件主界面左下侧的信息提示栏中会有相应提示。此时，用户应该回到布置射流风机对话框，增加射流风机的数量，或者改变射流风机的近、远期实施方案。

射流风机升压力计算

编号	桩号	型号	本组台数	效率系数η1	位置摩阻损失折减系数η2	纵向间距折减系数η3	是否开启	升压(Pa)
1	10200	SDS-12.5-5	2	0.9	0.9	1	否	
2	10350	SDS-12.5-5	2	0.9	0.9	1	否	
3	10500	SDS-12.5-5	2	0.9	0.9	1	否	
4	10650	SDS-12.5-5	2	0.9	0.9	1	否	
5	10800	SDS-12.5-5	2	0.9	0.9	1	否	
6	10950	SDS-12.5-5	2	0.9	0.9	1	否	
7	11100	SDS-12.5-5	2	0.9	0.9	1	否	
8	14500	SDS-12.5-5	2	0.9	0.9	1	是	44.4
9	14650	SDS-12.5-5	2	0.9	0.9	1	是	44.4
10	14800	SDS-12.5-5	2	0.9	0.9	1	是	44.4
11	14950	SDS-12.5-5	2	0.9	0.9	1	是	44.4
12	15100	SDS-12.5-5	2	0.9	0.9	1	是	44.4
13	15250	SDS-12.5-5	2	0.9	0.9	1	是	44.4
14	15400	SDS-12.5-5	2	0.9	0.9	1	是	44.4

图 6-29　射流风机升压力计算表格

(4) 竖井排出通风方式计算

单击“分析流程导航”栏选择“正常通风分析”下的“竖井排出通风方式”后，弹出如图 6-30 所示的对话框。

竖井排出通风方式有两种计算模式，即双向交通隧道合流型竖井模式和单向交通隧道分流型竖井模式。在前述选择“分析工况设置”后弹出的通风分析工况设置对话框中选择计算工况后会自动选择压力模式。

右洞：竖井集中排出通风方式：单向交通隧道分流型竖井

设计参数	设计参数	值
竖井位置	桩号	12500
设置	是否采用射流风机平衡通风区段压力	是
第I区段	需风量Qreq1 (m^3/s)	424.854184160273
	设计风量Qr1 (m^3/s)	1182.28598788554
	①-①断面平均风速v1 (m/s)	18.1890151982391
	隧道口与竖井出口之间的气象压力差Δpg1 (Pa	100
	以竖井内风速为基准的损失系数ζ1-3	0.2
	分流型风道主流分叉损失系数ζ1-2	0.28
	交通通风力Δpt1 (Pa)	-4.30209130824737
	不增压时的末端的全压力ptot1 (Pa)	-1206.32144424478
	所需射流风机升压力Δpj1 (Pa)	1206.32144424478
第II区段	隧道口与竖井出口之间的气象压力差Δpg2 (Pa)	0
	以竖井内风速为基准的损失系数ζ2-3	0.7
	需风量Qreq2 (m^3/s)	377.087038860691
	设计风量Qr2 (m^3/s)	588.600478703893
	②-②断面平均风速v2 (m/s)	9.05539198005989
	交通通风力Δpt2 (Pa)	129.098509540004
	不增压时的始端的全压力ptot21 (Pa)	-55.5811660121376
	不增压时的末端的全压力ptot22 (Pa)	-278.452419112083
	出口余压Δpg2+0.5ρv2^2 (Pa)	49.2000743475198
	所需射流风机升压力Δpj2 (Pa)	327.652493459602
竖井参数	净空断面积Ar (m^2)	32
	周长Pr (m)	30
	断面当量直径Dr (m)	4.26666666666667
	设计风量Qr3 (m^3/s)	593.685509181646
	③-③断面平均风速v3 (m/s)	18.5526721619264
	竖井及连接风道总压力损失Δpd (Pa)	300
	竖井底部合流全压力 (按照规范公式3.5.7-1)ptot3 (Pa)	-39.7008328658126
	竖井底部合流全压力 (按照规范公式3.5.7-1a)ptot3 (Pa)	-39.7008328658126
竖井轴流风机配置	排风机设计风压ptot (Pa)	440
	理论功率Atot (kw)	261.221624039924
	排风机效率η	0.88
	排风机电机轴功率Stot (kw)	296.842754590823

图 6-30　竖井排出通风方式对话框

① 求各区段的需风量。

单击“求各区段的需风量”按钮可以求得第Ⅰ区段和第Ⅱ区段的需风量。在双向交通合流型竖井中，从通风经济性考虑，第Ⅰ区段的设计风量 Q_{r1} 和第Ⅱ区段的设计风量 Q_{r2} 应该为两个区段的需风量；而在单向交通隧道分流型竖井中，设计风量一般都大于需风量。在求各区段设计风量之前，需要先设定竖井的排出风量 Q_{r3}。如果是变断面隧道，①—①断面的平均风速 v_{r1} 和②—②断面平均风速 v_{r2} 分别对应竖井左、右两侧的隧道断面面积。

② 求各区段压力平衡长度。

在计算双向交通隧道合流型竖井时，竖井宜设置在隧道轴向中央附近。竖井底部合流后的全压力有两种计算方式，可以根据第Ⅰ区段的压力平衡来计算[《公路隧道通风设计细则》(JTG/T D70/2-02—2014)中式(7.7.4-1)]，也可以根据第Ⅱ区段的压力平衡来计算[《公路隧道通风设计细则》(JTG/T D70/2-02—2014)中式(7.7.4-2)]。而实际上这两种计算结果应该是平衡的，于是可以通过试算来确定第Ⅰ区段和第Ⅱ区段的长度。

在图 6-30 所示对话框中“竖井及连接风道总压力损失”栏后输入参数，单击按钮弹出如图 6-31 所示的“风道压力损失计算”对话框，输入沿程损失和局部损失相关参数后，即可计算出连接风道的总压力损失。

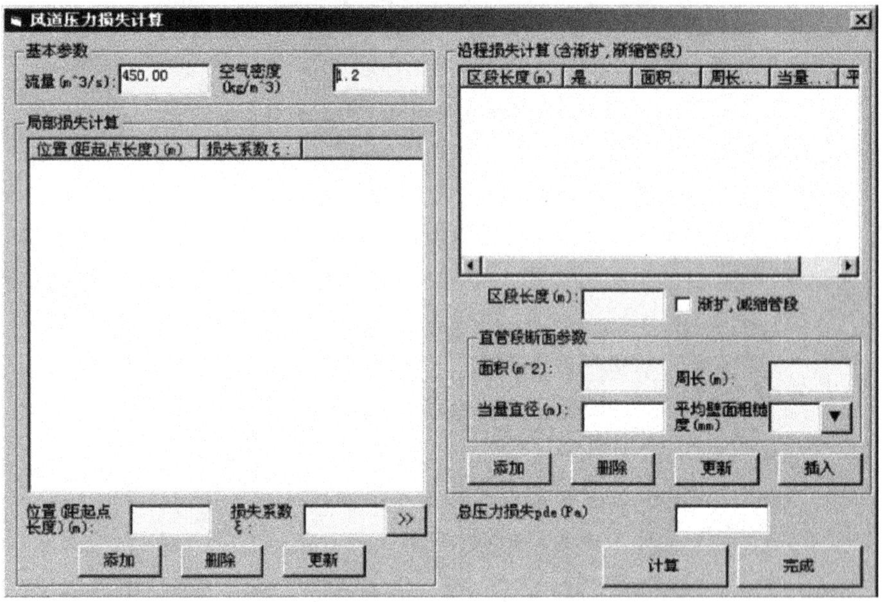

图 6-31 “风道压力损失计算”对话框

实际设计中，对于竖井排出通风方式，主隧道内的空气压力是很难平衡的，单纯依靠竖井内轴流风机的动力来平衡主隧道内的风压难度较大，而且不利于火灾时的烟气控制，此时，在主隧道内增设射流风机往往是一个不错的选择。此时，应在图 6-30 所示对话框“设置”栏的“是否采用射流风机平衡通风区段压力”框后填写“是”。软件提供了竖井排出通风方式下的增设主隧道射流风机的功能，如图 6-32 所示。软件还可自动判断射流风机的开启状态。

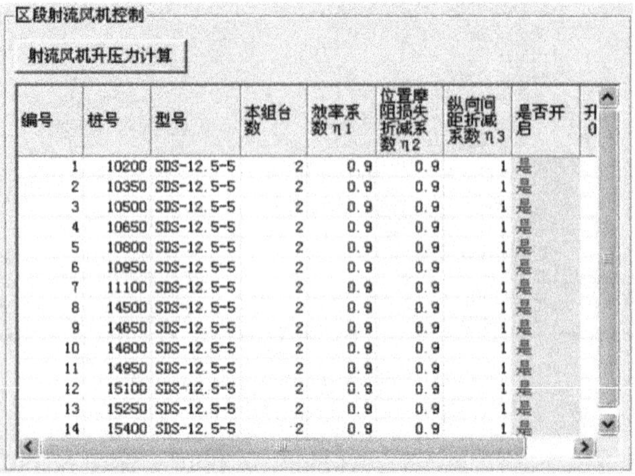

编号	桩号	型号	本组台数	效率系数η1	位置摩阻损失折减系数η2	纵向间距折减系数η3	是否开启
1	10200	SDS-12.5-5	2	0.9	0.9	1	是
2	10350	SDS-12.5-5	2	0.9	0.9	1	是
3	10500	SDS-12.5-5	2	0.9	0.9	1	是
4	10650	SDS-12.5-5	2	0.9	0.9	1	是
5	10800	SDS-12.5-5	2	0.9	0.9	1	是
6	10950	SDS-12.5-5	2	0.9	0.9	1	是
7	11100	SDS-12.5-5	2	0.9	0.9	1	是
8	14500	SDS-12.5-5	2	0.9	0.9	1	是
9	14650	SDS-12.5-5	2	0.9	0.9	1	是
10	14800	SDS-12.5-5	2	0.9	0.9	1	是
11	14950	SDS-12.5-5	2	0.9	0.9	1	是
12	15100	SDS-12.5-5	2	0.9	0.9	1	是
13	15250	SDS-12.5-5	2	0.9	0.9	1	是
14	15400	SDS-12.5-5	2	0.9	0.9	1	是

图 6-32 “区段射流风机控制”对话框

6.3.3.4 全(半)横向通风方式

单击“分析流程导航”栏选择“正常通风分析”下的“全(半)横向通风方式”后弹出如图 6-33 所示的对话框。全(半)横向通风方式主要用于单洞双向交通隧道,而对于单洞单向交通隧道并不常用。

全(半)横向通风方式的设置参数主要有风道的起讫桩号,是否为两段送排风,送、排风道的断面面积、当量直径及风道沿程摩阻系数等。需要注意的是,对于送风型半横向通风模式,只需要设置送风道的有关参数即可。

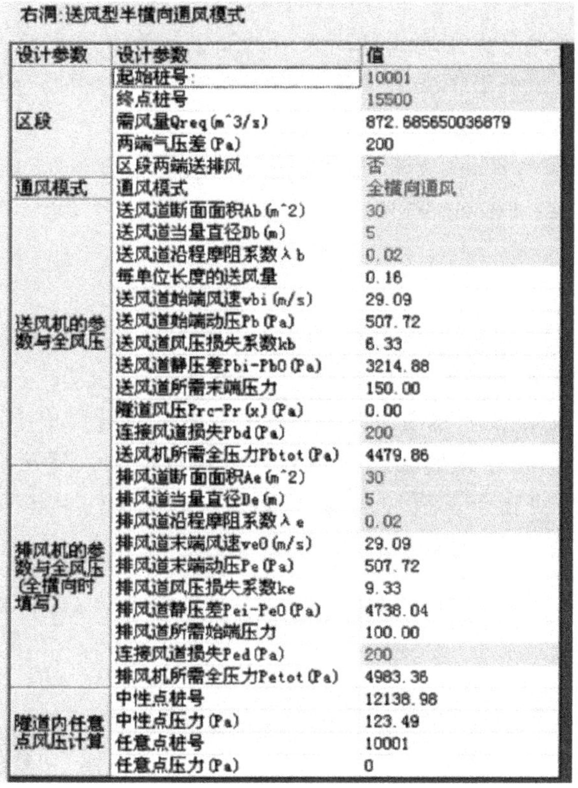
右洞:送风型半横向通风模式

设计参数	设计参数	值
区段	起始桩号:	10001
	终点桩号	15500
	需风量Qreq(m^3/s)	872.685650036879
	两端气压差(Pa)	200
	区段两端送排风	否
通风模式	通风模式	全横向通风
送风机的参数与全风压	送风道断面面积Ab(m^2)	30
	送风道当量直径Db(m)	5
	送风道沿程摩阻系数λb	0.02
	每单位长度的送风量	0.16
	送风道始端风速vbi(m/s)	29.09
	送风道始端动压Pb(Pa)	507.72
	送风道风压损失系数kb	6.33
	送风道静压差Pbi-Pb0(Pa)	3214.88
	送风道所需末端压力	150.00
	隧道风压Prc-Pr(x)(Pa)	0.00
	连接风道损失Pbd(Pa)	200
	送风机所需全压力Pbtot(Pa)	4479.86
排风机的参数与全风压(全横向时填写)	排风道断面面积Ae(m^2)	30
	排风道当量直径De(m)	5
	排风道沿程摩阻系数λe	0.02
	排风道末端风速ve0(m/s)	29.09
	排风道末端动压Pe(Pa)	507.72
	排风道风压损失系数ke	9.33
	排风道静压差Pei-Pe0(Pa)	4738.04
	排风道所需始端压力	100.00
	连接风道损失Ped(Pa)	200
	排风机所需全压力Petot(Pa)	4983.36
隧道内任意点风压计算	中性点桩号	12138.98
	中性点压力(Pa)	123.49
	任意点桩号	10001
	任意点压力(Pa)	0

图 6-33 全(半)横向通风模式对话框

6.3.3.5 应急通风分析

(1) 计算方法设置

单击“分析流程导航”栏选择“应急通风分析”下的“计算方法设置”后出现如图 6-34 所示的参数设置对话框。

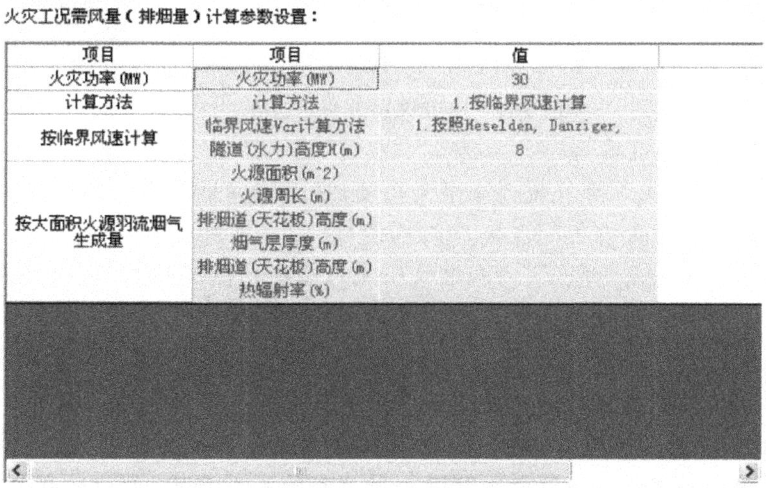
火灾工况需风量(排烟量)计算参数设置:

项目	项目	值
火灾功率(MW)	火灾功率(MW)	30
计算方法	计算方法	1.按临界风速计算
按临界风速计算	临界风速Vcr计算方法	1.按照Heselden, Danziger,
	隧道(水力)高度H(m)	8
按大面积火源羽流烟气生成量	火源面积(m^2)	
	火源周长(m)	
	排烟道(天花板)高度(m)	
	烟气层厚度(m)	
	排烟道(天花板)高度(m)	
	热辐射率(%)	

图 6-34 应急通风分析计算方法设置对话框

火灾工况排烟量计算方法在通风细则中并没有明确的计算公式，对于规模为 20 MW 的火灾，细则建议火灾时排烟风速可按 2～3 m/s 取值。实际上，隧道火灾涉及复杂的燃烧学问题，不同规模的火灾、不同的燃烧介质，其释放的烟雾量是不同的，烟雾的温度也是不同的，导致实际的排烟量差别也很大。

火灾工况排烟量的计算方法目前常用的有以下两种。一种是根据临界风速(critical velocity)来确定，所谓的临界风速，是指使烟雾不发生回流的最小风速。临界风速受多种因素的影响，如火灾规模、隧道坡度、火源大小、火灾在隧道内发生的位置、隧道内的通风情况、隧道结构特征等。另一种是根据大面积火源烟羽流的烟气生成量来计算。本软件采用的是 Thomas-Hinkley 羽流模型，该模型在连续火焰区羽流质量流量几乎与热释放速率无关，它更多地与火源周长和离火源的高度 z 有关。对于平均火焰高度远小于火源直径的大面积火源情形，实际数据与试验数据尤为接近。该模型的典型应用场合是诸如大型购物中心等具有大面积、低层高的场所，因此在隧道中也有较好的适用性。

本软件提供了上述两种计算方法，火灾工况排烟量计算表单如图 6-34 所示。其中，临界风速的计算采用了三种方法，即按照 Heselden、Danziger、Kennedy 公式计算，按照 Oka、Atkinson 公式计算，按照 Wu、Bakar 公式计算。

(2) 火灾工况通风分析

单击“分析流程导航”栏选择“应急通风分析”下的“火灾工况通风分析”后出现应急通风分析对话框。对话框分上下两个区域，以下按照分析流程分别介绍。

① 如图 6-35 所示，点击“收集信息”按钮，软件将从正常通风分析模块中收集相应的信息，包括：重点排烟区段的起讫桩号、排烟口桩号(软件会根据选择的通风方式自动读入隧道起点桩号和终点桩号及竖井的排烟口桩号)、火灾点桩号(软件将在车行横通道及紧急停车带信息中，取相邻两个车行横道桩号的中点作为火灾点)。

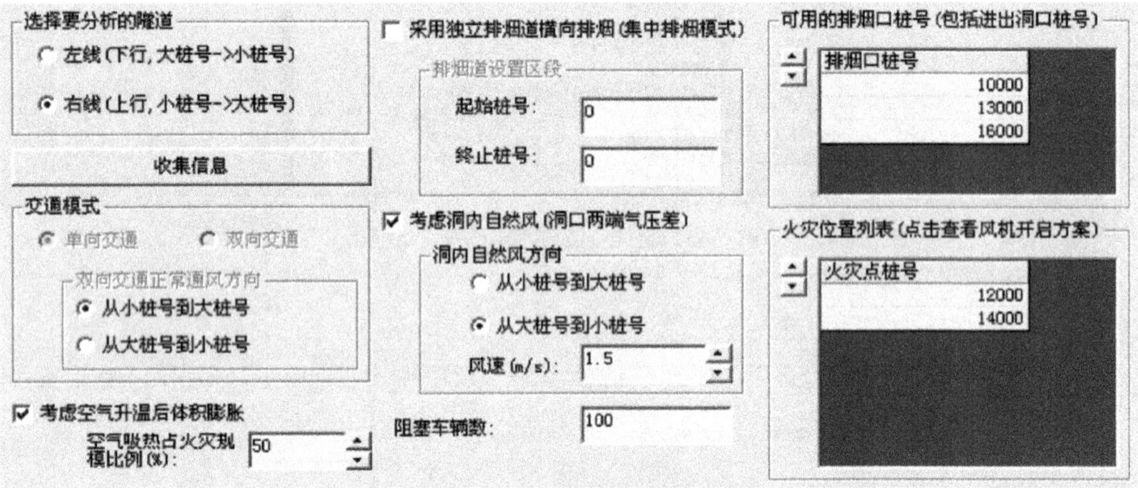

图 6-35 应急通风分析对话框(上)

② 自然风和洞外气压差信息填写。

自然风或洞外气压差对火灾烟雾气流控制至关重要，最理想的情况是获得实际火灾发生时洞外风速风向仪的监测数据，从而通过软件火灾工况通风分析功能，制订合理的设备控制方案。考虑自然风和洞外气压差的设置包括：是否考虑洞内自然风(洞口两端气压差)；洞内自然风的方向，即是从小桩号到大桩号还是从大桩号到小桩号；洞内自然风的风速大小。

③ 排烟模式。

软件支持两种排烟模式，即带独立排烟道的重点排烟模式和不带独立排烟道的纵向排烟模式。

采用带独立排烟道的重点排烟模式，可以避免主风道中烟雾纵向蔓延的危害，将火灾影响区域控制在较小的范围内，提高隧道的防灾能力。对于排烟道不是全长设置的情况，软件将按照表 6-11 所示模式进行控制。带独立排烟道的重点排烟模式见图 6-36。

表 6-11 **带独立排烟道重点排烟模式的排烟控制模式**

交通模式	区段	排烟路径	进口端射流风机	出口端射流风机
单向	进口区段	排烟道	开启若干台	全关
	排烟道区段	排烟道	开启若干台	逆转开启若干台
	出口区段	隧道出口	开启若干台	全关
双向	进口区段	隧道进口	全关	逆转开启若干台
	排烟道区段	排烟道	开启若干台	逆转开启若干台
	出口区段	隧道出口	开启若干台	全关

注：双向交通时，正常运营阶段的通风方向同单向交通时的气流方向。

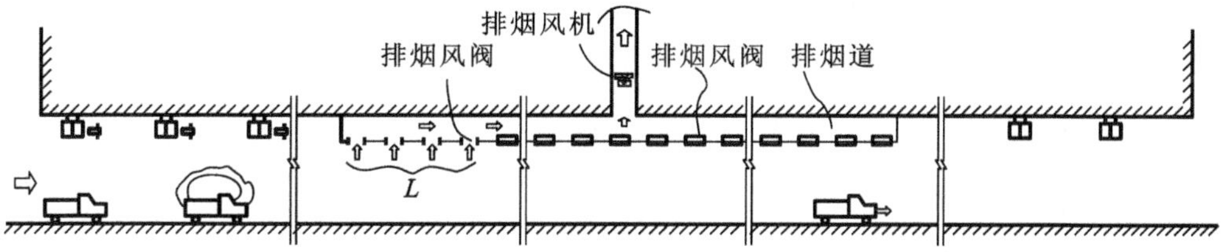

图 6-36 带独立排烟道的重点排烟模式

与带独立排烟道的重点排烟模式不同，纵向排烟模式下，火灾烟雾必须在风压作用下向火源下游蔓延，直到前方的排烟口后才能排放到洞外。因此，其烟雾排放路径较长。采用纵向排烟模式时，软件将按照下列原则进行分析：

a. 单向交通时，烟雾将从下游最靠近火源点的排烟口排出，软件将自动判断选择最近的排烟口进行排烟通风分析；

b. 双向交通时，烟雾也将从下游最靠近火源点的排烟口排出，但是必须指定在双向交通工况下正常运营阶段的空气流方向，即是从小桩号到大桩号的方向还是从大桩号到小桩号的方向。

④ 空气升温膨胀的考虑。

从洞口送入的新鲜空气，在经过火源点的加热作用后，必然发生体积膨胀而密度下降；体积膨胀导致风速提高，同时通风阻力也相应提高。如果考虑空气升温后体积膨胀作用，本软件将按照热力学定理（理想气体状态方程）计算火源点下游空气的温度、密度和风速变化。

但并不是所有的火源热量都传给了空气，部分热量通过辐射传递到了隧道壁面，因此可以进一步通过设置“空气吸热占火灾规模比率”来设定有多少热量被空气吸收了。

完成其他必要设置后，单击图 6-35 所示对话框中“火灾位置列表”下的“火灾点桩号”，即可弹出应急通风分析对话框下部区域（图 6-37），可以看到火灾需风量及临界风速计算结果、火灾隧道及相邻隧道的射流

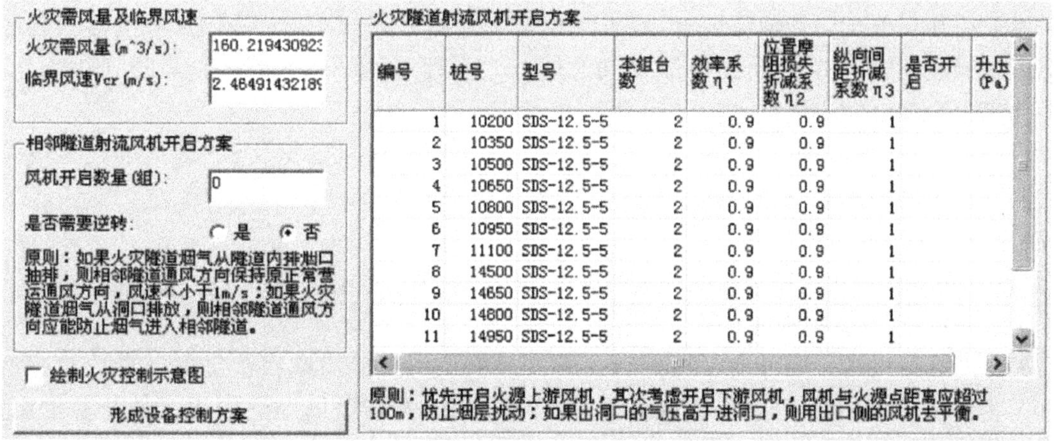

图 6-37 应急通风分析对话框(下)

风机开启方案等，还可以在软件主界面左下侧的信息提示栏看到对应该区段的排烟口桩号、隧道两端射流风机开启台数，以及通风阻抗力、自然风阻力、阻塞车辆风阻力等分析结果。

6.3.3.6 轴流风机动力设计

单击菜单中的“工具(T)”→“轴流风机动力设计”，出现如图 6-38 所示的“轴流风机动力设计”主对话框。

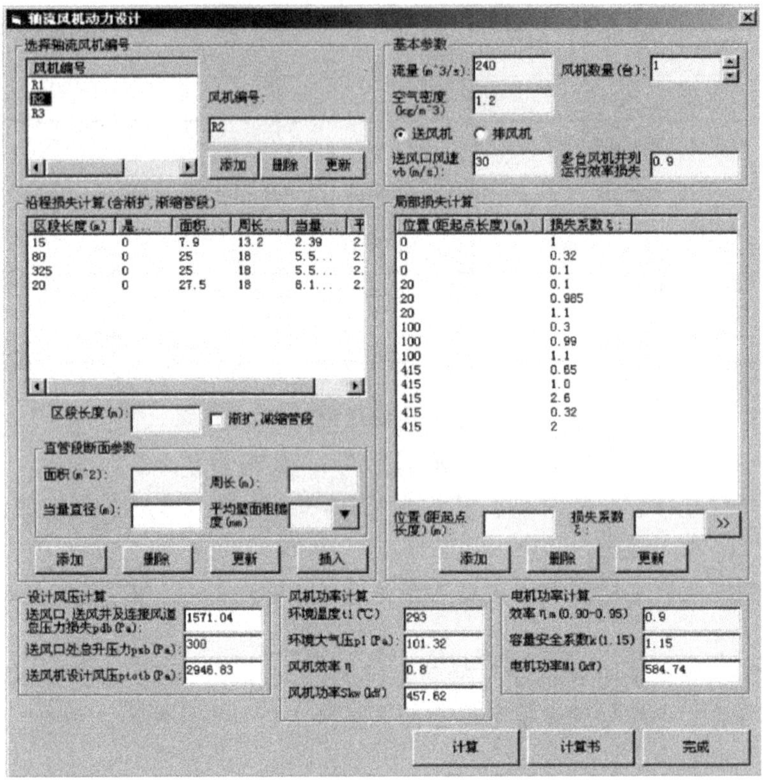

图 6-38 “轴流风机动力设计”主对话框

轴流风机动力设计主要是为轴流风机选型提供风量 Q 和升压力值 P 指标，并计算轴流风机理论功率和电机功率。其中，风量 Q 由隧道通风系统的计算风量确定；本功能模块主要是计算风机的升压力值 P，升压力主要是为了克服风道内的沿程损失和各种局部损失。

“轴流风机动力设计”主对话框加载后，将自动添加当前工程中的各轴流风机编号。通过选择风机编号，可以查看各风机的信息。

(1)风机编号

一个长隧道往往会涉及多种轴流风机，如采用单竖井送排式通风模式的隧道，将包括轴流送风机和轴流排风机两种轴流风机，这两种风机的风量 Q 和升压力 P 不尽相同。通过对不同轴流风机编号，可以在同一个工程文件组中对多台轴流风机进行有效管理。

添加：该操作将根据当前对话框中的各项设置创建一个新的风机数据文件，因此可以很快捷地将当前风机信息复制到新建的风机数据文件中。

删除：删除当前编号的风机数据文件。

更新：保存对当前编号的风机数据文件的更改。

(2) 沿程损失及突扩、突缩损失计算

沿程损失主要根据风道区段长度、断面面积、周长、当量直径、平均壁面粗糙度等参数按照流体力学公式进行计算。其中，平均壁面粗糙度指标可通过单击“▼”按钮选择通风细则中提供的几种常用壁面类型，则相应的壁面粗糙度系数会自动填充到平均壁面粗糙度的文本框中。

如果添加的是突扩段或突缩段，仅需要输入区段长度并选中复选框，则软件将根据相邻两区段的断面信息自动判断是突扩段还是突缩段，并根据前后两段的当量直径和本区段长度，计算相应的突扩段、突缩段角度，进而求得突扩或突缩损失。

注意：基于以上突扩或突缩损失计算原理，突扩段或突缩段相邻两段必须是非突扩或突缩段。如果风道第一个计算区段或最后一个计算区段及中间存在连续多个突扩或突缩段，则可以通过增加区段长度为0的非突扩或突缩段来解决。

(3) 局部损失计算

局部损失计算时需要指定损失位置，该位置是以风道起点为基准来计算的。对于同一计算区段而言，因为视区段内风速为恒定，所以只要损失系数 ξ 相同，那么位置的差异并不影响局部损失计算结果。

软件提供了《公路隧道通风设计细则》(JTG/T D70/2-02—2014)中介绍的几种常用局部损失类型损失系数的计算工具。点击损失系数 ξ 文本框右边的按钮"≫"，打开"局部损失系数计算"对话框，用户可参考《公路隧道通风设计细则》(JTG/T D70/2-02—2014)，输入必要的参数后计算局部损失系数 ξ。

注意：目前，本软件还未按《公路隧道通风设计细则》(JTG/T D70/2-02—2014)升级，使用时应注意。

知识归纳

(1) 隧道通风方式的分类、特点和适用条件。

(2) 选择隧道通风方式应考虑的因素及选择隧道通风方式的原则。

(3) 隧道通风计算软件的使用方法。

独立思考

6-1 公路隧道有哪些通风方式？这些通风方式的特点是什么？

6-2 简述纵向通风与横向通风的概念。

6-3 隧道在什么条件下无须采用机械通风？

6-4 采用纵向通风的隧道在什么情况下应考虑采用分段纵向通风？

6-5 地下轨道交通有哪些通风方式？这些通风方式各有什么特点？

6-6 简述影响选择隧道通风方式的因素。

6-7 简述选择隧道通风方式应遵循的原则。

7

隧道防灾救援通风

课前导读

◁ 内容提要

本章介绍隧道火灾的特点、隧道火灾条件下送风和排烟系统的设置及隧道发生火灾时的通风控制要求。

◁ 能力要求

通过本章的学习，学生应了解隧道火灾的特点和救援难点，隧道防排烟设计措施；熟悉在隧道火灾事故下隧道通风与疏散方法。

7.1 隧道火灾的特点及设计规模 >>>

隧道和地铁建筑结构复杂，环境相对密闭，在封闭空间内热量不易消散。由于交通事故或车辆起火，酿成隧道火灾并造成伤亡的例子国内外均很多。如 1977 年 3 月，我国上海打浦路隧道发生火灾，一辆载满乘客的客车燃烧，造成多人伤亡(确切数据不详)；1999 年 3 月，勃朗峰隧道发生火灾，死亡 41 人，毁车 43 辆；1999 年 5 月，陶恩隧道发生火灾，死亡 13 人，毁车 34 辆；2001 年 10 月，圣哥达隧道发生火灾，40 辆车困在洞内，人员逃往相距 40 m 的平导避难。随着我国公路建设的发展，长隧道及特长隧道不断增多，隧道内一旦发生火灾，往往造成灾难性事故，损失惨重。发生火灾时温度较高，对于通行载重汽车或油罐槽车等的公路隧道和通行油槽列车的铁路隧道，发生火灾时温度常达 1000 ℃以上，火灾扑救相当困难，往往会造成重大的人员伤亡和财产损失。对于水下隧道，还有因结构被破坏而导致隧道修复困难的可能。因此，隧道发生火灾时，隧道通风系统如何有效地控制火灾烟雾的范围，并迅速排除隧道内烟雾是隧道通风设计必不可少的内容。

7.1.1 隧道火灾特点

① 隧道火灾具有多样性和不确定性。由于隧道长度、断面、纵坡、平曲面半径，交通量，车型，车载可燃物等影响火灾发生、蔓延的因素的不确定性，决定了隧道火灾及其发展蔓延规律和烟气流动规律具有多样性和不确定性。隧道越长、交通量越大，火灾发生的概率越大。隧道火灾荷载主要取决于车载可燃物类型及其数量、车内装修和车载燃油量类型和数量等。不同类型车辆的火灾荷载参见表 7-1。

表 7-1 隧道内不同类型汽车发生火灾时的火灾荷载

车辆类型	最高温度/℃	最大热释放速率/MW	等效汽油坑/m^3
小汽车	400～500	3～5	2
载重车/公共汽车	700～800	15～20	8
油罐车	1000～1200	50～100	30～100

② 隧道呈狭长形，隧道越长，越近似于封闭空间。火灾发生后，隧道内烟雾大，能见度低，散热慢，温度较高，起火点附近未进行防火保护的隧道承重结构体混凝土容易发生崩落。

③ 隧道火灾会发生跳跃性蔓延。由于隧道内空气不足，发生火灾时可燃物不完全燃烧，产生的 CO 等不完全燃烧产物随高温烟气流动，并将热量传递到周围空间。当新的可燃物获得足够的点火能量时，即会引发新的燃烧。从火灾实例看，会出现火灾从一辆车跳跃到另一辆车的跳跃式蔓延。试验中观察到最远的引燃点可距起火点 50 倍洞径。

④ 隧道火灾发生后，安全疏散困难，容易造成交通堵塞和出现二次灾害。双向交通隧道、单向单车道隧道、车流量大或处于交通高峰期的隧道发生火灾时，由于隧道内能见度低，疏散通道有限，加之驾驶人员对烟火的恐惧，容易出现慌不择路而造成交通堵塞或出现新的交通事故，从而严重影响车辆疏散；隧道越长，车辆疏散所需的时间越长，其间发生二次灾害的概率越大。

⑤ 灭火救援难度较大。由于隧道多远离城市，缺乏可靠的水源，且隧道内灭火条件有限，因此隧道火灾延续时间和火灾扑救的成功率通常取决于隧道消防设施设置的合理性和使用效率，以及隧道管理单位的管理效率和自救应急能力。在双向交通隧道、特长隧道内，容易发生灭火救援路线与疏散路线、烟气流动路线的交叉，加之救援面和救援途径有限，火灾扑救难度较大。

⑥ 火灾损失的不可预见性。隧道火灾损失因隧道火灾荷载和交通状况等因素的随机性和不确定性而具有不可预见性。隧道火灾可能只造成一辆车的损失，也可能成为群死群伤、车损洞毁、交通中断的特大恶性火灾，产生巨大的经济损失和恶劣的社会影响。表 7-2 列举了国内外发生的 7 起特大隧道火灾及其损失情况。

表 7-2　　国内外发生的 7 起特大隧道火灾情况表

隧道名称	火灾发生地	人员死亡情况/人	经济损失	交通中断时间
猫狸岭隧道	中国浙江	无	重大经济损失	18 d
勃朗峰隧道	法国	41	毁车 43 辆	18 个月以上
陶恩隧道	奥地利	13	毁车 34 辆	3 个月
圣哥达隧道	瑞士	11	毁车约 100 辆	2 个月
Velser Tunnel	荷兰	5	毁车 6 辆，30 m 隧道严重损坏	
Nihonzaka Tunnel	日本	7	毁车 173 辆，1100 m 隧道严重损坏	
Caldecott Tunnel	美国	7	毁车 7 辆，580 m 隧道严重损坏	

⑦ 由于隧道火灾多半是缺氧燃烧，产生高毒性一氧化碳气体，曾观测到发生火灾时洞内一氧化碳浓度达 7%（0.2%的浓度几分钟即可致人死亡）。洞内火灾产生的热烟，首先集中在隧道顶部，而很长一段隧道的下部仍是新鲜空气。当洞内有较大的纵向风流时，才会使隧道全断面弥漫烟气，使人迷失方向并可能中毒死亡。

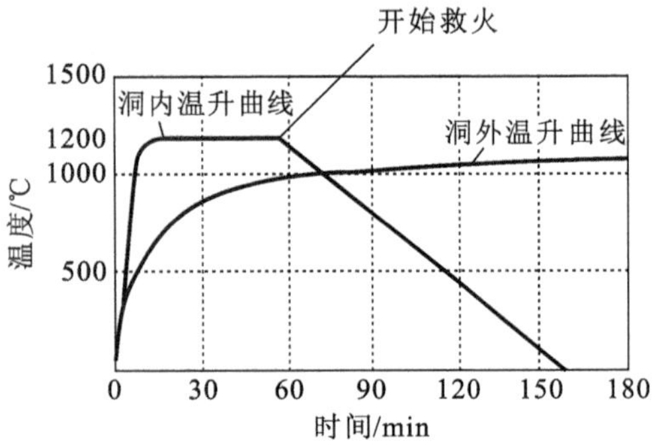

图 7-1　着火后的温升曲线

⑧ 隧道内火场引起的局部热气流可逆风移动。当洞内纵向风速小时，热气流甚至可以到达上风方向洞口，从而使消防人员难以从上风方向到达火场救火。隧道内着火后其温升曲线如图 7-1 所示，起火 10 s 后火灾已充分发展，2～10 min 后顶板升温到 1200 ℃，在开始灭火后温度呈直线下降；而洞外露天火灾的火场温度则是慢慢上升的，这主要是因为隧道内散热条件比洞外差，所以升温快。图 7-1 中洞外温升曲线为标准温升曲线，它符合下列方程：

$$T = T_0 + 345\lg(8t + 1) \tag{7-1}$$

式中　T——火场温度，℃；

T_0——环境温度，℃；

t——起火后历时，min。

7.1.2　火灾频率

关于隧道火灾的频率，不同的资料说法不同。《公路隧道设计规范》(JTG D70—2004)第 10.4.5 条的说明中介绍，据国外统计，隧道内火灾频率为 10.17 辆/亿车公里，平均为 13.51 辆/亿车公里；日本吉田幸信在《公路隧道的防火设备》一文中介绍，每 1 亿车公里发生事故 50 起，其中火灾 0.5 起，长度为 1000 m 的隧道，当交通量为 2 万辆/日时，约 50 年发生一次火灾；英国的通风专家阿列克斯·西特统计，每 1 亿车公里发生火灾 2 起，对于长度为 2 km 的隧道，当交通量为 5 万辆/日时，每年可能发生一次火灾；而日本道路公团统计，1964—1979 年共发生火灾 31 起，平均每 1 亿车公里发生火灾 567 起；1989 年上海为修建延安东路隧道搜集了大量资料，曾报道国外每 1 亿车公里发生隧道火灾 20 次，其中 1%是油罐车起火，平均每座隧道 18 年发生一次火灾；但《高等级公路隧道防火与消防》一文中又说，英国隧道每 1 亿车公里发生隧道火灾 10 起。由上述资料可知，各地区统计资料变化幅度较大，除日本道路公团的 567 次太大可能有误外，其余为每 1 亿车公里发生火灾 0.5～20 次，如取中值 10 次/亿车公里(即我国相关规范中的下限)，经计算日交通量为 20000 辆/日。在交通量为 30000 辆/日的情况下，1000 m 长的隧道基本上每年都要发生一次火灾，2000 m 的隧道每半年发生一次火灾，这似乎是不可能的，故 10 次/亿车公里的频率过大。经综合研究，认为火灾频率取为 2.7 次/亿车公里较为合适，其对应的火灾周期见表 7-3。由表 7-3 可知，在交通量不算小的情况下，1000 m 长的隧道 4～7 年有一次火警，2000 m 长的隧道2～3年有一次火警。目前，国内外隧道消防设计通常是按火灾每次只在一处发生来考虑的。

表7-3 频率为2次/亿车公里时的火灾周期

隧道长度/m	交通量(混合车)	
	20000辆/日	30000辆/日
1000	6.8年	4.6年
2000	3.4年	2.3年

7.1.3 隧道火灾通风设计

(1) 通风系统的选择与布置

隧道通风设计应将防灾通风设施与日常运营通风进行统筹规划。日常运营通风与防灾通风设施有兼用或分别设置等情况。通风系统布置时应尽可能将日常运营风机兼作防灾风机，以达到降低通风系统装机功率的目的，并保证防灾风机有效、可靠地运转。当隧道日常运营采用纵向通风，但由于排烟长度等原因不满足防灾排烟要求时，也可设置独立的排烟系统，以兼顾运营的经济性和防灾的安全性。

隧道通风设计中应分别明确日常运营工况与火灾工况的风机数量和位置。

隧道火灾条件下的通风设计一般都与隧道运营通风系统通盘考虑。仅从控制火灾规模和排烟疏散角度来看，横向通风系统最为有利，其次是半横向通风系统，而纵向通风系统则较为不利。但是，从隧道建设投资和运营维护费用角度考虑，纵向通风系统最省，横向通风系统最贵。因此，在考虑火灾条件下通风系统选择与布置时，应针对所设计隧道的长度、车流量、重要性等因素进行综合比选，合理布置。

隧道采用纵向通风系统时，为了防止隧道中的烟雾扩散到人行(或车行)横通道及相邻隧道，同时为有利于人员疏散，往往需在人行(或车行)横通道设置机械正压送风系统。一般可利用射流风机向起火隧道送风，在起火隧道通往横洞的入口处形成正压，其余压值不应小于50 Pa。

半横向通风系统可分为送风半横向通风系统和排风半横向通风系统。在隧道火灾情况下，排风半横向通风系统更有利于排出烟雾和控制火势。

(2) 消防设计的火灾规模

对于公路隧道一般认为火灾规模可分为以下三种：

小型火灾——一辆小客车着火(60 L汽油)；

中型火灾——一辆货车着火(150 L汽油)；

大型火灾——两辆货车相撞着火(300 L汽油)。

公路隧道相应于上述火灾规模的火灾最大热释放率可按表7-4取值。

表7-4 隧道火灾最大热释放率 (单位：MW)

通行方式	隧道长度/m	公路等级		
		高速公路	一级公路	二、三、四级公路
单向交通	$L>5000$	30	30	
	$1000<L\leqslant5000$	20	20	
双向交通	$L>4000$			20
	$2000<L\leqslant4000$			20

注：运煤专用通道、客车专用通道等特殊隧道火灾最大热释放率取值宜根据实际条件具体确定。

《公路隧道通风设计细则》(JTG/T D70/2-02—2014)要求，隧道火灾的消防通风应针对中型火灾(20 MW)，主要原因是如针对大型火灾设置隧道消防设备，必然导致隧道造价高，但大型火灾的发生频率却较低，而且我们还可以采取一些措施消除和减少发生大型火灾的概率。例如，油罐车通过隧道必须有引导，双向行驶的公路隧道必须限速并加大车辆间距等。

(3) 隧道火灾临界风速

临界风速是使火灾烟气不发生倒流的控制风速。当发生火灾时，由于着火点源源不断产生烟气，隧道顶部热烟气体积迅速增大，向隧道区间两侧扩散，同时冷空气流从隧道下部向着火点进行补充，火源两侧有对称的循环风流。采用纵向排烟的公路隧道，火灾临界风速可按表7-5取值。有特殊规定的隧道，其火灾临界风速应符合有关规定。当隧道是以油罐车等易燃易爆危险物品运输为主，而且交通得不到有效管制时，其火灾临界风速宜采用两辆油罐车燃烧时的空气流动速度。

表7-5 火灾临界风速 v_c

热释放率/MW	20	30	50
火灾临界风速 v_c/(m/s)	2.0～3.0	3.0～4.0	4.0～5.0

由于火灾在隧道顶部产生热气流的临界风速与火灾规模有关，设热空气风速为 v(m/s)，热空气温度为 T_f(K)，隧道净高为 H(m)，则临界风速可用以下公式求解：

$$\begin{cases} v = K_g K \left(\dfrac{gHQ}{\rho C_p A T_f} \right)^{\frac{1}{3}} & (7\text{-}2) \\ T_f = \dfrac{Q}{\rho C_p A v} + T_0 & (7\text{-}3) \end{cases}$$

式中 Q——火灾热释放率，W；

ρ——空气密度，$\rho=1.2\ \text{kg/m}^3$；

C_p——空气比热，$C_p=4238\ \text{J/(kg·K)}$；

A——隧道断面面积，m^2；

T_0——环境温度，K；

K——系数，$K=0.61$；

K_g——坡度系数，$K_g=1+0.0374i^{0.8}$，其中 i 为坡度；

g——重力加速度，$g=9.81\ \text{m/s}^2$。

例如，已知隧道面积为63 m²，净高为7.03 m，纵坡坡度为3%，洞内气温为25 ℃，热释放率为20 MW，$K_g=1+0.0374i^{0.8}=1.0023$。将其代入式(7-2)和式(7-3)得：$T_f=360$ K，临界风速 $v=1.49$ m/s。

(4) 隧道排烟风机选择

隧道排烟风机的选择应满足以下要求。

① 当隧道发生火灾时，轴流风机应能在环境温度为250 ℃情况下可靠运转60 min以上，恢复到常温后，轴流风机不需大修即可投入正常运转。对于直接暴露在火灾现场的风机，其电动机和所有与高温烟气接触的相关部件、附属设备及外接配电线路应能满足在250 ℃的烟气中正常工作不少于60 min的要求。同时，直接暴露在火灾现场的风机还应考虑其在火灾工况下的损耗。

② 对于运营通风与火灾排烟合用风机，要求风机在60 s内从静止状态转换到火灾不同阶段排烟系统所要求的运行工作状态。

③ 对于可逆式风机，要求能在90 s内完成全速反向旋转。

④ 排烟风机的叶片应采用在高温状态下不会降低功效和发生严重变形的金属材料。叶片上宜添加磨损条或增加叶片间的距离。

⑤ 排烟风机中使用的消音器隔板中吸音材料应为不燃烧、无毒材料，且能在250 ℃的烟气中保持稳定。

⑥ 当隧道采用射流风机纵向排烟时，风机的设置应符合下列规定：

a. 风机的运行数量、排烟速度应根据通风细则规定的不同阶段的烟气流动速度及隧道的自然风速、自然风阻力、交通通风力和通风阻抗力等经计算确定。

b. 不易发生严重交通堵塞且自然风速变化不大，平均风速不大于1 m/s的单向交通隧道应采用单向风机；双向交通应选择双向风机，双向可逆转射流风机反转时的风量和推力不宜低于正转的98%。

c. 风机不应集中布置，应根据隧道长度、排烟和配电等要求，分散设置在隧道内的恰当位置。

7.2 送风和排烟系统 >>>

通过对隧道中大量由火灾造成人员死亡的事故进行研究表明，其主要原因是人吸入了烟气颗粒而导致死亡。

火灾烟气对人的危害性很大，具体如下：

① 发生火灾时空气很热，近火点的温度高达 1000 ℃。人吸入热气体会严重灼伤呼吸道。

② 火灾烟气中含有有毒和麻醉性的气体，像一氧化碳、氰化氢等。当一氧化碳的含量高时会引起人快速死亡；含量较低时又将导致人体丧失平衡性，特别是当人在疲劳的情况下。

③ 发生火灾时，空气中氧气的含量很低，这本身就可能导致人失去意识或者死亡。但是一般情况下，有毒气体的伤害还是最主要的。

④ 火灾烟气中含有一些比较小的颗粒，能妨碍人们的视线。

⑤ 火灾烟气对人体上呼吸道和眼睛的刺激不利于人们逃离现场。

对在火灾中人死亡原因的调查研究发现，由有毒气体一氧化碳导致的死亡大约占 50%，剩下的约 50% 则是由直接烧伤、爆炸力及其他有毒气体引起的。

因此，在长隧道的设计中必须考虑排烟系统的设计。针对有毒气体和烟气颗粒的特性，就需要有一套系统来使它们排放出火灾现场，而这就需要本身具有防火能力的通风和排烟管道。

由于通风系统的效应，隧道内火势以水平方式扩展，而不是通常的竖向传播方式。在这种情况下，顺着火势扩展的方向上的汽车就很有可能被引燃。

在隧道中有很多种设立排烟系统的方法，基本可以归结为两种思路：第一种就是在隧道的顶部空间中围出一个通道，可以直接在混凝土顶板下方，或者在由保全防火板 PROMATECT-H 或 PROMATECT-T 保护的隧道拱腹下隔出一个空间结构，构成耐火排烟系统；第二种更常用的方法就是安装铁皮风管系统，包敷一层防火材料，如保全防火板 PROMATECT-H 或 PROMATECT-T，使风管具有一定的耐火能力。在环境特别恶劣的情况下，如果要求材料有比较高的强度和抗冲击能力，则考虑采用保全复合防火板 PROMATECT-S。在有的通风系统中也可以直接用保全防火板 PROMATECT 安装风管，而不需要铁皮风管，但是这要取决于设计风压。

7.3 火灾事故的通风 >>>

7.3.1 事故通风原则

隧道内一旦发生火灾，则正常通风应立即改变为事故通风，此时的通风应达到的目的是：

① 通风必须有利于人员避难。风速的大小应尽量减少传到人体上的热负荷，还要避免因纵向风流的湍流和涡流作用而使洞内烟雾弥漫，最大限度地给人员避难创造条件。

② 通风应避免或尽量减少火场高温气体的扩散，防止炽热气流引燃火场以外的车辆而使火场扩大。

③ 通风应有利于消防队员救火，使消防队员能从上风方向接近火场，开展灭火工作。

④ 当人员通过人行横通道进入另一个平行隧道或避难平导时，事故通风应能防止着火隧道的烟气进入人行横道及相邻隧道（或避难平导）。

7.3.2 事故通风方式及风速要求

采用横向通风系统的隧道发生火灾时，应减少起火点前后新风的送风量，以免火势愈来愈大；同时将排风机切换为排烟工作模式，通过排风机控制烟雾流向，将烟雾迅速排出隧道。

采用排风半横向通风系统的隧道发生火灾时，在人员疏散阶段应减少纵向送风，只需将通风系统切换到火灾排烟模式即可有效地控制火灾和烟雾。

而对于采用纵向通风系统的隧道，一旦发生火灾，隧道内的烟雾将会随着纵向风流迅速蔓延扩散，而目前已经投入运营和在建的绝大部分公路隧道和铁路隧道都是采用纵向通风系统，故此处主要讨论采用纵向通风系统的隧道的事故通风问题。

对于公路隧道来说，我国的高速公路及一级公路隧道多为双洞单向行车，低等级公路则为单洞双向行车。事故通风应分为两个阶段：人员疏散阶段和消防灭火阶段。行车方式不同及通风的阶段不同，对通风的要求也不同。现就双洞单向行车的隧道和设有救援平行导坑的单洞双向行车的隧道的事故通风方式简要叙述如下。

(1) 双洞单向行车的隧道

① 人员疏散阶段(图 7-2)。

由于是单向行车，洞内发生火灾后前方车辆可以向前继续行驶撤出洞外，少量破损车辆上的人员可下车向后方(即通风的上风方向)撤离。但若火场不能通过，则只有向前方逃生，通过最近的横通道撤向相邻隧道。火场后方车辆及人员应尽可能通过人行及车行横通道撤离。此时通风应如图 7-2 所示，两洞的风机均应由正常通风模式转为事故通风模式。

对于火灾隧道，进出口风机均向出口方向吹风，使隧道内形成纵向风流，风机开动台数应以要求风速控制。

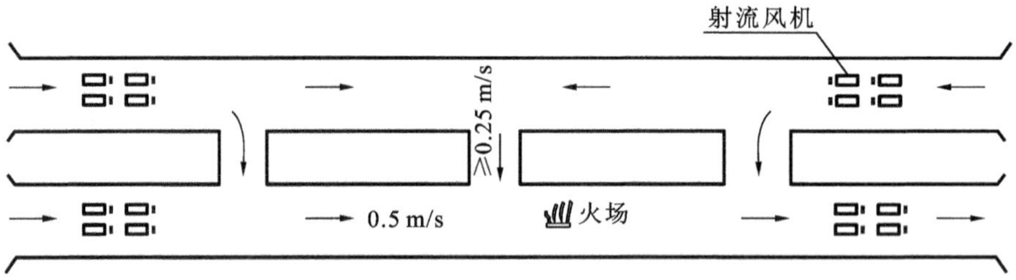

图 7-2 双洞火灾事故通风(人员疏散阶段)

由于洞内人员较少，全疏散阶段通风的主要目的是防止火灾扩大，兼顾少量火场前方人员避难。另外，起火点附近的风机应停止工作，纵向排烟速度不应大于 0.5 m/s。

对于相邻隧道，进出口射流风机均应向洞内吹风(即出口方向的射流风机逆向运转)，使洞内形成正压，要求在所有开放的人行及车行横通道中形成吹向火灾隧道的新鲜风流，以免火灾隧道的烟气窜入。此时风速必须保证能在巷道中形成稳定的紊流，可取为 0.25 m/s(当隧道较长、横通道较多、中部的横通道风速小于规定值时，可在该横通道中加设射流风机)。

② 消防灭火阶段(图 7-3)。

当火场下风方向的人员和车辆全部撤离之后(除损坏不能行驶者外)，关闭所有通道门，通风应进入消防灭火阶段。

对于火灾隧道，开动所有射流风机向隧道出口吹风，使洞内纵向风速在临界风速以上，消防队员从上风方向到达火场救灾。

对于相邻隧道，此时该隧道已改为双向行车，原按单向行车而布置的风机台数已不满足需求，此时一方面应进行交通管制，控制交通量和车速；另一方面应开动全部风机，吹风方向应与自然风方向一致。

(2) 单洞双向行车的隧道

有的长隧道由于近期交通量小或建设资金困难，开始时只修建单洞，如二郎山公路隧道、鹧鸪山公路隧道，考虑火灾避难均设置了与主洞等长的平行导洞(避难隧道)。对于单洞长隧道，其火灾事故通风方式如下。

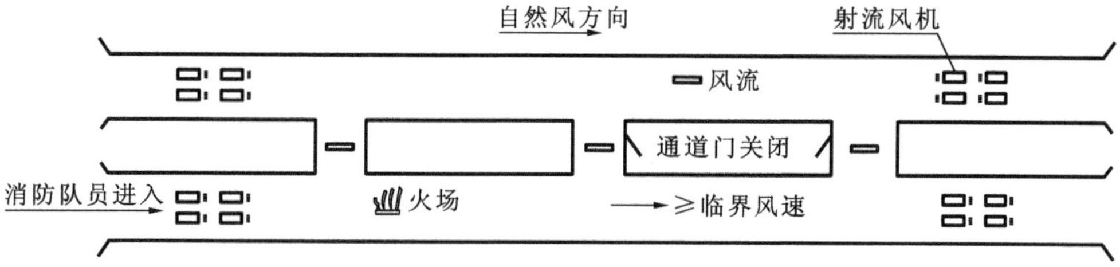

图 7-3 双洞火灾事故通风(消防灭火阶段)

① 人员撤离阶段(图 7-4)。

火灾发生后洞内大量车辆受阻,有众多人员需撤离,此时的通风应以保证人员安全撤离为主要目的。主洞内进出口段的风机均应开动,并分别向最近洞口吹风,从而在主洞内形成负压,新鲜空气由平导经横通道流向主洞。这样的通风方式可保证人员、车辆向平导转移时始终有新鲜风迎面吹来,而隧道里的烟气不会窜入横通道及平导。如靠近隧道中部的横通道风速太小,可在这些横通道拱部设置射流风机。

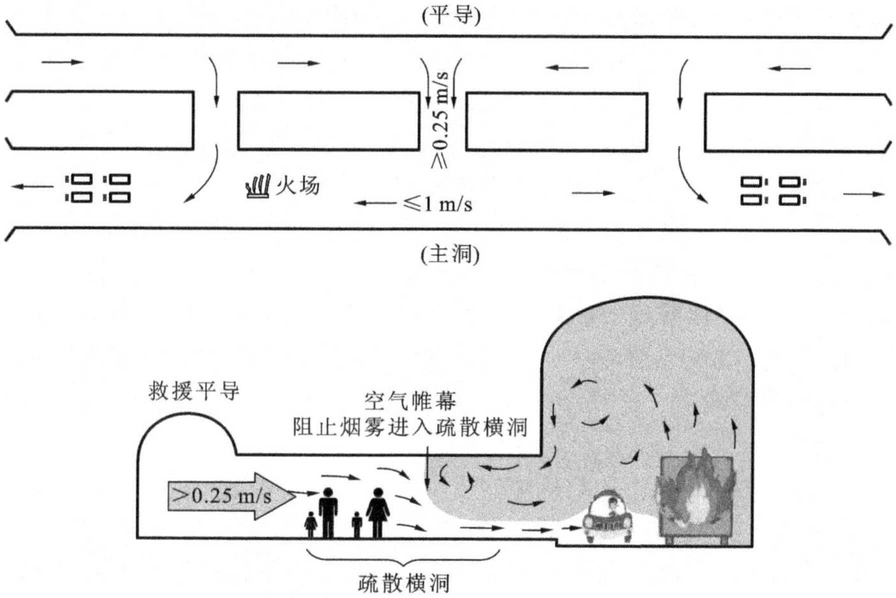

图 7-4 单洞火灾事故通风(人员撤离阶段)

风速要求:主洞风速小于 1.0 m/s,此风速对撤出人员较为有利,又使产生的一氧化碳气体不致过多。本阶段火场前后均有大量人员和车辆,风速过大对防止火灾扩大不利,对人员避难更不利,故应采用较小风速(1.0 m/s)。连接救援平导的横通道内风吹向主洞(风速控制在 0.25 m/s 左右),应使其所产生风压略大于主洞蔓延入横洞烟雾的风压,这样就在横洞中形成空气帷幕,从而阻止主洞烟雾通过横洞蔓延到平导,还可以对疏散撤离人员起到方向诱导作用,引导疏散撤离人员循着新鲜风的方向进入救援平导。

② 消防灭火阶段(图 7-5)。

在洞内人员全部撤离后,关闭所有通道门,进出口主洞风机开动,以不小于临界风速的风速向离火场较远洞口吹风,消防队员从距火场较近洞口由上风方向进洞实施灭火。

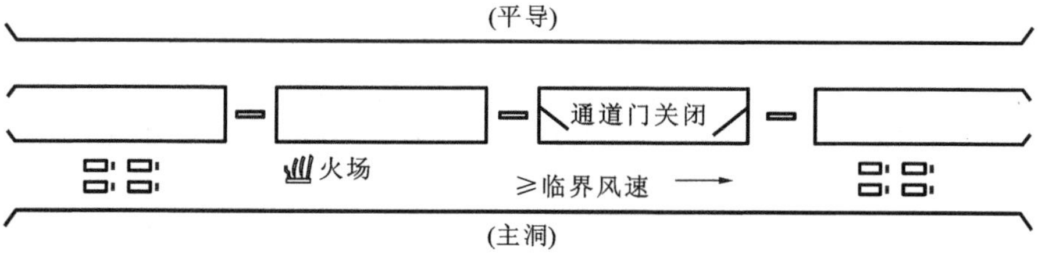

图 7-5 单洞火灾事故通风(消防灭火阶段)

7.4 地铁区间隧道事故通风

(1) 地铁区间隧道排烟标准

地铁区间隧道的排烟量是按其流经隧道断面的临界排烟速度来计算的。临界排烟速度是该排烟区段所需排烟时的起码速度，是通过计算确定的，且最小不应小于 2 m/s，最大不应大于 11 m/s。排烟设备可耐温度为 150 ℃，可持续工作时间为 1 h。由于地铁火灾时有发生，排烟设备可耐温度有提高的趋势，如美国"NFPA130"2000 版文献中已将排烟设备可耐温度提高至 250 ℃，可持续工作时间为 1 h。

(2) 火灾排烟系统的设置与事故时的运行

地铁排烟系统是按车站站厅和站台、区间隧道及设备管理用房分别设置的。

区间隧道的排烟系统一般采用纵向一送一排的推拉式系统，排烟设施大都与平时的隧道通风兼顾。机房一般是各设在车站的两个端部，一台风机对一孔隧道，两台风机互为备用，也可并联运行。风机为可逆式轴流风机，正转可送风，反转可排烟。其反转时的风阻与风压应满足排烟要求。

排烟系统的运行应根据地铁防灾系统的指令进行，由防灾中心统一安排，一般是根据不同的火灾地点决定其不同的运行方式。

当列车在区间隧道内着火，应尽可能将列车驶至车站，让乘客撤离。此时应在站台排烟，由站厅送风，使站台的楼梯口处形成一股由站厅流向站台的气流，其速度应大于 3 m/s。乘客由站台向站厅方向撤离。

如果列车不能驶至车站，要根据列车着火点的位置采取不同的运行方式，一般分下列 3 种情况：

① 列车头部着火，列车因故停留在单线区间隧道内时，乘客不可能从列车的侧向撤出，只能由尾部安全门进入隧道向出站方向的车站撤离。此时，出列车进站方向的事故风机排烟，由出站方向的事故风机送风，引导乘客迎着新风向撤离。

② 列车尾部着火时，乘客的撤离方向与排烟的运行方式恰好与列车头部着火时相反。

③ 列车中部的车厢着火时，乘客由车头和车尾的安全门同时进入隧道。排烟运行方式为进站方向的事故风机送风、出站方向的事故风机排烟。从车头安全门下车的乘客迎着新鲜风迅速向车站撤离。从车尾安全门下来的乘客要顺着烟气流动的方向迅速撤到连通两孔隧道的联络通道处，由联络通道进入另一孔隧道，再迎着送风方向撤离。虽然有一小段路程乘客的撤离方向与烟气流动方向相同，有被烟气熏倒的可能，但由于着火的初期隧道中心区域尚未被烟气侵入，只要有组织、争分夺秒地争取在烟气充满隧道前撤离，就不会被烟气熏倒，否则就相当危险。

因此，在区间隧道内设置联络通道对于保障地铁运营安全是非常重要的。通常联络通道的距离不宜大于 300 m。

(3) 区间隧道发生阻塞时的通风

当列车因其他故障而非失火造成停在区间隧道而不能正常行驶时，区间隧道称为列车阻塞区间隧道，此时的通风为阻塞通风。区间隧道发生列车阻塞等候修理或乘客有组织地向安全地点疏散，均需要一定时间才能完成。在这段时间内，被困在车厢里的乘客和列车仍在散发着大量的热。列车停止行驶后，隧道内失去了活塞风，区间隧道内的空气温度因而上升，有时可高达 41 ℃，该条件下即使是车厢内的空调机也难以运行，车厢内的温度迅速升高，乘客在车厢内感到闷热难受。此时，应设置阻塞通风系统，给阻塞地点送排风，及时降低区间隧道的温度。阻塞通风的风量按其流经隧道断面的流速不小于 2 m/s 计算。在开式运行的条件下，一般应用区间隧道的防排烟系统兼作阻塞通风系统；在闭式运行的条件下，经计算，若防排烟系统的风压不足以克服阻塞断面处的阻力或因气流组织不合适，就应增加设施。香港地铁和广州地铁是根据不同情况采用增设接力风机或在隧道风机前设喷嘴的办法解决的。此时车站空调系统正常运行，推力风机吸入车站的空调冷风，通过喷嘴高速喷出，诱导周围的冷空气，利用贴附射流将冷空气送至阻塞地点；或用隧道风机吸入车站空调风，通过喷嘴高速喷出，诱导周围的冷空气并将其送至阻塞地点。

知识归纳

(1) 隧道火灾和防灾救援的特点。
(2) 隧道排烟系统设置措施。
(3) 隧道火灾情况下通风与疏散方案。

独立思考

7-1 简述隧道火灾事故的特点和危害。
7-2 简述隧道排烟风机的技术要求。
7-3 简述隧道发生火灾事故时的通风原则及风速要求。
7-4 试以双洞单向行车隧道发生火灾为例，说明此条件下通风救援方案及人员疏散措施。
7-5 简述地铁区间隧道发生火灾事故时，通风排烟系统的运行及乘客疏散方式。

8

隧道通风机

课前导读

内容提要

本章讲述隧道通风机的类型、工作原理、基本技术参数及隧道通风机选型的要求和方法。

能力要求

通过本章的学习，学生应了解隧道通风机的构造与原理，熟悉隧道通风机的基本技术参数、特性曲线和合理工作范围，初步掌握选择隧道通风机工作点的方法。

8.1 通风机的构造与原理 >>>

机械通风隧道的主要动力是通风机，隧道通风机按其构造和工作原理可分为对旋式通风机和轴流式通风机两种。交通隧道运营通风所使用的通风机大都为轴流式通风机。下面将介绍轴流式通风机和对旋式通风机的构造、工作原理、特点和常用型号，以及反风装置。

8.1.1 轴流式通风机

(1) 通风机构造

轴流式通风机主要由动轮、导叶、整流罩、机壳、集风器、扩散器和传动部件等部分组成(图 8-1)。

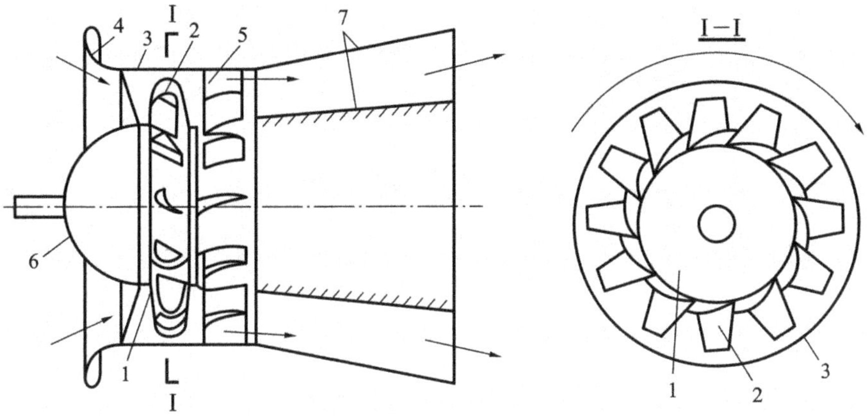

图 8-1 轴流式通风机的构造示意图

1—动轮；2—叶片；3—机壳；4—集风器；

5—导叶；6—整流罩；7—扩散器

通风机的进风口由集风器与整流罩构成断面逐渐缩小的进风通道，使进入动轮的风流均匀，以减小气流冲击，提高效率。动轮由固定在轮轴上的轮毂和等间距安装的翼形叶片组成，是通风机使空气增加能量的部件。通风机若有一个动轮叫作一级动轮通风机，有两个动轮叫作二级动轮通风机。增加动轮数目的目的在于提高通风机的出口风压。叶片安装角 θ 是指叶片风流入口处至出口处的连线与动轮旋转的切线方向之间的夹角(图 8-2)，可以根据需要进行调整。对于直的叶片(扭曲叶片与此不同)，叶片安装角度为 45°左右时，通风机会产生最大的风量；大于或小于 45°，通风机的风量都会减小；为 90°时不会产生风量；超过 90°则会使风流反向流动。一般对于一级动轮的通风机，其调角范围为 10°～40°；对于二级动轮的通风机，其调角范围为 15°～45°。导叶为固定叶片，起整流作用，调整由前一动轮流出的气流的方向，使气流按轴向进入下一级动轮或流入环形扩散器中。环形扩散器(芯筒)是指使从整流器流出的气流逐渐扩大到全断面，其部分动压转化为静压。

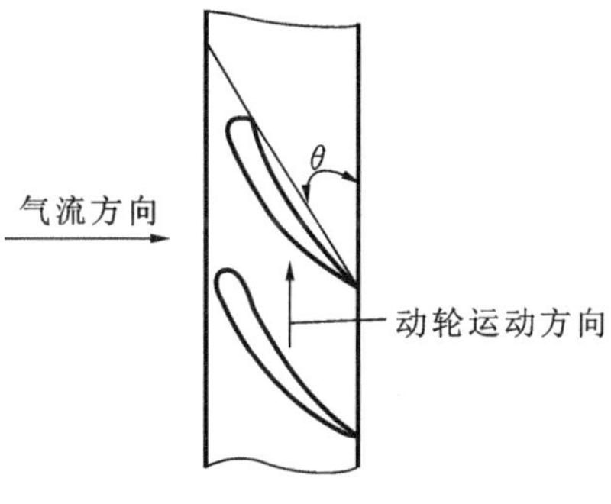

图 8-2 叶片形状与安装角

传动部分由径向轴承、止推轴承和传动轴组成。通风机的轴与电动机的轴用齿轮联轴器连接，以形成直接传动。

（2）工作原理

通风机运转时，叶片的凹面冲击空气，产生正压，将空气从叶道中压出；叶片的凸面牵动空气，产生负压，将空气吸入而连续不断地经集风器进入动轮，然后经整流器进入扩散器，最后流入大气。空气经通风机动轮后获得能量，造成通风机进风口与出风口的压差，以克服隧道通风阻力，促使空气流动，达到通风的目的。

（3）通风机特点

轴流式通风机具有机构紧凑、体积小、质量轻、转速高，可直接与电动机相连，风量调节较为方便，可利用电动机反转反风等优点；其缺点是噪声大、构造复杂。

（4）常用型号

我国隧道采用的普通轴流式通风机有 2K60、1K58、2K58、GAF、FBCZ（原 BK54、BK55 系列）等系列。轴流式通风机型号的一般意义举例说明如下：

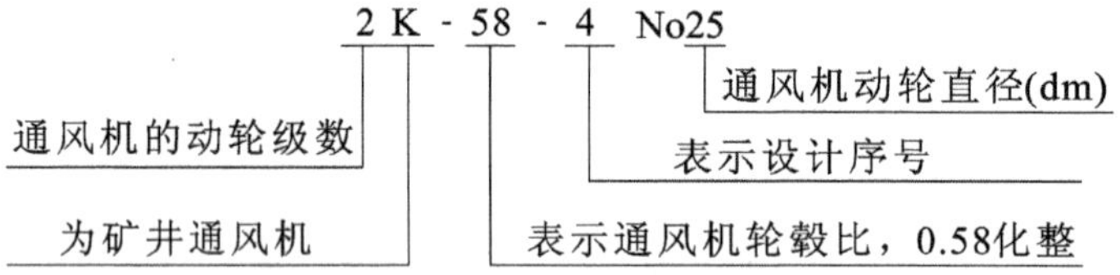

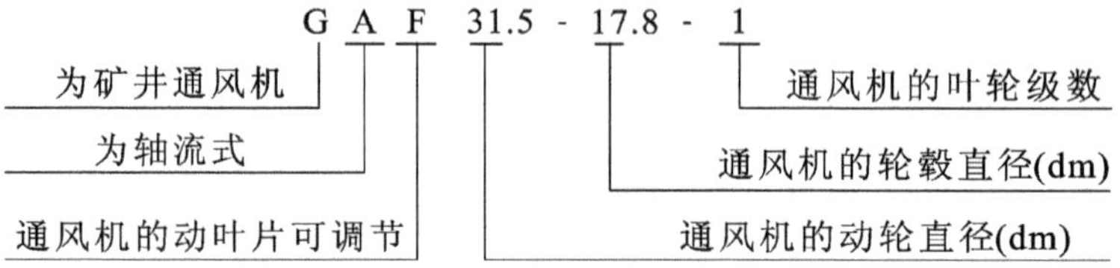

8.1.2 对旋式通风机

对旋式通风机是在 20 世纪 90 年代中期以后发展起来的新型风机，具有气动性能好，高效区宽，运转稳定，节能、噪声小、结构紧凑、安装方便等优点，当前正在推广使用。

（1）通风机构造（图 8-3）

对旋式通风机由集流器、第一级动轮、第二级动轮、机壳等组成。第一级动轮和第二级动轮直接对接，旋转方向相反，机翼形叶片的扭曲方向也相反。电动机为防爆型（长轴风机不要求电机防爆），安装在主风筒中的密闭罩内，与通风机流道中的气流隔离。密闭罩中有扁管与大气相通，以达到散热目的。

（2）工作原理

工作时两级动轮分别由两个等功率、等转速、旋转方向相反的电动机驱动，当气流通过集流器进入第一级动轮获得能量后，再经第二级动轮升压排出。两级动轮互为导叶，气流在第一级动轮后形成的旋转速度，由第二级动轮反向旋转消除并形成单一的轴向流动。

（3）通风机特点

对旋式通风机是无静叶轴流式通风机，两级动轮的气流平稳，负载分配比较合理，第二级动轮兼具有普通轴流式通风机中导叶的功能，在获得垂直圆周方向速度分量的同时，并加给气流能量，使风机内耗减少，阻力损失降低。大型对旋式通风机装有扩散器、消声器等部件，风机底座设有托轮，在预设的轨道上可沿轴向移动或非轴向移动，安装、检修方便。

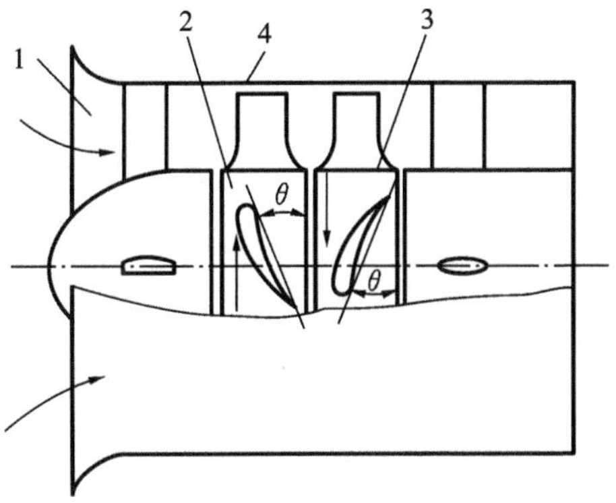

图 8-3 对旋式通风机的构造示意图

1—进风口(集流器);2—第一级动轮;3—第二级动轮;4—机壳

(4) 常用型号

目前,对旋式通风机在隧道通风中得到了广泛应用,国内有多个厂家生产,有数十个品种,主要有 FB-CDZ(原 BDK、BD 等)、FBD、FCDZ(长轴对旋式风机)等系列,型号参数的含义举例说明如下:

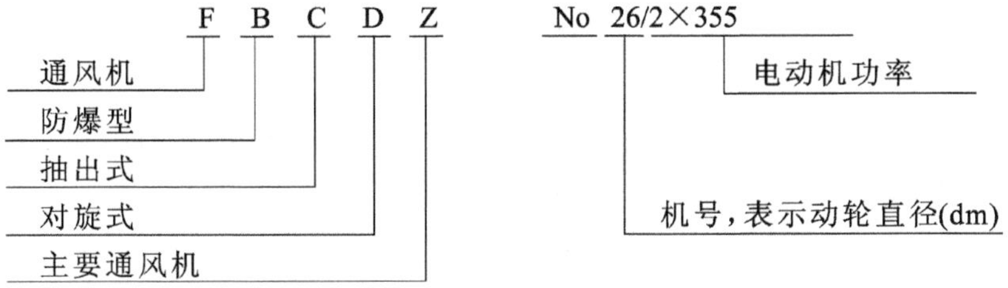

8.1.3 反风装置

风机反风是指当隧道发生火灾时,利用预设的反风设施改变火灾烟流方向、控制灾区范围,安全撤离受烟流威胁人员的一种安全技术措施。当隧道发生火灾时,为了限制灾区范围扩大,需进行灾害疏散和救援工作,有时还需要根据火灾地点和救援疏散要求改变风流方向,即进行风机反风。隧道通风规范要求隧道通风机必须装有反风设施,且风流方向改变后,主要通风机的供给风量宜为正常供风量的 50%~70%。

反风方法随通风机的类型和结构不同而异,主要有反风道反风法和调整通风机运转进行反风的方法。轴流式通风机采用两种方法均可。目前,轴流式通风机大都具有反风功能,因此主要选用后者;对旋式通风机只能选用前者。

8.2 通风机的基本技术参数 >>>

反映通风机工作特性的基本参数有 4 个,即通风机的风量 $Q_{通}$、压力 $H_{通}$、功率 $N_{通}$ 和效率 η。

(1) 通风机的风量 $Q_{通}$

$Q_{通}$ 表示单位时间内通过通风机的风量,单位为 m^3/s。

当通风机抽出式工作时,通风机的风量等于隧道总排风量与井口漏入风量之和;当通风机压入式工作时,通风机的风量等于隧道的总进风量与井口漏出风量之和。

(2) 通风机的风压 $H_{通}$

通风机的风压有通风机全压($H_{通全}$)、静压($H_{通静}$)和动压($h_{通动}$)之分。

通风机的全压表示单位体积的空气通过通风机后所获得的能量,单位为 Nm/m^3 或 Pa,其值为通风机出口断面与入口断面上空气的总能量之差。因为出口断面与入口断面高差较小,其位压差可忽略不计,所以通风机的全压为通风机出口断面与入口断面上空气的绝对全压之差，即：

$$H_{通全}=P_{全出}-P_{全入} \tag{8-1}$$

通风机的全压包括通风机的静压与动压两个部分，即：

$$H_{通全}=H_{通静}+h_{通动} \tag{8-2}$$

由于通风机的动压是用来克服风流自扩散器出口断面进到地表大气（抽出式）或隧洞（压入式）的局部阻力的，因此扩散器出口断面的动压等于通风机的动压，即：

$$h_{扩动}=h_{通动} \tag{8-3}$$

（3）通风机的功率 $N_{通}$

通风机的输入功率 $N_{通入}$ 表示通风机轴从电动机得到的功率，单位为 kW，通风机的输入功率可用下式计算：

$$N_{通入}=\frac{\sqrt{3}UI\cos\varphi}{1000}\eta_{电}\eta_{传} \tag{8-4}$$

通风机的输出功率 $N_{通出}$ 也叫作有效功率，是指单位时间内通风机对通过的风量为 Q 的空气所做的功，即：

$$N_{通出}=\frac{H_{通}Q}{1000} \tag{8-5}$$

（4）通风机的效率 η

通风机的效率是指通风机的输出功率与输入功率之比。因为通风机的输出功率有全压输出功率与静压输出功率之分，所以通风机的效率分全压效率和静压效率，即：

$$\eta_{通全}=\frac{N_{通全出}}{N_{通入}}=\frac{H_{通全}Q}{1000N_{通入}} \tag{8-6}$$

$$\eta_{通静}=\frac{N_{通静出}}{N_{通入}}=\frac{H_{通静}Q}{1000N_{通入}} \tag{8-7}$$

8.3 通风机的个体特性及合理工作范围

8.3.1 通风机的个体特性曲线

通风机的风量、风压、功率和效率这 4 个基本参数可以反映出通风机的工作特性。每一台通风机在额定转速的条件下，对应于一定的风量，就有一定的风压、功率和效率，风量如果变动，其他三者也随之改变。表示通风机的风压、功率和效率随风量变化而变化的关系曲线，称为通风机的个体特性曲线。这些个体特性曲线不能用理论计算方法来绘制，必须通过实测来绘制。

（1）风压特性曲线

图 8-4(a)所示为离心式通风机的静压特性曲线，图 8-4(b)所示为轴流式通风机的全压、静压特性曲线及全压效率与静压效率曲线。

从图 8-4 可看出，离心式与轴流式通风机的风压特性曲线各有其特点：离心式通风机的风压特性曲线比较平缓，当风量变化时，风压变化不太大；轴流式通风机的风压特性曲线较陡，并有一个“马鞍形”的“驼峰”区，当风量变化时，风压变化较大。

（2）功率曲线

图 8-4 中 $N_{通入}$ 为通风机的输入功率曲线。从图 8-4(a)、(b)中可看出，当离心式通风机风量增加时，功率也随之增大。所以启动时，为了避免因启动负荷过大而烧毁电动机，应先关闭闸门然后待通风机达到正常工作转速后再逐渐打开。当供风量超过需风量过多时，可利用风阀加阻来减少供风量，以节省电能。轴

风压等于两台风机的风压之和，即：

$$Q=Q_1=Q_2 \tag{8-18}$$

$$H=H_1+H_2 \tag{8-19}$$

式中 Q——两台风机串联工作后的总风量；

Q_1，Q_2——1、2 两台风机的风量；

H——两台风机串联工作后的总风压；

H_1，H_2——1、2 两台风机的工作风压。

(1) 风压特性曲线不同的风机串联工作分析

根据上述特性，串联通风时，通风机的合成特性曲线可按风量相等、风压相加的原则绘制。通风机集中串联的合成特性曲线如图 8-7 所示，在等风量线 l_1 上，两台通风机特性曲线Ⅰ和Ⅱ上对应的风压为 aa_1 和 aa_2，将 aa_1 线段加于 aa_2 线段上即得 F 点；同理，在等风量线 l_2、l_3 上可得 G、H 等点，将各点连接成光滑的曲线即可绘出通风机串联工作时的合成特性曲线Ⅲ。

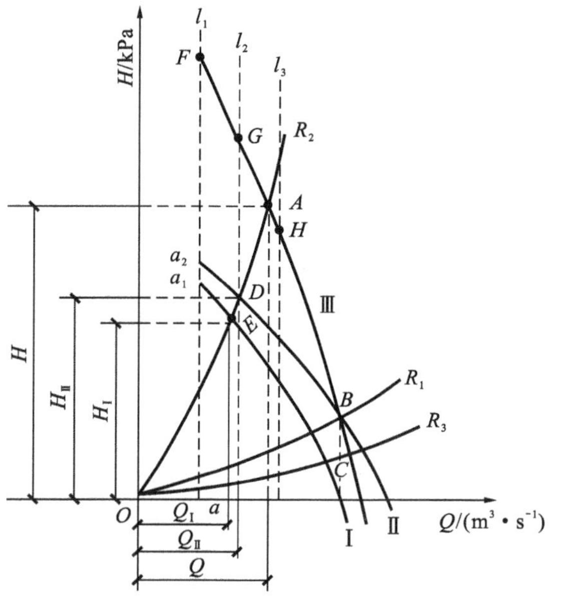

图 8-7 通风机集中串联的合成特性曲线

根据网络风阻特性曲线的不同，通风机集中串联工作可能出现下述 3 种情况：

① 当网络风阻特性曲线为 R_1 时，它与合成特性曲线Ⅲ交于 B 点。B 点是过Ⅰ号通风机曲线Ⅰ与横轴的交点作垂线交于Ⅱ号通风机曲线Ⅱ的交点。这时，串联通风的总风压和总风量与通风机Ⅱ单独工作的风压和风量一样，通风机空运转，串联无效果。

② 当网络风阻特性曲线为 R_2 时，它与合成特性曲线Ⅲ交于 A 点（在 B 点上侧）。这时通风机串联工作的总风压 H 大于任何一台通风机单独工作时的风压 $H_Ⅰ$ 或 $H_Ⅱ$，而总风量 Q 大于任何一台通风机单独工作时的风量 $Q_Ⅰ$ 或 $Q_Ⅱ$，串联通风是有效的。

③ 当网络风阻特性曲线为 R_3 时，它与合成特性曲线Ⅲ交于 C 点（在 B 点下侧）。这时串联工作的总风压与总风量均小于通风机Ⅱ单独工作时的风压和风量，通风机串联工作不仅不起作用，反而成为通风阻力。

由上述分析可知，B 点即为通风机串联工作时的临界点，通过 B 点的风阻 R_1 为临界风阻。若工作点位于 B 点的上侧，则串联通风是有效的；若工作点位于 B 点的下侧，则串联通风是有害的。

(2) 风压特性曲线相同的风机串联工作分析

图 8-8 所示为两台特性曲线相同（性能曲线Ⅰ和Ⅱ重合）的风机串联工作。由图可见，临界点 A 位于 Q 轴上。这就意味着在整个合成曲线范围内串联工作都是有效的，只不过工作风阻不同时增加风量效果不同而已。

根据上述分析可得出如下结论：风机串联工作适用于因风阻大而风量不足的管网；风压特性曲线相同的风机串联工作较好；串联合成特性曲线与工作风阻曲线相匹配，才会有较好的增风效果。

进行串联工作的目的是增加风压，用于克服管网过大阻力，保证按需供风。

流式通风机在 B 点右下侧的功率是随着风量的增加而减小的，所以启动时应先全敞开或半敞开风阀，待运转稳定后再调节风阀至合适位置，以防止启动时电流过大而引起电动机启动负荷过大。

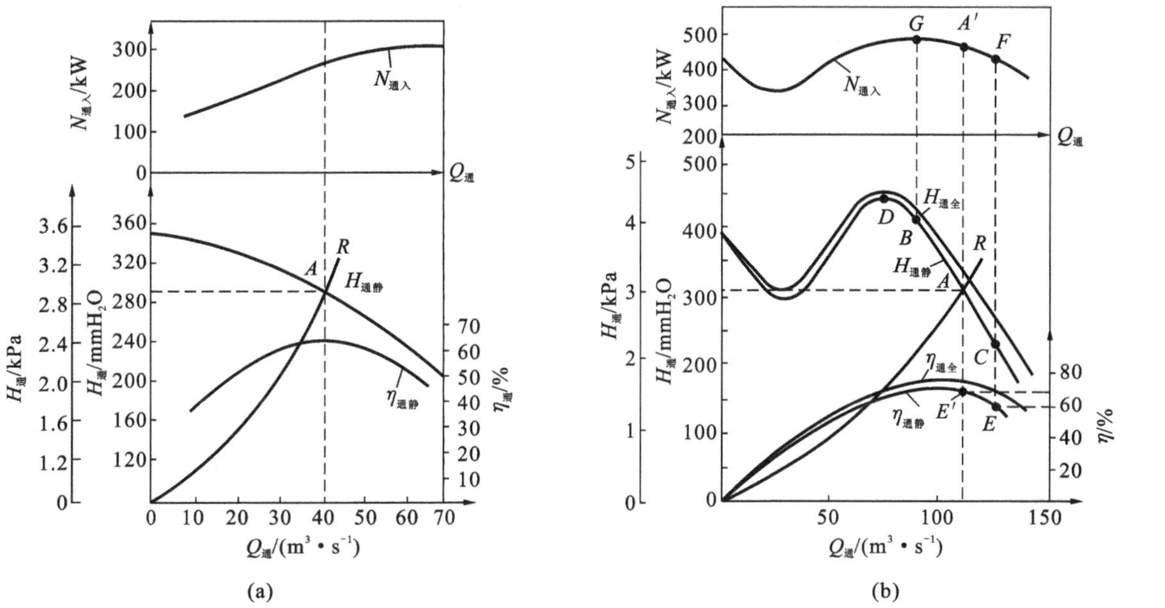

图 8-4 通风机个体特性曲线

(a) 离心式通风机个体特性曲线；(b) 轴流式通风机个体特性曲线

(3) 效率曲线

图 8-4 中 η 为通风机的效率曲线。当风量逐渐增加时，效率也逐渐增大，但当增大到最大值后便逐渐下降。因为轴流式通风机叶片的安装角是可调控的，所以叶片的每个安装角 θ 都相应地有一条风压曲线和功率曲线。

为了使图清晰，轴流式通风机的效率一般用等效率曲线来表示，如图 8-5 所示。

等效率曲线是把各条风压曲线上效率相同的点连接起来绘制而成的。等效率曲线的绘制方法如图 8-5 所示，轴流式通风机两个不同的叶片安装角 θ_1 与 θ_2 的风压特性曲线分别为 1 与 2，效率曲线分别为 3、4。自各个效率值（如 0.2、0.4、0.6、0.8）画水平虚线，分别与 3、4 曲线相交，可得 4 对效率相等的交点，从这 4 对交点作垂直虚线，分别与相应的风压曲线 1 与 2 相交，

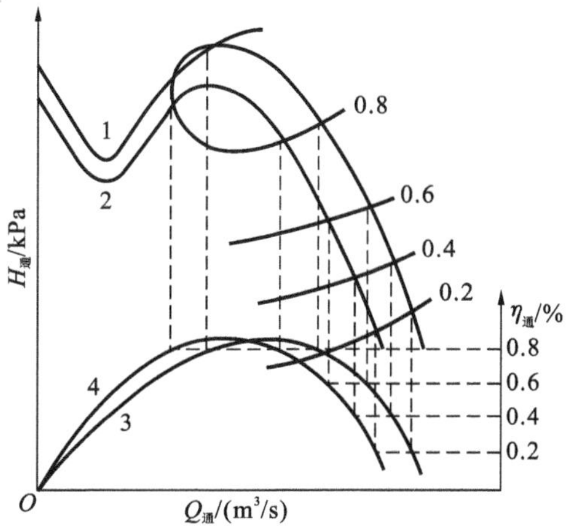

图 8-5 等效率曲线的绘制

又在曲线 1 与 2 上得出 4 对效率相等的交点；然后把相等效率的交点连接起来，即得出图中 4 条等效率曲线：$\eta=0.2$、$\eta=0.4$、$\eta=0.6$、$\eta=0.8$。

8.3.2 通风机的工况点及合理工作范围

当以同样的比例把隧道总风阻曲线绘制于通风机个体特性曲线图中时，风阻曲线与风压曲线交于 A 点，此点就是通风机的工作点，如图 8-4(a)、(b)所示。从图 8-4(b)中工作点 A 可看出，此时通风机的静压为 3 kPa，风量为 115 m³/s，功率为 450 kW（由 A' 点对应功率决定），静压效率为 0.68（由 E' 点对应静压效率决定）。试验证明，如果轴流式通风机的工作点位于风压曲线“驼峰”的左侧（D 点左侧），通风机的运转就可能产生不稳定状况，即工作点发生跳动，风量忽大忽小，声音极不正常。所以，通风机的工作风压不应大于最大风压的 90%，即工作点应在 B 点以下。为了经济，主通风机的效率不应低于 0.6，即工作点应在 C 点以上。BC 段就是通风机合理的工作范围。

8.3.3 通风机的比例定律

同类型(或同系列)通风机是指通风机的几何尺寸、运动和动力相似的一组通风机。两个通风机相似是指气体在通风机内流动过程相似,或者说它们之间在任一对应点的同名物理量之比保持为常数。同一系列风机在相似工况点的流动是彼此相似的。对于同类型的通风机,当转数 n、动轮直径 D 和空气密度 ρ 发生变化时,通风机的性能也会发生变化。这种变化可应用通风机的比例定律说明其性能变化规律。根据通风机的相似条件,可求出通风机的比例定律为:

$$\frac{Q_{通1}}{Q_{通2}}=\frac{n_1}{n_2}\left(\frac{D_1}{D_2}\right)^3 \tag{8-8}$$

$$\frac{H_{通1}}{H_{通2}}=\frac{\rho_1}{\rho_2}\left(\frac{n_1}{n_2}\right)^2\left(\frac{D_1}{D_2}\right)^2 \tag{8-9}$$

$$\frac{N_1}{N_2}=\frac{\rho_1}{\rho_2}\left(\frac{n_1}{n_2}\right)^3\left(\frac{D_1}{D_2}\right)^5 \tag{8-10}$$

$$\eta_1=\eta_2 \tag{8-11}$$

上述公式说明,通风机的风量与转数的一次方、动轮直径的三次方成正比;通风机的风压与空气密度的一次方、转数的二次方、动轮直径的二次方成正比;通风机的功率与空气密度的一次方、转数的三次方、动轮直径的五次方成正比;通风机对应工作点的效率相等。

【例 8-1】 某隧道通风机的转数 $n=630$ r/min 时,隧道的风量 $Q=58$ m³/s。若风量 Q 减小为51.5 m³/s,采用调整主要通风机转数的方法来维持原风量 $Q=58$ m³/s。试求转数应调整为多少。

【解】 由通风机比例定律可知,当通风机的动轮直径 D 不变时,通风机的风量与转数成正比,即:

$$n_2=\frac{Q_2}{Q_1}n_1=\frac{58}{51.5}\times630=710(\text{r/min})$$

通风机的比例定律在实际工作中有着重要的用途。应用比例定律可以根据一台通风机的个体特性曲线,推算和绘制转数、动轮直径或空气密度不相同的另一台同类型通风机的个体特性曲线。通风机制造厂就是根据通风机相似模型试验的个体特性曲线,应用比例定律,推算、绘制空气密度为 1.2 kg/m³时各种动轮直径、转数的同类型通风机的个体特性曲线,供用户选择通风机时使用。

8.3.4 通风机的类型特性曲线

目前通风机种类较多,同一系列的产品有许多不同的动轮直径,同一直径的产品又有不同的转速。如果仅仅用个体特性曲线表示各种通风机性能,就显得过于繁杂。类型特性曲线是根据流体运动相似原理,将同一系列通风机的工作特性曲线转化为用无因次系数表示的统一的特性曲线。这样就可以大大简化通风机特性的表示方法,方便对通风机的选用和调节。另外,也可根据通风机的类型特性曲线换算得到任何直径、转速通风机的个体特性曲线。通风机类型特性曲线的有关参数可由比例定律得出。

(1) 压力系数($\overline{H}$)

$$\overline{H}=\frac{H_{通}}{\rho u^2}=C(常数) \tag{8-12}$$

式中 $\overline{H}$——压力系数,无因次。

式(8-12)中,如果 $H_{通}$ 为通风机的全压,则该压力系数称为全压系数;如果 $H_{通}$ 为通风机的静压,则该压力系数称为静压系数。式(8-12)表明,同类型通风机在相似工况点的压力系数$\overline{H}$为常数。

(2) 流量系数($\overline{Q}$)

$$\overline{Q}=\frac{Q_{通}}{\frac{\pi}{4}D^2u}=C(常数) \tag{8-13}$$

式中 $\overline{Q}$——流量系数,无因次;

u——通风机叶轮外圆周速度,m/s。

$$u=\frac{\pi Dn}{60}$$

其中,D 为动轮直径,n 为转速。

式(8-13)表明,同类型通风机在相似工况点的流量系数$\overline{Q}$为常数。

(3) 功率系数($\overline{N}$)

$$\overline{N}=\frac{1000N}{\frac{\pi}{4}\rho D^2u^3}=\frac{\overline{H}\overline{Q}}{\eta}=C(常数) \quad (\ldots$$

式中 $\overline{N}$——功率系数,无因次。

式(8-14)表明,同类型通风机在相似工况点,其效率相等,功率系数$\overline{N}$为常数。

因为 $u=\frac{\pi Dn}{60}$,所以通风机的风压 $H_{通}$、风量 $Q_{通}$、功率 N 与相应的无因次系数的关系式为:

$$H_{通}=0.00274\rho D^2n^2\overline{H} \quad (\ldots$$

$$Q_{通}=0.04108D^3n\overline{Q} \quad (\ldots$$

$$N=1.127\times10^{-7}\rho D^5n^3\overline{N} \quad (\ldots$$

同类型通风机的$\overline{H}$、$\overline{Q}$、$\overline{N}$和 η 可以用通风机的相似模型试验来获得,即将通风机模型与试验管道相运转,并利用试验管道依次调节通风机的工况点,然后测算与各工况点相对应的 $H_{通}$、$Q_{通}$、N 和 η 值,利述公式计算出各工况点相应的$\overline{H}$、$\overline{Q}$、$\overline{N}$和 η 值。最后,以$\overline{Q}$为横坐标,$\overline{H}$、$\overline{N}$和 η 为纵坐标绘出$\overline{H}$-$\overline{Q}$、$\overline{N}$-η-$\overline{Q}$ 曲线,即为该类型通风机的类型特性曲线,如图 8-6 为 4-72-11 型离心式通风机的类型特性曲线。

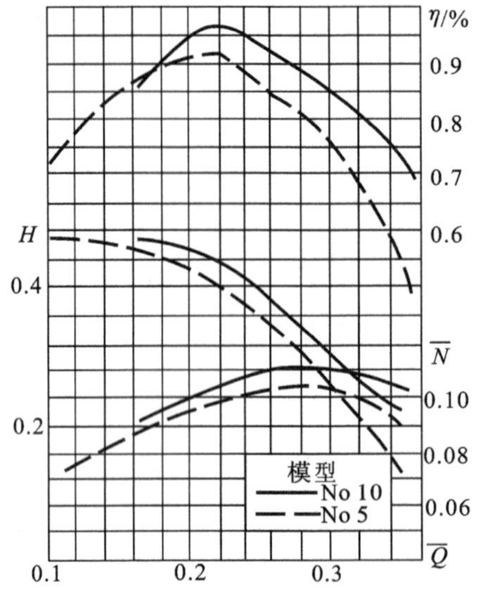

图 8-6 4-72-11 型离心式通风机的类型特性曲线

8.4 通风机的联合运行 >>>

对于隧道运营通风系统,往往采用一台风机无法满足系统风量或风压要求,此时就需要多台风联合运行。多台风机联合运行方式既可以串联运行,又可以并联运行。以下就风机在串联和并联运下的工作特性作一简要分析。

8.4.1 风机串联工作

一台风机的进风口直接或通过一段巷道连接到另一台风机的出风口上同时运行的联合运行方风机串联工作。风机串联工作的特点是通过管网的总风量等于每台风机的风量,两台风机串联工作

(3) 风机与自然风压串联工作分析

在机械通风隧道中，自然风压对机械风压的影响类似于两台风机串联工作。不考虑自然风压随隧道风量的变化，可以用平行于 Q 轴的直线表示自然风压的特性。冬季自然风压较大为正，可以用图 8-9 中直线Ⅱ表示；夏季时设自然风压为负，可以用图 8-9 中直线Ⅱ′表示。

如图 8-9 所示，隧道风阻曲线为 R，风机特性曲线为Ⅰ，按风量相等、风压相加原则，可得到正、负自然风压与风机风压的合成特性曲线Ⅰ＋Ⅱ和Ⅰ＋Ⅱ′。风阻 R 与其交点分别为 M_1 和 M'_1，据此可得考虑自然风压作用时通风机的实际工况点为 M 和 M'。由此可见，当自然风压为正时，机械风压与自然风压共同作用克服隧道通风阻力，使风量增加；当自然风压为负时，其成为隧道通风阻力。

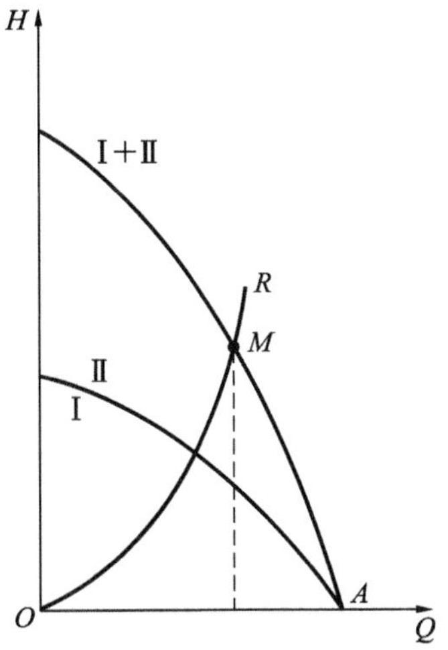

图 8-8 风压特性曲线相同的风机串联工作

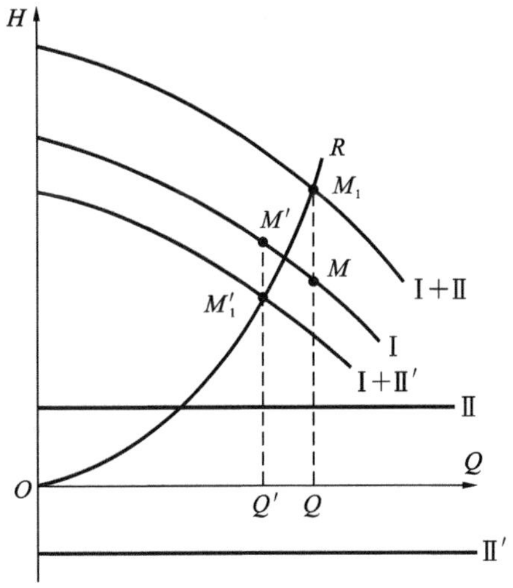

图 8-9 风机与自然风压串联工作分析

8.4.2 通风机并联工作

两台风机的进风口直接或通过一段巷道连接在一起工作叫作通风机并联工作。通风机并联有集中并联和对角并联之分，以下主要介绍集中并联。

集中并联的两台风机的进风口(或出风口)可视为连接在同一点，所以两风机的装置静压相等，等于并巷通风阻力。两台风机的风量流过同一条巷道，故通过巷道的风量等于两台风机风量之和。即风机集中并联工作的特点是风压相等，风量相加。

$$H=H_1=H_2 \tag{8-20}$$

$$Q=Q_1+Q_2 \tag{8-21}$$

式中 H——两台风机并联工作后的总风压；

H_1，H_2——1、2 两台风机的工作风压；

Q——两台风机并联工作后的总风量；

Q_1，Q_2——1、2 两台风机的风量。

① 风压特性曲线不同的通风机集中并联工作。

如图 8-10 所示，两台不同型号的风机 F_1 和 F_2 的特性曲线分别为Ⅰ、Ⅱ。两台风机并联后的等效合成曲线Ⅲ可按风压相等、风量相加原则求得。即在两台风机的风压范围内，作若干条等风压线(压力坐标轴的垂线)，在等风压线上把两台风机的风量相加，可得该风压下并联等效风机的风量(点)，将等效风机的各个风量点连起来，即可得到风机并联工作时的等效合成特性曲线Ⅲ。

风机并联后在风阻为 R 的管网上工作，R 与等效风机的特性曲线Ⅲ的交点为 M，过 M 作纵坐标轴的垂线，分别与曲线Ⅰ和Ⅱ相交于 m_1 和 m_2，此两点即是 F_1 和 F_2 两台风机的实际工况点。

并联工作的效果也可用并联等效风机产生的风量 Q 与能力较大的风机 F_1 单独工作产生的风量 Q_1 之差来分析。由图 8-10 可见，当 $\Delta Q=Q-Q_1>0$，即工况点 M 位于合成特性曲线与大风机曲线交点 A 的右侧时，并联有效；当管网风阻 R'(称为临界风阻)通过 A 点时，$\Delta Q=0$，则并联增风无效；当管网风阻 $R''>R'$，即工况点 M'' 位于 A 点左侧时，$\Delta Q<0$，即小风机反向进风，则并联不但不能增风，反而有害。

此外，由于轴流式通风机的特性曲线存在马鞍形区段，因而其合成特性曲线在小风量时比较复杂；当管网风阻 R 较大时，风机可能出现不稳定工作。

② 风压特性曲线相同的通风机并联工作。

图 8-11 所示为两台风压特性曲线Ⅰ(Q)相同的风机 F_1 和 F_2 并联工作。曲线Ⅲ为其合成特性曲线，R 为管网风阻。M 和 M' 分别为并联的工况点和单独工作的工况点。过点 M 作等风压线与曲线Ⅰ(Ⅱ)相交于 m_1，此即风机的实际工况点。由图可见，总有 $\Delta Q=Q-Q_1>0$，且 R 越小，ΔQ 越大。

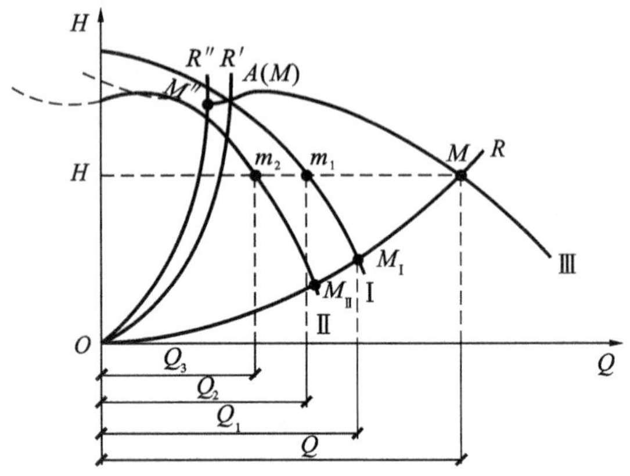

图 8-10 风压特性曲线不同的通风机并联

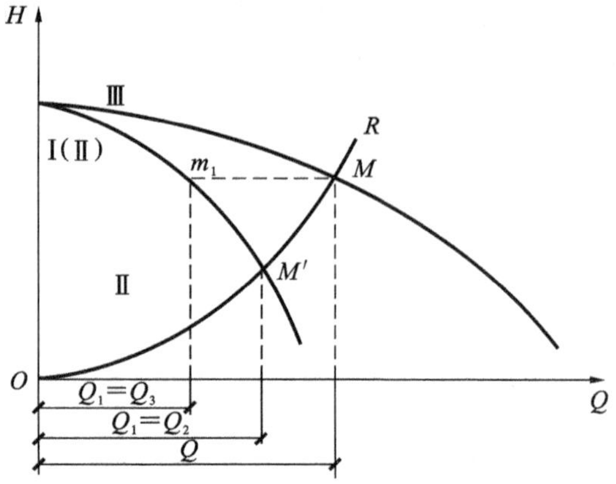

图 8-11 风压特性曲线相同的通风机并联

8.4.3 并联与串联工作的比较

图 8-12 中，两台型号相同的通风机的风压特性曲线为Ⅰ，两者串联和并联工作时的特性曲线分别为Ⅱ和Ⅲ，N-Q 曲线为风机的功率特性曲线，R_1、R_2 和 R_3 为大小不同的三条管网风阻特性曲线。当风阻为 R_2 时，R_2 曲线正好通过Ⅱ、Ⅲ两曲线的交点 B。若并联则风机的实际工况点为 M_1，而串联则实际工况点为 M_2。显然，在这种情况下，串联和并联工作增风效果相同。但从消耗能量(功率)的角度来看，并联的功率为 N_p，而串联的功率为 N_s，显然 $N_s>N_p$，故采用并联是合理的。当风机的工作风阻为 R_1，并联运行时工况点 A 的风量比串联运行时的工况点 F 大，每台风机实际功率反而小，故采用并联较合理。当风机的工作风阻为 R_3，并联运行时工况点为 E，串联运行时工况点为 C，则串联比并联增风效果好。对于轴流式通风机，则可根据其压力和功率特性曲线进行类似分析。

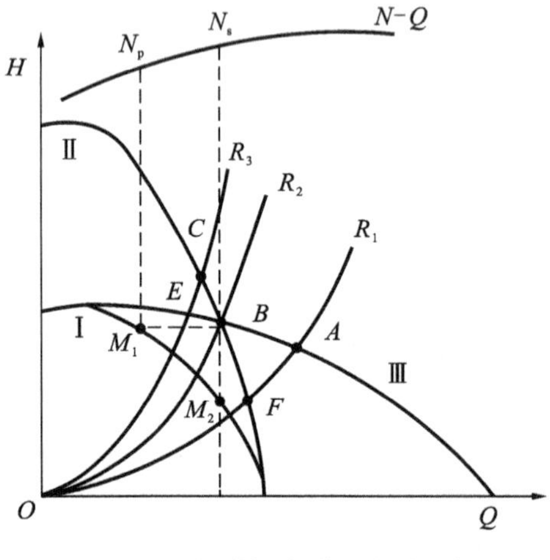

图 8-12 并联与串联工作的比较

应该指出的是，选择联合运行方案时，不仅要考虑管网风阻对工况点的影响，还要考虑运转效率和轴功率的大小。在保证增加风量或按需供风的前提下，应选择能耗较小的联合运行方案。

综上所述，可得如下结论：

① 并联运行适用于通风网路风阻较小，但因风机能力小而导致风量不足的情况；

② 风压相同的风机并联运行效果较好；

③ 轴流式通风机并联作业时，若风阻过大则可能出现不稳定运行。所以，使用轴流式通风机并联工作时，除要考虑并联效果外，还要进行稳定性分析。

知识归纳

(1)通风机的构造和工作原理。
(2)通风机的基本技术参数。
(3)轴流式通风机的个体特性曲线。
(4)通风机合理工作范围的选择。
(5)通风机的联合运行。

独立思考

8-1 轴流式通风机的构造与工作原理是什么？

8-2 按照通风机构造，通风机分为哪几类？按照通风机服务范围，通风机分为哪几类？

8-3 通风机的附属装置各有什么作用？设计和施工时应符合哪些要求？

8-4 反映通风机工作特性的基本技术参数有哪些？它们各代表什么含义？

8-5 什么是通风机的个体特性曲线？什么是通风机的类型特性曲线？

8-6 什么是通风机的工况点和合理工作范围？通风机的工况点应在什么区域内变动才合理？

8-7 在什么情况下使通风机串联工作？在什么情况下使通风机并联工作？怎样保证通风机联合工作？

8-8 轴流式和离心式通风机的个体特性曲线各有何特点？

8-9 什么是轴流式通风机的等效率曲线？

8-10 什么是同类型通风机？同类型通风机比例定律的含义是什么？

8-11 某隧道使用2K60-1No18与2K60-1No24两台主要通风机进行抽出式通风，一台运转，一台备用。No18通风机的叶片安装角为25°，No24通风机的叶片安装角为20°，其特性曲线如图8-13所示。由于系统急需增加风量，需使两台通风机并联运行，已知该隧道总风阻 $R=0.17\ \mathrm{N\cdot s^2/m^8}$。试用作图法求并联运行时隧道的总风量与总风压，并判断并联运行是否经济、可靠。

8-12 某轴流式通风机的叶片安装角为30°，转数 $n_1=1000$ r/min 时的特性曲线如图8-14所示。当其他条件不变时，试应用比例定律求转数 $n_2=1500$ r/min 时的特性曲线。

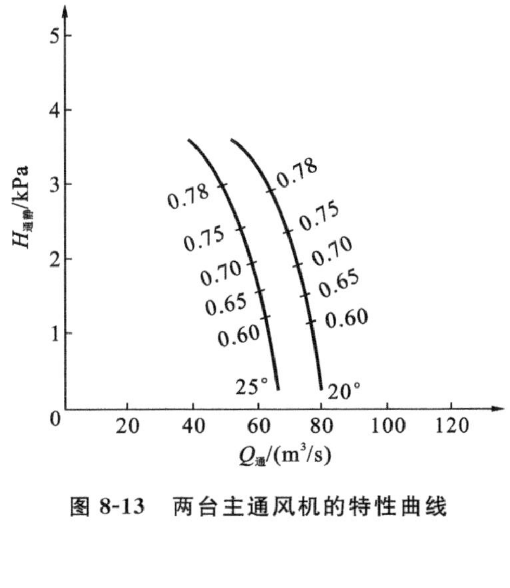

图 8-13 两台主通风机的特性曲线

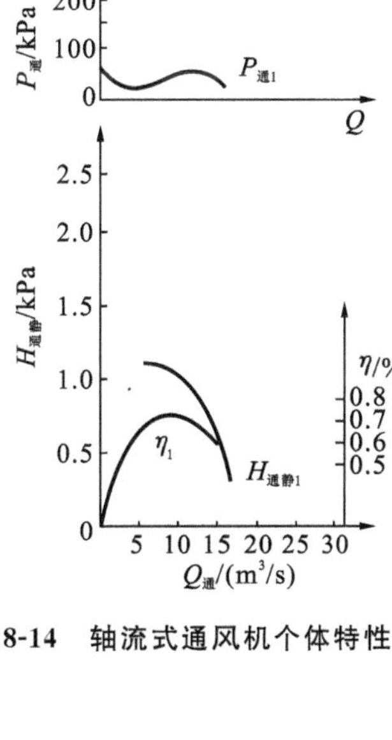

图 8-14 轴流式通风机个体特性曲线

9

隧道通风设施

课前导读

内容提要

本章介绍隧道通风系统中主要配套土建设施的类型、作用和布置要求，并给出某公路隧道地下风机房的设计实例。

能力要求

通过本章的学习，学生应了解风道的形式与布置要求、风机房的组成与布置要求、风亭的主要类型和设置要求。

对于隧道通风而言，不同的通风方式和风机布置需要相应的通风设施与之相匹配才能获得预期的通风效果。这些通风设施包括风道、风井（竖井、斜井或平导）及风机房等。例如，在横向通风或半横向通风方式中，风道布置形式、风道断面大小直接影响运营通风效果及投资。采用竖井（或斜井）分段纵向通风的隧道同样如此。

9.1 风 道 >>>

9.1.1 风道的形式与布置方式

风道是用于送风或排风的通道，通风风道主要由主风道、连接风道及风机房内部风道构成。风道的布置方式按其建造方法大体可分为两类。一类是在隧道净空断面内隔出一定空间作为隧道的送风或排风的通道（又称为风渠）。图 9-1 所示为主风道沿隧道轴向布置。多数情况下，采用横向和半横向通风方式的隧道才需要设置主风道，主风道一般设在隧道的上部或下部，应根据具体情况确定。图 9-2 所示为常见公路隧道中风道的布置方式。另一类风道是在围岩中开掘隧洞作为风道，这种作为风道的隧洞需按空气动力学要求或设备安装要求设计，往往具有多种断面大小和断面形式。

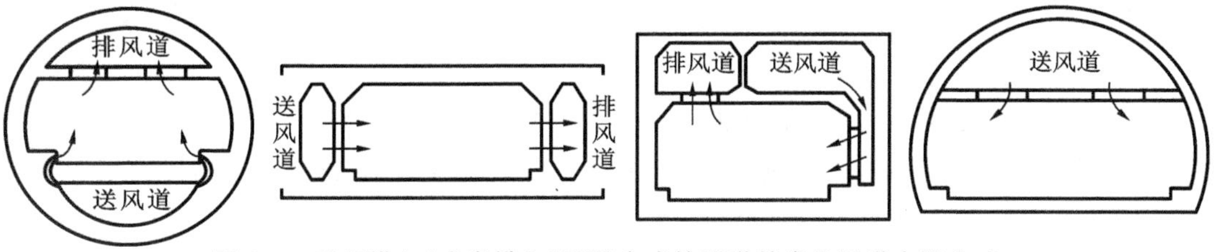

图 9-1 采用横向（或半横向）通风方式的隧道的常见风道布置方式

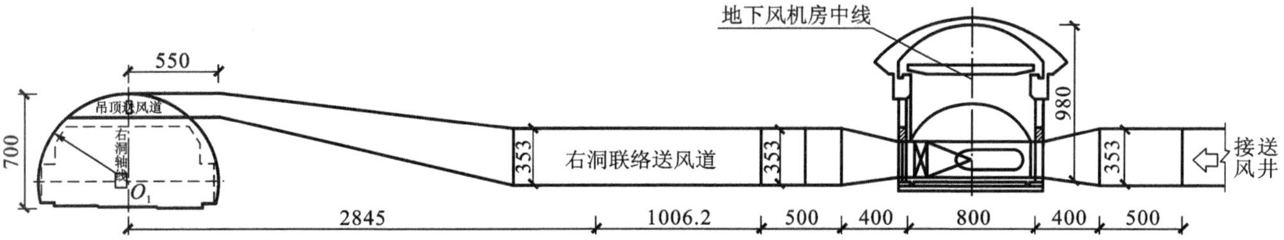

图 9-2 采用送排式纵向通风方式的某公路隧道右洞送风道布置方式

风道按其建造方法和断面大小不同又可分为以下 3 种主要形式：第一种是通过掘进开挖修筑的风道，通常称为通风巷道；第二种是在已建成的隧道或地下站厅中采用各种隔板构造的风道（有的又称为风渠）；第三种是采用各类成品风管构成的风道，风管截面既有矩形，又有圆形。图 9-3 为常见地铁车站风道布置图。

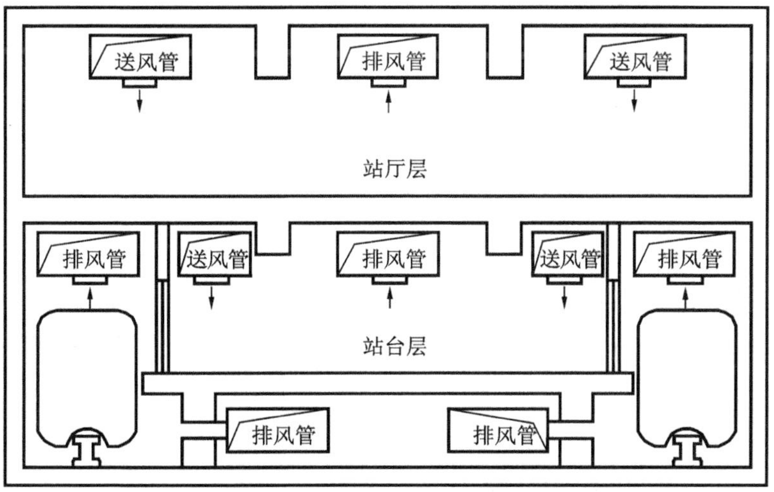

图 9-3 地铁车站风道布置图

9.1.2 隔板式风道

所谓隔板式风道，是指在隧道横断面内用隔板分隔出一定空间作为风道，用于排出隧道内污浊空气或是将新鲜风送入隧道。隔板式风道既可设置在隧道拱部，又可设置在隧道边墙一侧或设置于路面底板下（图 9-1）。其具体布置方式和位置应根据隧道的结构特点和通风系统的布置要求统筹考虑。

（1）通风道的设置宜遵循的原则

① 通风道洞口应设置在地形开阔、地质条件较好地段。

② 通风道内壁面应平滑，以减小沿程阻力。

③ 通风道在弯曲、折曲、扩径、缩径、分岔等变化处应采用曲线连接，平滑过渡。

④ 通风道长度宜短，断面不宜太小和变化过多。通风道内风速宜采用 13～18 m/s。

⑤ 风道与隧道的夹角宜采用 15°～20°。采用洞口风道式通风时，紧靠风机的一段风道应顺直，风道的中心线应与风机轴线一致。风道与隧道连接处风道底部高程宜高出隧道沟槽盖板顶面；当风道坡度较大时，风道与隧道连接段应有不小于 10 m 的缓坡，以使风流通畅。

⑥ 结合施工辅助坑道进行设计的通风道应按永久建筑物设置，根据运营通风要求核算其断面面积，并使其符合通风的要求。

⑦ 通风道设计时应考虑排风对周围大气环境的影响，地处城镇附近的隧道必要时应作专门调查并采取防范措施。通风道口应设置在扩散效果良好的地带，设于山坳中的通风道口应朝开阔方向。

风道用于送风，为了减小摩阻损失和由风道变形引起的局部损失，必须按空气动力学相关的原理进行风道的设计和施工，要求风道内壁平滑，在弯曲、折曲、扩径、缩径、分叉、合流等变形处平滑过渡；送风机前后附近的风道内不得产生偏流、回流及涡流等；当弯道为 90°时，应在转角处设置导流叶片。一般情况下，需要确定风道形状的变形时，可参照表 9-1 进行考虑。

表 9-1 风道的变形及注意事项

变形类型	图示	注意事项
弯曲	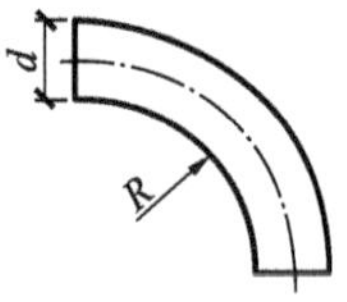	$R>1.6d$ 时，可不设导流叶片，但弯头后会出现偏流
	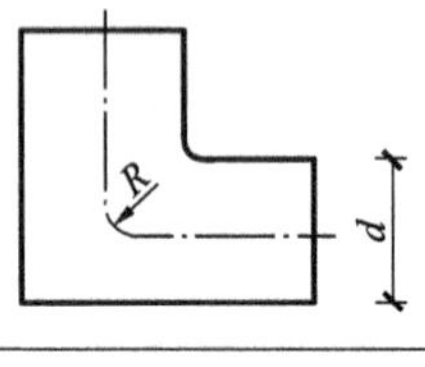	① $R<1.6d$ 时，安装隅角叶片以减小损失，也可减小偏流； ② 弯曲内侧必须做成圆滑状； ③ 弯曲外侧不做成圆滑状也可
折曲	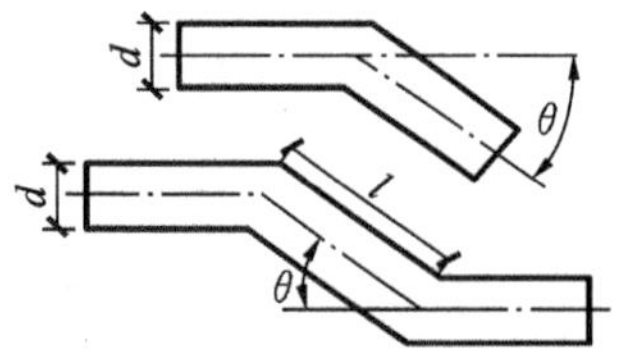	① 尽量避免 $\theta>30°$ 的折曲； ② 连续折曲时选择合适的 l/d 和 θ 值，可以减少损失，当 $\theta=30°$ 时，当 $l=3d$ 为最好
扩径	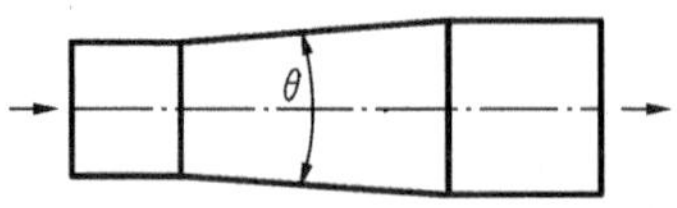	① $\theta=6～10°$ 时，损失最小； ② $\theta=60～70°$ 时，损失最大，此时最好做成 $\theta=180°$ 的突变扩大

续表

变形类型	图示	注意事项
缩径	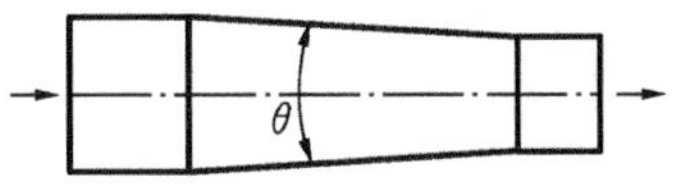	① 应避免突然缩小； ② $\theta<60°$为好，当$\theta>60°$时，宜做成喇叭口状，以减小损失； ③ 喇叭口半径宜大于 $0.1d$，$0.3d$ 左右为理想状态
分叉、合流	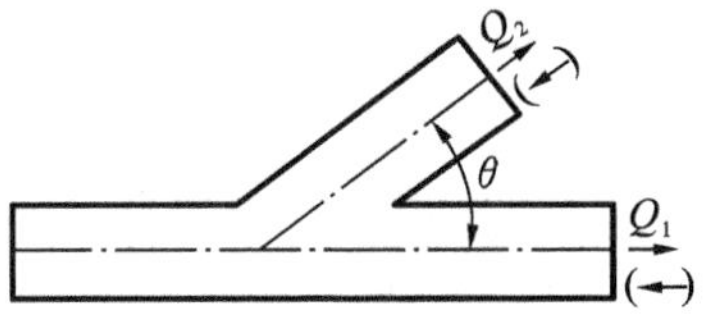	分叉、合流的损失受风量比 Q_1/Q_2 和面积比的影响，不能一概而论，但 θ 应尽量减小

风道的设计在满足技术要求的前提下，还应综合考虑建设费用和养护费用等因素。一般风道的设计和构造要求还有以下几点：在风道吸入口应设置网状门，防止异物吸入；应防止风道内与风道口结冰；风机房内的连接风道应充分考虑风量控制、应急时风机运转等因素，确定合理的风道形状及切换方法；当隧道发生火灾时，应由排风机排烟，为冷却空气，宜在排风道内设置水喷雾装置；风道内必须采取防排水措施，严禁发生渗漏水；风道隔板必须密封并具有耐久性，不得漏风；当隧道照明设施和应急设施的管线和器械设置于通风道内时，应在合适位置设置检修用进出口、楼梯和照明灯具。

（2）隔板式风道的材料与荷载要求

当隧道或地下站厅采用隔板式构造风道时，顶隔板材料应选用具有耐腐蚀性、阻燃性、气密性和板面摩阻力小等特性的材料。一般情况下，顶隔板的标准厚度应不大于 20 cm，特殊情况下顶隔板厚度可适当增加，但应根据实际荷载和材料特性及具体使用功能，经计算后确定。如当隧道照明灯具嵌入顶隔板内布置或其他特殊情况时，顶隔板厚度可适当加大。另外，当顶隔板采用金属构件时，构件要进行防锈处理。

风道设计时，风道设计荷载应由恒荷载和可变荷载组成。恒荷载包括顶隔板及其附属构件自重等，可变荷载包括风荷载、人群荷载等。根据相关规范要求，风荷载可按通风设计的送（排）风最大风压取值，人群荷载可按 1000 N/m^2 取值。一般要求在风道最不利荷载作用下的最大挠度值应小于等于顶隔板跨度的 1/400。

（3）隔板式风道的送（排）风量的确定

当确定了通风方式和需风量后，就可以计算隧道风道所负担的送风量或排风量。此时，如果增大一个通风区段的长度，其风道断面面积就会增大，从而造成建设费用增加。因此，应针对风道分段数与主风道断面面积的关系，结合隧道布局、地形条件等要素进行风道经济性设计。其经济性设计的顺序是：

① 从风道分段数、风道断面面积、风道内风速及连接风道等的关系考虑，制订若干通风系统比较方案。

② 在各比较方案的相应设计条件下，概略地计算所需风压，并初步确定风机规格和所需动力，分析各方案所采用的风机房形式和有关电气设备的各自特点。将此计算分析的结果作为确定通风系统建设费的主要参考资料。

③ 对各方案在运营期间产生的电力、维修等费用进行估计，预测电力等费用的年递增率。

④ 对各方案相应的建设费（包括隧道主体结构、竖井、主风道顶隔板、风机房、风机设备及有关电气设备等的建设费）和运营费（包括电力费、养护维修费等）进行经济比较。

经济性方案比较时可按下式进行计算：

$$c = c_B(1+r)^Y + \sum_{n=1}^{Y} c_E \cdot (1+r)^{(Y-n)} \tag{9-1}$$

式中　c——总费用；

c_B——工程建设费；

r——年利率；

Y——还贷年数；

c_E——运营维持费(全年电力费)。

(4) 送风孔与排风孔

送风孔一般设于隧道侧壁下部，其标高与汽车排气管距路面高度大致相等，它是为了尽快稀释汽车尾气，与排风孔形成空气交换。如果新鲜风直接从送风道吹入隧道，将会在隧道上部形成空气交换，隧道下部的被污染空气得不到有效的交换，总体通风效果很差。送风孔设置时，常见的送风孔间距为 5～6 m，送风孔面积可以按最大需风量条件下送风孔全开时，吹出风的风速为 6～8 m/s 来计算确定。

排风孔通常设于隧道顶隔板处，直接与排风道相通。排风孔间距一般取送风孔间距的 2 倍，即每两个送风孔间设置一个排风孔，和送风孔呈交错布置。排风孔的面积按最大需风量条件下排风孔全开时，吸入风的风速不大于 4 m/s 来确定。

送风孔吹入风速会随着送风孔与轴流风机距离的增大而逐渐减小，导致风速不均匀。为了解决这一问题，通常在送风道与送风孔之间设置引风道及调节孔，这样可以保证吹入隧道风的风速基本达到均匀程度。当隧道断面为山岭隧道马蹄形断面，且采用全横向通风方式时，常见的送风孔和排风孔的位置与布置方式如图 9-4 所示。

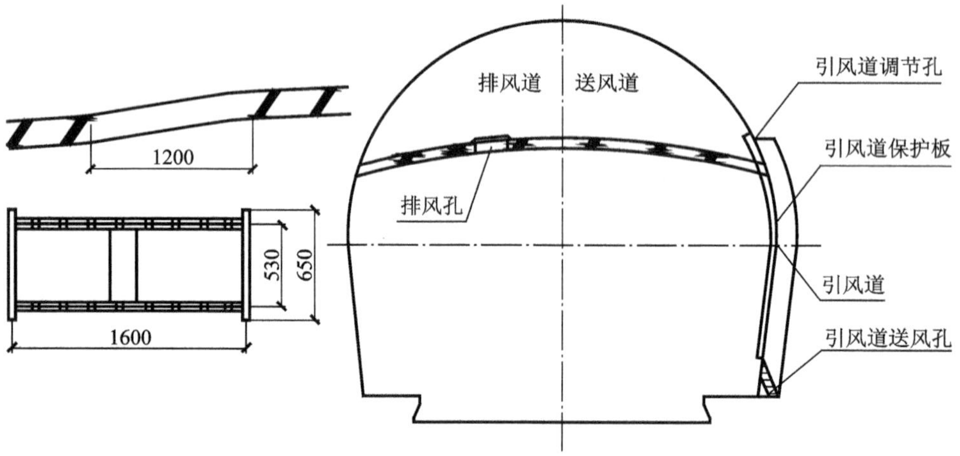

图 9-4 送风孔与排风孔的位置及布置方式示例

为了使新鲜空气均匀输送到隧道内，需要对风孔的开度进行调节。风孔开度的调节要满足隧道设计状态下的等风量分布，一般以 10 个风孔为一组进行统一开度设定。为检测风孔开度调节的效果，需对隧道通风状态进行测试，测试的方法通常有以下 3 种：

① 由风孔流速和开度断面面积计算其流量的方法。这种方法测试点容易受偏流的影响，而且需要实测风孔的流量系数，其精度较低，一般不太采用。

② 由风道内静压分布推算的方法。一般隧道内静压测试非常稳定，可以提高其测试精度，如果静压分布与计算值一致，吹入流量与吸出流量就可以视为是均匀的。采用这种方法需要测试风道内壁面摩阻损失系数 λ_b。

③ 由风道内风速分布推算的方法。风道内风速分布不均匀，而且由于送风孔与主风流形成分叉流，排风孔与主风流形成汇合流，因此风速测试精度很难保证。另外，趋近风道末端，其风速变低，测试误差增大。然而，风速分布自风道始端向末端呈直线减小，由此可大致了解吹入风流量的均匀状态。

目前，国内外许多工程实例，主要用由静压分布推算的方法对通风状态进行判定，同时用由风速分布推算的方法进行验核。

一般地，风孔开度的调节可按以下顺序进行：

① 测试风道内壁面摩阻损失系数 λ_b；

② 初次调整风孔开度；

③ 测试风道内静压分布及风速分布；

④ 再次调整风孔开度；

⑤ 设定风孔开度。

9.1.3 连接风道

连接风道包括风机房与主风道、隧道主洞、竖井等之间的连接风道，设计时应注意与两端结构物的衔接，以减少风压损失。

（1）连接风道的设置应考虑的因素和要求

① 风道轴线与隧道轴线的交角一般采用20°～30°，如图9-5所示。若交角太大将增大气流的能量损失，所以交角不宜太大；而交角较小将使风道出口与隧道相连接的断面上的跨度增大，增加结构的复杂性，所以交角也不宜太小，一般不小于15°。

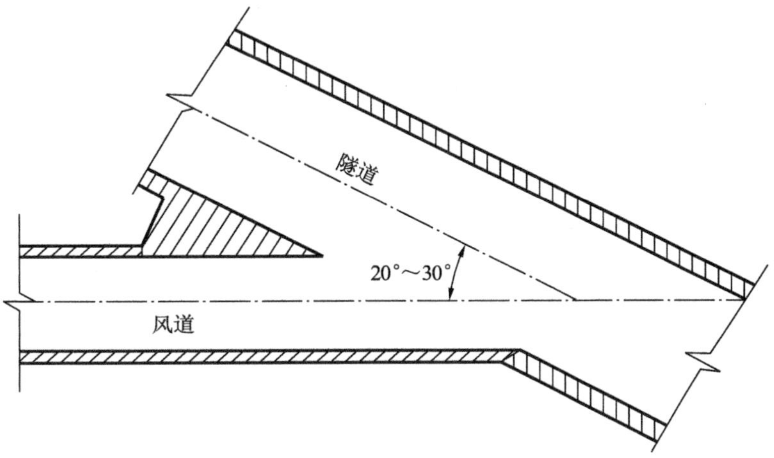

图9-5 风道与隧道的连接

② 风道应尽量避免设置在塌方、滑坡等不良地质地区，避免设在山沟与低洼处，以避免地表水或地下水汇集危害。风道应力求干燥，吸出式通风尤应注意风道漏水随风吸出而可能淋湿风机与电动机等设备。

③ 风道外洞口地形、地质应满足风机房施工场地与运营养护的需要。风机的基础最好置于基岩上，不得修筑在松动的弃渣堆上。

④ 风道长度宜短，风道内断面不宜太小且不宜变化过多，断面形状可取为半圆拱形以便于施工，当断面高、宽相等时摩阻力最小。风道口（隧道边墙处）断面形状与高宽比对通风效果无多大影响，可按地质情况、施工条件与结构条件综合考虑确定。

⑤ 风道内应设置坡度不小于3%的向隧道方向的下坡，除竖井、斜井外，一般风道纵坡坡度不宜过大。

（2）风道的压力损失

风道的壁面摩阻力和风道的变形使风道的压力产生损失。设计时，需要确定压力损失系数。各类风道的压力损失系数与风道内壁面的摩阻系数和风道变形损失系数有关，两系数的取值可按《公路隧道通风设计细则》（JTG/T D70/2-02—2014）及《铁路隧道运营通风设计规范》（TB 10069—2010）相应附录取值。当风道出现连续变形时，压力损失非常大，应考虑压力损失的富余量，必要时可通过模拟试验来确定具体的压力损失值。

9.2 风机房 >>>

当隧道采用分段纵向通风、横向通风或半横向通风时，往往需要设置通风机房。风机房主要用于放置轴流式通风机及相关的控制和运营维修设施，其与通风井、连接风道、主风道和隧道构成完整的通风系统。

隧道风机房按布置位置可分为地下风机房和地上风机房两类。风机房的规划与设计除了应满足风机房功能要求外，还应根据隧道特点考虑合适的位置和结构形式，并有良好的养护维修及运营管理条件。

9.2.1 地下风机房

(1) 设置地下风机房的原因

① 交通隧道位于远离城镇的山区，且隧道所处地表交通和居住条件不便；

② 受地面用地条件限制时，出于节约城市用地、减少拆迁和便于运营管理等方面考虑。

公路隧道的地下风机房一般在通风竖井或斜井的下部，城市地铁一般将地下风机房设置于地下车站一端或两端。

(2) 地下风机房的布置要求

① 地下风机房应选择在地质结构稳定、地下水不发育的地方；

② 地下风机房位置应便于运营维护人员工作和管理；

③ 布置地下风机房时应考虑设备运输及维修吊装的方便性；

④ 由于隧道内环境潮湿、空间密闭，地下风机房布置应注意设备的防潮、降噪措施；

⑤ 地下风机房的防火救援条件差，因此地下风机房应有专门的防火排烟及疏散措施；

⑥ 地下风机房自然采光条件差，设计时应充分考虑地下风机房的照明需求；

⑦ 风机房与风道的连接处，其周壁必须密封，严禁漏风；

⑧ 当风机房设备分期安装时，还要考虑预留空间和连接装置。

(3) 公路隧道地下风机房

公路隧道的地下风机房由风机室、电气室、运输通道及送(排)风道组成。

地下风机房按功能可划分为风机区、运营设备监控区、运输通道及送(排)风道和救援疏散通道。

① 风机区内安装有通风机、隔音器等，并设有机械吊装设备及检修设备和工具；风机区的面积布置应考虑能合理容纳安装轴流式通风机、人员巡视检修空间及吊装设备空间。风机的布置方式有立式和卧式两种(图 9-6、图 9-7)，地下风机室内风机区既可与工作休息区、设备区及维修区放在同一层内，又可分多层布置，即将风机区放在底层，其他区放在上层。其具体选择何种布置方式应根据隧道形式、通风方式及地质环境条件，经技术经济比较后确定。

② 运营设备监控区设有风机配电及监控设备，一般由变配电室、蓄电池室、信号屏室、补偿室等构成，同时还有值班室、休息室及盥洗间等。

图 9-6 地下风机房的风机为卧式布置

图 9-7 地下风机房的风机为立式布置

③ 运输通道主隧道是通往风机房、交配电室、监控室等设备工作区的专用通道，用于运输地下风机房的相关设备器材。

④ 送(排)风道包括以下两部分:一是风机与隧道送(排)风口之间的通道,二是连接风机与通风竖井(或斜井)底部的通道。送(排)风道的断面结构形式应根据风道功能、位置及地质条件等因素确定。

⑤ 救援疏散通道用于地下风机房发生灾害时的疏散逃生。运输通道有时可兼作救援疏散通道,当运输通道不足以满足救援疏散要求时,应设置专门的救援疏散通道。

按运营管理需求的不同,可将地下风机房划分为有人值守地下风机房和无人值守地下风机房两类。

无人值守地下风机房相对于有人值守地下风机房少了监控室、值班室、休息室,其他区域布置与有人值守地下风机房相同。有人值守和无人值守地下风机房的选择,应根据各个隧道的具体情况进行。

布置地下风机房的隧道硐室时,既可将隧道硐室与主隧道平行布置,又可以将其与主隧道垂直或斜向布置;地下风机房的风机区和运营设备监控区既可以布置在一起,又可以分别布置,具体布置方式应根据隧道通风方案、地形地质条件、施工及运营维护等因素综合考虑。

(4) 公路隧道地下风机房布置方式

公路隧道地下风机房的布置方式应综合考虑隧道通风形式、通风井的位置、地质地形条件等因素,常见的有以下布置方式:

① 上下行隧道一侧布置。当隧道风井置于上下行隧道的一侧时,风机房布置在相应风井井底附近的同一侧(图 9-8)。

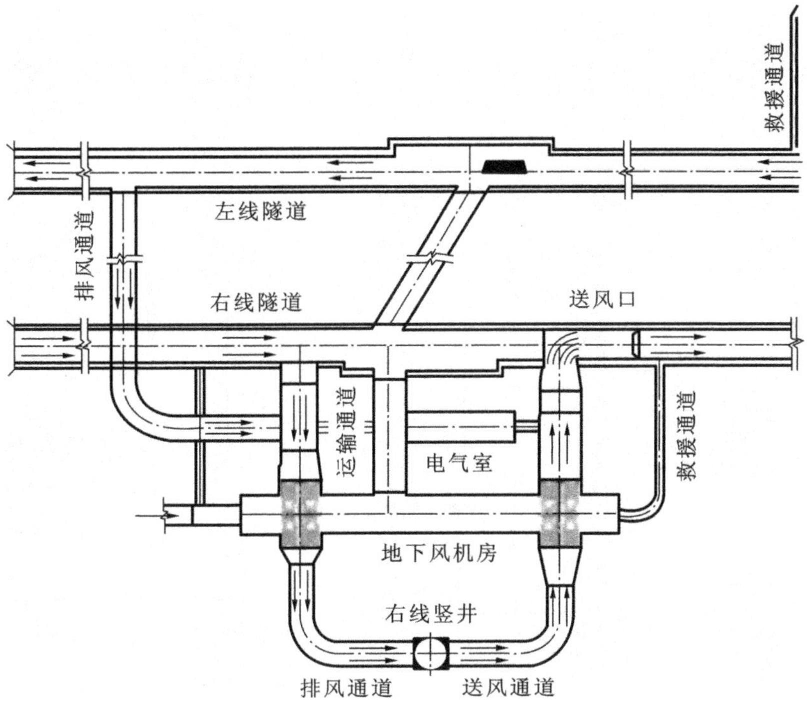

图 9-8 上下行隧道一侧布置风机房

② 上下行隧道之间布置。将隧道风井置于上下行隧道之间,并将风机房及其相应配电室、监控室及设备运输通道一并布置在上下行隧道之间(图 9-9)。

③ 隧道洞口布置。隧道风机房、风井及监控室集中布置于隧道洞口(图 9-10)。

(5) 地铁隧道地下风机房

隧道布置形式应结合施工工法、车站的建筑、车站形式、维护检修的方便性、地表用地条件等因素进行确定。地铁隧道地下风机房的布置形式按风机房所处地下车站的位置和车站形式可布置于站厅层或站台层,风机房的布置方向可平行于线路方向,也可垂直于线路方向。

图 9-9 上下行隧道之间布置风机房

图 9-10 隧道洞口布置风机房

图 9-11 所示为站厅层单侧垂直于线路方向布置方式，所有风井集中布置在车站两端同一侧，TVF 风机垂直于线路方向布置在活塞风道内。活塞风孔直接布置在隧道的顶部。当受地面条件限制，风道长度无法满足布置 TVF 风机的要求时，可将 TVF 风机设置在车站主体结构范围内并垂直于线路方向布置（图 9-12）。这种方案适用于双层明挖车站，且地面只有一侧用地可设置风井的情况。由于 TVF 风机布置在侧部，可以缩短车站长度，各种工况气流组织顺畅，节省 TVF 风机功率。该方案的缺点是有一侧活塞风道较长，风道宽度较大，难以采用暗挖法施工。

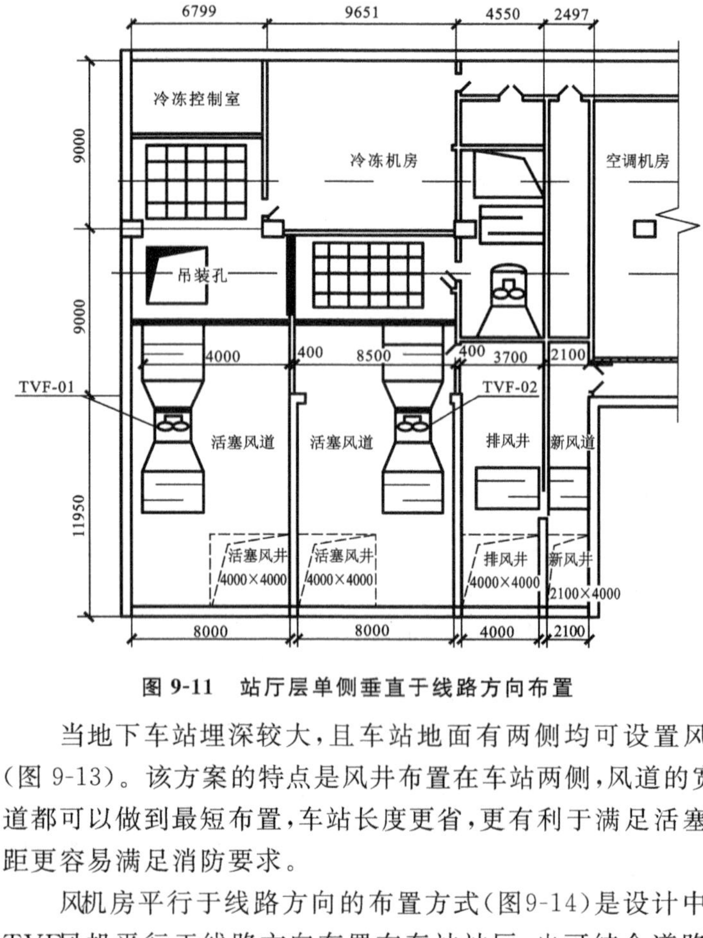

图 9-11 站厅层单侧垂直于线路方向布置

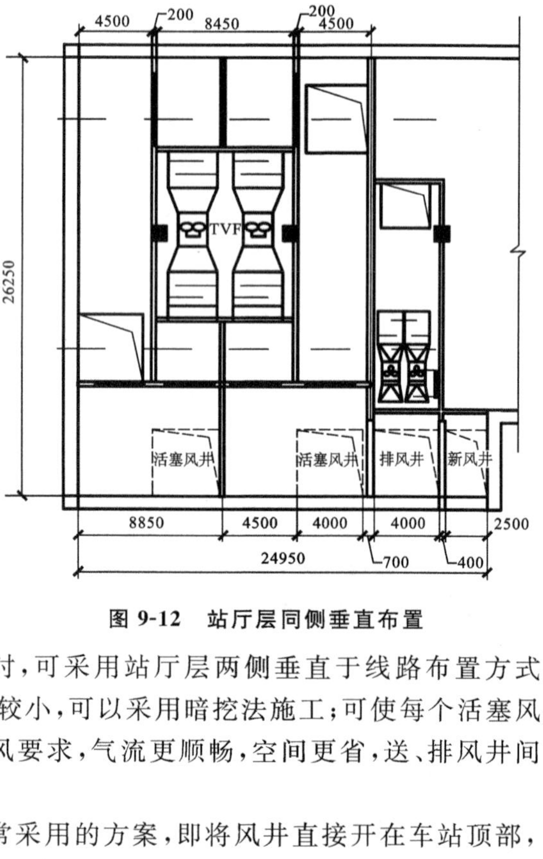

图 9-12 站厅层同侧垂直布置

当地下车站埋深较大，且车站地面有两侧均可设置风井时，可采用站厅层两侧垂直于线路布置方式（图 9-13）。该方案的特点是风井布置在车站两侧，风道的宽度较小，可以采用暗挖法施工；可使每个活塞风道都可以做到最短布置，车站长度更省，更有利于满足活塞通风要求，气流更顺畅，空间更省，送、排风井间距更容易满足消防要求。

风机房平行于线路方向的布置方式（图9-14）是设计中经常采用的方案，即将风井直接开在车站顶部，TVF风机平行于线路方向布置在车站站厅，也可结合道路规划，将风井设在城市道路中间的绿化带内。对于屏蔽门系统模式，在大系统采用每端1 台空调机组加1台回排风机的设置时，可以将TVF风机房、TEF风机房和空调机房结合布置，做到环控机房面积最优布置。与垂直于线路方向布置方案相比较，该方案气流更顺，机房

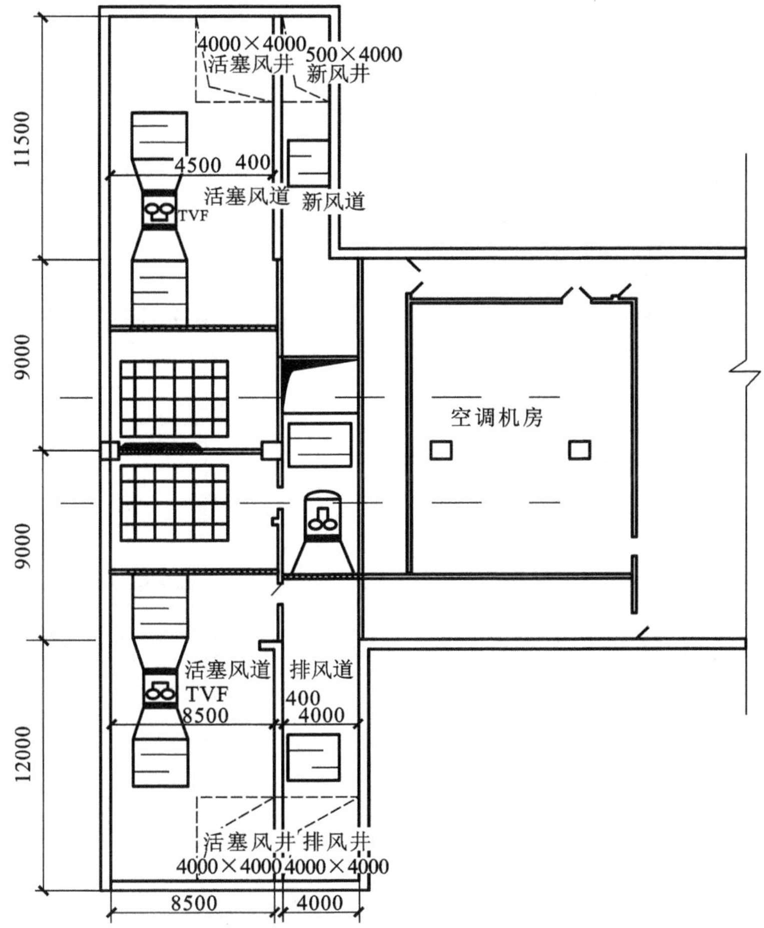

图 9-13 站厅层两侧垂直于线路方向布置

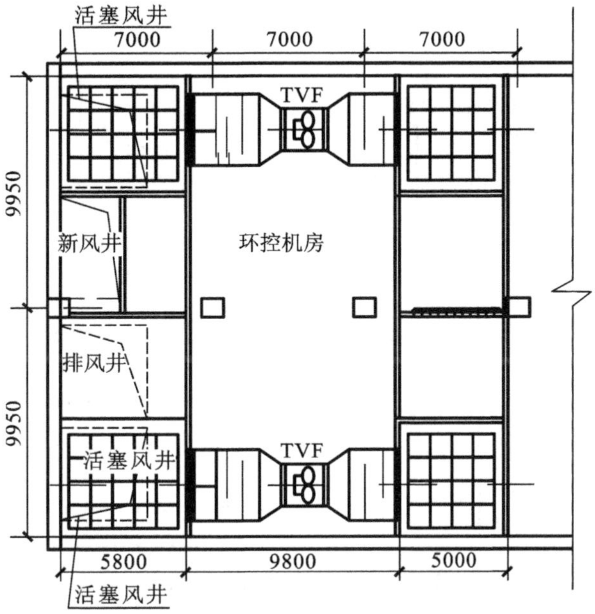

12 m岛式站厅层平面图

图 9-14 站厅层平行于线路方向布置

面积更小,活塞风路更短,设备安装检修更方便。此种布置方案既可用于双层明挖车站,又可用于双层暗挖车站。

对于刚从地面转地下的单层侧式站台车站可以采用将风机房设置于站台层平行于线路方向的布置方式(图 9-15)。风井直接开在车站顶部,隧道 TVF 风机平行于线路方向布置在车站站台。当地面车站顶部没有设置风井的条件时,也可以将风道设在侧部(图 9-16)。

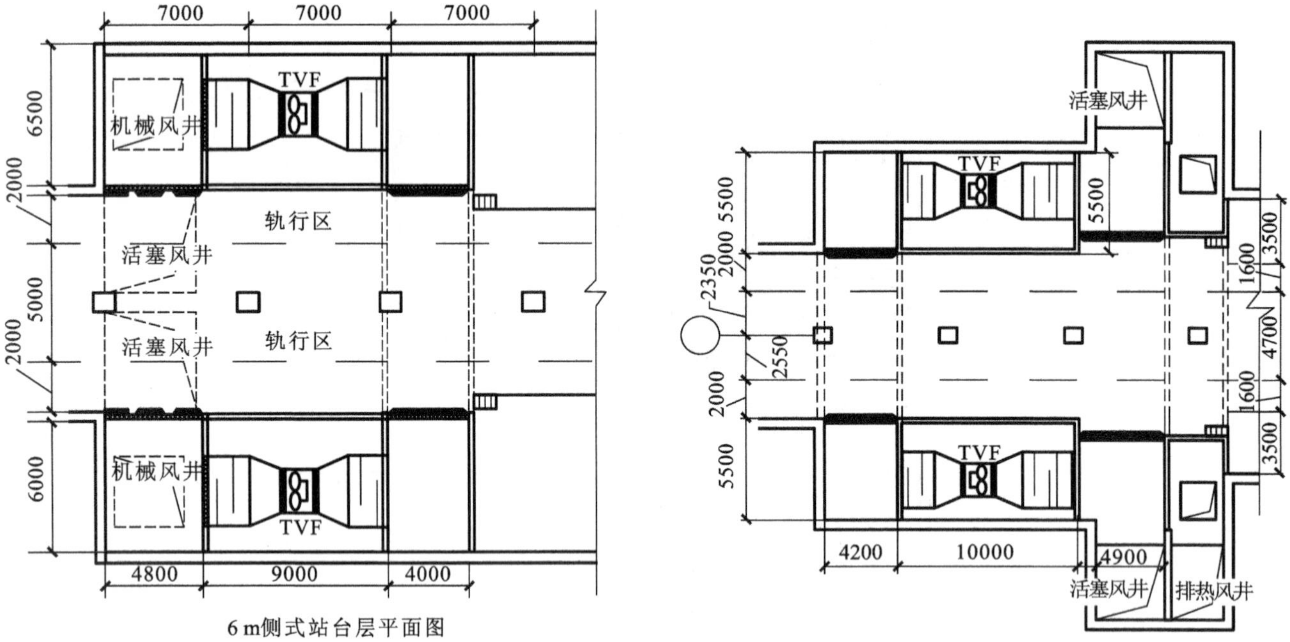

6 m侧式站台层平面图

(a)　　(b)

图 9-15　站台层平行于线路方向布置

有时地下风机房面积受到车站及地表用地制约,可在车站站厅、站台同侧将风机房上下层布置(图 9-16)。TVF 风机垂直于线路方向布置在活塞风道内。这种布置方式的优点是车站主体长度短,风道断面面积小,便于暗挖法施工;其缺点是站台层风机对另一侧线路隧道通风时气流组织不够顺畅。

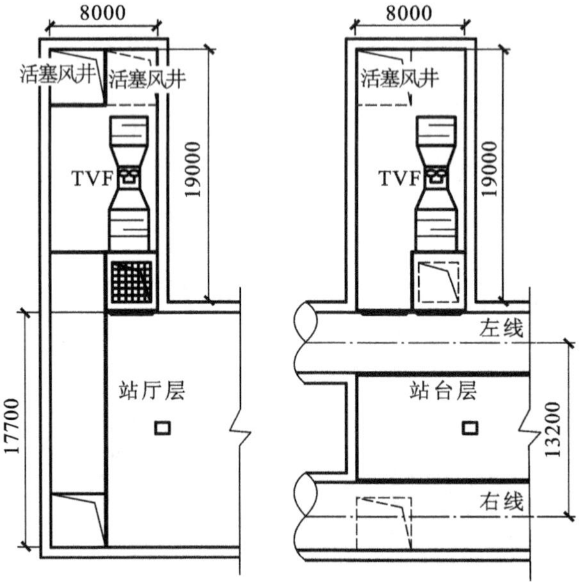

岛式站台车站平面图

图 9-16　站厅、站台同侧上下层布置

前面所讲的风机房布置方案都是针对卧式安装风机而言的,对于立式安装风机可参考图 9-17 所示的布置方式,将活塞风孔直接布置在隧道的顶部并通过车站顶部的风井直接出地面。这种布置方式适用于车站埋置深度大于三层以上的地铁车站。

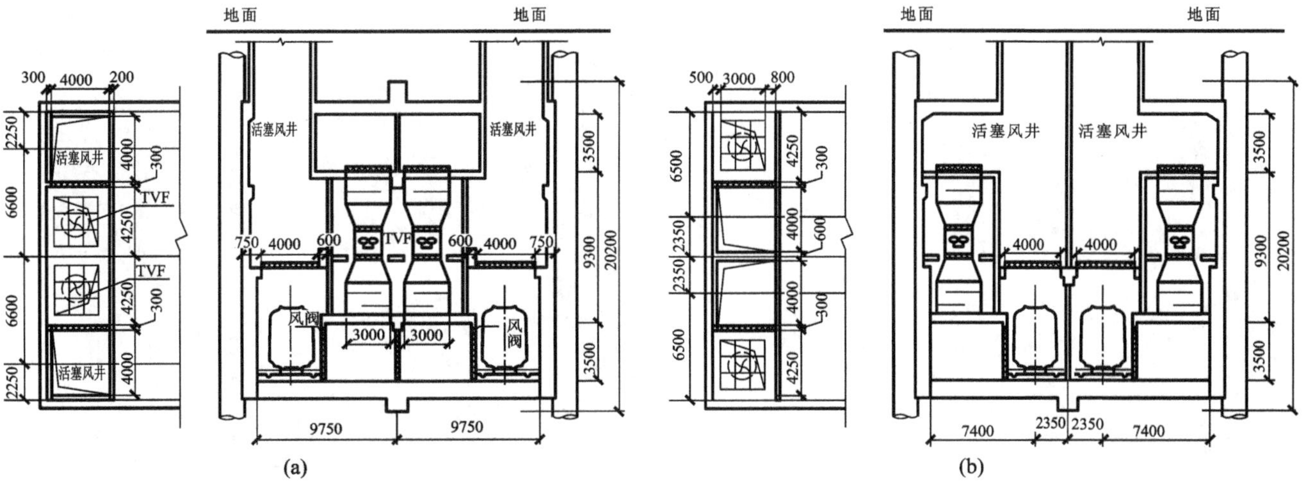

图 9-17 立式安装风机的风机房布置

(a)岛式站台车站平剖面图；(b)侧式站台车站平剖面图

9.2.2 地上风机房

远离城镇的交通隧道，当地面用地条件和交通条件合适时，可以将风机房设置在地表(图 9-18)。越江交通隧道往往在江岸一侧(或两侧)将风机房、风井及相关监控室与管理办公房等集成一体修建成综合大楼。城市地铁和城市市政隧道也常常采用综合建筑体的形式将风机房、风井、监控室、管理办公房集成在一个大楼内。图 9-19 所示为美国 Brooklyn-Battery 隧道风机房建筑实例。

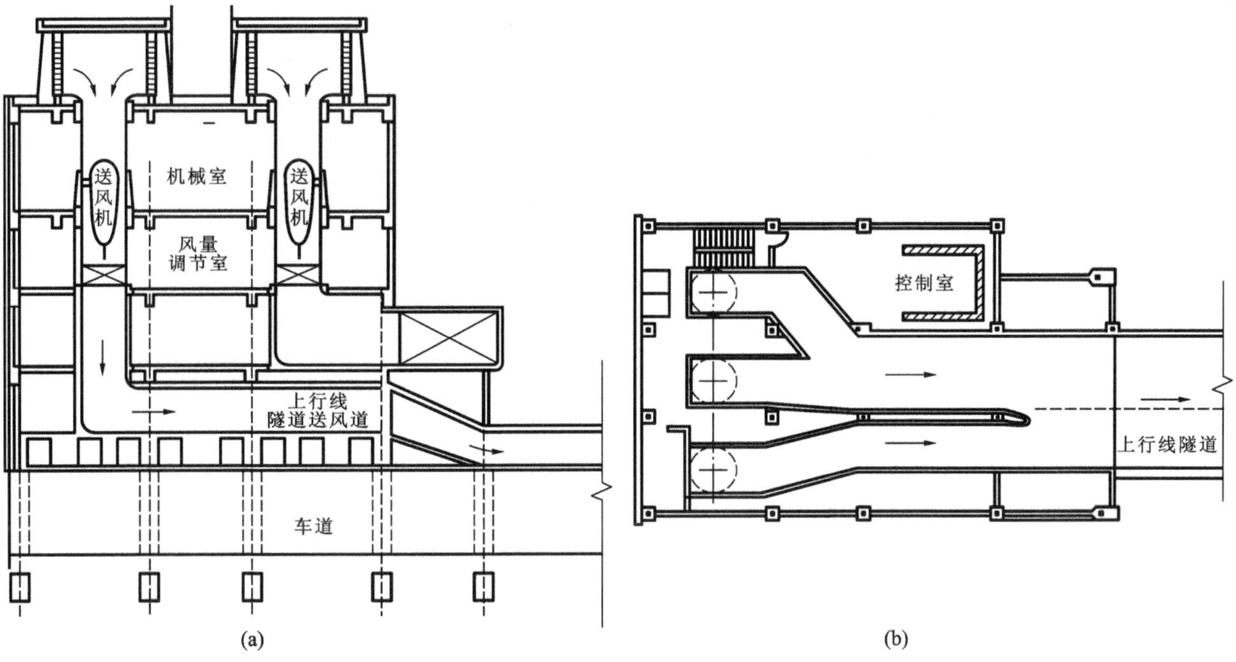

图 9-18 地上风机房布置实例

(a)纵断面图；(b)二层平面图

据国外一些技术资料，20 世纪 90 年代以前，隧道风机房较多设置在隧道洞口附近和竖井地表换风塔口附近。进入 20 世纪 90 年代后，一些国家尤其是日本在采用竖井通风方式时，较多地将风机房设在地下竖井底部与正洞连接处的山体内，如图 9-20 所示。这种设置方式在工程费用方面一般高于洞外设置方式，但可节省土地，保护植被环境，并且由于风机房位于隧道内主洞附近，便于设备的维护管理和工作人员进出。

图 9-19 Brooklyn-Battery 隧道风机房建筑

图 9-20 日本东京湾水下隧道中段进排气风塔

9.3 风　亭 >>>

隧道内的新鲜风和污风可以通过风井(竖井或斜井)井口与地表大气相通。风亭是隧道通风井(竖井或斜井)伸出到地表具有敞口的结构物,风亭实际上就是隧道新鲜风进入口或隧道污风排出口。特长山岭隧道和地铁区间隧道常常需设置用于送风或排风的通风井。通风井一般分竖井和斜井两种形式,竖井形式要求井口地面比较平坦,并且井口容易使人员和施工设备通达。地面施工竖井常常需设井架和提升绞车。当竖井或斜井采用反井法自下而上施工时,对井口地面面积和平整度要求可放宽一些,井身倾斜角度的选择也多与施工方法有关。当然斜井采用正井法施工时,也要求井口容易使人员与施工设备通达。

一般情况下,风井应设置在地形较为开阔且扩散效果良好的地带。当风井排风口设于山坳中时,在地势上应有一方朝开阔方向,以提高换风质量,而且风井排风口高度要高出送风口不小于 5 m。越江隧道的风井通常设置在两岸隧道进出口附近,此类风井建筑大都与风机房、监控大厅、电力及出入管理房等集成一体构成综合建筑。特别是位于城市附近的此类建筑,设计时除了考虑功能要求及合理布局外,对建筑的艺术造型,建筑应包含的文化、历史、民俗涵义和艺术特征及建筑与周围环境的协调等都有更高的要求。

合理地选择风井的类型和位置应结合初期建设和后期运营通盘考虑。影响风井的类型和位置的选择初期建设因素包括:① 工程地质条件;② 建设投资;③ 施工难度与安全性;④ 施工工期与施工组织等。后期建设因素包括:① 长期运营费用;② 防灾救援要求;③ 运营维护方便性等。风井的设施应使隧道分段尽量均匀,以保证通风效果,利于防灾救援,减少后期运营费用;同时,顾及地形条件,避免风井或连接风道过长,过多地增加通风阻力,造成土建费用和运营费用增多;控制通风井的规模与数量,合理利用各通风井,避免采用过大的隧道规模;风井井身应选择在工程地质和水文地质条件较好的地层中,尽可能避免井身穿过松软地层、断层破碎带及含水层;井口排水应方便,应不受洪水威胁并满足井口地面风机房的布置;井口应有适宜布置提升设备、堆放材料,布设各种管线和生产房屋、弃渣的场所。

风井位置选择还应重视风井对周边环境的影响,尤其是地处城市的交通隧道,风井设计应根据所处位置注意防止排风扩散对周围大气环境的不良影响。原则上风井排风口应朝向该地区大气主导风向的下风侧,避免污风吹向人口较密集区;设计时应验算包括排风的上升高度、排出角度、扩散宽度、扩散浓度等参数。而风井送风口通常朝向井位附近的大气主导风向。

9.3.1 排风上升高度

风井的排风口附近有管理所和人员及各通风设备，而吹出的风有一定污染，应有环保要求，因此排风口应有足够的有效排风高度。排风口的构造应根据风井周围的地形、植被等自然条件来确定，一般而言，朝上开口吹出的形式较为有利。图 9-21 所示为厦门翔安隧道换风塔，表 9-2 所示为几种不同的换风塔排风口构造形式及其排风上升效果。

图 9-21 厦门翔安隧道换风塔

表 9-2 **换风塔排风口构造形式及其排风上升效果**

排风口构造形式			排风上升效果
朝上吹出	A	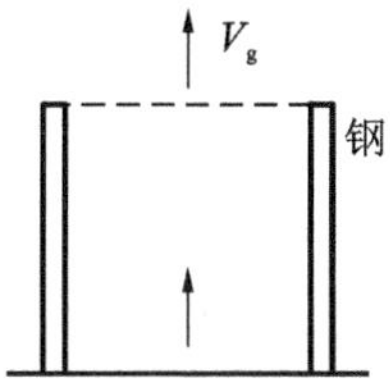	构造与工厂烟囱基本相同，其排出速度可以有效地改变上升高度
	B	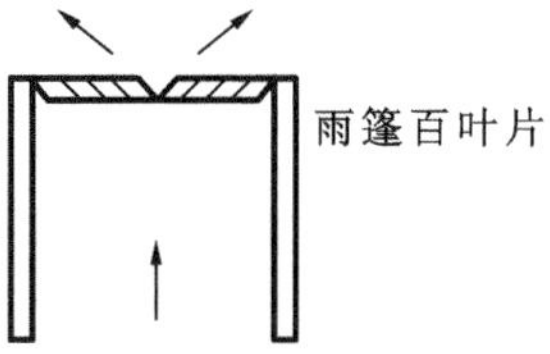	排风吐出方向由于有叶片而变成斜向，对上升高度的改变不利
	C	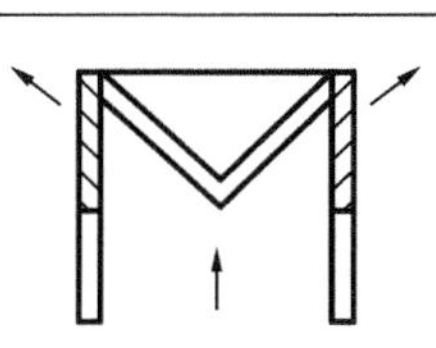	与 B 同

续表

排风口形式			排风上升效果
侧面吹出	D	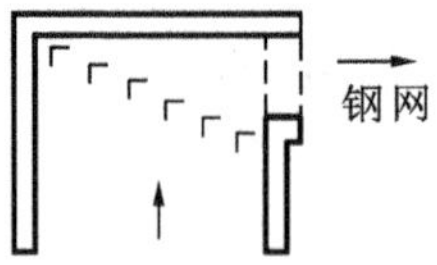	排风的排出速度不能影响上升高度
	E	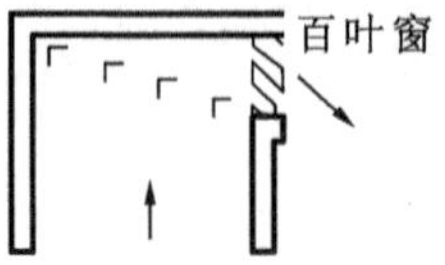	由于叶片朝下，排出速度减小了上升高度，是一种不利的形式

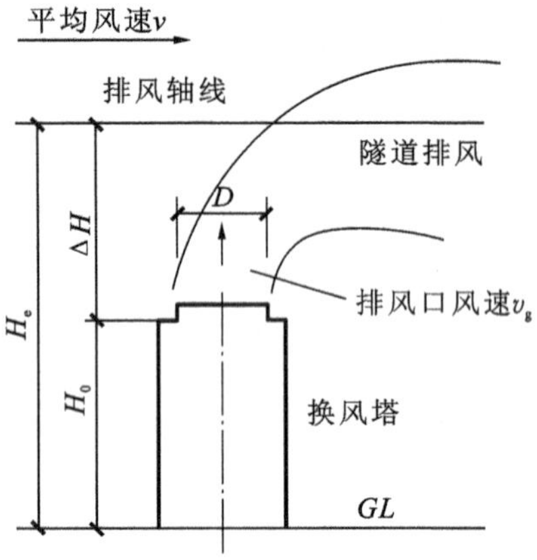

图 9-22 排风口有效高度

有效排风口高度 H_e 应为排风口结构高度 H_0 加上排风上升高度 ΔH（图 9-22），即：

$$H_e = H_0 + \Delta H \tag{9-2}$$

由于汽车尾排气体有一定热量，排出的气体与大气存在温差，具有少许上升浮力。但这里忽略这一上浮力，只考虑排风机械产生的排出速度，采用国际较普遍采用的 Bosanguet 计算公式来计算排风上升高度 ΔH，即：

$$\Delta H = \frac{3.1005}{1 + 0.43\dfrac{v}{v_g}} \frac{\sqrt{Q_e v_g}}{v} \tag{9-3}$$

式中 Q_e——排风量，m^3/s；

v_g——换风塔排风口风速，m/s；

v——大气平均风速，m/s。

9.3.2 排风的扩散

排风的扩散计算方法可按工厂烟囱的排烟问题一样考虑。

一般假设扩散气体的污染浓度为正态分布，其扩散计算公式称为正态型扩散式。计算式以排出源（排风口中心）为原点，沿风向为 x 轴，水平向为 y 轴，垂直向为 z 轴。

地表面浓度（取 $z=0$）可按式（9-4）计算：

$$C(x,y,0) = \frac{q}{\pi \sigma_y \sigma_z v} e^{\left[-\left(\frac{H_e^2}{2\sigma_z^2} + \frac{y^2}{2\sigma_y^2}\right)\right]} \tag{9-4}$$

式中 C——浓度，ppm；

q——发生源强度，ml/s；

σ_y，σ_z——水平方向、垂直方向的扩散宽度，m；

H_e——有效排风口高度，m。

扩散宽度是式（9-4）中的重要参数，它与大气稳定度、地面糙度等诸多因素密切相关，应通过大量调查和专题研究取其合理值。

9.3.3 某公路隧道地下风机房设计实例

（1）工程概况

某特长隧道左洞长 10191.696 m，右洞长 10479.611 m，为山岭石质隧道，采用纵向送排风通风方式。全隧道共设有三座斜井作为通风井，同时兼作主洞施工期间辅助坑道。考虑隧道在自然保护区内，以及隧道后期运营养护的方便，从环境保护和隧道养护方面确定隧道通风方案。1# 和 2# 斜井在保护区缓冲区边上，地形复杂，采用地下风机房；3# 斜井在保护区实验区边上，且交通方便，采用地上风机房。

(2) 1# 斜井地下风机房设施布置

地下风机房平面设施布置见图 9-23。风道主要考虑斜井位置及通风区段的划分等因素，同时考虑使风道平顺，满足风机房两端、排风口、送排风交汇处等大跨段的过渡及保证各过渡段之间必要的风流平顺段。因此，在条件允许时，设计风道整体垂直于隧道。

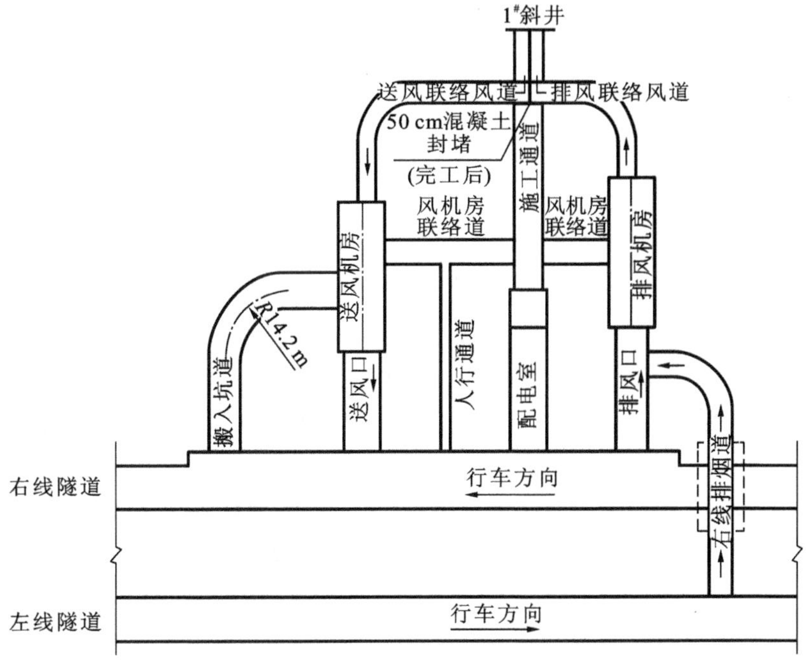

图 9-23 地下风机房设施布置平面图

考虑风机房设于地下，并利用斜井作为辅助坑道加快施工的实际情况，1# 斜井与主洞采用 T 形连接；各个联络道与斜井之间的连接均采用 90°夹角，设计中送排风口与主隧道均采用 90°夹角。1# 斜井在满足隧道右线通风的条件下，并考虑左线的排烟，排烟道纵断面上采用上跨隧道右线；2# 斜井在满足隧道左线通风的条件下，并考虑右线的排烟，排烟道纵断面上采用上跨隧道左线；依据各排烟道所处位置地质情况，确定出各排烟道跨越隧道的围岩安全净距。

(3) 隧道地下风机房洞室群设计

地下风机房洞室群中，各洞室的空间尺寸见表 9-3，地下风机房立面布置见图 9-24。

① 设备运输坑道。

设备运输坑道作为风机、变配电等设备安装，运营期工作人员进出及施工期间出渣、进料的运输通道，其断面尺寸设计一方面要考虑大型车辆出入和机房设备的运输及安装要求，另一方面还要考虑施工期间为加快施工进度，满足错车、出渣、进料的要求。隧道排风口可考虑作为隧道排风机的搬入坑道，而隧道送风机应设置专门的搬入坑道。搬入坑道为满足施工及后期载重车辆的出入要求，平面上转弯半径设计为 14.2 m；与主隧道相交处，考虑运营过程中进出车辆时主隧道运营不进行交通管制，同时考虑地下结构的合理可行，为了便于车辆进入，搬入坑道和主洞交汇处将主洞加宽；考虑交汇处是结构较复杂的部分，结构设计应加强。

表 9-3 风机房洞室空间尺寸

名称	净高/m	净宽/m	长度/m	面积/m^2	确定空间因数
检修坑道	2	2.2			人行
设备运输坑道	4.5	7.2			车辆通行
送风道	6.2	5	28.2		送风量

续表

名称	净高/m	净宽/m	长度/m	面积/m²	确定空间因数
排烟通道	3.8	5	4	13.7	排风量
送风口	4.62	8	15～20	31.2	送风量
排风口	7	8	25	50.2	排风量
风机房室	≥8(风机)+2.5(吊装)	≥N(风机台数)×3(风机)+3.2(吊装)	30		风机的尺寸、安装和检修要求
配电室	4.5	8		32.5	机电设备的尺寸、安装、检修要求
联络通道	6.2	5			机电设备的尺寸
排风道	4.2	5		18.2	排风量
交叉段			90～110		送、排风量

② 避难坑道和检修坑道。

避难坑道作为运营期风道检修及发生意外事故时人员逃离的专用坑道，设计时将风机房与主隧道相连，平面线形选取直线，纵断面上将机房与隧道对应高程点相连，纵断面取单面坡。避难坑道的设置考虑了地下风机房、配电室的设计必须有两个以上出口的要求，设有两个通道。其中一个的一端与隧道相连，另一端与搬入坑道相连，取直线线形，纵断面取单面坡。

现行规范对检修及避难坑道尺寸尚无明确规定，设计中考虑检修坑道主要是作为维修养护人员的出入通道，包括小型设备及材料的搬运通道。设计中检修与避难坑道按同一断面，参考隧道设计规范中行人横通道尺寸设计。

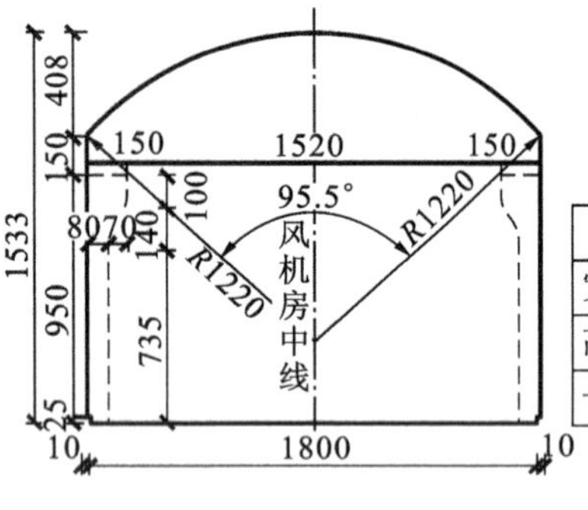

风机房净空断面

送风机房设计参数

项目	单位	指标
宽度(有效宽度)	m	15.2(15.0)
高度(有效高度)	m	9.5(9.0)
长度(有效长度)	m	40.0(20.0)

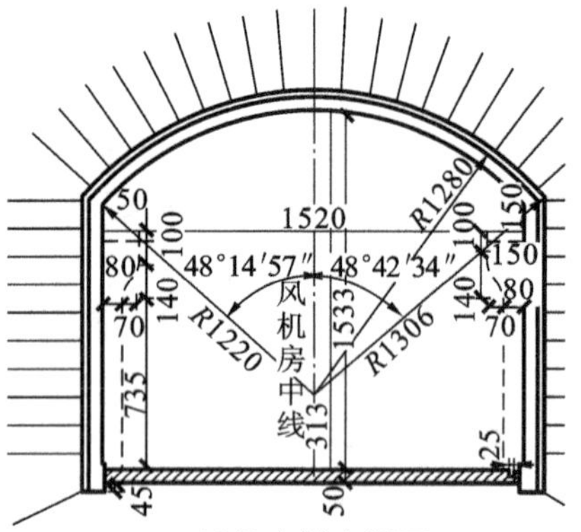

风机房衬砌断面

图 9-24　地下风机房立面布置

③ 送排风道。

风道断面按风道内控制风速在满足通行能力交通量(等于 18 m/s)时设计，考虑施工和后期运营等因素将风道断面部分统一，尽量采用相同断面尺寸设计。正常风道断面设计为直墙半圆拱或割圆拱形式。

a. 连接右线隧道与排风机房的排风道设计为大断面直交的形式，风口尺寸应满足风速不高于 6 m/s 的要求。为使结构上顺接，同时为了提高风速，送风口设计为变断面形式。

b. 斜井底至风机房的风道与斜井连接方式采用 90°夹角，为了风流顺畅，考虑设置导流板。

c. 送风口利用隧道拱顶建筑限界以外的部分，对于不满足送风口风速要求的，对隧道主洞拱顶进行加高，并根据断面要求在横隔板上设置竖隔板来调节拱顶面积。

④ 风机房。

风机房的面积和净高应主要根据风机数量、风机的尺寸、风机起吊安装和检修所需起吊高度及起吊设备类型等因素确定，同时还应考虑风机之间及风机与边墙之间留有足够的安全检修过道。通过分析比较，确定该隧道风机房的尺寸为 30 m×15 m(长×宽)，净高为 13.24～15.33 m。

⑤ 排烟风道。

排烟风道的作用是将左线隧道中污风或发生火灾时的烟气由排烟通道经排风机排至排风联络通道，再通过斜井排至地面。排烟通道设计有两种方案：方案一为在围岩中设一排烟坑道上跨隧道右洞形式[图 9-25(a)]；方案二是通过加大右洞局部断面，将排烟通道中线左右各 5 m 的开挖半径扩大 3.85 m，与二次衬砌形成的空间作为排烟通道[图 9-25(b)]。方案一避免了大断面复杂结构，但施工坡度较大，施工通风排烟困难，施工难度大。方案二有大断面复杂结构，且隔离风道的衬砌施工困难，但总体施工难度比方案一降低很多。经综合比较，设计采用方案二作为排烟风道方案。

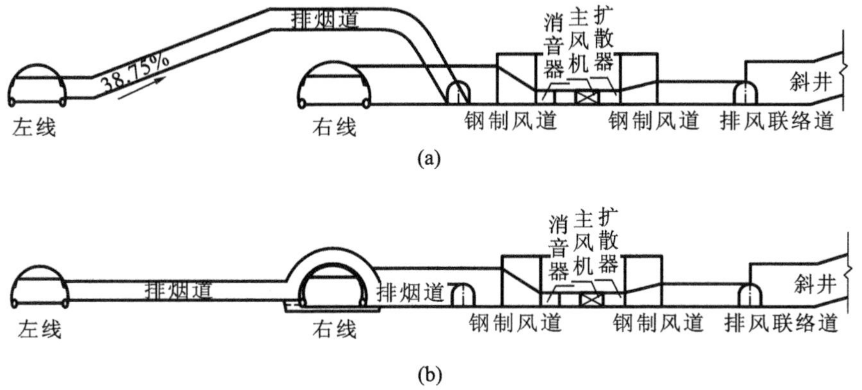

图 9-25 排烟风道方案比较

(a) 方案一；(b) 方案二

⑥ 变配电室。

考虑变配电室内设备对空间的要求和地质条件，其断面采用直墙割圆拱形式。

知识归纳

(1) 风道的形式与布置方式。

(2) 风机房的组成与布置方式。

(3) 风亭的分类和设置要求。

独立思考

9-1 在隧道通风中，与土木结构相关的通风设施有哪些？

9-2 简述风机房设于地下与设于地上各有哪些优缺点。

9-3 城市内设置风亭应考虑哪些因素？

9-4 风道有哪些形式？说明风道布置的技术要求。

10

隧道通风设计实例

课前导读

◹ 内容提要

本章介绍隧道通风设计的步骤，并通过实例讲解隧道通风设计的过程和方法。

◹ 能力要求

通过本章的学习，学生应了解隧道通风设计的阶段划分和设计流程。

10.1　隧道通风设计流程

10.1.1　隧道通风设计阶段划分

一般交通隧道通风设计可分为可行性研究、初步设计和施工图设计三个阶段。每个阶段的目的和任务各有侧重：隧道通风设计可行性研究阶段主要是确定隧道通风的原则、标准、工程规模，论证隧道通风方案的可行性；初步设计阶段的任务是对隧道各种可行的和有价值的通风方案从技术、经济、环境及社会影响等方面进行同精度的综合比较，最终选出综合优势明显的方案推荐为施工图实施方案；初步设计阶段推荐的通风方案经批复后即可进入施工图设计阶段，施工图设计阶段的任务是对初步设计最终批复的通风方案进行详细设计，经审查批复后交建设单位实施。当然，对于一些简单的短隧道，可以将初步设计阶段与施工图设计合二为一；而对于特别复杂的隧道通风方案往往需要进行更为慎重的技术论证，此时还可考虑在初步设计阶段与施工图设计阶段之间增加一个技术设计阶段。

10.1.2　交通隧道通风设计需要的基础资料和数据

① 交通规划方面数据：近期和远期上下行交通量、近期和远期车型组成等。

② 隧道设计资料：隧道限界、隧道内轮廓、隧道长度、隧道路线平面和纵断面线型参数，还有隧道地形、地物、地质等路线资料。

③ 气象、环境资料：隧址区域年平均温度、年最高温度和最低温度、湿度、平均风速、风向，此外还应搜集隧址区域的环保要求资料。

④ 通风设备资料。

⑤ 地表城镇规划资料。

10.1.3　交通隧道通风设计的一般步骤

① 根据搜集的资料进行隧道需风量的初步计算及通风方案比选。当因路线方案使各通风方案均不满足隧道运营安全、经济、环保要求时，则应重新论证路线方案、隧道长度、纵坡等。

② 根据比选确定的通风方案详细计算需风量，确定设计风量，并详细计算通风系统阻力。

③ 根据通风系统阻力详细计算风机风压、风量、功率等。

④ 确定风机的规格和配置，并对风道、风机房等进行结构设计。通风设施宜按近、远期交通量的变化分期设置，但应统一规划，一次设计。隧道由双向交通变更为单向交通时，还应充分考虑机械通风的衔接。

⑤ 通风设备安装前，应针对隧道土建施工、通风设备参数变更情况复核通风系统是否满足隧道运营需求。

图 10-1 所示为一般隧道通风设计的实施流程。需要指出的是，通风设计与路线、隧道土建结构设计和施工是相互关联和互动的。相关的隧道土建工程在施工过程中往往会发生局部变更，如设置通风井进行分段通风的隧道，风道和通风井长度、连接方式等可能发生变更；同型号不同品牌的风机，其性能参数略有区别，具体安装方式或参数也有所不同。因此，在风机安装之前，应针对土建变更情况和实际采用的设备情况，复核通风系统是否满足需求。

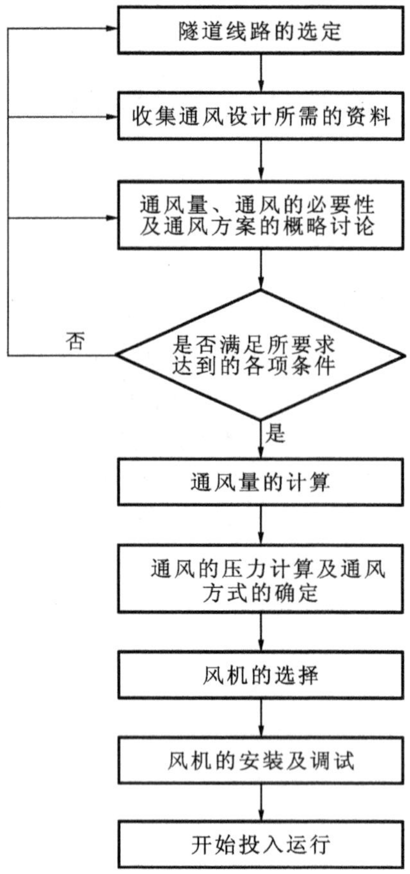

图 10-1　一般隧道通风设计的实施流程

10.2　某公路隧道设计实例

10.2.1　工程概况

某隧道为双洞四车道单向行车，设计路面宽 7.5 m，隧道净宽 11.08 m，净高 6.93 m。隧道单洞长 4516 m（左洞）+4582 m（右洞），设计行车速度为 80 km/h，左洞纵坡为 3644 m(2.225%)+872 m(−0.8%)，右洞纵坡为 3658 m(2.278%)+924 m(−0.809%)，隧道断面面积为 62.99 m^2。

10.2.2　设计标准和主要设计参数的确定

(1) 交通量

根据工程项目可行性研究报告，预测 2027 年交通量为 58938 pcu/d，大于《公路工程技术标准》(JTG B01—2014)中相应的道路适应交通量 55000 pcu/d；而且工程项目可行性研究报告也阐明，该路段在 2020 年以后服务水平降至二级以下，其通行能力和服务水平不能满足交通量的需求，建议增加一条往西的高速公路通道。因此，本隧道远期通风设计不能采用预测交通量，设计采用《公路隧道通风设计细则》(JTG/T D70/2-02—2014)中的建议值，见表 10-1。

表 10-1 隧道设计交通量

工况车速/(km/h)	10	20	30	40	50	60	70	80
交通量/(pcu/h)	1900	2660	3100	3400	3560	3600	3500	3200

(2) 阻塞工况

从目前全国已投入运营的高速公路隧道运营状况看，即使达到各设计年份相应的设计交通量，隧道内发生阻滞的概率也非常小。设计方认为，该隧道及其所在路段的交通监控系统完善，可以通过交通管制来限制进洞车辆数。当行车速度为 45 km/h 时已为四级服务水平，故设计以 30 km/h 作为控制工况，30 km/h 以下的各种工况将通过交通监控措施来控制。根据《公路隧道通风设计细则》(JTG/T D70/2-02—2014)，隧道阻滞的平均车速采用 10 km/h，其考虑的是隧道内汽车排队长度不大于 1 km 的情况，而对于大于 1 km 的阻滞长度则采用交通管制来解决。

(3) 稀释空气中异味

根据本工程交通量和隧道规模的特点，隧道空间换气频率为 4 次/h，并保证隧道内换气风速 $v_r \geqslant 2.5$ m/s。

(4) 火灾工况

由于本隧道为特长隧道，车(人)行横洞较多，洞内高差大。考虑在发生火灾情况下影响洞内通风效果的因素较多，故火灾时排烟风速按 $v_r = 2.5$ m/s 控制。

(5) 汽车尾气主要有害物的排放量递减率

以 1995 年为基准年，汽车尾气主要有害物的排放量按每年 2%递减，最大年限不大于 30 年。

(6) 通风计算最大行车速度

在 2020 年以后，道路交通量趋于饱和时，通风设计采用的最大行车速度为：行车方向纵坡坡度 $i \leqslant 1.0\%$ 时，$v = 80$ km/h；行车方向纵坡坡度 $i > 1.0\%$ 时，$v = 60$ km/h。

10.2.3 隧道需风量的确定

通过计算确定左洞通风设计的需风量为稀释空气中异味所需风量，右洞通风设计的需风量为稀释烟尘浓度所需风量，见表 10-2。

表 10-2 隧道需风量 (单位：m^3/s)

交通目标年限	左洞	右洞
2027 年	316	626

左、右洞设计需风量相差较大，主要是因为左洞为下坡隧道，右洞为上坡隧道，而且坡度达到 2.278%。由于左洞需风量较小，采用全射流风机纵向通风可满足通风要求，并为最优方案，故设计重点为对右洞通风方案进行比选。

10.2.4 通风方案的比选

(1) 全射流风机纵向通风方案

通过计算，隧道在正常行驶时，左、右洞都可以不设风机，但在低速状态下都需设风机，对风机取 20%的备用系数，计算出风机台数，见表 10-3。

表 10-3 隧道风机台数

交通目标年限	左洞	右洞
2027 年	22 台(660 kW)	58 台(2610 kW)

隧道通风系统设置：射流风机平均分配在隧道内，从进、出口 200 m 处开始布置风机，每组 2 台，沿隧道以 150 m 间距依次向洞内布置。

(2) 竖井集中排风通风方案(右洞)

本方案用于单向交通隧道，竖井位置宜设置在靠近隧道出口一侧。根据地形条件，右洞通风竖井设在RK56+485 m处，进口段长3123 m，出口段长1459 m，其分段需风量见表10-4。

表10-4 隧道需风量 (单位：m^3/s)

交通目标年限	进口段	出口段	合计
2027年	427	199	626

竖井集中排风通风方案存在竖井底部两侧风压不平衡。为达到平衡，本方案采用在进口段设置射流风机来作为调压手段，实现隧道内的风压平衡。调压的射流风机采用112型大口径风机，其升压效果好。经过计算，竖井排风所需的轴流式通风机和调压所需的射流风机的功率计算结果见表10-5。

表10-5 隧道风机功率

交通目标年限	射流风机/(台/kW)	轴流式通风机/kW	总功率/kW
2027年	30/900	1200	2100

采用竖井集中排风通风方案，当发生火灾时，为保持2.5 m/s的排烟风速，在不开轴流式通风机的情况下，以射流风机提供动力，考虑20%的储备，经过计算需设置8台112型射流风机。

(3) 竖井送排式纵向通风方案(右洞)

根据地形条件，设计设置了两个竖井位置并分别进行比较。通风竖井位置Ⅰ设在RK54+960 m处，进口段长1598 m，出口段长2984 m；通风竖井位置Ⅱ设在RK56+485 m处，进口段长3123 m，出口段长1459 m。其分段需风量见表10-6。

表10-6 隧道需风量 (单位：m^3/s)

交通目标年限	竖井位置Ⅰ			竖井位置Ⅱ		
	进口段	出口段	合计	进口段	出口段	合计
2027年	218	408	626	427	199	626

竖井送排式纵向通风系统的大型轴流式通风机的升压效果较小，往往难以与隧道所需压力($\Delta P-\Delta P_t+\Delta P_m$)平衡。为解决升压力不足的问题，设计采用升压效果较显著的射流风机与之组合。通过试算，确定Q_e、V_e等值，最后得出所需风机功率，计算结果见表10-7。

采用送排式纵向通风方案，当发生火灾时，为保持2.5 m/s的排烟风速，在不开轴流式通风机的情况下，以射流风机提供动力，考虑20%储备，经过计算，需设置8台112型射流风机。

表10-7 隧道风机功率

交通目标年限	竖井位置Ⅰ				竖井位置Ⅱ			
	射流风机/(台/kW)	轴流式通风机/kW		总功率/kW	射流风机/(台/kW)	轴流式通风机/kW		总功率/kW
		送风机	排风机			送风机	排风机	
2027年	8/240	700	200	1140	8/240	300	300	840

(4) 斜井送排式纵向通风方案(右洞)

斜井送排式纵向通风方案，根据地形条件，通风斜井位置设在RK55+300 m处，进口段长1938 m，出口段长2644 m，其分段需风量见表10-8。

表10-8 隧道需风量 (单位：m^3/s)

交通目标年限	进口段	出口段	合计
2027年	265	361	626

斜井送排式纵向通风系统的大型轴流式通风机的升压效果较小，往往难以与隧道所需压力($\Delta P_r - \Delta P_t + \Delta P_m$)平衡。为解决升压力不足的问题，本设计采用升压效果显著的射流风机与之组合。通过计算，确定 Q_e、V_e等值，最后得出所需风机功率，计算结果见表 10-9。

表 10-9 隧道风机功率

交通目标年限	斜井			
	射流风机/(台/kW)	轴流式通风机/kW		总功率/kW
		送风机	排风机	
2027 年	8/240	500	250	990

将上述 5 个通风方案进行技术、经济综合分析比较，见表 10-10。

表 10-10 通风方案综合分析比较

主要技术经济指标		全射流风机纵向通风	竖井集中排风通风	竖井送排式纵向通风(竖井方案一)	竖井送排式纵向通风(竖井方案二)	斜井送排式纵向通风
隧道长度/m		4582	4582	4582	4582	4582
设计交通量/(pcu/d)		3560	3560	3560	3560	3560
通风分段		1	2	2	2	2
设计风量/(m^3/s)		626	626	626	626	626
洞内最大风速/(m/s)		9.9	6.8	7.1	6.8	6.9
隧道面积/m^2		62.99	62.99	62.99	62.99	62.99
通风竖井	直径/m		7.5	7.5	7.5	
	座数		1	1	1	
	竖井井深/m		136	209	136	
通风斜井	净高/m					7.5×7
	座数					1
	斜井长度/m					420
风机房	座数		1	1	1	1
射流风机	型号	SLFJ11-1T	SLFJ11-3T	SLFJ11-3T	SLFJ11-3T	SLFJ11-3T
	功率/(台/kW)	45/58	30/30	30/8	30/8	30/8
	总功率/kW	2610	900	240	240	240

通过综合分析比较，结果表明竖井送排式纵向通风(竖井方案二)的一次性投资、维护费、运营电费相对最低，具有投资省、便于维护、经济和技术可行、有利于环保等特点，故设计选用其作为设计推荐方案。即通风竖井位置Ⅱ设在 RK56+485 m 处，进口段长 3123 m，出口段长 1459 m。

知识归纳

(1) 隧道通风设计阶段划分。

(2) 交通隧道通风设计需要的基础资料和数据。

(3) 交通隧道通风设计的一般步骤。

独立思考

10-1 隧道通风设计大致分为哪几个阶段？各阶段的主要任务是什么？

10-2 隧道通风设计需设计和了解哪些数据和基础资料？

10-3 谈谈学习隧道通风知识与土建专业的联系。

第 2 篇

隧道照明

11 隧道照明基础

课前导读

内容提要

本章先介绍光的一般概念，再重点介绍光学的基本物理量，以及影响照明效果的材料性质，为学生学习后续内容奠定基础。

能力要求

通过本章的学习，学生应了解光的本质，掌握光的度量单位及物理意义，熟悉材料的光学性质。

11.1 概 述

我国已是世界上隧道最多、发展最快的国家。截至2017年底，已建成通车的公路隧道有16229座，总长度为15285.1 km，近三年年平均增加1275座、1509.5 km。

随着我国道路交通建设的迅速发展，特别是高速公路的发展，隧道的建设规模及数量也越来越大，而隧道照明是保证隧道特别是公路隧道行车安全的重要环节。隧道的照明质量直接影响到行车安全，照明耗能在隧道运营成本中也占了很大比重，故公路隧道的照明应纳入隧道工程建设总体设计中进行周密考虑。《公路隧道照明设计细则》(JTG/T D70/2-1—2014)规定，超过1000 m的二级公路隧道和超过200 m的高速公路隧道、一级公路隧道应设置可靠的照明设施。

11.1.1 隧道中的视觉与照明问题

11.1.1.1 公路隧道存在的视觉问题

公路隧道的结构特点和白天也需要照明的特点使得隧道照明不同于普通道路照明。通常地，驾驶员白天从进入隧道直至离开隧道会遇到以下视觉问题：

① 进入隧道前的视觉问题。由于白天隧道外的亮度相对于隧道内的高很多，如果隧道足够长，驾驶员看到的是黑乎乎的一个洞，这就是“黑洞”现象，如图11-1所示。

② 进入隧道即刻会发生的视觉现象。由明亮的外部进入一个较暗的隧道，驾驶员的视觉要有一定的适应时间，因此他无法迅速地看清隧道内部的情况，这种现象称为“适应的滞后现象”。

③ 隧道内部的视觉问题。在隧道内部，由于汽车排出的废气集聚在隧道里而形成烟雾，汽车前照灯的光被这些烟雾吸收和散射而造成光幕，降低了前方障碍物与其背景(路面、墙面)之间的亮度对比度，从而降低了障碍物的能见度。

④ 隧道出口处的视觉问题。处于一个很暗的环境，突然前方出现一个很亮的出处，就会产生强烈的眩光，使驾驶员看不清路况，极易发生车祸。

图11-1 车辆由亮环境进入暗环境时的“黑洞”现象和由暗环境进入亮环境时的“白洞”现象

为了解决以上各种问题，隧道照明分为入口段照明、过渡段照明、中间段照明和出口段照明。一般隧道内部的照明水平比较低，不可能与外部相比，考虑人眼的视觉适应问题，入口段、过渡段、中间段亮度是逐渐降低的。

11.1.1.2 铁路隧道照明

对于铁路隧道来说，照明工程不仅仅是为了便于行人行走，其主要目的应是满足以下几个方面的要求：

① 保证一般工务检查要求；

② 保证施工作业照明需求，如轨面超高、轨距调整、放水堵漏等；

③ 保证安全照明需求，如检查钢轨裂纹等。

所以，在铁路隧道中，隧道照明分以下三种照明方式：

① 固定照明灯。在隧道壁限界内安装隧道灯具，光源采用 70 W 高压钠灯。按原中华人民共和国铁道部的有关规定，最低照度为 1 lx。这个照度仅能满足一般行走的视觉需要，对一些常用检查仪器（如探伤仪、道尺等）的刻度无法看清。

② 移动作业灯。在避车洞内设立移动作业灯插座箱，插座箱接于固定照明电缆或动力电系统上，移动作业灯做施工照明用，照度应达 300 lx 以上，满足一般施工作业的照明需要。

③ 超小型强光手电。该手电光通量大，内含 4V 1A・h 充电电池和充电器，光线射程可达 100 m，近距离中心照度可达 500 lx 以上，能看清钢轨上微细裂纹。

11.1.2 我国隧道照明技术历程及展望

隧道照明最早应用于铁路隧道，由于与汽车驾驶司机全凭视觉导向有很大区别，铁路隧道照明的主要作用是方便铁路养护人员在洞内养护作业及洞内发生事故时乘客的疏散；与公路隧道相比，铁路隧道对照明的要求和标准相对较低。而公路隧道的出现要晚于铁路隧道，因此最初设计的公路隧道也大多是套用或者照搬铁路隧道的设计标准，修建时对结构部分较为重视，而对关系隧道运营安全的照明问题关注不够。20 世纪 90 年代以前，国内大部分公路隧道都无照明或仅悬挂几盏路灯供行人通行照明，仅有几座隧道安装了照明设施，且其技术标准也很低。

进入 21 世纪后，我国公路隧道照明技术随着公路隧道修筑技术和运营管理水平的提升而不断发展。随着公路隧道数量不断增加，长大公路隧道及隧道群不断出现，公路交通量不断上升，公路隧道照明技术也由此逐渐得到关注和重视。近 20 年来，我国围绕公路隧道照明工程的实际问题开展技术研究，在通过隧道时的视觉理论研究、新型绿色节能电光源的应用及隧道照明智能化控制等方面取得了许多成果，有力地推动了公路隧道照明技术的进步。2000 年，我国正式发布了《公路隧道通风照明设计规范》（JTJ 026.1—1999）；2014 年，我国发布了《公路隧道照明设计细则》（JTG/T D70/2-01—2014）。

虽然我国在公路隧道照明技术研究方面有了长足的进步，但是还存在很多问题，主要表现在以下几个方面。① 专业人才缺乏。我国在培养隧道照明专业人才方面不够重视，致使隧道照明专业人才短缺，从而制约着我国隧道照明设计水平的提高和技术理论的创新。② 隧道照明基础研究相对薄弱。公路隧道照明科研主要集中在应用型研究方面，对隧道照明基础理论研究重视不够。③ 技术成果转化不力，很多公路隧道照明科研成果未得到推广应用。④ 核心技术竞争不够。国产设备在可靠性、稳定性、准确性方面与国外产品相比还有较大差距。如何加强隧道照明核心技术的研发、提高自主创新能力是今后亟待解决的主要问题。

随着自动控制、通信工程、计算机、软件工程、半导体照明等相关技术的进步与发展，我国公路隧道照明技术也必将会有新的突破。在全球“低碳经济”背景和国家“节能减排”战略导向下，公路隧道照明的发展趋势是环保节能、安全舒适的绿色照明。公路隧道照明技术研究应围绕以下方向开展：

① 建立和完善行业技术标准体系。我国已先后发布了《公路隧道通风照明设计规范》（JTJ 026.1—1999）、《公路隧道照明灯具》（JT /T 607—2004）、《公路隧道照明设计细则》（JTG/T D70/2-01—2014）等设计规范和技术标准。但这些设计规范和技术标准还不够全面，隧道 LED 灯、隧道 LED 诱导灯、洞外亮度仪、洞内照度仪、照明节能控制设备等至今尚无行业技术标准，编制公路隧道定向光照明设计指南迫在眉睫。

② 加强隧道照明基础理论研究。针对公路隧道照明设计参数开展模拟试验，围绕中间视觉等研究课题进行深入研究和探讨，以期形成具有中国特色的隧道照明基础理论研究成果。

③ 加快隧道新型照明技术的研究。开发以光纤照明为代表的新型隧道照明系统并实现成套技术产业化，研究太阳能、风能等新能源在公路隧道照明中的应用，研制色温可调的公路隧道 LED 照明系统，实现公路隧道照明关键设备国产化，形成拥有自主知识产权的核心技术，提升国产设备的竞争力。

11.2 光的本质与度量 >>>

光是研究照明的基础，照明的实质主要是光的控制与分配技术。

11.2.1 光的本质

(1) 光波及其波长

光的本质是电磁波，可见光的波长范围为 380～780 nm。波长和频率跟颜色有关，可见光中紫光频率最大、波长最短，红光则刚好相反。

光通过介质传播，传播速度为 30×10^5 km/s，波长和速度将随介质不同而改变，而频率不改变。

光具有波粒二象性(某物质同时具备波及粒子的特质)，也就是说从微观来看，光由光子组成，具有粒子性；从宏观来看，其又表现出波动性。

(2) 光谱及其分类

光源辐射的光是由许多不同波长的单色光组成，把不同强度的单色光按波长长短依次排列的序图称为光源的光谱图，简称光谱。光谱分为连续光谱和线状或带状光谱两种。连续光谱的光源对物体颜色具有较好的显视性。

(3) 光谱光视效率曲线

人的视觉光感与光的波长有关，视觉的这一特性称为光感的视觉灵敏度。光谱光视效率就是用来评价人眼的视觉灵敏度的。不同波长的光在人眼中产生光感的灵敏度不同，人眼对可见光中波长为 555 nm 的黄绿色光最为敏感、感受效率最高，波长离 555 nm 越远(如波长较长的红光和波长较短的紫光)，人眼的视觉灵敏度越低，故称 555 nm 为峰值波长，以 λ_m 表示。用来度量由辐射能引起的视觉能力的量叫作光谱光视效能，其他任意波长时的光谱光视效能与峰值波长时的光谱光视效能之比称为光谱光视效率，用 $V(\lambda)$ 表示。它随波长而变化，即：

$$V(\lambda)=\frac{K(\lambda)}{K_m} \tag{11-1}$$

式中 $K(\lambda)$——给定波长 λ 时的光谱光视效能；

$V(\lambda)$——给定波长 λ 对光的光谱光视效率；

K_m——峰值波长为 λ_m 时的最大光谱光视效能。

因此，当波长为峰值波长 λ_m 时，$V(\lambda)=1$；为其他波长时，$V(\lambda)<1$。明视觉的光谱光视效率曲线如图 11-2 所示。

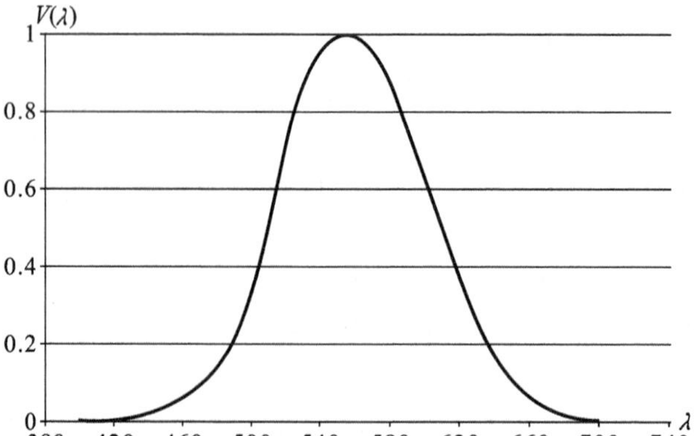

图 11-2 明视觉的光谱光视效率曲线

明视觉的光谱光视效率曲线用于决定所有光源光谱能量分布曲线代表的光通量(光通量是按照国际约定的人眼视觉特性所评价的辐射功率)。若将以人眼对同瓦数的 555 nm 与 450 nm 的光所感受的光通量作比较,前者高于后者几乎 25 倍,这是因为人眼对 450 nm 波长的光较不敏感,故而看起来较暗。对应于明视觉的光谱光视效率曲线,光源无法有效产生光谱红色及蓝色区域的光,而此二区却为优良显色性所必备的,这也就是为什么大多数光源的效率与显色性无法兼顾的缘故。例如,高压钠灯产生大量中波的光,在维持其高光效的情况下,显色性的改善十分有限。

11.2.2　光的度量

光的常见度量指标有光通量、发光强度(光强)、照度、亮度、显色性、发光效率和对比感受性等,其中最为重要的指标是光通量、发光强度、照度和亮度,这 4 个指标的关系如图 11-3 所示。下面将一一讲述这些度量指标。

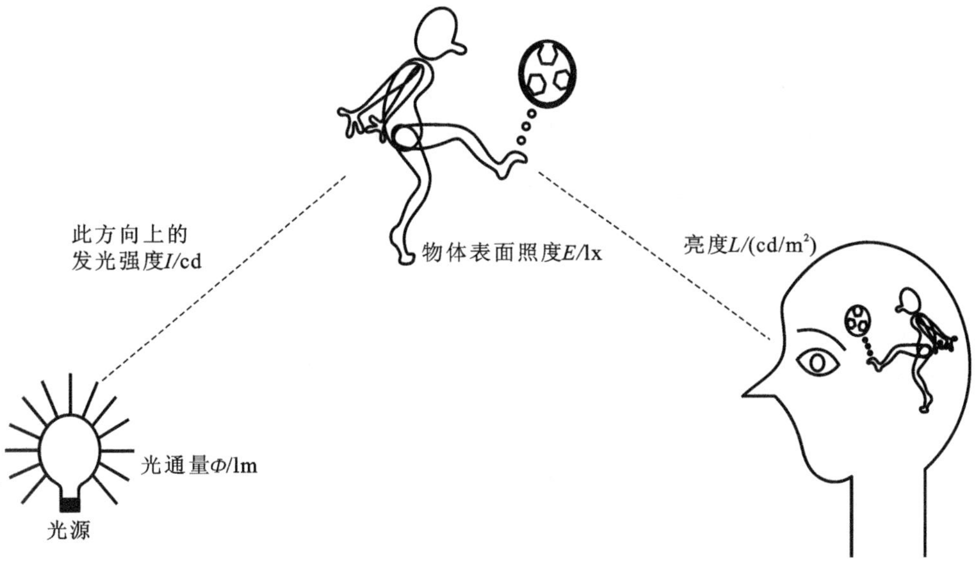

图 11-3　光通量、发光强度、照度与亮度之间的关系

(1) 光通量

光源在单位时间内向周围空间辐射出使人眼产生感觉的能量称为光通量,用符号 Φ 表示,实用单位为流明(lm),简称流。单位电功率下所发出的光通量流明数称为发光效率。

应特别指出的是,光通量是根据人眼对光的感觉来评价的。

$$\Phi = K\int_0^{\infty} \frac{\mathrm{d}\Phi(\lambda)}{\mathrm{d}\lambda} V(\lambda)\,\mathrm{d}\lambda \tag{11-2}$$

式中　K——光敏度、感光度、人眼对色彩的感知能力,取 $K=K_m=683.002$ lm/W;

λ——波长,事实上人眼只对波长位于 380～780 nm 的可见光有反应;

$V(\lambda)$——明视觉的光谱光视效率。

(2) 发光强度(光强)

光源在特定方向上单位立体角 ω 内辐射的光通量称为光源在该方向上的发光强度,简称光强。它用来描述辐射体在不同方向上光通量的分布特征,通常用符号 I 表示,单位为坎德拉(cd),简称坎。坎德拉是国际单位制的基本单位(旧称“烛光”,俗称“支光”)。

光强如图 11-4 所示。对于向各方向均匀辐射光通量的光源,各方向的光强相等,其值为:

$$I=\frac{\mathrm{d}\Phi}{\mathrm{d}\omega} \tag{11-3}$$

式中　I——光强,cd;

Φ——光源辐射的光通量,lm;

ω——立体角,或称为球面角,它等于与之对应的球面面积 S 与球半径 r 的平方的比值,即 $\omega=S/r^2$。

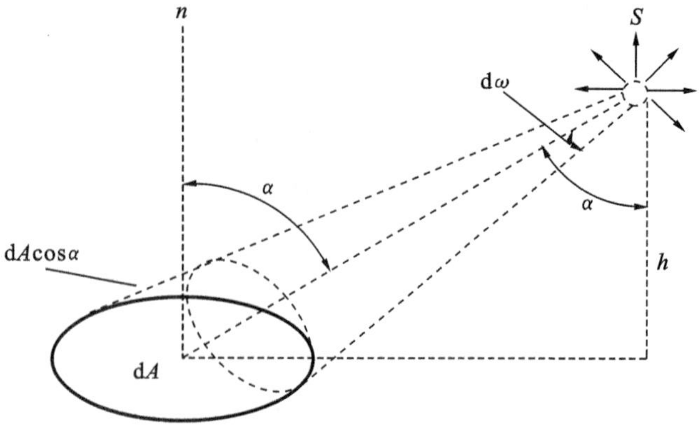

图 11-4 光强示意图

(3) 照度

当光通量投射到物体表面时,可把物体表面照亮。而物体被照亮的程度常用照度这个物理量来描述,它是指每单位面积上接收到的光通量值,符号为 E,单位为勒克斯(lx),其定义为:

$$E=\frac{\mathrm{d}\Phi}{\mathrm{d}S} \tag{11-4}$$

式中 E——照度,lx;

S——受光面积,m^2;

Φ——光源辐射的光通量,lm。

1 lx 相当于 1 m^2 被照面上接收到的光通量为 1 lm 时的照度,自然光的照度在不同光线下的情况见表 11-1。

表 11-1 一些实际情况下的(光)照度值

情况	照度值/lx	情况	照度值/lx
夜间在地面上产生的照度	3×10^{-4}	晴朗夏日采光良好的室内的照度	100~500
满月在地面上产生的照度	0.2	太阳不直接照到的露天地面的照度	$10^3\sim10^4$
工作场地必需的光照度	20~100	正午露天地面的照度	10^5

(4) 亮度

亮度是直接对人眼引起感觉的光量之一,通常把光源在某一方向上的单位投影面在单位立体角中发射的光通量称为光源在某一方向的(光)亮度,用符号 L 表示,单位为尼特(nt)。

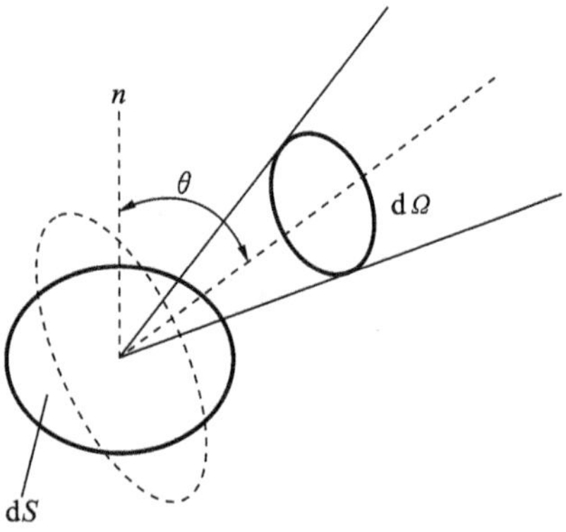

图 11-5 光亮度示意图

亮度与被视物的发光或反光面积及反光程度有关,而且物体在各个方向的亮度不一定相同,因此常在符号 L 的右下角注明角度 θ,用以表示与物体表面法线成 θ 夹角方向的亮度(图 11-5)。于是,亮度定义为:

$$L_\theta=\frac{I}{S\cos\theta} \tag{11-5}$$

式中 L_θ——发光表面沿 θ 方向的亮度,nt;

I——光强,cd;

$S\cos\theta$——发光表面的投影面积。

亮度的单位 nt 等于 1 m^2 表面积沿物体表面法线方向产生 1 cd 的发光强度(即 1 nt=1 cd/m^2),而亮度常用比 nt 大的单位熙提(sb)计量(1 sb=10000 nt)。亮度是表征发光面在不同方向上的光学特性。如晴朗无云的天空平均亮度为0.5 sb,40 W 荧光灯表面亮度为 0.7 sb,白炽灯丝的亮度为 300~500 sb,而太阳亮度则高达 20×10^5 sb。

(5) 显色性

作为照明光源,除了要求高的光效外,还希望它对颜色的还原性能较好。各色物体被光照后的颜色效果与它在标准光源下被照时一样,就说明光源的显色性好。

光源的显色性用显色指数 R_a 表示。光源的显色性由其辐射光谱决定,光谱范围越窄,显色性越差,如单一波长的单色光低压钠灯。日光包含全部可见光谱,其显色性较好。不同物体在日光下之所以呈现出不同颜色,是因为它们将不同于自身颜色波长的光全部吸收,而将与自身颜色相同波长的光反射出来,就呈现出该颜色。如果将蓝色的物体放在单一的黄色光下,由于没有蓝色光可反射,物体就会呈现黑色,这就是在低压钠灯下的颜色效果。

(6) 发光效率

① 光源发光效率。

发光效率是指一个光源所发出的光通量 Φ 与该光源所消耗的电功率 P 的比值,即单位电功率下所发出光通量的流明数(lm/W)。其表达式如下:

$$\eta=\frac{\Phi}{P} \tag{11-6}$$

式中 Φ——一个光源所发出的光通量;

P——该光源所消耗的电功率。

② 灯具效率。

灯具效率是指在规定条件下测得的灯具发射的光通量值与灯具内所有光源发出的光通量的测定值之和的比值。

(7) 对比感受性

视觉认知的基本条件是亮度对比和颜色对比。颜色对比我们在此忽略,下面仅就亮度对比这一度量进行叙述。

亮度对比是指人视野中目标物的亮度和背景亮度的差值与背景亮度的比值,一般用符号 C 表示,即:$C=(L_b-L_0)/L_b$。

人眼刚刚能够知觉的最小亮度比称为阈限对比,用符号$\overline{C}$表示。阈限对比的倒数即表示人眼的对比感受性,也称为对比灵敏度,用符号 S_C 表示,即:

$$S_C=\frac{1}{\overline{C}} \tag{11-7}$$

式中 S_C——对比感受性,为随着照明条件、观察目标的大小、观察目标呈现的时间等因素而变化的常数;

$\overline{C}$——阈限对比。

在理想条件下,视力好的人能够分辨 0.01 的亮度对比,即人的对比感受性最大可达 100。

11.3 材料的光学性质 >>>

11.3.1 材料光学性质的本质

材料的光学性质是指材料对电磁波辐射特别是对可见光的反应,主要用材料对电磁波的吸收、反射和透射特性来衡量。如当一定强度的光入射到玻璃中时,在材料的表面会发生光的反射,另外光也会透过玻璃。透过的光的强度通常小于入射光强度,这往往是由于玻璃会吸收一部分光,如图 11-6 所示。

固体材料光学性质的本质涉及电磁波与材料中原子、离子或电子的相互作用,其中最重要的两点是电子极化和电子的能量转换。当光子的能量给了电子时,光被材料吸收;当受光激发的电子回落到低能级放出光子时,光便被材料反射。

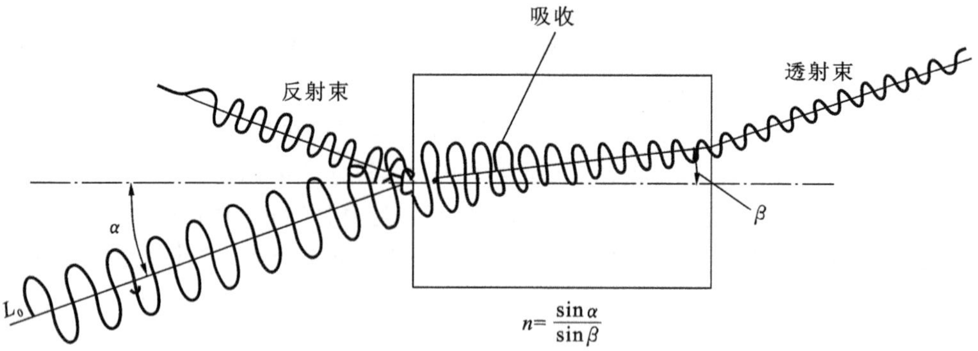

图 11-6 光的反射、透射、吸收示意图

(1) 光的反射

当光线遇到非透明物体表面时,大部分光被反射,小部分光被吸收。为了表示光的反射程度,通常用反射后的光通量与入射光通量之比 ρ 来表征物体的反射性质。ρ 称为光的反射率,也叫作反射比,表达式如下:

$$\rho=\frac{\Phi_\rho}{\Phi_i} \tag{11-8}$$

式中 Φ_ρ——反射后的光通量;

Φ_i——入射光通量。

光线在镜面和扩散面上的反射状态有以下几种:

① 定向反射。

在研磨得很光滑的镜面上,光的入射角等于反射角,反射光线总是在入射光线和法线所决定的平面内,并与入射光线分别处于法线两侧,称为反射定律。在反射角以外,人眼是看不到反射光的,这种反射称为定向反射,也称为镜面反射或规则反射。定向反射常用来控制光束的方向,灯具的反射罩就是利用这一原理制作的,但一般由比较复杂的曲面构成。

② 散反射。

如在经散射处理的铝板、经涂刷处理的金属板或毛面白漆涂层上,反射光向各个不同方向散开,但其总的方向是一致的,其光束的轴线方向仍遵循反射定律。这种光的反射称为散反射,也称为定向扩散反射。

③ 漫反射。

光线从某方向入射到粗糙表面或涂有无光泽表层(镀层)时,反射光无规则射向各个不同方向,这种光的反射称为漫反射。漫反射遵循朗伯余弦定理,即任意方向的光强与该面的法线方向的光强所成的角度的余弦成比例,而与光的入射方向无关。从反射面的各个方向看,其亮度均相同,这种光的反射称为均匀漫反射或完全漫反射。

④ 复合反射。

光线从某方向入射到瓷釉或具有高度光泽的漆层上时,其反射特性介于定向反射与漫反射(或散反射)之间。在定向反射方向上发光强度比其他方向要大得多,且有最大亮度,在其他方向上也有一定数量的反射光,但其亮度分布是不均匀的。

(2) 光的透射

当入射光在行进途中遇到的物体为无色透明体或半透明体(如玻璃、滤色片等)时,除少数光被反射外,大多数光均透过物体,这种现象称为光的透射。为了表示透明体透过光的程度,通常用透射后的光通量与入射光通量之比 τ 来表征物体的透射性质。τ 称为光的透射率,也叫作透射比,表达式如下:

$$\tau=\frac{\Phi_\tau}{\Phi_i} \tag{11-9}$$

式中 Φ_τ——透射后的光通量;

Φ_i——入射光通量。

(3) 光的吸收

光在介质中传播时,光能逐渐衰弱且转换为其他形式的能量,这种现象称为光的吸收。为了表示光的吸收程度,通常用吸收后的光通量与入射光通量之比 α 来表征物体的吸收性质。α 称为光的吸收率,也叫作吸收比,表达式如下:

$$\alpha=\frac{\Phi_\alpha}{\Phi_i} \tag{11-10}$$

式中 Φ_α——吸收后的光通量;

Φ_i——入射光通量。

11.3.2 反射比、透射比和吸收比及其关系

材料对光的反射比、透射比和吸收比之间的关系如下:

$$\rho+\alpha+\tau=1 \tag{11-11}$$

式中 ρ——反射比;

τ——透射比;

α——吸收比。

11.3.3 各种材料的光学性质

(1) 金属材料的光学性质

金属能吸收各种光,所以金属是不透明的。按理说,金属吸收了可见光的全部光子,金属应呈黑色。但实际上,我们看到铝是银白色的,纯铜是紫红色的,金子是黄色的,等等。这是因为当金属中的电子吸收了光子的能量跃迁到导带中高能级时,它们处于不稳定状态,立刻又回落到能量较低的稳定态,同时发射出与入射光子相同波长的光子束,这就是反射光。大部分金属反射光的能力都很强,反射率为 0.90~0.95。金属本身的颜色是由反射光的波长决定的。

(2) 无机非金属材料的光学性质

非金属材料的光学性质比金属材料要复杂。非金属材料对光的吸收机制有两种,一种是电子跃迁跨越禁带,还有一种是电子跃迁到禁带中的杂质能级。非金属材料中有许多是绝缘体,在价带与导带间有大的能隙。如果电子不能从光子处获得足够的能量跨过禁带进入导带,就不会产生吸收现象,光子全部穿透材料,材料就呈现出透明的特征,像玻璃、高纯度的结晶陶瓷和非晶高分子材料都是这种情况。

非金属材料中还有些是半导体。由能带理论得知半导体也存在禁带,但禁带宽度较绝缘体小,所以价带中电子容易被光子激发到导带中去,产生吸收现象。对于本征半导体,光子的能量应大于禁带宽度,这种吸收为本征吸收。对于掺杂半导体,只要光子的能量大于施主或受主能级,就会产生吸收现象。

许多非金属材料有美丽的颜色,如红宝石就是亮红色的,颜色的产生与材料的吸收特性密切相关。透明材料对光的选择性吸收使其呈现不同的颜色。如果材料在可见光范围内对各种波长光的吸收程度相同,则称为均匀吸收。在这种情况下,随着吸收程度的增加,材料颜色从灰色变为黑色。

知识归纳

(1) 光的本质与光的度量。

(2) 材料对光的吸收、透射与反射性质。

独立思考

11-1 光的本质是什么？光与辐射能之间有何关系？

11-2 人眼可见光的波长范围是多少？在这个波长范围内有哪些颜色的光？哪种颜色光的波长最长？哪种颜色光的波长最短？人眼对哪种波长的可见光最敏感？

11-3 辐射能通过介质时，它的波长、速度和频率之间有何关系？

11-4 什么是光谱光视效率曲线？

11-5 说明以下常用照明术语的定义、符号及其单位。

① 光通量；

② 发光强度；

③ 照度；

④ 亮度。

11-6 试述吸收比、反射比和透射比的定义及其关系。

11-7 光的反射有哪几种状态？请分别加以简要说明。

11-8 光的透射有哪几种状态？请分别加以简要说明。

11-9 什么是光的透射？全反射现象在什么状态下发生？

11-10 一块桌面面积为 0.6 m^2，具有均匀漫反射特性，反射比为 0.35，若要求桌面的亮度为 20 cd，试求射到该桌面上的光通量。

11-11 某直径为 0.5 m 的球形光源向四周均匀发出光，在与光轴下半轴夹角为 45°方向的光强大小为 75 cd，求该方向上光源的亮度。

12 视觉及其影响因素

课前导读

◁ 内容提要

本章从介绍人的视觉方面的知识入手，进而分析驾驶员的视觉特点及影响驾驶员视觉的因素。

◁ 能力要求

通过本章的学习，学生应了解视觉体验与视觉环境，了解驾驶员的视觉特点及影响驾驶员视觉的环境因素。

12.1 视觉与视觉环境

12.1.1 视觉体验

人们能看见周围物体的明亮、形体、颜色、动静和立体的感觉，即光觉、形觉、色觉、动觉和立体觉(看见物体的远、近、深、浅)等的综合感觉，称为视知觉。

眼睛(图 12-1)是人的视觉器官，通过眼睛的视知觉人们可以感受周围绚丽缤纷的五彩世界。人的视觉体验需要经过这样一个过程：周围环境的光线被眼睛的角膜收集和汇聚之后，光线通过眼前房(里面充满眼房液)；然后光线再通过瞳孔和虹膜上的开口，虹膜内肌肉的舒张和收缩改变瞳孔的大小，控制进入光线的数量；最后，光线通过玻璃体液投射到视网膜上；汇集在视网膜上的图像经过视神经传递到大脑，由大脑对接收的视觉信息进行分析和译码，当我们得出“看到什么”的结论时，视觉体验的过程才算完全结束。

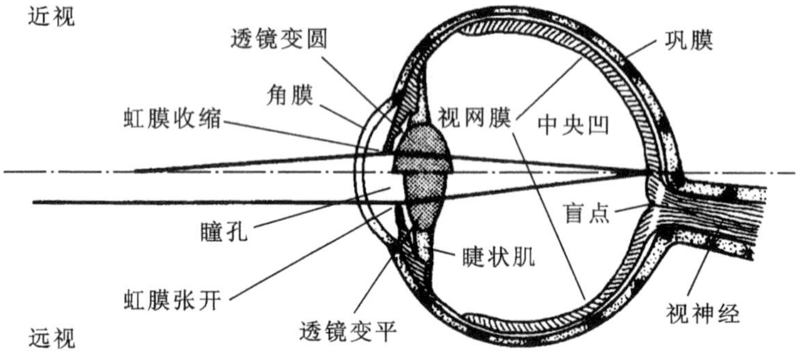

图 12-1 眼睛的解剖图

通过眼睛人们可以感受周围环境，不过即便对同样的景物，每个人得出的结论却不尽相同。因为眼睛只完成了对外部信息的收集工作，而完整的视觉体验还包括人脑对视觉信息的反应。而不同人的个体差异使得出的结论带有主观的色彩，因此视觉体验的主观性特征是客观存在的。这也告诉从事视觉和照明设计的人们，对视觉体验方面的考查应从客观和主观两方面同时进行，这样才能保证结论的真实性。

12.1.2 视觉环境

大多数人都有过这样的视觉体验：白天，当我们从明亮户外环境进入黑暗的室内环境时，感觉自己像失明了，需经过一段时间才能逐渐适应；晚上，路灯光线昏暗，远远看见一只黄色的猫停在路中间，走近一看却发现这是一只白猫。

我们常常依据光环境的亮度、色彩和对比度来判断视觉环境的特征。由此可见，没有光线或光线明暗会影响我们的视觉对周围环境特征的准确判断。

在全光谱的照明条件下，人眼对物体色彩的判断最准确。换言之，任何缺少或加强某个波段光谱的光源都会影响人眼对物体颜色的判断。人工光源中，最接近全光谱的光源是白炽灯和卤钨灯这一类的热辐射光源。钨丝灯和卤钨灯光源色表呈现黄白色，如果以自然光 100 的显色指数作为参照，显色指数高于 90。在这些光源下，物体显现出最真实的颜色。而在高压汞灯和低压钠灯下，同样的物体显现的颜色却偏暖，因为这两种光源的显色指数均低于 39。但是人的视觉系统对色彩的认知具有恒常性，即使在不同显色指数的光源下，大脑也能对视觉神经感知到的颜色进行加工，最后得出对物体本色的认知。这就是为什么在夜晚昏暗的光线下，我们仍然知道树叶是绿色的，而不是红色的。

在同样的光照条件下，影响人眼对环境中亮度的感知的因素来自两方面，一方面受到颜色物理亮度的影响，另一方面受到物体与环境之间亮度对比关系的影响。

物体表面的光滑程度、材料的质感和色彩属性等因素直接影响人眼对物体亮度的判断。例如，在同样的人工光照环境中，同样体积的两个立方体，灰色金属质感的立方体比灰色布面的立方体看起来亮很多。这是因为金属材质的反射系数高于表面颗粒较粗的布面，进入人眼的光线较多。

另外，由于受到视野中的环境亮度和物体亮度之间对比度影响，眼睛对亮度的感知有所不同。从理论上而言，当环境亮度保持为 100 cd/m^2，物体亮度与环境亮度的比值为 3∶1 时，人眼的感受性最高。例如，将同样体积、颜色和质感的立方体放置在不同照度的环境中，与 100 cd/m^2 亮度的环境相比，人眼能更迅速地从300 cd/m^2 亮度光环境中判断出立方体的特征。

当环境亮度逐渐升高时，即使物体亮度和环境亮度的比值为 3∶1，眼睛的感受性下降趋势也较迅速；如果环境亮度逐渐下降，物体亮度和环境亮度的比值仍是 3∶1，眼睛的感受性下降趋势则较缓。例如，我们暴露在高光下更容易产生眩晕，而处在昏暗环境下感觉更放松。值得注意的是，实际生活中视神经对亮度的判断存在个体差异。换言之，人眼对明暗的适应性不同，作出的判断也不同。

12.1.3 视觉对光的反应

(1) 识别阈限

能引起视觉体验的最低限度的光量称为识别阈限，此概念的产生起源于心理物理学的研究。心理物理学主要研究物理刺激及其产生的心理行为和体验的关系。

德国物理学家费希纳是心理物理学研究领域最重要的人物之一，他提出了测量物理刺激强度(用物理单位测量)和感觉体验大小(用心理单位测量)之间关系的方法。其目的是研究、确定阈限并建立感觉强度和刺激强度之间关系的心理量表。

将该科学的研究方法应用于照明研究中，就能以量化的方式解释人的视觉体验与光的度量之间的关系，就能确定人在多大的亮度范围内可以感受到光的刺激。根据视觉的绝对阈限测量试验确定人的最低觉察阈限为“在晴朗黑夜中 30 英里处看到一根燃烧的蜡烛”，同理可以确定人的视网膜能承受的最高亮度为 106 cd/m^2，超过此亮度，视网膜会受损，从而引起识别障碍。

(2) 视觉的灵敏度

人眼在可见光谱范围内的视觉灵敏度是不均匀的，它随波长的变化而变化。

可见光的波长为 380～780 nm，人眼对黄绿色的敏感度最高。在低亮度水平时，整个眼睛视觉灵敏度曲线会左移，相当于靠近较短波长，其最敏锐的高点是 507 nm 位置，这个曲线称为暗视觉灵敏度曲线；在高亮度水平时，视觉灵敏度曲线会右移，其最敏锐的高点是 555 nm 位置，如图 12-2 所示。

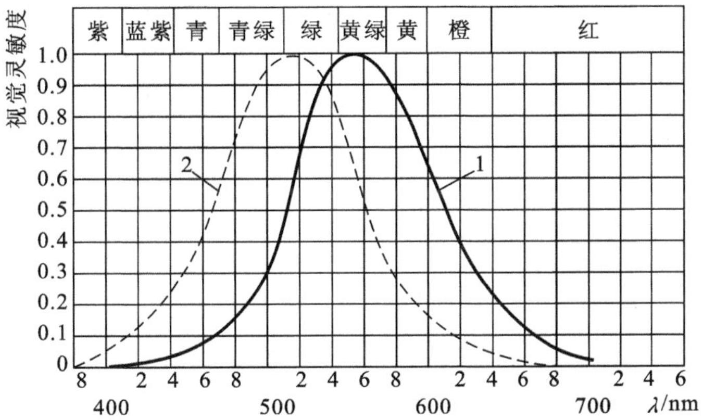

图 12-2 视觉灵敏度曲线

1—明视觉；2—暗视觉

但是人眼的视觉灵敏度除了与波长有关外，还受到光源的亮度、环境与目标物亮度的比值、体积、颜色等相关因素影响。可见，视觉的灵敏度是一个非常复杂的综合性问题。

目前，关于视觉灵敏度的研究，人们普遍接受的研究结论有：

① 室内环境的亮度与目标物亮度的比值为 1∶3 时，人眼能迅速辨别其之间的差异。

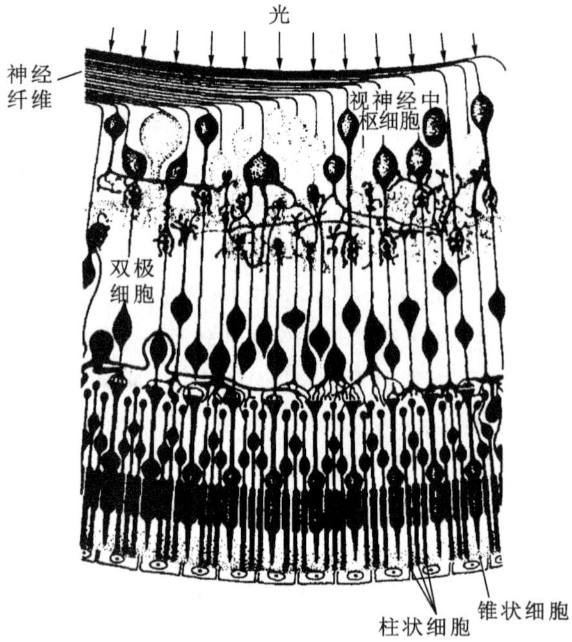

图 12-3 视网膜的剖面图

② 当目标物的亮度小于环境亮度的 1/5 时，视觉灵敏度会降低一半以上。

③ 当目标物的亮度大于环境亮度的 5 倍时，视觉灵敏度也会降低一半以上。

④ 由于室内最常用的照度范围是 500～1000 lx，因此室内普通墙面的亮度应保持为 50～100 cd/m^2。

(3) 明视觉、暗视觉

人眼的视网膜上有两种视觉细胞，即锥状细胞和柱状细胞(图 12-3)。约 700 万个锥状细胞不但可以接受色彩的刺激，还可以感受亮度的刺激。所以，在白天自然光下，人眼可以同时识别彩色与非彩色的物体。到了夜间或暗处，约 1.2 亿个柱状细胞取代锥状细胞发挥作用。此时，人眼对白色和灰色的感受力加强，对其他色相的感受力下降。

试验结果显示，当环境亮度大于 10 cd/m^2 时，完全由锥状细胞起作用，视觉最敏感的波长在蓝、绿色光波长区间中，科学家将处于这种亮度环境中的视觉特性称为明视觉；当环境亮度低于 10 cd/m^2 时，柱状细胞取代锥状细胞起作用，人眼感觉色彩的能力下降，科学家将处于这种亮度环境中的视觉特性称为暗视觉。

(4) 视觉适应

眼睛还能根据所观察的物体的远近和环境的亮暗进行调节和适应，以获得最好的视觉功能。眼睛成像用的水晶体是有弹性的，它的曲率由两边的睫状肌控制。在观察近的物体时，水晶体鼓起来；在观察远的物体时，水晶体变扁平。通过改变水晶体曲率即水晶体的焦距，目标无论远近都能很好地成像在视网膜上。眼睛的这种对远近物体调焦的过程称为调节。

人眼对环境明暗的适应有两种：一种称为明适应，是指人从黑暗环境到明亮环境时眼睛的视觉适应，这一适应过程包括瞳孔的缩小和由柱状细胞向锥状细胞的过渡；另一种是暗适应，是指人从明亮环境到黑暗环境时眼睛的视觉适应，此过程是由瞳孔的放大和由锥状细胞向柱状细胞过渡来完成的。明适应的时间较短，通常仅需数秒，2 min 已完全适应；暗适应的时间较长，完全适应的时间长达 20 min～1 h，具体视明暗环境的亮度差异而定。在照明设计时必须要考虑人眼的适应问题。

如果视场内明暗急剧变化，眼睛不能很快适应，就会造成视力下降。视力也叫作视觉敏锐度，表示人眼睛能识别到细小物体形状的程度。当眼睛能把两个非常接近的点区别开来(处于人眼达到刚能识别与不能识别的临界状态)时，这两点与人眼之间连线所构成的夹角称为视角 θ，以弧度(1/60 度)为单位。视角 θ 的倒数 $1/\theta$ 即称为视觉敏锐度(即视力)。视力随亮度的提高而提高，还与被识别物体周围的环境亮度有关。由于视场亮度急剧变化而造成的视力下降，通常可通过减缓亮度变化速度、满足视觉适应所需时间加以改善。例如，在隧道入口处需做一段明暗的过渡照明，以达到一定的视力要求；而因为明适应时间短，所以在隧道出口处的照明处理要相对简单得多。

(5) 眩光及其分类

视力与亮度有关，在一般亮度情况下，视力随亮度的增加而提高。当观察对象周围的亮度与中心亮度相等或周围亮度稍暗时视力最好。若周围比中心亮，则视力显著下降，这种现象称为眩光。其原因是由于高亮度的刺激使瞳孔缩小，角膜或晶状体等眼内组织产生的光散射在眼内形成光幕，视网膜受到强亮度的刺激使眼睛的明暗适应状态变差，甚至被破坏。眩光分为直接眩光和反射眩光两种。强亮度光源的光线直接进入眼内所引起的眩光，称为直接眩光；而通过光泽表面反射入眼内而引起的眩光，称为反射眩光。

(6) 视野

人的眼睛所能看到的区域称为视野。整个视野范围涵盖左、右共 180°(双眼重叠的区域为 120°)，中央视线往上 60°、往下 70°。最有效的视野范围在中央 30°视角内，可提供清楚的视觉影像与色彩信息；愈往视野周边信息愈不精确，主要依靠对明暗强度的反应分辨视觉线索，周边视觉仅供视者维持一般方向感与空间动态活动的察觉。

12.2 驾驶员的视觉特点和所需视觉信息

人需要借助视觉辨识、感知周围环境中物体的明亮、形体、颜色、动静和立体等，而在高速行进车辆中的驾驶员视觉较一般人视觉有其特殊性。驾驶员要能够及时判断道路状况，对道路安全隐患作出及时、正确的反应，则对其视觉有更高的要求。

12.2.1 驾驶员的作业

驾驶员的作业是很复杂的，其中和道路照明有关系的可以列举出以下 3 个方面：① 必须按既定路线执行长时间的动作；② 必须在最短的时间里作出有关超车和躲避障碍物（如位于其行进路线上的行人）的决断；③ 必须在短时间里判断出其在车流中所保持的位置，知道是否有其他车辆闯进他的环境中。

驾驶员所进行的复杂作业可以用下面的基本机动动作来说明：

① 停车（制动）；

② 调整速度；

③ 调整横向位置。

不同的机动动作不是都需要相同的执行空间，其中“停车”需要最大空间（包括运行距离和时间）。要确保驾驶员能够在障碍物前停车，就必须能够在很远距离以外发现障碍物。这一距离称为视距，它至少必须等于制动距离，其中包括观察和反应时间（包括驾驶员的反应、应用制动器、建立起减速的时间）所对应的距离和实际的制动行驶距离。速度越大，需要的视距越大。这就说明，要使驾驶员能够安全停车就得在视距或视距外能够准确、及时地获得有无障碍物的视觉信息。

综上所述，为了使驾驶员能够安全、迅速和舒适地行驶就必须为驾驶员创造一个良好的视觉条件，使他在视距以外能获得一系列的视觉信息，如：

① 道路上有无障碍物或行人，以及它们位于何处的信息。

② 道路宽度、线形和构造。

③ 道路上是否存在特殊场所（交叉路口等）及其所在位置信息。

④ 路面的状况如何、有无缺陷损伤，以及它们位于何处的信息。

⑤ 是否有同时使用该道路的其他车辆以及它们的种类和运行速度的信息。

⑥ 道路外围设施状况（如道路标志等）。

12.2.2 驾驶员的视野

在道路上高速行进的驾驶员的视野范围与一般行人的视野范围是不同的，车辆行进速度越快，驾驶员的视野会变得越狭窄。因为在高速行驶的状况下，驾驶员眼睛越专心注视前方，视野随着速度增加而变得越窄，从而导致移动中的周围事物无法深刻地经由眼睛进入到大脑中作判断，只能看清楚焦点附近的物体，这就叫作动体视野。汽车行进速度与视野角度的关系如表 12-1 所示。

表 12-1 汽车行进速度与视野角度的关系

行进速度/(km/h)	视野角度/(°)
0（静止时）	200
40	100
70	65
100	40

12.2.3 驾驶员的注视范围

国际照明委员会(CIE)建议，驾驶员观察路面的视点高度为 1.5 m、视角为 1°时，其注视范围为 60～160 m，如图 12-4 所示。

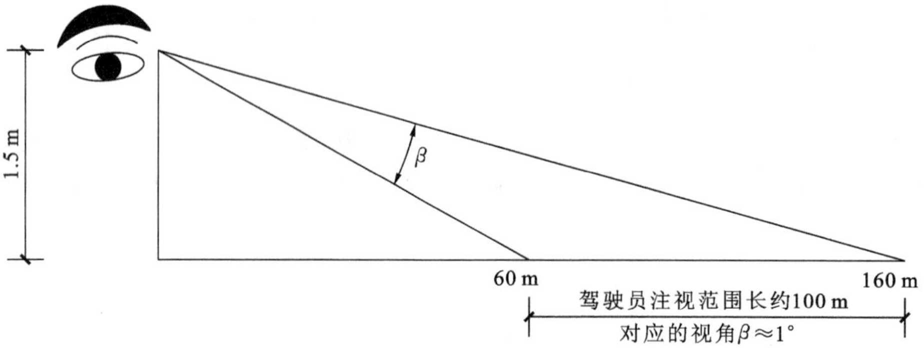

图 12-4 驾驶员的注视范围示意图

12.2.4 驾驶员视看条件的影响因素

影响驾驶员视看条件的因素有：

① 路面平均亮度，对隧道来说还有作为背景的墙面亮度；

② 路面亮度的均匀度；

③ 物体的亮度；

④ 物体与背景的亮度对比；

⑤ 观察物体的有效时间；

⑥ 眩光程度。

此外，其还与物体的形状、轮廓的清晰度、在视野中的位置，以及是否出现在预留的位置上，或是突然出现在非预留位置上等有关。视觉是以生理量度量的，受观察者的精神、视力、身体状况的影响，还受气象(如雾等)和空气混浊程度的影响。

12.2.5 影响驾驶员视觉的因素

(1) 适宜的亮度

适宜的亮度是物体在人视网膜上成像引起视觉的基本条件。物体表面亮度越大，视网膜上像的照度就越高，就看得越清楚。视觉与亮度的对数成正比，通过试验可知，人眼可以感觉到亮度为 $1/\pi\times10^{-5}$ cd/m^2 的物体，该亮度值称为最低亮度阈。当亮度为 $1/\pi\times10^{4}$ cd/m^{2}时，人眼识别物体的灵敏度最高，超过此值后，灵敏度开始降低；亮度超过 $1/\pi\times10^{5}$ cd/m^{2}时，视力则极度下降，甚至会引起视觉损伤，该值称为视觉上限。这种刺眼的视觉状况称为眩光。

亮度(L_θ)是一个具有方向性的物理量，当人眼从不同的方向观察同一对象(或背景)时，能感觉到对象(或背景)的亮暗程度是不相同的。决定对象(或背景)亮暗程度的并不是对象(或背景)在发光向上的发光强度，而是垂直于视线方向上的单位投影面积($dA\cos\theta$)的发光强度(I_θ)。

被观察的表面在不同入射光线照射下，对象(或背景)亮暗程度随观察方向而变化的特性称为亮度特性。它反映了对象(或背景)的反射光在空间的分布情况。如前所述，当被观察的表面的反射光亮度与入射光的方向和观察方向均无关时，称这种表面为均匀漫反射面。严格地讲，均匀漫反射面是很少的，但是粗糙的无光泽的表面可以近似地看作均匀漫反射面。在隧道照明中，光线投射到粗颗粒路面材料上时，其表面可看作漫反射面；投射到具有光泽的墙面材料上时，可观察到定向漫反射。实际上，没有 100%的反光材料，任何表面上的反射亮度在数值上永远小于投射到同一表面上的照度。路面和墙面是隧道中的背景，改善路面和墙面的反射率在照明效果上是非常有益的。

(2) 对象的大小

"对象"的定义就是能够看到的物体或物体的一部分。能否看清对象，除了依赖于照明条件外，还取决于对象的大小。由日常经验可知，当观察距离很近时，对象的外形轮廓及细部都是清晰的；但是随着观察距离的增大，观察的对象就会逐渐变得模糊不清，并且失去楞角，产生显著的变形。

(3) 对象和背景的亮度对比

在观察方向上，若对象的表面亮度为 L_0，背景亮度为 L_b，则对象与背景的亮度对比值 C 可用下式表示。

$$C=\frac{L_b-L_0}{L_b} \tag{12-1}$$

C 值表示对象与背景亮度差别的大小，C 值越大，对象可以被识别得越清楚。C 值小到某值以下时就不能识别对象了，人眼开始不能分辨对象与背景的亮度对比值称为亮度对比阈，以 ε 表示。当 $L_b>L_0$ 时，C 为正值，称为正对比度；$L_b<L_0$ 时，C 为负值，称为负对比度。对比度无论为正还是为负，效果都是相同的。但是识别对象时，必须满足 $|C|>\varepsilon$。亮度对比值是决定对象可见性的主要因素。试验(静态条件下)可得亮度对比阈的倒数与背景亮度之间的关系，如图 12-5 所示。

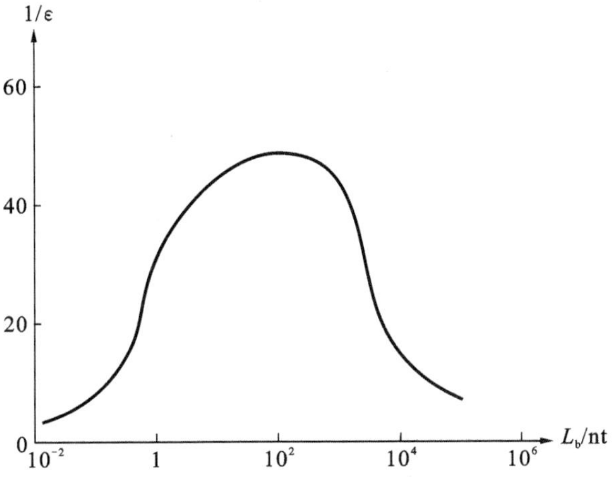

图 12-5 亮度对比阈的倒数与背景亮度之间的关系

当背景亮度 L_b 在 $10\sim10^4$ nt 这样大的范围内变化时，亮度对比阈接近一个常数(约 0.02)，并且与对象的视角和形状有关。对象的视角越大，对应的亮度对比阈就越小，但是当视角 $\alpha>30°$ 时，其近似为一常数。无论视角再怎样增大，ε 值也不再减小。对于正常人的眼睛，该值约为 0.02。换句话说，亮度对比值越小，对应的视角阈就越大。但是当亮度对比值的绝对值 $|C|\ll0.02$ 时，对象的视角阈趋于无穷大，即无论怎样增大对象的视角，都无法满足可见性的要求。另外，在同样的视角条件下，线状对象的亮度对比阈要比非线状对象小得多。换句话说，在亮度对比值相同时，线状对象的视角要比非线状对象小得多。

第 11 章提到，人眼刚刚能够知觉的最小亮度比称为阈限对比，符号为 $\overline{C}$。阈限对比的倒数，即表示人眼的对比感受性，也称为对比灵敏度，符号为 S_C。

S_C 显然不是一个固定不变的常数，它与照明条件、观察目标的大小及呈现的时间等因素有关。对比感受性与背景亮度的关系如图 12-6 所示。

由图 12-6 中可以看出，S_C 随 L_b 增大而上升，在 L_b 达到 100 nt 以后即接近最大值，之后，尽管 L_b 在绝对数值上仍有比较大的增加，但 S_C 已无大的上升空间。相反地，当 $L_b>1000$ nt 以后，S_C 反而有所下降，这主要是由于背景亮度过大而产生眩光的缘故。

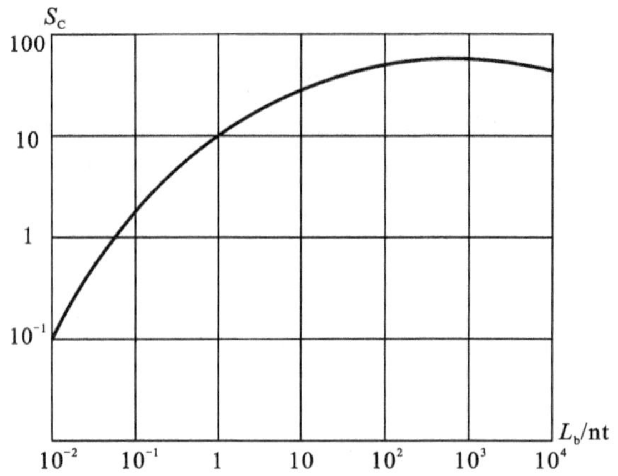

图 12-6 对比感受性与背景亮度关系图

(4) 颜色对比的影响

人的眼睛所观察到的世界，暗视觉时色调是灰色的；只有在亮度达到适当值，明视觉发挥作用之后，世界才不仅仅是灰色的，而是五彩缤纷的。所以在大多数情况下，对象与背景之间不会单纯地存在亮度对比，而是还伴随着颜色对比，即存在着颜色上的差别。

颜色可以分为彩色和非彩色两大类。非彩色是指由白色、浅灰、中灰、深灰，直到黑色，称为白黑系列；彩色是指除黑白系列以外的各种颜色。颜色是各种波长不同的可见光在人眼中产生的感觉。例如，波长为580～595 nm的是黄色，480～550 nm 的是绿色，620～760 nm 的是红色等单色光。但通常各种对象和背景反射到人眼中的光线都是各种波长光的组合，有些颜色是由各种单色光所引起的综合感觉，但是人眼不能一一区分光谱的组成。例如，波长为 700 nm 的红光和 540 nm 的绿光按一定比例混合在一起，引起人眼的感觉与波长为 580 nm 的黄光一样。

亮度对比是识别对象的主要因素，颜色对比则为其辅助因素。实际观察表明，一个亮度与背景亮度相同、仅存在颜色对比的斑点，人只能在距离很近时才能把它和背景区分开，而在很远的距离上它就和背景发生混色现象而融合到一起了。当它和背景既存在颜色对比又存在亮度对比时，混色现象就难以发生，并且与亮度对比相同的黑色斑点的视角阈几乎相等。另外，在彩色斑驳的背景上，人眼的视角阈将要加大，这主要是由背景亮度不均匀造成的。颜色的作用是非常重要的。在道路照明中，“光斑效应”不仅影响到驾驶员视觉的舒适性，更重要的是影响其识别对象的能力。从这个观点上看，隧道内不能有斑驳状图案及“光斑”，即使在露天道路上的交叉口、弯道上也不应当有斑驳状图案，以免导致交通事故。另外，设置的道路标志图案，只有颜色差别是不够的，更重要的是亮度对比。

(5) 环境亮度的影响

照明的目的是为对象及其所在环境或对象的背景照明。这里主要有两个问题，一是光过分地集中在车行道上，驾驶员的眼睛就会变得只能适应这个亮度水平，从而减弱了对较暗区域的观察能力；二是观察对象时需要有背景衬托，如果背景没有足够的照明，对象将缺乏立体感，因而变得难以被发现。前者可选择合适的照明器，使道路外延约 5 m 处的照明水平不低于其毗邻的车道内 5 m 处亮度值的 50%。在隧道内不存在外延，但应加强墙面的照明，提高墙面材料的反射系数。

对背景亮度的要求是足以识别背景。隧道内的背景主要是路面和墙面，顶棚也可以是背景。从这个角度上讲，顶棚应该是浅颜色的，但是顶棚很容易脏，所以清洗工作量较大，有一定的困难。足够亮的背景才能衬托出对象的轮廓和相对位置，使驾驶员作出准确的判断，保证行车安全。

(6) 空气对能见度的影响

① 空气对光通量的衰减作用和光幕。

发光(或反光)物体的光通量，必须经过空气才能到达人的眼睛。其在传播的过程中必然受到两种作用：一种是吸收作用，即空气把其中一部分光通量转换成其他形式的能量；另一种是散射作用，即空气使其中另一部分光通量偏离了原来的传播方向，散向任意方向。空气的散射是造成定向传播的光通量衰减的最主要原因。空气不仅会把来自对象的光通量散射出去，使对象的亮度降低，还会把日光散射到观察方向上来，使对象与观察者之间形成一层明亮的光幕，使对象的亮度得到增强。如果空气透明度很大，以明亮光幕为背景的远处的山，会因光幕作用而变得明亮起来。

由于在隧道洞口，汽车排出的烟无法消散而涌出洞口形成烟雾。如果烟雾很多，在阳光照射下产生光幕，亮度对比就下降很大，势必影响到障碍物的可见性。为消除这种影响，有的隧道在入口上方设置了排烟通道，使大部分烟雾不再涌向洞口，而由通道排出。

② 空气的散射作用。

散射是指空气组成成分把原来向一个方向传播的光变成向各个方向传播，使原来光线减弱的现象。空气中不同的组成成分对不同波长光线的散射作用不同，可以分为以下两种情况：

a. 分子散射。

它的散射源是气体分子，其尺寸比可见光的波长小得多。这种散射的特点是散射光的强度与波长的四次方成反比。所以，波长越短的光线，受到的散射效应就越强，而长波长的光线则不易被散射。

b. 悬浮粒子的散射。

悬浮于空气中的各种固态和液态微粒如烟、雾、尘埃等，是形成悬浮粒子的散射源。这些散射粒子的大小很不规则，其半径分布在 10～100 μm 这样广阔的范围内。它们对各种波长的光线的散射作用因微粒大小不同而不同，当散射粒子的半径比可见光波长小得多时，其散射作用与分子散射相同；当散射粒子的半径与可见光波长相近时，其散射作用为最大；当散射粒子的半径比可见光波长大得多时，其散射作用与波长无关，此时散射光谱与入射光谱相同，称为漫射。

雾粒子半径通常大于 3～5 μm，所以它对可见光的散射无选择性。雾越大，散射性就越强，雾的颜色就越白，也就越不透明。由于雾粒子的影响，一部分光向驾驶员方向散射，使其可以看到雾中出现的光幕。要通过光幕看到观察对象，驾驶员要经过相当的努力才能做到，如果驾驶员在雾中打开前大灯，会出现“白壁现象”。

空气中的悬浮粒子越少、越小，其对可见光的散射作用与波长的关系就越大，成为有选择性的散射。对于下层空气分子来讲，主要是波长较短的蓝色光被散射出来。由于这种有选择性的散射作用，来自对象（或背景）的不同波长的光线将受到不同程度的散射。另外，在对象（或背景）与观察者之间的气幕主要是短波散射光幕。这样对象（或背景）既会改变亮度，又会改变颜色，最终与蓝色气幕相融合。由此可见，亮度对比是决定对象可见性的主要因素，颜色对比是次要的。

（7）透过率

在公路隧道内的空气中，或多或少地存在着污染物质，如汽车卷起的尘埃、柴油车引擎产生的煤烟、氮氧化物所构成的烟雾、水蒸气及其凝结而成的雾等，其中最主要的是尘埃和煤烟。

光通过污染空气时，入射光通量中的一部分被吸收，一部分被散射，其余部分得以通过。这三部分之和等于入射光通量，并分别把这三部分光通量和入射光通量之比称为吸收系数(α)、反光系数(ρ)和透光系数(τ)。由第 11 章可知，$\rho+\tau+\alpha=1$，所以 τ 是小于 1 的系数。在公路隧道中，为了描述光透过空气的能力，用 τ_{100} 表示光通过 100 m 空气的透过率，则：

$$\tau_{100}=\frac{E}{E_0} \tag{12-2}$$

式中 E——某一光源所发出的光照度；

E_0——该光源通过 100 m 的污浊空气和清洁空气后的照度。

行驶速度不同时，对 τ_{100} 有不同的要求。国际道路会议常设协会（PIARC）提出：$v=80$ km/h 时，$\tau_{100}=0.6$；$v=60$ km/h 时，$\tau_{100}=0.48$；$v=40$ km/h 时，$\tau_{100}=0.4$。

同时指出 $\tau_{100}<0.3$ 是不允许的。有的国家，如日本把 $\tau_{100}=0.5$ 作为国家标准。由于烟雾的深度不同，因此同一光源的透过率不同。烟雾浓度相同时，不同类型光源的效果不同，其视距也不同，如钠灯视距为 80 m，荧光灯视距为 45 m。

(8) 观察时间的长短

观察尺寸大的物体只需很短的时间，在驾驶员眼睛不停地注视视野内的物体时，发现视野内的障碍物的时间不小于0.1～0.2 s。同一物体，照度越高(背景亮度越大)，识别时间越短。对处于运动状态的驾驶员来说，辨别障碍物的时间受到限制。驾驶员从发现障碍物直到进行判断和作出制动的反作用时间总共只有0.5 s，是相当短的，所以应该保证足够的照度。识别时间还受视觉适应的影响，不论是暗适应还是明适应，识别时间都会受到影响。急剧和频繁的视觉适应会增加眼睛的疲劳，使视力迅速下降。忽明忽暗的路面、墙面的亮度改变是应该受到限制的，此即为后面将要讨论到的均匀度问题。

知识归纳

(1) 人的视觉及与其相关的视觉体验，如明视觉、暗视觉、视觉适应等。

(2) 驾驶员在驾车行进中的视觉特点。

(3) 影响驾驶员视觉的因素。

独立思考

12-1 人体视网膜上有哪两种视细胞？它们对光的感觉有何区别？

12-2 什么是暗适应？什么是明适应？明适应和暗适应有何区别？

12-3 在汽车进入并通过隧道过程中，驾驶员的视觉会出现哪些问题？

12-4 影响驾驶员视觉的主要因素有哪些？

12-5 说明下列术语的含义。

① 亮度对比；

② 对比灵敏度。

12-6 说明颜色的三个特性。

12-7 光源的显色指数的含义是什么？通常情况下显色指数应选多少？

12-8 什么是视觉阈限？人的视觉绝对亮度阈限是多少？

12-9 人的视觉阈限与哪些因素有关？它们是如何影响视觉阈限的？

13

隧道照明质量

课前导读

▽ 内容提要

本章讲述隧道照明质量的影响因素，主要包括隧道路面平均亮度、路面亮度均匀度、隧道照明功率密度等，此外还介绍眩光评价和诱导性两个重要的问题。

▽ 能力要求

通过本章的学习，学生应掌握隧道照明质量标准和要求。

眼睛之所以能看见物体，是因为物体表面的反射光线进入眼睛。进入眼睛的光线越多，就感觉物体越亮。因此，人们对于路面的认识不仅与路面的照度有关，还与路面的表面特性有关。例如，相同的道路使用相同的照明设施，人们在晴天和雨天看到的路面情况是不同的。雨大时看到的路面更亮，原因是积在路面的水像一面镜子，改变了路面的反射特性，使人对路面的感觉不同了。

对道路照明质量的评价主要是从视功能和视功能舒适两方面考虑的。视功能方面指标包括平均亮度、亮度总均匀度、失能眩光；视功能舒适方面指标包括平均亮度、亮度纵向均匀度、不舒适眩光。下面将一一进行介绍。

13.1 路面平均亮度

在道路上行驶时，驾驶员观察路面障碍物的背景主要是驾驶员前方的路面，而道路照明设施提供的照明是比较低的。人眼处于中介视觉状态，对颜色的察觉能力是较差的，此时辨别物体不是通过两者之间的颜色对比来实现的，而是依靠物体与背景之间的亮度对比。因此，障碍物本身的表面和路面之间至少要有一定的、最低限度的亮度差（对比）才能使人察觉到障碍物。其所需的对比值取决于视角及观察者视场中的亮度分布，后者决定观察者眼睛的适应条件。视角越大（当观察者至障碍物的距离不变时，障碍物越大），路面亮度越高，则眼睛的对比灵敏度越高，觉察障碍物的机会也就越大。因此，提高路面平均亮度（或照度）值将有利于提高驾驶员觉察（障碍物）的可靠性。平均亮度水平也直接影响驾驶员的视觉舒适程度，平均亮度越高（但需保持在产生眩光的亮度水平以下），驾驶员就越舒适。

平均亮度不仅影响物体与背景之间的对比度，还会影响人视觉的对比灵敏度。为了研究平均亮度对视觉功能的影响，提出了显示能力（RP）的概念，即显示能力（RP）是指能够看到路面上设定的障碍物的概率。

图 13-1 所示为平均亮度（$\overline{L}$）与显示能力（RP）之间的关系，此图的前提条件是道路的亮度总均匀度为 0.4，阈值增量为 7%。从此图中可以看出，当路面的平均亮度为 0.6 cd · m^{-2}时，显示能力（RP）只有 10%；当路面的平均亮度为 2 cd · m^{-2}时，显示能力（RP）高达 80%。

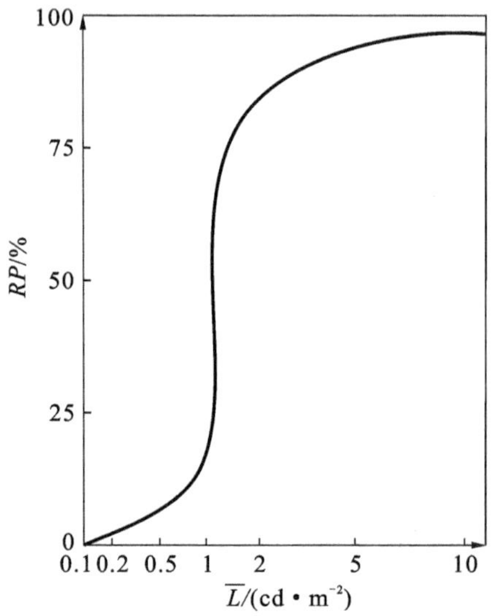

图 13-1 平均亮度（$\overline{L}$）与显示能力（RP）之间的关系

13.2 路面亮度均匀度 >>>

保证亮度均匀度是为了给驾驶员提供良好的能见度和视觉上的舒适性。干燥路面和湿路面的路面亮度有很大变化，均匀度相应也有很大变化。严格的均匀度要求，一般限于干燥路面和路面平均亮度较低的情况。

良好的视功能不仅要求有一个较好的平均亮度，还要求路面上的平均亮度与最小亮度之间不能相差太大。如果视场中的亮度相差太大的话，亮的部分会形成一个眩光源，从而影响视觉。

路面亮度均匀度包括亮度总均匀度和亮度纵向均匀度两方面。

(1) 亮度总均匀度

道路照明设施即使能为路面提供良好的平均亮度，也可能在路面上某些区域产生很低的亮度，因而在这些区域里对比值低、阈值对比高。同时，视场中较大的亮度差会导致眼睛的对比灵敏度下降和引起瞬时适应问题，以致驾驶员的视看能力下降，使其不易觉察出在这些较暗区域里的障碍物。因此，为了保证驾驶员对路面上各个区域都有足够的视看能力，使路面上各个区域里的各点都有足够觉察率，就需要确定路面上最小亮度和平均亮度之间的允许差值，因此引导出了影响觉察可靠性的一个评价指标——亮度总均匀度。它的定义为路面上最小亮度和平均亮度之比，即

$$U_0=\frac{L_{min}}{L_{av}} \tag{13-1}$$

式中 U_0——亮度总均匀度；

L_{min}——路面上的最小亮度值；

L_{av}——路面上的平均亮度值。

不同的亮度总均匀度对显示能力(RP)也有很大的影响，图 13-2 所示为对总亮度均匀度与显示能力(RP)关系的研究结果，图中试验道路的阈值增量 TI 为 7%。从图中可以看出，在相同的路面平均亮度情况下，道路的总亮度均匀度越大，显示能力(RP)越大。如平均亮度同样为 2 $cd \cdot m^{-2}$，当亮度总均匀度为 0.2 时，显示能力(RP)只有 55%；而亮度总均匀度增大到 0.4 时，显示能力(RP)也上升到 80%。因此，道路照明不仅要满足一定的路面平均亮度要求，还要满足一定的均匀度要求。

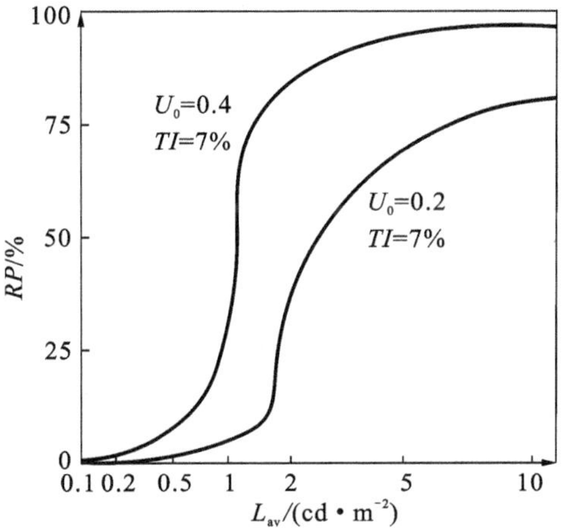

图 13-2 亮度总均匀度(U_0)与显示能力(RP)之间的关系

(2) 亮度纵向均匀度

当驾驶员在路面上行驶时，一般情况下总是沿着某一条车道行驶，而在驾驶员前方路面上反复相间出现的亮暗区对驾驶员的干扰(即所谓的"斑纹"效应)很大。因此，为了减少这种干扰，就必须限制沿车道中

心线上最亮区和最暗区的亮度差，以提高驾驶员的视觉舒适感，因此导出了影响驾驶员视觉舒适感的另一个评价指标——亮度纵向均匀度。它的定义为路面上通过观察者位置并且平行于路轴的直线上（即车道中心线上）最小亮度和最大亮度之比，即

$$U_L = \frac{L_{min}}{L_{max}} \tag{13-2}$$

式中 U_L——亮度纵向均匀度；

L_{min}——车道中心线上的最小亮度；

L_{max}——车道中心线上的最大亮度。

注：一条道路有 N 条车道就对应有 N 个 U_L 值（评价时用其中的最小值）。

表 13-1 与表 13-2 给出了公路隧道照明设计对路面亮度总均匀度（U_0）和路面亮度纵向均匀度（U_L）的要求。

表 13-1 **路面亮度总均匀度（U_0）**

设计小时交通量/[veh/(h·ln)]		U_0
单向交通	双向交通	
≥1200	≥650	0.4
≤350	≤180	0.3

注：当交通量为其中间值时，按线形内插取值。

表 13-2 **路面亮度纵向均匀度（U_L）**

设计小时交通量/[veh/(h·ln)]		U_L
单向交通	双向交通	
≥1200	≥650	0.6
≤350	≤180	0.5

注：当交通量为其中间值时，按线形内插取值。

13.3 眩 光 >>>

眩光影响视觉功效，并刺激眼睛而造成不适，造成眼睛疲劳及观察力的损失。直接眩光由于光源或灯具发出过度的光线直射入眼，通常自垂直面 45°～85°区域为人眼的直接眩光区，如图 13-3 所示；间接眩光或反射眩光通常是由于光滑平整的表面对入射光线的镜反射或半镜反射，如深色大理石台面映现灯具反射的光点。眩光的产生通常为眩光源亮度、位置、大小、数量及与背景亮度对比共同作用的结果。

眩光的形成是出于视场有极高的亮度或亮度对比存在，而使视功能下降或使眼睛感到不舒适，极亮的部分就形成眩光源。道路使用者在观察障碍物的时候，由于眩光源的存在，其在眼睛中的一部分散射光线产生视感，就好像在视场中蒙上了一层光幕，从而使人对障碍物的辨认能力下降。

眩光是一项十分重要的评价指标，分为失能眩光（生理眩光）和不舒适眩光（心理眩光）两类。

(1) 失能眩光（生理眩光）

失能眩光损害人视看物体的能力，直接影响驾驶员觉察障碍物的可靠性，影响行车安全。

眩光导致人视觉能力的损失，是由光在眼睛里发生散射而造成的。没有眩光时，直接视场里景物的清晰图像聚焦在眼睛的视网膜上，引起的视感觉与景物的亮度成正比；有眩光时，眩光源的光线在眼睛里不能聚焦而发生散射，在视网膜方向上的散射会起到光幕作用并叠加在清晰的图像上。这层光幕可以认为有一等效亮度，其强度与视网膜方向的散射程度成正比，那么人所感受到的亮度就是障碍物的亮度和光幕亮度的总和，即视感总亮度＝景物亮度＋等效光幕亮度。

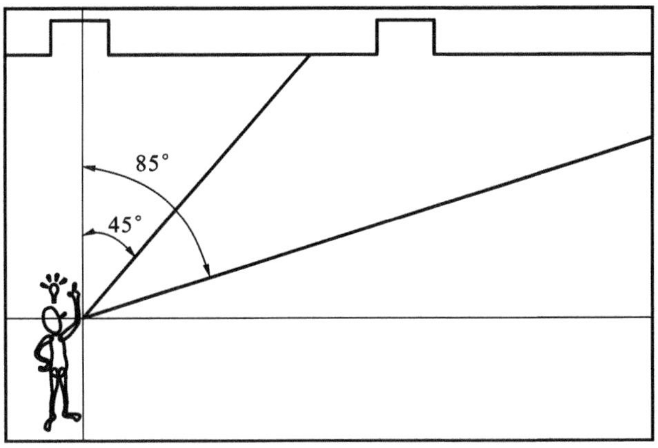

图 13-3 直接眩光区

研究发现，等效光幕亮度取决于眩光源在眼睛上产生的照度(E_{eye})及观察方向和从眩光源来的光线入射方向之间的角度(θ)。

通常情况下，道路照明中路面亮度为 0.05～5 cd·m^{-2}，θ 一般为 1.5°～60°(对驾驶员而言是 20°)，等效光幕亮度可以用以下经验公式计算：

$$L_v = K\frac{E_{eye}}{\theta^2} \tag{13-3}$$

式中 L_v——等效光幕亮度，cd/m^2；

θ——视线和从眩光源来的光线入射方向之间的角度；

K——比例常数，当 θ 以度为单位时，$K=10$，当 θ 以弧度为单位时，$K=3\times10^{-3}$；

E_{eye}——眩光源在观察者眼睛上[在垂直于视线(不完全水平)平面上]产生的照度，lx。

在实际应用中，视场中往往出现多个眩光源，这时总的等效光幕亮度等于各个眩光源产生的等效光幕亮度的叠加，即

$$L_v = \sum_{i=1}^{n} L_{vi} \tag{13-4}$$

把等效光幕亮度加在背景亮度和目标亮度两者之上后，一方面，由于背景亮度增加而引起阈限对比减小，则对比灵敏度增高；另一方面，实际对比灵敏度又减小了。然而，对比灵敏度增高的正效应不足以补偿实际对比减小的损失。这意味着没有眩光时一个刚刚可以看见的物体，在有眩光时就看不见了，除非增加实际对比，也称为阈值增量。其定义为在眩光条件下能刚好看见物体所需增加的额外对比值除以有效对比值，它是一个百分比。

国际照明委员会(CIE)采用了相对阈值增量(TI)来说明由眩光造成人视功能的下降，即失能眩光的衡量。

当道路照明中路面亮度为 0.05～5 cd·m^{-2}时，相对阈值增量可用式(13-5)计算：

$$TI = 65\frac{L_v}{L_{av}^{0.8}} \tag{13-5}$$

式中 TI——相对阈值增量，%；

L_v——等效光幕亮度，cd·m^{-2}，假定观察者总是以与水平线成 1°夹角注视与路轴平行的正前方(即一直注视着前方 90 m 路面上的一点)；

L_{av}——路面上的平均亮度，cd·m^{-2}。

(2) 不舒适眩光(心理眩光)

不舒适眩光引起人不舒适感觉和视觉疲劳，影响驾驶员的舒适度，平时往往不予以足够的重视，即便有也只是定性的评价。实际上不舒适眩光是可以通过计算来定量分析的[尤其是《公路隧道照明设计细则》(JTG/T D70/2-01—2014)已经提出了具体的数值要求]。

图 13-4 所示为相对阈值增量(TI)与显示能力(RP)之间关系的研究结果，研究是在保持道路的亮度总

均匀度为0.4不变的条件下改变眩光，观察在不同平均亮度下显示能力(RP)的变化。从图中可看出，当平均亮度为2 cd·m^{-2}时，TI为30%，即眩光较大，显示能力(RP)为65%；当TI为7%时，显示能力(RP)可达80%。因此，相对阈值增量在道路照明质量衡量中是一个很重要的指标。

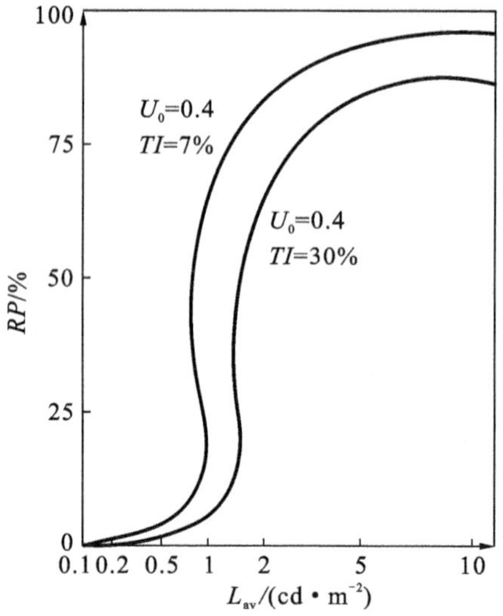

图13-4 相对阈值增量(TI)与显示能力(RP)之间的关系

国际照明委员会(CIE)在“道路照明国际推荐方案”中提出了对不舒适眩光的评价方法——眩光控制等级G。实践证明，视觉不舒适的程度依赖于所使用的道路照明器的性质和设施布置设计，因此眩光控制等级G也就与这些因素有关。表13-3所示为眩光控制等级G和主观评价的对应关系。此表将非常概念化的数字(眩光控制等级G)与人的感受相联系，使人更容易理解。

表13-3 **眩光控制等级G和主观评价的关系**

G	眩光	主观评价
1	无法忍受的眩光	感觉很坏
3	有干扰的眩光	感觉心烦
5	刚好容许的眩光	可以接受
7	能令人满意的眩光	感觉好
9	几乎感觉不到的眩光	感觉非常好

眩光控制等级G可以用来度量驾驶员感受到的不舒适眩光，其主要取决于特定灯具指数和道路照明设施的特性。眩光控制等级G可以用以下经验公式计算：

$$G=13.84-3.31\lg I_{80}+1.3\left(\lg\frac{I_{80}}{I_{88}}\right)^{1/2}-0.08\lg\frac{I_{80}}{I_{88}}+1.2\lg F+0.97\lg L_{av}+4.41\lg h-1.46\lg P+c \tag{13-6}$$

式中 I_{80}，I_{88}——灯具在与路轴平行的平面内，与向下垂轴形成80°、88°夹角方向上的光强值，cd，该值可以通过灯具的光强表查得，适用范围为50 cd≤I_{80}≤7000 cd，1 cd≤I_{80}/I_{88}≤50 cd；

F——灯具在与路轴平行的平面内，投影在76°角方向上的发光面积，m^2，该值可通过实际采用的灯具计算而得，适用范围为7×10^{-3} m^2≤F≤4×10^{-1} m^2；

L_{av}——路面上的平均亮度，cd/m^2，适用范围为0.3 cd/m^2≤L_{av}≤0.7 cd/m^2；

h——水平视线(1.5 m)距灯具的高度，m，适用范围为5 m≤h≤20 m；

P——每1 km安装灯具数目，20≤P≤100；

c——光源颜色修正系数，对低压钠灯c=0.4，对其他光源c=0。

13.4 诱 导 性

道路照明设施应能提供良好的诱导性，它对交通安全和舒适所起的作用犹如亮度水平和眩光控制一样重要。诱导性分为视觉诱导和光学诱导，是一个定性评价指标，不能用光度参数来表示。机动车交通道路照明标准值参照表 13-4。

表 13-4 机动车交通道路照明标准值

道路级别	路面亮度			路面照度		相对阈值增量 *TI* 最大初值/%	环境比 *SR* 最小值
	平均亮度 L_{av} 维持值/(cd/m²)	总均匀度 U_0 最小值	纵向均匀度 U_L 最小值	平均照度 E_{av} 维持值/lx	均匀度 U_e 最小值		
快速路	1.5/2.0	0.4	0.7	20/30	0.4	10	0.5
主干道，迎宾路，通向政府、大型公共建筑的主要道路，市中心或商业中心的道路	1.5/2.0	0.4	0.7	20/30	0.4	10	0.5
次干道	0.75/1.0	0.4	0.5	10/15	0.35	10	0.5
支路	0.5/0.75	0.4	—	8/10	0.3	15	—

注：1. 表中所列的平均照度仅适用于沥青路面。若是水泥混凝土路面，其平均照度值可相应降低 30%。
2. 表中各项数值仅适用于干燥路面。
3. 表中对每一级道路的平均亮度或平均照度给出了两档标准值，用××/××表示，"/"的左侧为低档值，右侧为高档值。

(1) 视觉诱导性

视觉诱导是指通过道路的诱导辅助设施如路面中线、路线或路面标志、应急路栏等，使驾驶员明确自身所在的位置和道路前方的走向。

获得良好视觉诱导性的方法是提高路面标志的可见度，可采用扩大其反光性能和路面反光性能的差异办法，推荐采用不但"明亮"而且质地粗糙的材料，使其反光性能相对扩大且在不利的气候条件下得以维持。除此之外，如果采用纵向(与路轴方向平行)入射光受到限制(如采用 I_{80} 和 I_{88} 值小的灯具)、大部分光射向道路的横方向(即与汽车行进方向垂直)的照明系统(如链式照明系统)，也将有利于看清中线或边缘标志等诱导辅助设施，尤其在恶劣的天气条件下效果会更加明显。

(2) 光学诱导性

光学诱导是指灯杆和灯具的排列、灯具式样、灯光颜色或其强度的变化，标志着道路走向的改变或将要接近交叉路口等特殊地点。

获得良好光学诱导性的方法很多，现举以下几例加以说明。

① 在设置连续照明的道路上，可通过合理选择灯具布置方式并把灯具排列整齐，以得到良好的诱导性，如在中间没有分车带的双幅路上宜将灯杆设在分车带中，在曲线路段上宜将灯杆设在外侧，在 T 形交叉路口宜在道路终端对面设灯，等等。

② 通向交叉口的道路、相邻的道路或类别、功能不同的道路可通过下列途径改善道路照明所提供的诱导性。

a. 改变照明系统。对通向交叉口的道路及交叉口本身可采用不同的照明系统，如前者采用常规照明，后者采用高杆照明。

b. 改变光源颜色。通向交叉口的主、次干路可采用光色不同的光源。在规划城市道路照明时，主、次干路，环路和过境道路等有计划地采用不同的光源可使道路照明起到道路指示牌的作用。

c. 改变灯具的样式或安装高度。如设有停车场、加油站的道路在通向这些服务设施的支路上可采用和主路样式不同的灯具或不同的安装高度，这样即使在白天也能提供良好的诱导性。

d. 改变灯具的布置方式。如采用中心对称布置的道路，在接近交叉口时可改成道路两侧对称布置的方式。这种变化可作为一种信号，提醒驾驶员他们正在接近危险的路口。

视觉诱导和光学诱导有区别，但又有紧密的不可分割的联系。道路照明设施不但应起光学诱导作用，而且应起视觉诱导作用。

13.5 (道路)照明功率密度

(道路)照明功率密度是指单位路面面积上的照明安装功率(包括镇流器功耗)，符号为 LPD，单位为 W/m^2。

为适应绿色照明要求，根据《城市道路照明设计标准》(CJJ 45—2015)提出的新指标，各级机动车交通道路的照明功率密度值参照表 13-5。

表 13-5 各级机动车交通道路的照明功率密度值

道路级别	车道数/条	照明功率密度(LPD)值/(W/m^2)	对应的照度标准/lx
快速路主干路	≥6	≤1.0	30
	<6	≤1.2	
	≥6	≤0.7	20
	<6	≤0.85	
次干路	≥4	≤0.8	15
	<4	≤0.9	
	≥4	≤0.6	10
	<4	≤0.7	
支路	≥2	≤0.5	10
	<2	≤0.6	
	≥2	≤0.4	8
	<2	≤0.45	

LPD 值的计算方法如下。

(1) 计算照明安装功率(W)

照明安装功率包括了电器附件功能，高强度气体放电灯灯具的电器附件功耗可按光源功率的 10%计算。如400 W 高压钠灯，其总功率为 400×(1+15%)=460(W)。

(2) 计算面积(S)

面积 S 的计算公式为：

$$S=WL \tag{13-7}$$

式中 W——路宽，根据道路断面(几幅路、有无分车带等)、路灯布置方式确定。如为单幅路，则 W 为整个路宽；如为双幅路，当有中央分车带且很宽，两侧对称布灯时，原则上分车带不照亮，则按照两条道路来处理；如为双幅路，当中央分车带很窄，两侧或中央布灯时，分车带也照亮，则按照一条道路来处理。

L——间距，单侧布置、中心对称布置及双侧对称布置时，为两灯杆距离；双侧交错布置时，为同一侧两灯杆距离的1/2。

(3) 计算照明功率密度

照明功率密度计算公式为：

$$\mathrm{LPD}=P\frac{N}{S} \tag{13-8}$$

式中 P——每台灯具中的光源总功率；

N——系数，双侧对称布置时 $N=2$，其他布置时 $N=1$；

S——面积。

知识归纳

(1) 评价隧道照明质量的指标。

(2) 利用诱导性改善隧道照明质量。

独立思考

13-1 评价隧道照明质量的指标有哪些？

13-2 什么是隧道路面平均亮度？

13-3 什么是隧道路面亮度均匀度？路面亮度均匀度如何计算？

13-4 什么是眩光？眩光控制等级如何计算？

13-5 什么是视觉诱导和光学诱导？

13-6 什么是(道路)照明功率密度值？如何计算？

14

隧道照明灯具

课前导读

◸ 内容提要

本章介绍隧道照明光源特性和隧道照明灯具的类型、灯具的技术参数及隧道照明对灯具的要求，讲述隧道照明灯具的布置方法。

◸ 能力要求

通过本章的学习，学生应了解隧道照明光源的类型和特点，熟悉隧道照明灯具的主要技术参数及隧道照明灯具的布置方式。

14.1 隧道照明光源的选择

随着光源自身的发展，可供隧道照明应用的光源越来越多。从最早用汽灯(管道煤气或乙炔燃烧)作街灯照明，到采用白炽灯、冷白色的汞灯、黄色的钠灯、高显色性的金属卤化物灯(以下简称金卤灯)、超长寿命的无极放电灯照明，再到最新的发光二极管(LED)光源，几乎每一种光源的发明都会考虑其在隧道照明中的应用。那么，在有各种选择的情况下，选择光源来应用于所设计的隧道究竟需考虑哪些因素呢？显然，所要达到的照明功能和效果是必须考虑的因素，但投资的成本(包括初始投资成本和运行维护成本)也是非常重要的因素，以下对通常所需考虑的因素作简要分析。

(1) 光源的光通量

光源的光通量是进行隧道照明设计时首先要考虑的问题，即首先要确定所设计的通路究竟要多少流明的光通量才能达到所需的亮度水平。由于隧道所需照射的面积较大，而且灯具的安装高度较高，因此需要较大功率的光源才能得到所需要的光通量。

(2) 光源的发光效率

发光效率(每瓦流明数)是隧道照明光源选择时的一个非常重要的指标。因为隧道照明使用的光源数量多、用电量大，所以选择高效的光源可极大地节约能源。白炽灯虽然价格便宜，但由于其发光效率太低，已很少在新建的隧道照明中使用；高压钠灯由于其平均效率超过 100 lm/W，在隧道照明中非常受欢迎；目前效率最高的光源是低压钠灯，在欧洲的隧道照明，特别是在高速公路的照明中得到非常广泛的应用。

(3) 光源的光衰减

除了要考虑光源的初始光通量外，还需考虑光源在使用中的光通量，即光源在燃点 100 h，甚至 1000 h 后的光通量，也就是说必须考虑光源的光衰减特性，一般选择光衰减量小的光源。

(4) 光源的寿命

光源的寿命无疑是隧道照明光源选择时的最重要指标之一，因为它决定了隧道照明在隧道运营中的成本。这需要考虑两方面，即一定时间内所需更换的光源成本(更换光源的数量×光源单价)与一定时间内更换光源的综合费用(更换光源的次数×每次更换光源的综合费用)。由于路灯往往安装在 6 m 以上的空中，光源的更换必须借助于其他工具或设施，因此更换路灯光源是一项成本高昂的工作。它包括空中作业设施(升降车等)的使用成本、人力成本，还包括光源更换时阻塞交通的成本，以及隧道和空中作业的风险成本。实际上，正是因为更换一支路灯光源的综合成本高昂，所以长寿命的光源在隧道照明中越来越受欢迎。隧道照明中使用最多的传统灯具即高压钠灯正是因为平均寿命长(超过 20000 h)和透雾性能好而在隧道照明中得到广泛应用。而近年来一些新型灯具如 LED 灯、无极放电灯，由于具有寿命更长且更为节电的优越性能，越来越显示出逐步取代传统高压钠灯的趋势。虽然单个新型灯具价格高于传统的高压钠灯，但综合性价比优于传统的高压钠灯，因此近年来，隧道照明中新型灯具得到越来越广泛的应用。

(5) 光源的光谱特性

一个光源发出的光的光谱成分，不仅决定了光源的颜色表现(以色温 T_c 来表示)，还决定了光源的颜色还原性(用显色指数 R_a 来衡量)。在隧道照明中，过去用色温较高、冷白色光的高压汞灯较多；但现在，越来越多的隧道采用长寿命、高效率、发黄色光的高压钠灯；最新的趋势是高显色性的陶瓷金卤灯开始在欧洲的隧道照明中，尤其是城市隧道中得到越来越多的使用。

根据最新的研究发现，在夜间的隧道照明情况下，人眼的视觉处于中间视觉状态。此时，人眼对红、黄色光的敏感度极大地降低，而对蓝、绿色光的反应极大地提高；在达到同样亮度的情况下，用金卤灯照明比用高压钠灯照明具有更高的视觉分辨率。

（6）成本

光源的初始购买成本（单价）是考虑的因素之一，但不是最重要的因素；更重要的是必须考虑光源的使用成本，即使用中的更换频率和能源的消耗量。因此，白炽灯尽管便宜，但已很少在隧道照明中应用。而高压钠灯、LED 灯等光源虽然单价相对较高，但由于效率高、寿命长，因此在隧道照明中被广泛采用。

如何以上述因素作为评价指标，在纷繁多样的光源中选出最合适的一种呢？

首先应该对每种光源的特性有一个全面的了解。

光源按工作原理可以分为三大类：第一类是利用电能将物体加热到白炽程度而发光的光源，称为热辐射光源，包括白炽灯、卤钨灯等；第二类是利用气体或蒸气放电而发光的光源，称为气体放电灯，包括荧光灯、高压汞灯、高压钠灯、金卤灯等；第三类是利用半导体材料发光的光源，即 LED 光源。

在常用的电光源中，光效较高的有高压钠灯、金卤灯和荧光灯等；显色性较好的有白炽灯、卤钨灯、荧光灯、金卤灯等；寿命较长的，目前国内生产的光源有高压汞灯和高压钠灯；能瞬时启动、再启动的光源是白炽灯、卤钨灯等；输出光通量随电压波动变化最大的是高压钠灯，最小的是荧光灯。

隧道照明的光源，除了应满足在隧道特定环境下的光效、光通量、寿命及光色、显色性和控制配光的难易程度等主要要求外，还应满足在汽车排烟形成的烟雾中仍能保证有良好能见度的要求。因此，在通常情况下，应使用在烟雾中有较好透视性的低压钠灯；如果是短隧道或柴油车比率较小的隧道，烟雾会少些，也可使用显色性好的荧光灯；在隧道出入口照明，可用小型大光通量的高压钠灯或高压汞灯。随着新一代光源的不断问世，应积极选择应用新光源。

14.2 隧道照明光源特性 >>>

隧道照明的光源，除应满足在隧道特定环境下的光通量、光效、寿命、显色性、色温及光衰减等方面的主要要求外，还应该满足在汽车排放尾气形成的烟雾中具有良好能见度的要求。隧道照明的效果必须依靠可靠的光源来实现。目前，我国隧道照明中一般用光源包括荧光灯、高压钠灯、低压钠灯、金卤灯、高压汞灯、紧凑型荧光灯，新型照明光源有无极灯和 LED 灯等。隧道中常用电光源的主要特性如表 14-1 所示。

表 14-1 隧道中常用电光源的主要特性

光源种类	荧光灯	高压钠灯	低压钠灯	金卤灯	无极灯	LED 灯
额定功率/W	85～150	35～1000	18～180	35～3500	25～150	
光效/(lm/W)	25～67	90～100	100～175	60～90	65～100	25～100
显色指数	80	25～85	0～18	60～90	75～90	75
平均寿命/h	60000	18000～28000	5000	8000	50000～100000	100000
色温/K	3800	1900～2800	5800	3000～6500	3000～4000	4500
功率因数	0.33～0.70	0.44	0.06	0.40～0.61	0.95	1.00
启动稳定时间	瞬时	4～5 min	7～15 min	4～10 min	$<$0.5 s	快速
再启时间	瞬时	3 min	$>$5 min	10～15 min	瞬时	快速
闪烁	不明显	明显	明显	明显	不明显	不明显
抗震性能	好	较好	较好	好	好	好
耐腐蚀性	较好	较好	较好	好	好	好
温度影响	大	小	较小	较小	小	小

（1）荧光灯

其工作原理主要是由放电产生的紫外辐射激发荧光粉层而发光的放电灯。荧光灯两端各有一灯丝，灯管内充有微量的氩和稀薄的汞蒸气。荧光灯优点是发光面积大、相对亮度低、产生照度较大、光效较高、显色性较好等,这些正是隧道照明所需要的特点。用荧光灯具布置成的连续光带,还能有效避免隧道照明中经常会发生的"闪烁效应",从而达到提高照明质量的目的。但荧光灯的功率普遍较小、寿命短,要达到隧道照明标准所要求的亮度,需要较多的灯具。

(2) 高压钠灯(图 14-1)

其工作原理是当灯泡启动后,电弧管两端电极之间产生电弧,由于电弧的高温作用使管内的钠汞受热蒸发成为汞蒸气和钠蒸气,阴极发射的电子在向阳极运动过程中,撞击放电物质中的原子,使其获得能量产生电离激发,然后由激发态回复到稳定态,或由电离态变为激发态,再回到基态的无限循环,多余的能量以光辐射的形式释放,便产生了光。高压钠灯优点有使用时发出金白色光,发光效率高、耗电少、寿命长、透雾能力强和不锈蚀等;缺点有耗能大、启动时间长、功率因数低。目前,高压钠灯主要存在启动慢、频闪强、耗电量大、温升高、噪声大、色温低、显色性差、光线偏暗等问题,长时间在这种环境下工作容易产生疲劳。高压钠灯在使用时还需要配备镇流器,传统的镇流器自身能耗大,易产生高温,影响使用安全。为了节约电能,保证隧道照明的正常运行,常用的替代型镇流器是电子镇流器和节能型镇流器。

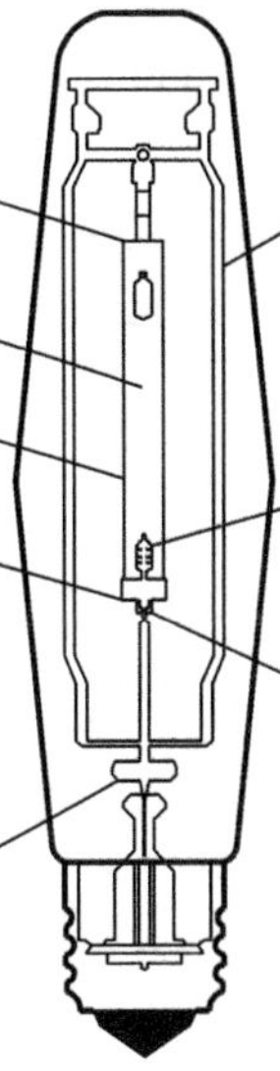

图 14-1　高压钠灯结构示意图

(3) 低压钠灯

低压钠灯发出的是单色黄光,具有透雾性好、发光面积大、相对亮度较低、产生的照度较大等特点,特别是其灯管较长、光效又很高,是隧道照明中一种比较合适的光源。但由于其显色性很差,在隧道入口段使用可能会不能满足视觉辨识要求;如果要在入口段的阈值段等处使用,则应与其他具有较好显色性的光源混合使用,以达到兼顾路面亮度、节能及显色性等方面要求的目的。

(4) 金卤灯

其工作原理是主要由金属混合蒸气(如汞)和各种卤素化合物(如铊、铟、钠的卤化物)受激发而产生辐射的光源。金卤灯主要依靠金属卤化物作为发光材料,金属卤化物以固体形态存在于灯内。因此,灯内必须充有少量的引燃气体(氩或氙),以便点燃灯泡。灯点燃后,首先在低气压弧光放电状态工作,此时灯两极电压很低,为 18～20 V,光输出量也很少;这时主要产生热能,使整个灯体加热,引起灯中的金属卤化物随温度升高而不断蒸发,成为金属卤化物蒸气。在热对流的作用下,金属卤化物蒸气不断向电弧中心流动,一部分金属卤化物被电弧 5500～6000 K 高温分解,成为金属原子和卤素原子,在电场的作用下,金属原子被激发而发光;另一部分金属卤化物不被电弧高温分解,在高温和电场双重作用下,直接激发形成分子发光。金卤灯优点有能效高、色温宽、显色性好;缺点是启动时间长、功率因数低、寿命较短、维护费用高。

(5) 无极灯

电磁感应无极灯综合了功率电子学、等离子学、磁性材料学等领域最新科技成果,通过高频感应磁场的方式将能量耦合到灯泡内,使灯泡内的气体雪崩电离形成等离子体。从理论上说,它与传统光源最大的不同之处在于无电极、寿命长、光衰量减小、高效节能。用电磁感应无极灯代替传统的高压钠灯照明,在保证隧道内照明效果的前提下,可大幅度减小照明耗电量,而且无极灯是超长寿命光源,可大幅度减少灯具的更换和维修次数,降低管理费、维修人工费及照明运行成本等。

(6) LED 灯

LED 灯是电致发光的固体半导体光源。其基本结构是一个半导体的基础单元 P-N 结。在 P-N 结上加上正向偏压,当电子和空穴克服 P-N 结壁垒的时候,会分别迁入 P 层和 N 层,他们之间的能量就会以光子的形式释放,从而发出可见光。LED 灯优点是耗电量低,寿命长,利于亮度的动态控制,显色性高,属环保光源；缺点是价格偏高。

LED灯通用照明成为最具市场潜力的行业热点。作为近几年新型的照明光源，明视觉与中间视觉理论、显色性与照度关系等科研成果表明，LED灯应用于隧道照明具有先天优势。与传统照明光源相比，它具有寿命长、易于控制、灯具效率高、显色性高、色温范围可控制等优点。如果再结合相关光学、电学和热学方面的优化设计，LED灯可以大大地提高我国目前隧道照明的水平。

隧道中常用照明灯具特性见表14-2。

表14-2 隧道照明光源的特性

光源类型	型号	功率/W	光通量/lm	效率/(lm/W)	色温/K	显色指数	平均寿命/h
白炽灯	A80 200 W	200	3100	15.5	2800	100	2000
卤素灯	500 T3 E40	500	10250	20.5	3200	100	3000
荧光灯	TLD36 w/54	36	2500	69	6200	75	8000
节能荧光灯	PLE-C23 W	23	1330	59	2700	82	8000
高压汞灯	HPL-N250 W	250	12700	51	4100	40	12000
高压钠灯	SON-TP LUS 250 W	250	32000	128	1950	25	28000
低压钠灯	SOX-180 W	180	33000	183			18000
金卤灯	1tP1-TZSOW	230	17000	68	4600	63	8000
陶瓷金卤灯	CDM-T130W	130	13500	90	3000	83	20000
无极灯	Q185 W	83	6000	71	3830	80	60000

14.3 隧道照明灯具的技术参数

14.3.1 隧道照明灯具光度数据

隧道照明灯具的光度数据是合理选用灯具和正确进行隧道照明设计、计算的依据，因此每个灯具生产厂家都应该向用户提供光度数据。概括起来讲，隧道照明灯具的光度数据可分成两类：①基本数据——光强分布；②导出数据——利用系数曲线图、亮度产生曲线图、等照度曲线图和等亮度曲线图等导出的数据。下面分别予以论述。

(1) 基本光度数据

光强分布(或配光)是灯具的基本光度数据，它是在实验室里用分布光度计(配光曲线仪)测得的。分布光度计有几种不同类型，分别用于不同的坐标系统中。测量隧道照明常规灯具的光强分布通常采用c-γ坐标系统，见图14-2。该坐标系统的中心和灯具的光学系统中心重合，其垂直轴为从灯具的光中心向受用平面作的垂线，和灯具的倾斜角度没有关系。垂直半平面绕这根轴转动，与纵向路轴平行的半平面定义为$c=0°$平面和$c=180°$平面，与纵向路轴垂直的半平面在车道侧定义为$c=90°$平面，在人行道侧定义为$c=270°$平面。在这些平面上的高度角用γ表示，垂直向下为$\gamma=0°$，向上为$\gamma=180°$。因此，空间中的每一个方向都可由c和γ值来确定。

(2) 隧道照明常规灯具光强分布的表达方式

若要把测得的光强分布直接输入计算机进行照明设计和计算，则光强必须以表格形式给出，即给出光强表。国际照明委员会(CIE)建议，对隧道照明常规灯具应列出1872对c和γ(36个γ角×56个c角)对应的光强值。若灯具的光强分布相对于垂直于路轴的平面(c角为90°、270°)是对称的，则只列出972对光强值

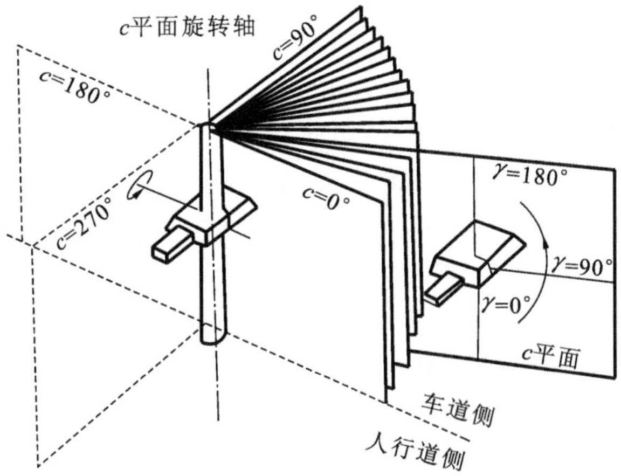

图 14-2 测量道路照明常规灯具光强分布的 c-γ 坐标系统

即可。光强表的格式见表 14-3。需给出光强值的 γ 角和 c 角见表 14-4。

表 14-3 **光强表格式** (单位:cd/m²)

γ/(°) \ c/(°)	270	285	300	310	315	320	…	76	90
0	194	194	194	181	184	194	…	194	194
10	189	188	187	188	189	190	…	193	194
20	177	177	179	192	184	187	…	84	185
30	160	163	168	173	178	182	…	189	170
35	150	181	160	167	171	176	…	160	161
40	189	194	158	158	154	170	…	150	152
45	125	105	110	155	157	160	…	112	138
47.5	115	99	137	145	151	159	…	155	130
⋮	⋮	⋮	⋮	⋮	⋮	⋮	⋮	⋮	⋮
180	0	0	0	0	0	0	0	0	0

表 14-4 **光强值的 γ 角和 c 角表**

坐标	角度范围	间隔	坐标	角度范围	间隔
γ	0°～30° 35°～46° 47.5°～105° 120°～180°	10° 5° 2.5° 15°	c	0°～5° 60°～120° 130°～230° 240°～300°	5° 15° 5° 15°

(3) 光强分布(配光)曲线

若测得的光强分布用于非计算机的一般计算,则通常以通过光中心的几个垂直平面上的极坐标光强分布(配光)曲线图和等光强曲线图的方式给出。

极坐标光强分布曲线的形式如图 14-3 所示。国际照明委员会(CIE)建议需给出光强分布曲线的垂直平面是:

① 包含最大光强的垂直平面,称为主垂直平面,该平面的 c 角需标明,见图 14-3(a)。

② 平行于路轴的垂直平面(c 角为 0°、180°),见图 14-3(b)。

③ 垂直于路轴的垂直平面(c 角为 90°、270°),见图 14-3(c)。

有时为了让人们对围绕灯具的相对光强分布有更加完整的概念,还需给出在主圆锥表面(通过最大光强方向,γ 为常数的圆锥表面)上的光强分布曲线,γ 角需要标明,见图 14-3(d)。

(4) 等光强(曲线)图

极坐标上的光强分布曲线只能给出若干个垂直平面上的光强分布数据,而要把空间各个方向上的光强分布状况一目了然地表示出来,就得用等光强(曲线)图。等光强(曲线)图是把各个方向上的光强值标在等光强图的网格(坐标)上,然后把光强值相同的点用曲线连接起来得到的。它采用了类似于地理学家表示地球上不同海拔高度的技巧,即地理学家把地球表面投影在平面上,把海拔高度相同的点连成等高线。光度学则把环绕灯具的假想球面投影在平面上,把光强值相同的点连接成等光强曲线。地图上根据网格(经线和纬线)确定某点的地理位置,而在等光强(曲线)图上则根据网格(同度角和方位角)确定灯具发出的光线的方向。

把球面投影在平面上有几种不同的方法,如正弦投影法、等面积天顶投影法等。用正弦投影法得到的是正弦等光强图,它的外形像洋葱,在过去多用来描述隧道照明灯具的光强分布。现在则多用等面积天顶投影法得到的天顶等面积网等光强图(又称为方位投影、天顶投影成朗伯投影因网等光强图)。在这种投影中,平面正切于球面,垂直于路面,和路轴形成直角。

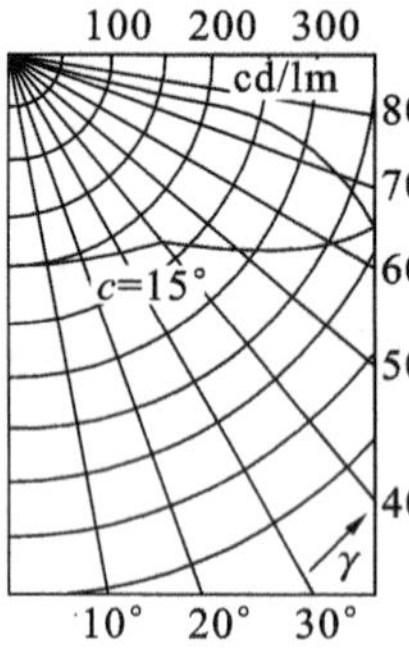

(a)

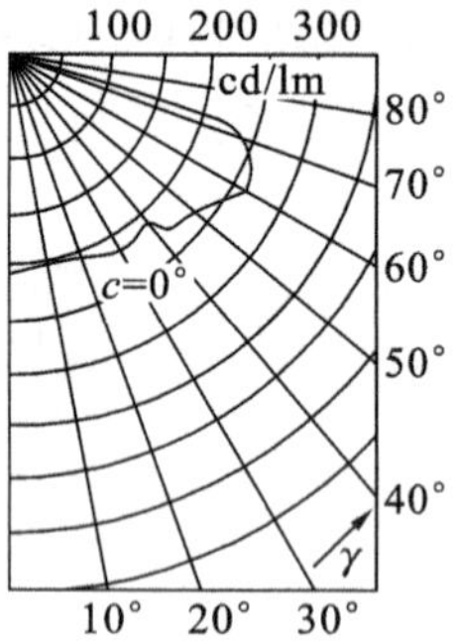

(b)

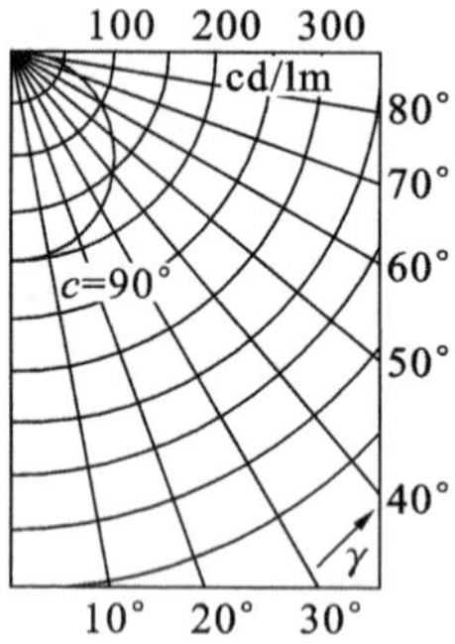

(c)

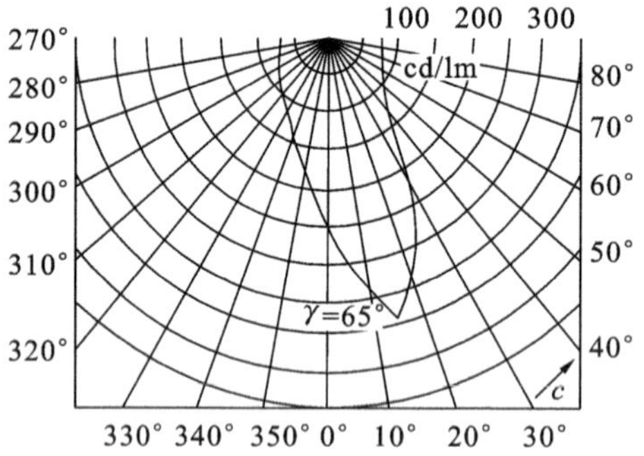

(d)

图 14-3 极坐标光强分布曲线

(a) 主垂直平面上的光强分布曲线;(b) 平行于路轴的垂直平面上的光强分布曲线;
(c) 垂直于路轴的垂直平面上的光强分布曲线;(d) 主圆锥表面上的光强分布曲线

天顶等面积网等光强图的特点和用途如下:

① 等面积代表空间的等立体角,因而在任何带域内发出的光通量正比于该带域在等光强图上的面积和该面积内平均光强的乘积。据此可求出该种灯具的利用系数曲线。

② 从前文可知,灯具可按国际照明委员会(CIE)的建议根据射程、扩散和控制进行分类,而灯具的射程和扩散可以很快求出。

③ 计算路面上某一点的照度或亮度时,光强值很容易直接读得,或通过内插法求得灯具指向该点的光强值。

④ 通常等光强(曲线)图是在灯具水平安装即灯具仰角为 0°时画出的。当灯具不是水平安装而是有一定的仰角(α)时,也可通过转动透明覆盖图读出不同的 γ、c 角所对应的光强值。

除了上述两种等光强图,还有画在直角网格(直角坐标)上的等光强图及画在隧道平面上的等光强图,但它们的应用不广泛。

对隧道照明常规灯具,光强分布还有必要注意以下几个方面。① 无论是光强表、极坐标光强分布曲线,还是等光强(曲线)图中的光强值,都是把灯具内所燃点的光源光通量折合成 1000 lm 时的数值。这样做的目的是要使这些表和图与光源的实际光通量无关，以便使用及对各种灯具的光学性能进行比较。② 灯具的光强分布总是和具体的光源相联系。同一灯具，燃点的光源不同(如分别燃点高压钠灯和高压汞灯)配光也会有所不同，因此有的灯具在测试报告里还需同时给出与不同类型光源相对应的几种配光曲线。③ 光强表主要用于计算机计算，等光强(曲线)图则用于人工计算，而极坐标光强分布曲线主要供定性评价灯具和灯具分类之用。

(5) 导出光度数据

从基本光度数据(光强分布)导出的光度数据称为导出光度数据。在没有条件用计算机而是要用人工进行照明计算的地方，导出光度数据非常有用。下面列出的导出光度数据只适用于隧道照明常规灯具，而不适用于泛光灯具。

隧道照明中，灯具的利用系数是指落在一条无限长平直道路上的光通量和灯具中光源光通量的比值。它和灯具的效率及道路的宽度有关系。利用系数曲线是一系列不同宽度道路的利用系数构成的曲线，以路宽和灯具安装高度的比为横坐标。

隧道灯具利用系数 CU 由道路内侧利用系数 $CU_{路边}$ 和道路外侧利用系数$CU_{屋边}$ 构成，即

$$CU=CU_{路边}+CU_{屋边} \tag{14-1}$$

利用系数不但和灯具本身的光学性能有关，而且与路面的宽窄及灯具安装的几何条件(如高度、仰角和悬挑长度)有关。通常为了体现悬挑长度的影响，往往通过灯具光中心在路面上的垂直投影点作一条与路轴平行的直线，将路面分成车道侧和人行道侧两部分，并分别给出这两侧的利用系数；为了体现路宽(W)和安装高度(H)的影响，通常给出与不同的 W/H 值相对应的利用系数值；为了体现灯具仰角的影响，把灯具的仰角作为参变量，分别给出在其他条件不变的情况下不同仰角所对应的利用系数值。在上述各种条件下的利用系数值计算出来以后，就可以把结果标在直角坐标图上。其坐标横轴表示系数值(即以 h 为单位的横向距离)，坐标纵轴为相应的利用系数值。然后将各点连接成光滑曲线即为利用系数曲线。路灯利用系数 CU 和路宽 W 与路灯安装高度 H 之比的关系见图 14-4 和图 14-5。

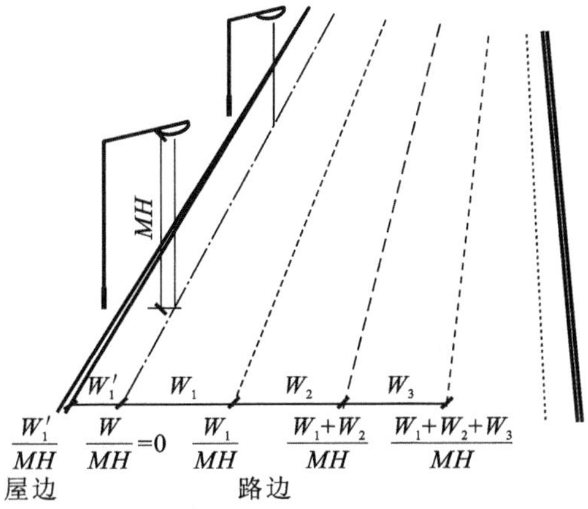

图 14-4 灯具的利用系数与 W/H 关系

利用系数曲线另一种形式是其坐标纵轴也为利用系数，坐标横轴却为灯具对两侧路缘的张角 γ_1 和 γ_2(即路缘至灯具光中心的连线和光中心至路面垂线之间的夹角，也称为横向角度)，如图 14-5(c)所示。这两种利用系数曲线的表达形式可以互换，即根据一种形式就可以得到另一种形式，其相互关系式是 $\arctan(W/H)=\gamma$。根据第一种形式的利用系数曲线可以很方便地得到不同灯具仰角下的利用系数。灯具的利用系数曲线能用于路面平均照度的计算，详见第 15 章。

灯具的利用系数曲线，可通过在该灯具的等光强(曲线)图上画出纵向隧道线，然后计算落在纵向隧道线之间的光通量累加而得到；还可以通过把路面划分成等面积的矩形块，计算落在这些矩形块上的光通量并累加而得到。前面一种方法适合人工计算，后面一种方法适用于计算机计算。

14.3.2 灯具的维护系数 K

灯具的维护系数 K 是指灯具在工作了一段时间后，其产生的光输出与刚开始工作时光输出的比值，又

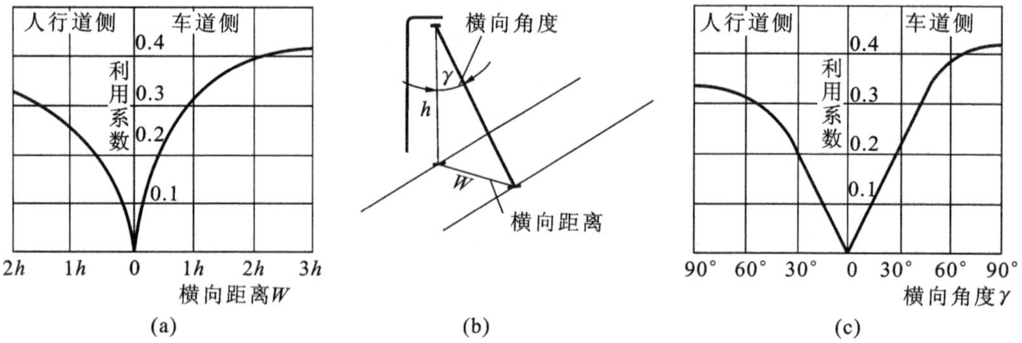

图 14-5　利用系统曲线图

(a) 横坐标为横向距离；(b) 示意图；(c) 横坐标为横向角度

称为光衰减系数 LLF。路灯的维护系数首先与光源的光衰减(LLD)有关，其次和灯具上由灰尘的进入和堆积造成的光衰减(LDD)有关，并和灯具的环境温度、工作电压等因素都有关系。简化处理，可用光源的衰减系数 LLD 乘以灯具的灰尘光衰系数 LDD 得出 LLF，即

$$LLF = LLD \times LDD \tag{14-2}$$

式(14-2)中，LLD 可由表 14-5 查出；LDD 则可由灯具的防护等级 IP 值和环境的污染情况及灯具的清洁频率等因素得出经验值，见表 14-6。

表 14-5　**光源衰减系数**

光源类型	工作时间/kh				
	4	6	8	10	12
高压钠灯	0.98	0.97	0.94	0.91	0.90
金卤灯	0.82	0.78	0.76	0.74	0.73
高压汞灯	0.87	0.83	0.80	0.78	0.76
低压钠灯	0.98	0.96	0.93	0.90	0.87
三基色直管荧光灯	0.95	0.94	0.93	0.92	0.91
卤粉直管荧光灯	0.82	0.78	0.74	0.72	0.71
紧凑型荧光灯	0.91	0.88	0.86	0.85	0.84

注：在针对具体光源进行计算时，要向生产厂家索取准确数据。

表 14-6　**灯具灰尘光衰减系数和 IP 值的关系**

清洁间隔/月	不同防尘和污染情况下的光衰减系数								
	最低 IP2×			最低 IP5×			最低 IP6×		
	污染状况			污染状况			污染状况		
	高	中	低	高	中	低	高	中	低
12	0.53	0.62	0.82	0.89	0.90	0.92	0.91	0.92	0.93
18	0.48	0.58	0.80	0.87	0.88	0.91	0.90	0.91	0.92
24	0.45	0.56	0.79	0.84	0.86	0.90	0.88	0.89	0.91
36	0.42	0.53	0.78	0.76	0.82	0.88	0.83	0.87	0.90

从表 14-6 可看出，防尘等级高的灯具，其使用中光的损失小，尤其是相对于污染较严重且很少清洁的场合，这也就是路灯都要求选较高防尘等级灯具的原因。

14.3.3 灯具防水防尘性能参数

根据《外壳防护等级(IP 代码)》(GB 4208—2008)规定,灯具防护等级名称释义表见表 14-7,其防尘防水等级一览表见表 14-8。

表 14-7 灯具防护等级名称释义表

名称	说明
IP(Ingress Protection)防护等级 IP65 防护等级代码 | 第二个数字表示防水等级 第一个数字表示防尘等级	国际用来认定灯具防护等级的代号,IP 等级由两个数字组成,第一个数字表示灯具防尘等级;第二个数字表示灯具防水等级,数字越大表示其防护等级越佳

表 14-8 防尘防水等级一览表

号码	防护程度	定义
0	无防护	无特殊的防护
1	防止直径大于 50 mm 的物体侵入	防止人体因不慎碰到灯具内部零件,防止直径大于 50 mm 的物体侵入
2	防止直径大于 12 mm 的物体侵入	防止手指碰到灯具内部零件
3	防止直径大于 2.5 mm 的物体侵入	防止直径大于 2.5 mm 的工具、电线或物体侵入
4	防止直径大于 1.0 mm 的物体侵入	防止直径大于 1.0 mm 的蚊蝇、昆虫或物体侵入
5	防尘	无法完全防止灰尘侵入,但侵入的灰尘量不会影响灯具正常运作
6	防尘	完全防止灰尘侵入
7	防止水侵入	灯具无期限地沉没在水中,在一定水压的条件下,仍可确保灯具正常运作

14.3.4 隧道照明对灯具技术参数的要求

(1) 光源要求

① 一般情况下宜选择效率高、透雾性能好的光源;

② 短隧道、柴油车较少的城镇附近的隧道、应急停车带、人行横通道、车行横通道可选择显色指数较高的光源;

③ 光源的使用寿命不应小于 10000 h。

(2) 隧道灯具应满足的要求

① 防护等级应不低于 IP65;

② 应具有适用于公路隧道特点的防眩装置;

③ 灯具结构应便于更换灯泡和附件;

④ 灯具零部件应具有良好的防腐蚀性能;

⑤ 灯具配件安装应易于操作,并能调节安装角度;

⑥ 灯具不能侵入隧道建筑限界。

14.4 隧道照明灯具的布置方式

隧道照明中一般选用的光源是荧光灯、高压钠灯、荧光高压汞灯，灯具多为吸顶式或嵌入式。隧道照明中灯具的布置排列有三种基本方式，即对称布置、交错布置、中间布置，见图 14-6。对称布置和交错布置一般是将灯具安装在墙面和天顶轴线之间的某一地方，而不是安装在侧面。其原因是提供良好的视觉环境，使隧道墙壁底部到2 m高处范围内的平均亮度不小于路面的平均亮度。中间布置应将灯具安装在天顶的轴线处。这种布置方式维修比较困难，会影响交通，所以一般不采用。

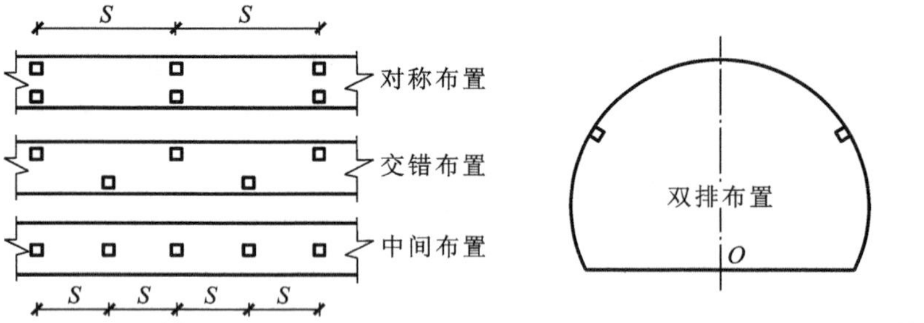

(a)　　　　(b)

图 14-6　隧道灯具布置方式

(a)平面图；(b)横断面图

在隧道灯具的布置中还应注意频闪现象。频闪是指在较长的隧道中，由于灯具排列得不连续，使驾驶员不断地受到明暗变化光线的刺激而产生不快。频闪与明暗光线的亮度变化、明暗光线变化的频率、频闪的总时间有关系。这三者与所使用灯具的光学特性、车辆的行进速度、灯具安装间距、隧道长度有关。一般而言，频闪的频率小于 2.5 Hz 和大于 15 Hz 时所带来的频闪现象可以忽略。研究还发现，如果频闪的总时间越短，即隧道长度越短，频闪的干扰频率范围就越小，见图 14-7 中的阴影部分。

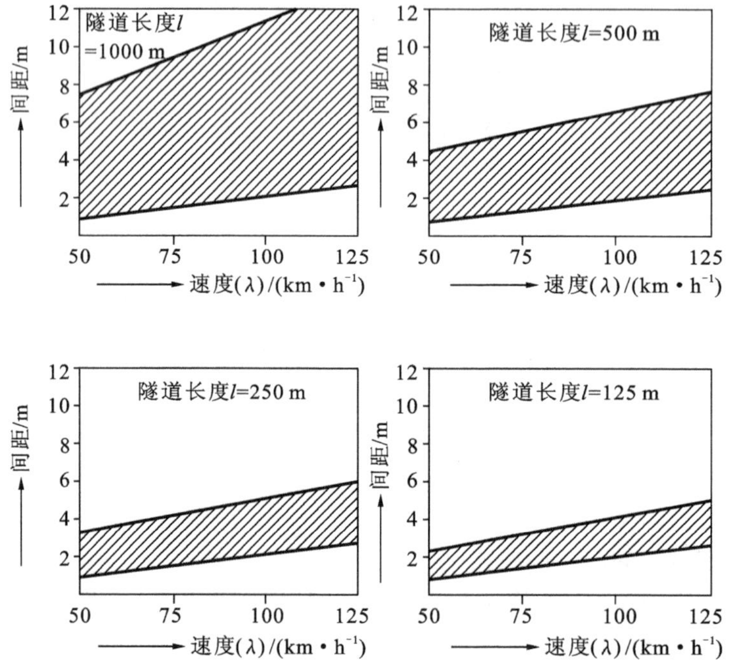

图 14-7　不同长度隧道频闪的干扰频率范围

高速公路隧道应设置不间断照明供电系统；长度大于 1000 m 的其他隧道应设置应急照明系统，并保证照明中断时间不超过 0.3 s，维持时间不小于 3 min。配合启用应急照明，应在洞外一定距离处设置信号灯或可变信息板显示警告信息。在启用应急照明时，洞内路面亮度应不低于中间段亮度的 10%和 0.2 cd/m^2。在高速公路长隧道和长度大于 2000 m 的其他隧道中，应设置避灾引导灯。

知识归纳

(1) 隧道照明光源的类型。

(2) 隧道照明灯具的技术参数。

(3) 隧道照明灯具的布置方式。

独立思考

14-1 照明电光源的主要光电参数有哪些？各代表什么含义？

14-2 电光源的寿命指标有哪些？

14-3 与其他电光源相比，LED 灯有哪些特点？LED 灯在照明工程上有哪些用途？

14-4 试简述选用电光源的原则。

14-5 电光源 NG100 型的高压钠灯额定光通量为 9500 lm，ZJD250 型灯的额定光通量为 20500 lm，两种电光源的光效率各为多少？

14-6 照明器按防尘、防水性能如何分类？某照明器上标有 IP56，其中 5、6 各表示什么含义？

14-7 试述公路隧道内照明主要布置方式及每种布置方式的特点。

15

隧道照明区段划分与照明计算

课前导读

◸ 内容提要

本章根据车辆由洞外进入洞内再驶出洞外的亮度变化规律，讲述隧道照明中隧道照明区段的划分方法和各照明区段的亮度要求；在此基础上，介绍隧道照明设计的计算方法，并给出计算实例。

◸ 能力要求

通过本章的学习，学生应了解隧道亮度曲线和照明区段划分的意义及隧道照明设计的步骤和基本要求，掌握隧道照明区段亮度及长度计算方法，熟悉隧道照明的计算方法和流程。

15.1 概　　述

白天,汽车驾驶员在接近、进入和通过隧道时,会遇到各种视觉问题。汽车以 50 km/h 的设计速度行驶时,通过洞门附近(如内、外各 10 m)时,时间是非常短的,约需 1.5 s,但是由洞外亮度(约 4000 cd/m^2)降到洞内亮度中间段(山岭隧道为 2～3 cd/m^2,城市隧道为 5～10 cd/m^2),亮度相差很大,眼睛的视觉状态由亮视觉到接近薄明视觉(介于亮视觉与暗视觉之间的中间视觉状态),这时人眼的锥状体细胞和柱状体细胞同时对应着新的环境亮度而适当地工作。由于亮度变化的速率太快,眼睛的适应迟缓,对物体的视见能力极度下降,尽管洞内有一定的亮度,但驾驶员的视觉感觉仍然很黑,隧道里像个黑洞,即"黑洞效应"。这时,驾驶员就会失去获得视觉信息的能力,视觉信息包括道路的走向、是否有障碍物存在、是否有其他车辆等。总之,几乎所有视觉信息的获取都暂时中断了。这种状态要持续一个暗适应过程所需的时间,其长短与洞外亮度及洞内亮度的大小等有关。视觉信息不足是发生交通事故的因素,但不是必然因素。照明的任务是不间断地为驾驶员获得足够视觉信息提供照明条件。人的视觉生理机能是不容易改变的,只能顺应它,这就需要弄清人的视觉适应规律。这里大体上应满足两点,即视觉信息的不间断性和照明的经济性。前者要求有较高的亮度,后者要求用较低的亮度,照明设计者则应该把它们统一起来。

提高洞内亮度水平的方法是最简单的,却也是过时的、争议最大的方法。由第 13 章已经知道,在道路照明的各种质量指标中,亮度是基础。有了亮度以后,才能进一步研究均匀度、亮度对比、眩光及诱导性等,才能研究最低亮度阈、视角阈、亮度对比阈、相对阈值增量及体视阈等。有了充足的、甚至是较高的亮度水平,那么其他问题就比较好解决。但是其最大的问题是投资费用高、营运费用高、耗能大;另外,未充分利用人的视觉适应规律,把本来有可能节省的亮度也浪费掉了。所以从这个意义上讲,提高洞内亮度水平也是最浪费的方法。

充分考虑视觉效应,可以把亮度维持在一个较低的水平上,根据情况,甚至可以维持在最低的水平上。这个方法的目的是在各照明区段上把亮度维持在一个实际情况所容许的最低极限水平上。其要点是:根据现场调查确定洞外亮度;根据设计车辆、交通方式、交通流量、空气透过率等确定中间段所需的亮度水平;根据视觉适应规律、洞外与中间段亮度差、亮度降低的速率等,确定入口段和过渡段的亮度水平和长度。由于入口段和过渡段需要一定的长度,加上出口眩光的影响,因此隧道长度在 200 m 以下时,不存在中间段照明,称为照明上的短隧道,短隧道的照明问题比较复杂。长度在 200 m 以上的隧道称为照明上的长隧道,需着重讨论。长度很短的隧道,受进、出口入射自然光影响较大,所以长度小于 70 m 的汽车专用隧道,一般白天可以不考虑照明,但需要诱导标志。

15.2 照明区段的划分

车辆从隧道外接近、进入、穿越隧道,最后驶出隧道的过程中,驾驶员的视觉经历了从亮环境到暗环境再由暗环境进入亮环境的变化过程。如果通过人工照明使隧道内的亮度与洞外亮度相当,驾驶员不会因为视觉的"黑洞效应"或"白洞效应"导致行车安全事故,但却需要消耗大量电能。如果隧道内的照明亮度能够与驾驶员从亮环境至暗环境(或暗环境至亮环境)视觉适应时间及车辆行驶速度相适应的话,此时隧道内照明亮度既能保证行车安全,又能避免过度照明造成的电能浪费。通过试验研究,照明研究人员得出了在不同速度条件下,车辆从洞口亮度不同环境进入隧道过程中驾驶员在白天所需要的路面亮度与视觉适应距离的亮度变化适应曲线(图 15-1)。

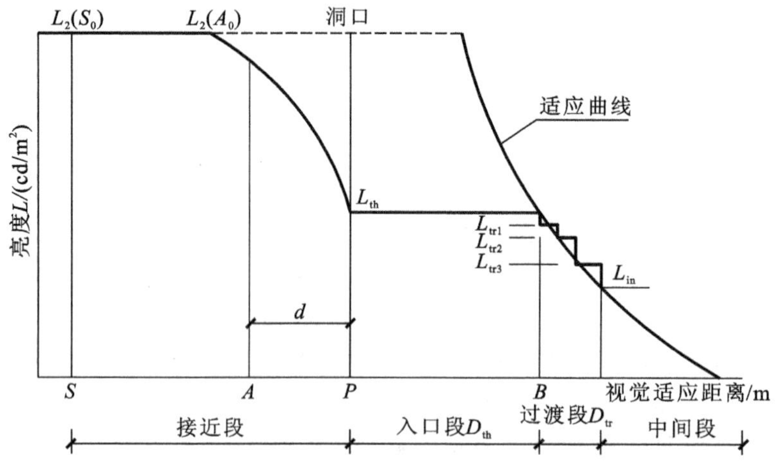

图 15-1 各照明段亮度与视觉适应距离的变化适应曲线

根据亮度变化适应曲线，可以将车辆沿道路轴线由洞外入口前停车视距为起点至隧道中驾驶员视距适应隧道亮度变化所需长度（视距适应时间×行车速度）划分为5个照明区段（图15-1）：① 接近段；② 入口段；③ 过渡段；④ 中间段；⑤ 出口段。而车辆沿道路轴线由入口洞外的接近段经入口段、过渡段、中间段直到出口段，驾驶员在白天所需要的路面亮度变化曲线，称为亮度曲线。其中，入口段包括自然光在路面反射引起的亮度和人工照明在路面反射引起的照度，是综合的亮度。前者有可以利用的亮度和需要限制的亮度两部分；后者是因自然光不足或根本无影响而需用人工照明加以补偿的亮度，人工亮度沿路轴的变化曲线称为人工亮度曲线。由于自然光的影响范围小，一般仅为2倍隧道入口高度（约10 m）的范围，除洞外散射光较强时可以考虑不进行人工照明外，在10 m范围以外因自然光影响较小而不再考虑它的影响，只按人工亮度计算，这样能使设计得到简化。

（1）接近段

在公路隧道各照明区段中，在洞口（设有光过渡建筑时，则为其入口）前，从驾驶员的精力被完全吸引到隧道的那一点到适应点之间的一段道路，在照明上称为接近段。关于这一段的起点，目前没有明确的定义，一般是按停车视距计算，其理由还是出于保证安全这一根本目的。确定这一点的实际意义是为了测定洞外亮度。

洞外亮度指在接近段起点处，距地面1.5 m高正对洞口方向20°视场实测得到的平均亮度，是驾驶员驾车驶入隧道洞口所看到洞口环境的平均亮度。洞外亮度不等于野外亮度，因为在洞外不同距离上的野外亮度不同，所以必须明确在哪一点和在什么方向上测定洞外亮度。另外，在隧道施工前后，洞口环境往往变化很大，施工会不同程度地改变环境，施工前所测得的某点亮度常常与施工后的该点亮度不同。所以，应对设计中和土建完工后的亮度进行实测比较，如果相差过大，则应重新进行照明设计。

在照明设计中，车速与洞外亮度是两个主要基准值，车速已由公路等级限定，洞外亮度值要由公路照明设计者周密调查后确定。洞外亮度的正确取值对过程投资和运营费用都将产生很大影响，因而需要采取适当措施降低洞外亮度，以便减少造价和节能。其取值的大小，对确定入口段、过渡段及出口段亮度有很大影响，因此要求尽量符合实际情况，不宜偏高。

影响洞外亮度的因素很多。首先是在“起点”面向洞口的20°视场内的天空面积所占百分比，百分比越大则亮度越高（图15-2）；其次是车辆行驶方向，面向朝北的洞口车辆是向南行驶的（面向强光），就应该取较高亮度值；再次是亮环境还是暗环境（亮环境就宜取较高亮度值），季节（冬夏）、纬度（高低）、雨雪等，车速的大小（车速大则取较高亮度值）；另外，还与交通方式及交通量有关，单向交通比双向交通的亮度值低，交通量小的比交通量大的亮度值低。在没有实测资料时，可按表15-1取值。

洞外亮度测试主要有以下几种方法。

① 环境简图法。

$L_{20}(S)$可以通过隧道入口环境获得或由式（15-1）求出，即：

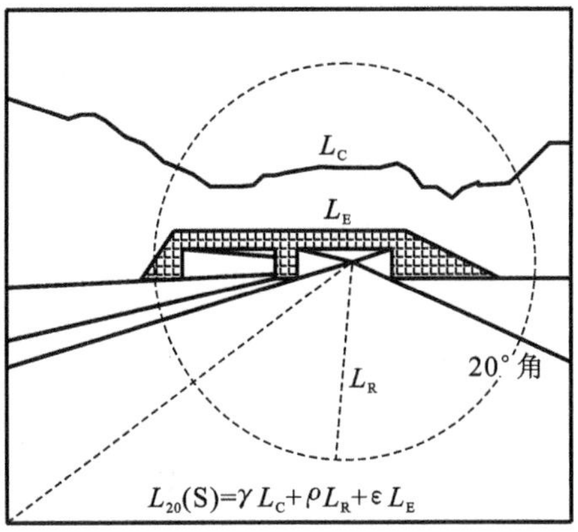

图 15-2 洞外亮度取值

$$L_{20}(S)=\gamma L_C+\rho L_R+\varepsilon L_E+\tau L_{th} \tag{15-1}$$

式中 L_C——天空亮度,cd/m²;

L_R——路面亮度,cd/m²;

L_E——环境亮度,cd/m²;

L_{th}——入口段亮度,cd/m²;

γ——天空面积所占百分比,%;

ρ——道路面积所占百分比,%;

ε——环境面积所占百分比,%;

τ——隧道入口面积所占百分比,%。

其中,$\gamma+\rho+\varepsilon+\tau=1$。

式(15-1)中,L_{th}值是一个待定的未知量,对 100 m 以上的停车视距来说,τ 值一般低于 10%,同时 L_{th}远远小于式中的其他亮度值,因而 τL_{th}可忽略不计。当停车视距等于 60 m 时,则有:

$$L_{20}(S)=\frac{\gamma L_C+\rho L_R+\varepsilon L_E+\tau L_{th}}{1-k} \tag{15-2}$$

式(15-2)中,k 为入口段亮度折减系数,由于 k 不可能大于 0.1,因此 τL_{th}和 k 可以忽略,式(15-2)就可以写成:

$$L_{20}(S)=\gamma L_C+\rho L_R+\varepsilon L_E \tag{15-3}$$

其中,$\gamma+\rho+\varepsilon<1$。对于式(15-1)、式(15-2)、式(15-3)中的 L_C、L_R 和 L_E,首先应根据隧道洞口所处的具体环境测试确定。如果没有确切的数据可用,则可采用 CIE 建议值(表 15-1)。对于式中的 γ、ρ、ε 值,则通过由隧道洞口的 20°圆锥角视场环境图来确定,如图 15-2 所示。

此方法处理数据结果相对计算查表法误差较小,但利用亮度计抽样测量时,因耗时过长而带来一定的误差,而且其工作量相对较大。

表 15-1 北半球洞外景物亮度 (单位:cd/m²)

行车方向	天空	路面	岩石	树木、草地	建筑物
N	8000	3000	3000	2000	8000
E、W	12000	4000	2000	2000	6000
S	16000	5000	1000	2000	4000

表 15-2 洞外亮度 $L_{20}(S)$

天空面积百分比	洞口朝向或洞外环境	设计速度 v_t/(km/h)				
		40	60	80	100	120
35%~50%	南洞口	—	—	4000	4500	5000
	北洞口	—	—	5500	6000	6500

续表

天空面积百分比	洞口朝向或洞外环境	设计速度 v_t/(km/h)				
		40	60	80	100	120
25%	南洞口	3000	3500	4000	4500	5000
	北洞口	3500	4000	5000	5500	6000
10%	暗环境	2000	2500	3000	3500	4000
	亮环境	3000	3500	4000	4500	5000
0	暗环境	1000	1500	2000	2500	3000
	亮环境	2500	3000	3500	4000	4500

② 黑度法。

由于隧道洞口环境中物体的亮度受昼光变化的影响是非恒定和瞬息变化的,因此要测量环境中物体的亮度,就必须将众多被测物体的亮度测量限制在一个非常短的时间间隔内。若用点亮度计进行逐点测量,就会因耗时过长而带来误差。黑度法则可将被测对象一次性同时成像在胶片上,继而在实验室中认读负片上被测对象的黑度值再换算成亮度值,就能完成众多被测亮度对象的同时记录和取值。用黑度法原理测量隧道洞外亮度 $L_{20}(S)$的方法如下:按道路等级及车流量确定一个照明停车视距,以一个照明停车视距的起点处为测量工作点,以该点离地面 1.5 m 高处为照片摄取点,以洞口中心距地面 1/4 洞高处作为摄像瞄准点,同时摄取 20°视场内洞口环境和标准灰板的黑白照片;每隔一定时间采用同样的方法摄取一次,并在摄取照片的同时,读取置于照相机视场内标准灰板的亮度值。在进行负片上黑度认读的工作中,所摄负片应按 20°视场内的景物结构特征,以性状相近者划分若干区块,每个区块读取若干点黑度值,由标准黑度曲线求得相应曝光量;同时拍摄的标准灰板黑度的曝光量和实测亮度,通过比例计算得出各区块景物的亮度 L_i,依各区块在 20°视场内的面积比 w_i,加权平均得出 $L_{20}(S)$值。在进行负片上的黑度认读工作中,黑度曲线的取得难度比较大,需要胶片厂专用仪器处理负片。此方法误差较小,但数据处理复杂,不适于工程应用。

③ 数码相机法。

数码相机法是一种简易的实测法。实测时,在接近段起点 S 距地面 1.5 m 高处,用数码照相机拍摄隧道洞口及周围环境的照片;将反射率为 18%的灰度板置于三角架和洞口之间,灰度板中心距离路面 1.5 m,将亮度仪对准灰度板,测读亮度 5 次,作为参照物;根据隧道洞口 20°圆锥角视场照片中天空、路面及其他不同洞口物体的亮度来综合确定隧道洞外亮度 $L_{20}(S)$。实测应在夏季(6、7、8 月)晴天无云时连续进行 3 d,每日测读 5 次(11:00—15:00 时,时距为 1 h)或 11 次(8:00—18:00 时,时距为 1 h)。数码相机法由于操作简便、测试结果较为准确,是目前较为常用的一种测试方法。

(2) 入口段

在隧道照明区段中,进入洞口的第一段即为入口段。驾驶人员在接近段行驶时,已适应了那里的亮度水平,当他处于适应点 A 位置(图 15-1)观察隧道内部时,至少应当满足在停车视距内能识别远处 20 cm×20 cm的正方形障碍物(图 15-3,实换算长度、与背景间的亮度对比 C=20%)。由眼睛适应能力方面的知识联想到,入口段亮度 L_{th}受洞外亮度 L_{20}值大小的影响。换句话说,由洞外亮度 L_{20}到入口段亮度 L_{th}的减小速率受眼睛适应能力的限制。减小速率过快将使人产生不适的现象,出现“黑洞效应”,这是不能容许的。

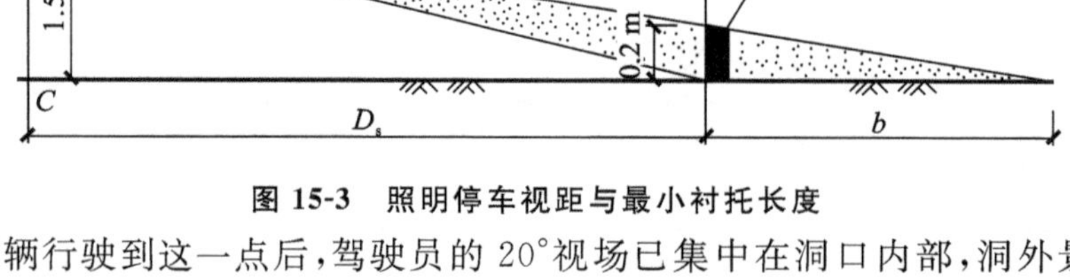

图 15-3 照明停车视距与最小衬托长度

适应点 A 是指车辆行驶到这一点后,驾驶员的 20°视场已集中在洞口内部,洞外景物基本消失,车辆距

洞门的距离 d 即为适应距离，见图 15-4。因洞顶净高 h 至驾驶员水平视线高度(1.5 m)的差所对应的角度是视场角 20°的一半，故：

$$d=\frac{h-1.5}{\tan 10^\circ}=\frac{8-1.5}{0.176}=36.93(\mathrm{m})$$

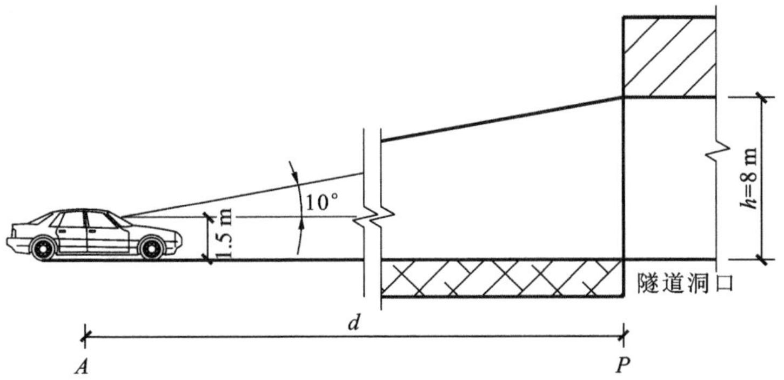

图 15-4　适应距离

因为定义在适应点 A 应该具备观察洞内障碍物的能力，而以 80 km/h 车速行驶的车辆，其停车视距为 100 m，识别目的物需要 15.4 m 的背景长度，所以为了识别目的物，要求在距适应点 A 不小于 100+15.4=115.4(m)的地方应具有能识别目的物的足够亮度，这个亮度就是入口亮度。由上述接近段至入口段长度为 115.4−36.9=78.5(m)。故入口段长度计算公式为：

$$D_{th}=1.154D_s-\frac{h-1.5}{\tan 10^\circ} \tag{15-4}$$

式中　D_{th}——入口段长度，m；

D_s——照明停车视距，m，可按表 15-3 取值；

h——洞口内净空高度，m。

表 15-3　照明停车视距表　(单位：m)

纵坡坡度/% v_t/(km/h)	−4	−3	−2	−1	0	1	2	3	4
100	179	173	168	163	158	154	149	145	142
80	112	110	106	103	100	98	95	93	90
60	62	60	58	57	56	55	54	53	52
40	29	28	27	27	26	26	25	25	25

隧道入口照明是根据视野中隧道外天空的亮度、周围景物的亮度、道路的亮度来决定的。CIE(国际照明委员会)规定的视野范围为：观察者站在离隧道口一个刹车距离，视野中心位于隧道高度的 1/4 处的 20°范围，见图 15-5。

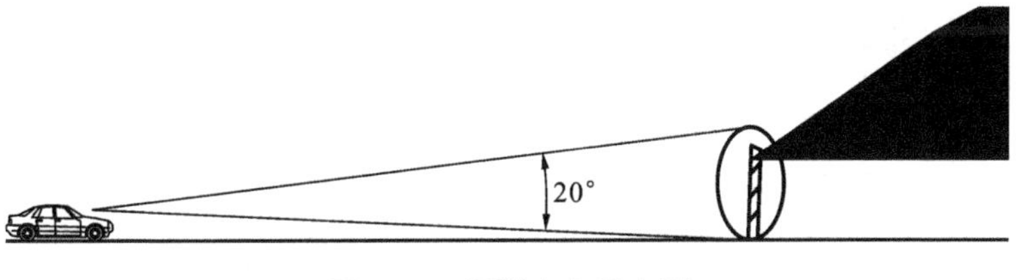

图 15-5　视野中心示意图

同时，CIE 称其为临近段，它是指隧道入口前的一个刹车距离。由于它属于隧道外的一段，故未将其列入隧道分段中。表 15-4 所示为临近段人视野内的亮度值。表中给出了刹车距离，从表中可以看出，对于车速大的情况，临近段人视野内亮度较高，并且有雪时人视野中的亮度较高。在同样的情况下，临近段人视野内亮度比平时高。

而在阴天、雨天或黄昏时分，隧道洞口外的亮度比平时要小很多，因此要有适当的措施来减小入口段照明的水平，以减少不必要的能源浪费。

表 15-4 **临近段人视野内的亮度值** （单位：cd/m^2）

刹车距离/m	20°视野内天空面积百分比/%							
	35		25		10		0	
	平常	有雪	平常	有雪	平常	有雪	平常	有雪
60			4～5	4～5	2.5～3.5	3～3.5	1.5～3	1.5～4
100～160	5～7	5～7.5	4.5～6	5～6.5	3～4.5	3～5	2～4	2～5

不论是 CIE 还是日本的照明标准，入口段的照明水平是逐渐下降的。一般各段的照明不可能是均匀下降的，这很难做到。不过可以使用阶跃式下降的方式，只要相邻阶跃的亮度比不超过 3∶1，就不会影响到人的视觉。

墙面的亮度不能低于相应平均路面的亮度。

隧道入口段亮度可按式(15-5)计算。

$$L_{th}=kL_{20}(S) \tag{15-5}$$

式中 L_{th}——入口段亮度，cd/m^2；

k——入口段亮度折减系数，可按表 15-5 取值；

$L_{20}(S)$——洞外亮度，cd/m^2。

表 15-5 **入口段亮度折减系数 k**

设计小时交通量[辆/(h·ln)]		k				
		计算行车速度 v_t/(km/h)				
单向交通	双向交通	120	100	80	60	20～40
≥1200	≥650	0.070	0.045	0.035	0.022	0.012
≤350	≤180	0.050	0.035	0.025	0.015	0.010

(3) 过渡段

适应段(阈值段)的适宜亮度，CIE 没有规定具体的值，只是以临近段的亮度为基础间接作了规定。表 15-6 所示为推荐的适应段亮度与临近段亮度的比值。但适应段的亮度并不是一个恒定值：在 1/2 的适应段长度时应开始逐渐减少亮度，直到在适应段结束时降到原来的 40%，见图 15-6。

表 15-6 **推荐的适应段亮度与临近段亮度的比值**

刹车距离/m	对于对称配光的灯具而言
60	0.05
100	0.06
160	0.10

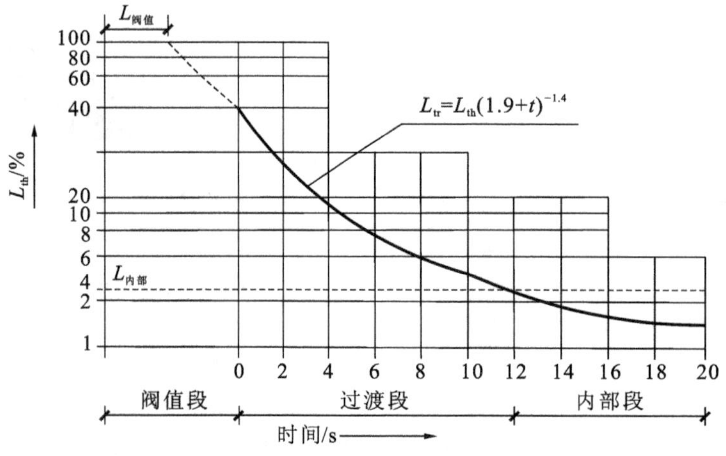

图 15-6 过渡段 CIE 适应曲线

实际应用中不可能使照明器在过渡段的亮度适应曲线成为上述理想形状，而是用一组 n 个台阶状折线取代，台阶的数量越多当然就越趋近于曲线，但是设计上就越难适应它。如果只用一个台阶就必然会形成突变，没有适应的过程，自然不是实际运用上所需要的结果。此外，这个过程所需要的时间并不很长，所以用一个基本上可以满足视觉适应需要的最少台阶数，就被认为是合理的。经过测试，三个过渡台阶基本上能符合要求，将其称为过渡照明的三个阶段，即 tr_1、tr_2、tr_3，其亮度比取为 3∶1。通过作图，大体上得到 3 个阶段长度，各个过渡段基本上是沿着 CIE 适应曲线分割的。三个过渡段长度分别按下列各式计算：

$$\begin{cases} D_{tr1}=\dfrac{D_{tr}}{3}+\dfrac{v}{1.8} \\ D_{tr2}=\dfrac{2v}{1.8} \\ D_{tr3}=\dfrac{3v}{1.8} \end{cases} \tag{15-6}$$

过渡段亮度是按亮度适应曲线的简化递减的，可按表 15-7 取值。

表 15-7 过渡段亮度

照明段	tr_1	tr_2	tr_3
亮度	$L_{th1}=0.15L_{th}$	$L_{th2}=0.05L_{th}$	$L_{th3}=0.02L_{th}$

各过渡段的长度与计算行车速度有关，按表 15-8 取值。

表 15-8 各过渡段的长度

计算行车速度 v_t/(km/h)	D_{tr1}/m	D_{tr2}/m	D_{tr3}/m
100	106	111	167
80	72	89	133
60	44	67	100
40	26	44	67

（4）中间段

中间段照明主要是为了保证车辆的安全行驶，其所需要的亮度是由行车速度和路面的反射条件决定的。表 15-9 所示为 CIE 对隧道中间段照明的推荐亮度。它是以刹车距离和交通密度为依据给出的。表 15-10所示是日本隧道照明标准对隧道中间段照明的推荐亮度，表 15-11所示是我国对隧道中间段照明的推荐亮度。

表 15-9 CIE 对隧道中间段照明的推荐亮度 （单位：cd/m^2）

刹车距离/m	交通密度/(辆/h)		
	<100	100～1000	>1000
60	1	2	3
100	2	4	6
160	5	10	15

表 15-10 日本隧道照明标准对隧道中间段照明的推荐亮度

车速/($km\cdot h^{-1}$)	平均亮度/($cd\cdot m^{-2}$)	换算成平均照度/lx	
		混凝土路面	沥青路面
100	9.0	120	200
80	4.5	60	100
60	2.3	30	50
40	1.5	20	35

注：平均亮度的换算系数，混凝土路面为 13，沥青路面为 22。

表 15-11 我国隧道中间段亮度 L_{in} （单位：cd/m²）

设计速度 v_t/(km/h)	L_{in}		
	单向交通		
	$N \geqslant 1200$ veh/(h·ln)	350 veh/(h·ln) $< N <$ 1200 veh/(h·ln)	$N \leqslant 350$ veh/(h·ln)
	双向交通		
	$N \geqslant 650$ veh/(h·ln)	180 veh/(h·ln) $< N <$ 650 veh/(h·ln)	$N \leqslant 180$ veh/(h·ln)
120	10.0	6.0	4.5
100	6.5	4.5	3.0
80	3.5	2.5	1.5
60	2.0	1.5	1.0
20～40	1.0	1.0	1.0

注：1. 当设计速度为 100 km/h 时，中间段亮度可按 80 km/h 对应亮度取值。
2. 当设计速度为 120 km/h 时，中间段亮度可按 100 km/h 对应亮度取值。
3. 对于行人与车辆混合通行的隧道，中间段亮度不应小于 2.0 cd/m²。

研究表明，当单向交通且通过隧道的行车时间超过 135 s 时，考虑驾驶员有充分的适应（过渡）时间，CIE 建议 L_{in} 可适当降低。因此，当单向交通且通过隧道的行车时间超过 135 s 时，隧道中间段可分为两个区段，与之对应的长度及亮度可按表 15-12 取值。

表 15-12 中间段分区段设置的长度及亮度取值

项目	长度/m	亮度/(cd/m²)	备注
中间段第一区段	设计速度下的 30 s 行程	L_{in}	
中间段第二区段	余下的中间段长度	$0.8L_{in}$，且不低于 1.0 cd/m²	
		$0.5L_{in}$，且不低于 1.0 cd/m²	采用连续光带布灯方式，或隧道壁面反射系数不小于 0.7 时

隧道内紧急停车带宜采用荧光灯光源，其照明亮度应大于 7 cd/m²，隧道内连接通道亮度应大于2 cd/m²。

中间段照明灯具的布置可采用中线布置、中线侧偏单光带布置、两侧交错布置和两侧对称布置 4 种基本布灯形式。中间段照明灯具宜满足闪烁频率低于 2.5 Hz 或高于 15 Hz 的要求。

路面亮度总均匀度应不低于表 15-13 所示的值，路面中线亮度纵向均匀度应不低于表 15-14 所示的值。

表 15-13 路面亮度总均匀度 U_0

设计交通量 N/[veh/(h·ln)]		U_0
单向交通	双向交通	
≥1200	≥650	0.4
≤350	≤180	0.3

注：当交通量为其中间值时，按内插法确定。

表 15-14 亮度纵向均匀度 U_1

设计交通量 N/[veh/(h·ln)]		U_1
单向交通	双向交通	
≥1200	≥650	0.6
≤350	≤180	0.5

注：当交通量为其中间值时，按内插法确定。

(5) 出口段

在单向交通隧道中，应设置出口段照明。出口段长度宜取 60 m，亮度宜取为中间段亮度的 5 倍。

在双向交通隧道中，两端均为出入口，两端的照明情况完全相同，可不设出口段照明。

从出口段的眩光问题上看，朝东或朝西的出口，在日出、日落时阳光可能直接贯入隧道，形成强烈的直接眩光。为了避免这种现象的发生，出口段则应作适当的处理。其方法主要有两个：在洞内出口段设置曲线，或在洞外设置曲线段并作遮挡。前者在出口段设曲线后阳光不会直接贯入隧道，即使有射入的阳光也会照射在墙上，经反射后可以增加出口段亮度，使驾驶员有适应的亮度条件和时间。如果设置曲线后，出口段方向刚好正对一座山，则最为理想。后者在出口段引道上设置曲线，并在曲线外侧设置挡墙、种植高大长青乔木等，以挡住直射的阳光。

(6) 隧道曲线段照明

隧道曲线段照明灯具的布置应符合下列要求：①应为驾驶员提供良好的诱导性；②平曲线半径不小于1000 m的曲线段，其照明灯具可参照直线路段布置；③平曲线半径小于1000 m的曲线段采用侧偏单光带布灯方式时，灯具应沿曲线外侧布置，并应减小灯具的间距，其间距宜为直线路段灯具间距的50%～70%(图 15-7)，半径越小则间距应越小；④平曲线半径小于1000 m的曲线段采用两侧布灯方式时，宜采用对称布置。

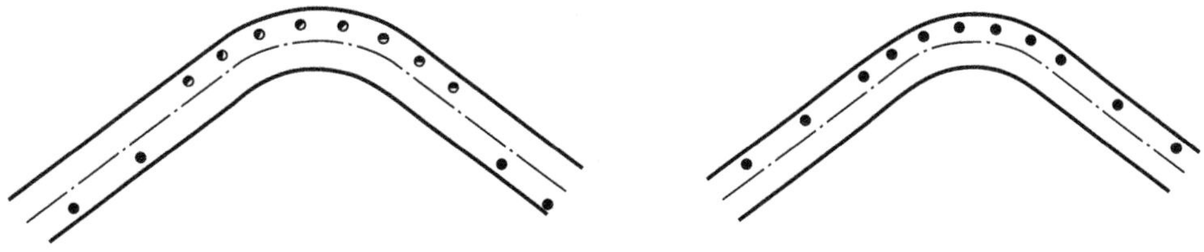

(a)　　(b)

图 15-7　曲线段采用侧偏单光带灯具布置示意图

(a) 右侧偏单光带灯具布置示意图；(b) 左侧偏单光带灯具布置示意图

在反向曲线路段上，宜在固定的一侧设置灯具，发生视线障碍时可在曲线段外侧增设灯具(图 15-8)。

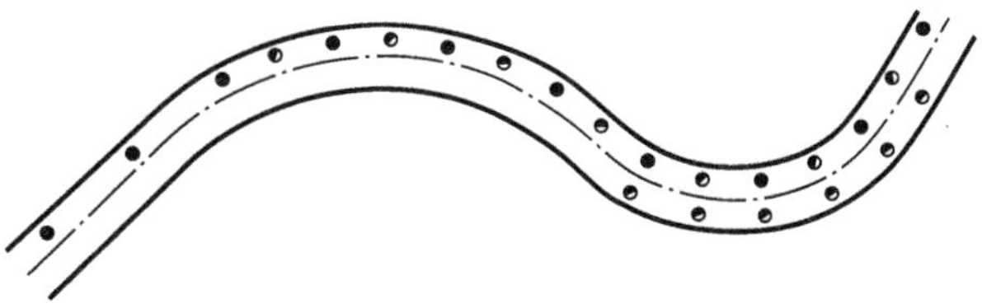

图 15-8　反向曲线段上的灯具布置示意图

此外，在隧道内分岔口、交叉口等交通复杂路段的照明应适当加强，并应为驾驶员提供良好的诱导性。

(7) 紧急停车带和横通道照明

由于紧急停车带上经常进行车辆检修，故紧急停车带照明宜采用显色指数高的光源，其照明亮度不应低于 4.0 cd/m^2。横通道亮度不应低于 1.0 cd/m^2。

(8) 应急照明

当日常的照明电源出现故障或停电时，利用不间断应急电源为照明系统的应急灯具供电，保证提供最低的亮度水平。应急照明灯具在隧道正常运营时兼作基本照明灯具，是基本照明的一部分，处于长期开启状态。相关规范要求长度大于 500 m 的高速公路隧道应设置不间断照明供电系统；长度大于 1000 m 的其他等级公路隧道应设置应急照明系统，并保证照明中断时间不超过 0.3 s，维持时间不短于 30 min。

为配合启用应急照明，应在洞外一定距离处设置信号灯或可变信息板显示警告信息。启用应急照明时，洞内路面亮度应不小于表 15-11 所列中间段亮度的 10%，并不低于 0.2 cd/m^2。高速公路长隧道和长度大于 2000 m 的其他等级公路隧道应设置疏散照明。横通道照明应作为应急照明考虑，平时处于关闭状态，仅在紧急情况下或使用横通道时开启。

【例 15-1】　某隧道长 2500 m，隧道路面宽度 $W=10.8$ m，断面高度 $h=7.8$ m，隧道为单向交通；设计速度 $v_t=80$ km/h，设计交通量 $N=750$ 辆/(h · ln)；洞内为水泥混凝土路面，洞外亮度(亮环境) $L_{20}(S)=2980$ cd/m^2，平均亮度与平均照度间的关系系数为 10；采用高压钠灯，灯具额定光通量可参照表 15-15 取值。

表 15-15 **灯具额定光通量取值参考表**

灯具功率/W	灯具额定光通量 Φ/lm
400	48000
250	28000
150	16000
100	9000
70	6000

试确定该隧道以下照明参数：

① 隧道各照明区段的路面亮度；

② 隧道各照明区段的灯具布置；

③ 设置该隧道照明系统。

【解】 (1)路面亮度计算

① 中间段亮度：由表 15-11 可得 $L_{in}=2.5\ \text{cd/m}^2$。

② 入口段亮度。

$$L_{th1}=kL_{20}(S)=0.030\times2980=89.4(\text{cd/m}^2)$$

$$L_{th2}=0.5kL_{20}(S)=0.5\times89.4=44.7(\text{cd/m}^2)$$

③ 过渡段亮度。

$$L_{tr1}=0.15L_{th1}=0.15\times89.4=13.4(\text{cd/m}^2)$$

$$L_{tr2}=0.05L_{th1}=0.05\times89.4=4.5(\text{cd/m}^2)$$

$$L_{tr3}=0.02L_{th1}=0.02\times89.4=1.78(\text{cd/m}^2)<2.5\ \text{cd/m}^2$$

故可不设置过渡段的 tr_3 段照明。

④ 出口段亮度。

$$L_{ex1}=3L_{in}=3\times2.5=7.5(\text{cd/m}^2)$$

$$L_{ex2}=5L_{in}=5\times2.5=12.5(\text{cd/m}^2)$$

(2) 灯具布置计算

① 入口段。

a. 灯具布置间距。

入口段 1 选用 400 W 高压钠灯，采用两侧对称布置，则：

$$S=\frac{\eta\Phi M\omega}{WE_{av}}=\frac{\eta\Phi M\omega}{WI_{av}\times10}=\frac{0.55\times48000\times0.7\times2}{10.8\times78\times10}=4.39(\text{m})$$

取为 4.2 m。

入口段 2 选用 250 W 高压钠灯，采用两侧对称布置，则：

$$S=\frac{\eta\Phi M\omega}{WE_{av}}=\frac{\eta\Phi M\omega}{WI_{av}\times10}=\frac{0.55\times28000\times0.7\times2}{10.8\times39\times10}=5.12(\text{m})$$

取为 5.0 m。

b. 入口段长度。

$$D_{th}=1.154D_s-\frac{h-1.5}{\tan10^\circ}=1.154\times100-\frac{7.8-1.5}{\tan10^\circ}=79.67(\text{m})$$

入口段 1 长度为：

$$D_{th1}=0.5D_{th}=0.5\times79.67\approx40(\text{m})$$

入口段 2 长度为：

$$D_{th2}=0.5D_{th}=0.5\times79.67\approx40(\text{m})$$

② 过渡段。

a. 灯具布置间距。

过渡段 1 选用 100 W 高压钠灯，采用两侧对称布置，则：

$$S = \frac{\eta \Phi M \omega}{W E_{av}} = \frac{\eta \Phi M \omega}{W I_{av} \times 10} = \frac{0.55 \times 9000 \times 0.7 \times 2}{10.8 \times 11.7 \times 10} = 5.48(\mathrm{m})$$

取为 5.4 m。

过渡段 2 选用 100 W 高压钠灯，采用两侧交错布置，则：

$$S = \frac{\eta \Phi M \omega}{W E_{av}} = \frac{\eta \Phi M \omega}{W I_{av} \times 10} = \frac{0.55 \times 9000 \times 0.7 \times 2}{10.8 \times 3.9 \times 10} = 16.45(\mathrm{m})$$

单侧灯具间距取为 16 m。

b. 过渡段长度：$D_{tr1} = 72$ m，$D_{tr2} = 89$ m。

③ 中间段。

选用 100 W 高压钠灯，采用中线侧偏单光带布置，则灯具布置间距为：

$$S = \frac{\eta \Phi M \omega}{W E_{av}} = \frac{\eta \Phi M \omega}{W I_{av} \times 10} = \frac{0.55 \times 9000 \times 0.7 \times 1}{10.8 \times 2.5 \times 10} = 12.83(\mathrm{m})$$

鉴于路面亮度总均匀度应不小于 0.3，路面中线亮度纵向均匀度不小于 0.5，故取灯具布置间距为 8.0 m。

④ 出口段。

a. 灯具布置间距。

出口段 1 选用 100 W 高压钠灯，采用两侧对称布置，则：

$$S = \frac{\eta \Phi M \omega}{W E_{av}} = \frac{\eta \Phi M \omega}{W I_{av} \times 10} = \frac{0.55 \times 9000 \times 0.7 \times 2}{10.8 \times 7.5 \times 10} = 8.56(\mathrm{m})$$

取为 8.0 m。

出口段 2 选用 100 W 高压钠灯，采用两侧对称布置，则：

$$S = \frac{\eta \Phi M \omega}{W E_{av}} = \frac{\eta \Phi M \omega}{W I_{av} \times 10} = \frac{0.55 \times 9000 \times 0.7 \times 2}{10.8 \times 12.5 \times 10} = 5.13(\mathrm{m})$$

取为 5.0 m。

b. 出口段长度：$D_{ex1} = 30$ m，$D_{ex2} = 30$ m。

(3)隧道照明系统设置

隧道照明系统设置见表 15-16。

表 15-16 **隧道照明系统设置(单洞)**

项目		长度/m	灯具型号	布置方式	单侧灯具间距/m	路面亮度/(cd/m^2)	数量/盏	功率/kW
强照明	入口段 1L_{th1}	42	400 W 高压钠灯	两侧对称布置	4.2	89.4	22	8.8
	入口段 2L_{th2}	40	250 W 高压钠灯		5.0	44.7	16	4.0
	过渡段 1L_{tr1}	70.2	100 W 高压钠灯		5.4	13.4	26	2.6
	过渡段 2L_{tr2}	96	100 W 高压钠灯	两侧交错布置	16	4.5	12	1.2
	出口段 1L_{ex1}	32	100 W 高压钠灯	两侧对称布置	8.0	7.5	8	0.8
	出口段 2L_{ex1}	30	100 W 高压钠灯		5.0	12.5	14	1.4

续表

项目	长度/m	灯具型号	布置方式	单侧灯具间距/m	路面亮度/(cd/m²)	数量/盏	功率/kW
中间段 L_{in}	2137.8	100 W 高压钠灯	中线侧偏单光带	8.0	2.5	311	31.1
应急照明		100 W 高压钠灯		24	≥0.8		
横通道		2×58 W 隧道专用荧光灯	中央布置	6.0	≥2.0		
紧急停车带		2×58 W 隧道专用荧光灯	单侧布置	4.0	≥5.0		
引道照明	130	250 W 高压钠灯路灯	单侧布置	25	1.0	14	3.0

【例 15-2】 某隧道长 300 m，其余条件与例 15-1 相同，试确定该隧道以下照明参数：

① 隧道各照明区段的路面亮度；

② 隧道各照明区段的灯具布置；

③ 设置该隧道照明系统。

【解】 (1) 路面亮度计算

由表 15-16 可得，中间段亮度 $L_{in}=2.5\ \text{cd/m}^2$；

入口段 1 亮度 $L_{th1}=5L_{in}=5\times2.5=12.5(\text{cd/m}^2)$；

入口段 2 亮度 $L_{th2}=5L_{in}\times0.5=5\times2.5\times0.5=6.3(\text{cd/m}^2)$；

不设置过渡段照明和出口段照明。

(2) 灯具间距计算

① 入口段。

a. 灯具布置间距。

入口段 1 选用 100 W 高压钠灯，采用中线侧偏单光带布置方式，则：

$$S=\frac{\eta\Phi M\omega}{WE_{av}}=\frac{\eta\Phi M\omega}{WI_{av}\times10}=\frac{0.55\times9000\times0.7\times1}{10.8\times12.5\times10}=2.57(\text{m})$$

灯具间距 S 取 2.5 m。

入口段 2 选用 100 W 高压钠灯，采用中线侧偏单光带布置方式，则：

$$S=\frac{\eta\Phi M\omega}{WE_{av}}=\frac{\eta\Phi M\omega}{WI_{av}\times10}=\frac{0.55\times9000\times0.7\times1}{10.8\times6.3\times10}=5.1(\text{m})$$

灯具间距 S 取 5.0 m。

b. 入口段长度。

$$D_{th1}=D_{th2}=\frac{1}{2}\left(1.154D_s-\frac{h-1.5}{\tan10^\circ}\right)=\frac{1}{2}\left(1.154\times100-\frac{7.8-1.5}{\tan10^\circ}\right)=39.84(\text{m})$$

入口段 1 及入口段 2 长度均取为 40 m。

② 中间段。

中间段选用 100 W 高压钠灯，采用中线侧偏单光带布置方式，则：

$$S=\frac{\eta\Phi M\omega}{WE_{av}}=\frac{\eta\Phi M\omega}{WI_{av}\times10}=\frac{0.55\times9000\times0.7\times1}{10.8\times2.5\times10}=12.83(\text{m})$$

鉴于路面亮度总均匀度应不小于 0.3，路面中线亮度纵向均匀度不小于 0.5，故灯具间距 S 取 8 m。

(3)隧道照明系统设置

隧道照明系统设置见表 15-17。

表 15-17 隧道照明系统设置(单洞)

项目	长度/m	灯具型号	布置方式	单侧灯具间距/m	路面亮度/(cd/m^2)	数量/盏	功率/kW
入口段加强照明 L_{th1}	40	100 W 高压钠灯	中线侧偏单光带	2.5	12.5	17	1.7
入口段加强照明 L_{th2}	40	100 W 高压钠灯	中线侧偏单光带	5.0	6.3	8	0.8
中间段 L_{in}	180	100 W 高压钠灯	中线侧偏单光带	8	2.5	33	3.3
引道照明	130	250 W 高压钠灯路灯	单侧布置	25	1.0	14	3.0

我国相关规范规定，长度大于 200 m 的高速公路隧道、一级公路隧道及长度为 100～200 m 的高速公路隧道应设置照明。这是否可以认为长度小于上述规定的隧道就无需设置照明呢？这个问题需要结合隧道平、纵线形和隧道结构具体分析。

由于隧道洞口纵坡和平曲线半径的不同，对驾驶员在位于行车道中线、1.50 m 的高度、距隧道入口 1 倍照明停车视距的位置不能看到出口曲线的隧道，即使隧道在长度方面属于短隧道，但仍需按长隧道设置照明，称之为“光学长隧道”。

在照明设计中，应根据隧道平曲线半径、隧道车道数及隧道设计速度等参数验算所设计隧道是否属于“光学长隧道”。其验算公式为：

$$L_{op}=\left[\arccos\left(\frac{R-W'/2}{R}\right)+\arccos\left(\frac{R-W'2}{R+W'/2}\right)\right]R-D_s$$

式中 L_{op}——“光学长隧道”长度，m；

R——隧道平曲线半径，m；

W'——隧道建筑限界净宽，m。

隧道平曲线可分为设超高的平曲线和不设超高的平曲线，技术指标应符合《公路路线设计规范》(JTG D20—2006)的有关规定。“光学长隧道”长度可根据不同类别隧道平曲线的曲线半径、不同的隧道车道数及不同的隧道设计速度进行计算，表 15-18～表 15-20 所示为可查用计算值。

表 15-18 不设超高且路拱小于 2%时的“光学长隧道”长度最小值

设计速度/(km/h)	60			80			100			120		
车道数	2 车道	3 车道	4 车道	2 车道	3 车道	4 车道	2 车道	3 车道	4 车道	2 车道	3 车道	4 车道
隧道宽度 W'/m	9.75	13.5	17.25	10.25	14	17.75	10.5	14.25	18	11	14.75	18.5
停车视距 D_s/m	56	56	56	100	100	100	158	158	158	210	210	210
平曲线最小半径 R/m	1500	1500	1500	2500	2500	2500	4000	4000	4000	5500	5500	5500
“光学长隧道”长度 L_{op}/m	235.81	287.30	331.99	286.34	351.46	408.27	336.66	418.22	489.57	383.72	477.48	—

表 15-19 不设超高且路拱大于 2%时的“光学长隧道”长度最小值

设计速度/(km/h)	60			80			100			120		
车道数	2 车道	3 车道	4 车道	2 车道	3 车道	4 车道	2 车道	3 车道	4 车道	2 车道	3 车道	4 车道
隧道宽度 W'/m	9.75	13.5	17.25	10.25	14	17.75	10.5	14.25	18	11	14.75	18.5
停车视距 D_s/m	56	56	56	100	100	100	158	158	158	210	210	210

续表

设计速度/(km/h)	60			80			100			120		
平曲线最小半径 R/m	1900	1900	1900	3350	3350	3350	5250	5250	5250	7500	7500	7500
"光学长隧道"长度 L_{op}/m	272.46	330.43	380.75	347.25	422.66	488.45	408.74	—	—	483.35	—	—

表 15-20 设超高时的"光学长隧道"长度最小值

设计速度/(km/h)	60			80			100			120		
车道数	2 车道	3 车道	4 车道	2 车道	3 车道	4 车道	2 车道	3 车道	4 车道	2 车道	3 车道	4 车道
隧道宽度 W'/m	9.75	13.5	17.25	10.25	14	17.75	10.5	14.25	18	11	14.75	18.5
停车视距 D_s/m	56	56	56	100	100	100	158	158	158	210	210	210
平曲线最小半径一般值 R/m	200	200	200	400	400	400	700	700	700	1000	1000	1000
"光学长隧道"长度 L_{op}/m	50.20	68.78	84.85	54.27	80.16	102.71	48.73	82.73	112.44	42.98	82.86	117.88

15.3 隧道照明计算 >>>

隧道照明计算包括：路面任一点的照度、平均照度的计算，任一点的亮度、平均亮度、亮度均匀度及眩光的计算。

15.3.1 照度计算

隧道路面照度计算方法有多种，可利用灯具的光强分布表、系数曲线图、等光强(曲线)图、亮度产生曲线图等光度数据计算；还可利用计算机进行数值计算。这里简要介绍隧道照明中常用的照度计算方法。

(1) 利用光强分布表的数值计算方法

① 某一灯具在洞内路面计算点产生的水平照度可按式(15-7)计算：

$$E_{pi} = \frac{I_{c\gamma}}{H^2}\cos^3\gamma \frac{\Phi}{1000}M \tag{15-7}$$

式中 E_{pi}——灯具在洞内路面计算点 p 产生的水平照度，lx；

γ——p 点对应的灯具光线入射角，(°)；

$I_{c\gamma}$——灯具在计算点 p 的光强值，cd，按灯具光强表(表 14-3)取值；

M——灯具的养护系数，无资料时可取 0.6～0.7；

Φ——灯具额定光通量，lm；

H——灯具光源中心至路面的高度，m。

② 数个灯具在计算点所产生的水平照度可按式(15-8)计算：

$$E_p = \sum_{i=1}^{n} E_{pi} \tag{15-8}$$

式中 E_p——p 点的水平照度，lx；

n——灯具数量，计算时可取计算区域前后各一组灯，为 2～4 个。

③ 按式(15-9)计算路面平均水平照度：

$$E_{av}=\frac{\sum_{i=1}^{m}E_{pi}}{m} \tag{15-9}$$

式中 E_{av}——路面平均水平照度，lx；

m——计算区域内计算点的总数。

(2) 利用系数曲线图计算方法

在道路照明中，灯具射出的光只有一部分能直接到达路面上，其数量可以利用系数曲线图(图 15-9)提供的利用系数曲线来确定。系数曲线图是按道路宽度编制的，并以灯具的安装高度为基数制成的能适应各种安装高度的图。道路照明灯具的利用系数 η 定义为可利用光通量 Φ_u(到达路面的光通量)与光源发出的光通量 Φ 之比，即$\eta=\frac{\Phi_u}{\Phi}$。

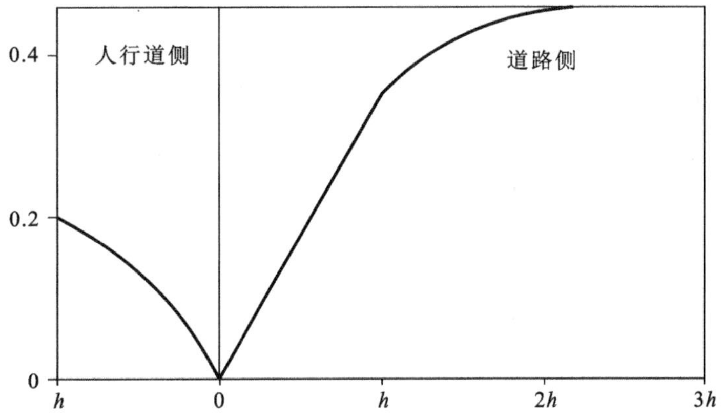

图 15-9 典型的利用系数曲线图

道路断面的 η 值可由图 15-9 读得。已知 η 后，即可按式(15-10)算出道路的平均照度：

$$E_{av}=\frac{\Phi_u n}{A}MN=\frac{n\eta\Phi}{WSn}MN=\eta\frac{\Phi}{WS}MN \tag{15-10}$$

式中 η——被考查道路断面的灯具的利用系数；

Φ——灯具内光源的光通量，lm；

N——灯具布置系数，对称布置时取 2，交错及中线布置时取 1；

W——道路的宽度，m；

S——灯具的安装间距，m；

n——灯具数量；

A——道路面积，m^2。

$$\eta_1=SL_{av}\frac{x}{q_0\Phi}$$

式中 η_1——道路上纵向条带上的亮度产生系数；

S——灯具间距，m；

L_{av}——纵向条带上的路面平均亮度，cd/m^2；

x——纵向条带宽度，m；

q_0——道路的平均亮度系数；

Φ——裸灯光通量，lm。

【例 15-3】 某隧道基本照明数据如表 15-21 所示，试利用系数曲线图方法计算路面平均照度。

表 15-21 基本照明数据

光源	高压钠灯	路面类型	水泥路面
功率	100 W	路面宽度	8.5 m
灯具		灯具安装方式	双侧交错，间距为 6 m，高度为 4 m，仰角为 10°
养护系数	0.7	观测点位置	距路面边缘 1/4 路面宽度处
光通量	8180 lm	计算区域	纵向长度 S=6 m，宽度 W=8.5 m
灯具数量	4 个	计算点数	纵向 7 点(间距为 1 m)，横向 5 点(间距为 2.125 m)

【解】 将 $W=8.5$ m、$S=6$ m、$\Phi=8180$ lm、$M=0.7$、$N=1$、$\eta=0.4$ 代入式(15-10)，则路面平均照度为：

$$E_{av}=\frac{0.4\times8180\times0.7}{8.5\times6}=44.9(\text{lx})$$

(3) 利用相对等照度曲线图计算方法

① 在相对等照度曲线图上确定计算区域内有影响的灯具排列线到计算点的横向距离(以安装高度的倍数表示)和纵向距离。

② 在相对等照度曲线图上读出各盏灯相对计算点的相对照度值。

③ 将各盏灯的相对照度值相加，求得计算点的照度值。

【例 15-4】 某隧道道路路宽 W=8 m，采用双侧布灯，灯具安装高度 h=10 m，灯杆间距 S=8 m，灯具仰角为 0°，见图 15-10。提供灯具仰角为 0°时的相对等照度曲线图(图 15-11)，采用 NG250 高压钠灯光源(光通量为 22500 lm)，求图 15-10 中 P 点的照度。

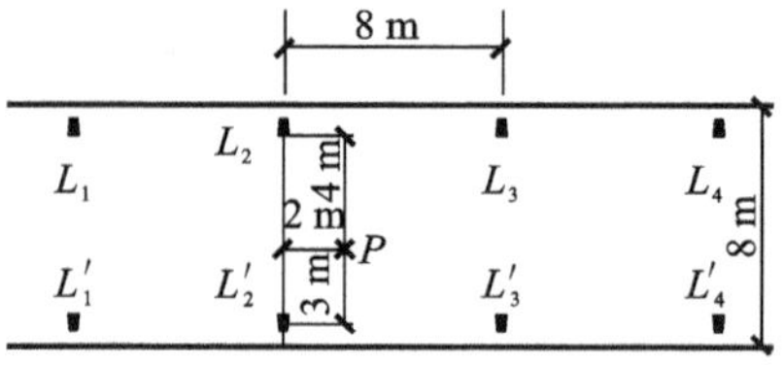

图 15-10 道路几何尺寸、灯具布置和计算点的位置图

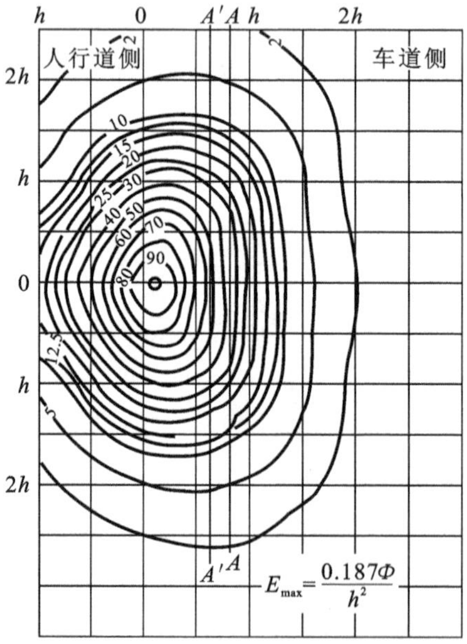

图 15-11 灯具仰角为 0°时的相对等照度曲线图

【解】 ① 确定自L_1、L_2、L_3灯具排列线到P点的横向距离(以安装高度的倍数表示):$d=4\ \text{m}=4\ h/5=0.8h$;

在相对等照度曲线图上画一条与纵轴平行、距灯具排列线(0线)为$0.8h$的直线AA。

同理,自L'_1、L'_2、L'_3灯具排列线到P点的横向距离$d=3\ \text{m}=3\ h/5=0.6h$;

在相对等照度曲线图上画一条与纵轴平行、距灯具排列线(0线)为$0.6h$的直线$A'A'$。

② 确定每个灯具到计算点P的纵向距离(以安装高度的倍数表示)。

$L_1L'_1$到P点:$l_1=10\ \text{m}=10h/5=2h$;

$L_2L'_2$到P点:$l_2=2\ \text{m}=2h/5=0.4h$;

$L_3L'_3$到P点:$l_3=6\ \text{m}=6h/5=1.2h$;

$L_4L'_4$到P点:$l_4=14\ \text{m}=14h/5=2.8h$。

从图15-11可见$L_4L'_4$到P点距离太远,对P点照度的贡献可忽略不计。

沿直线AA和$A'A'$根据计算所得的各个灯具到P点的纵向距离l_1、l_2、l_3,标出P点相对于各个灯具的位置L_1、L_2、L_3、L'_1、L'_2、L'_3。

注:图中的位置标出是不严密的,如果灯具配光是完全对称的,可以按图中的标出,否则应严格按照P点与各个灯具的相对位置标出。

③ 读出在这6个点上的相对照度值,计算P点上的总照度:

$$E_{L1}=5\%E_{\max}(\text{大约}),\quad E_{L2}=35\%E_{\max}(\text{大约}),\quad E_{L3}=15\%E_{\max}(\text{大约})$$

$$E_{L1}'=6\%E_{\max}(\text{大约}),\quad E_{L2}'=50\%E_{\max}(\text{大约}),\quad E_{L3}'=19\%E_{\max}(\text{大约})$$

$$E_P=E_{L1}+E_{L2}+E_{L3}+E_{L1}'+E_{L2}'+E_{L3}'=E_{\max}\times(0.05+0.35+0.15+0.06+0.5+0.19)=1.3E_{\max}$$

按照图中的计算公式:

$$E_{\max}=\frac{0.187\Phi}{h^2}=\frac{0.187\times22500}{10^2}=42.1(\text{lx})$$

则$E_P=1.3\times42.1=54.7(\text{lx})$。

15.3.2 亮度计算

(1) 隧道路面亮度的影响因素

隧道路面亮度除了与照明灯具直接有关外,驾驶员观察位置的高度及路面材料的反射性能对隧道路面亮度的影响也是非常大的。隧道路面亮度计算中用亮度系数q来表示路面反光性能。亮度系数q的概念是:路面上某点的亮度和该点的水平照度之比,即$q=L/E$。它除了与路面材料有关外,还取决于观察者和光源相对于路面所考查的那一点的位置,即$q=q(\beta,\gamma)$。其中,β为光的入射平面和观察平面之间的夹角,γ为入射光线的投射(高度)角。

当路面为完全散射面时,$q_P=\rho/(100\ \pi)$,其中ρ为路面的反光特性值。通常,路面兼有散射和镜面反射两种特性,因而q_P值可因光源、测定点和观察者的几何位置不同而不同(图15-12)。图15-12中,P为测定点,α为(与水平面的)观测角,β为光的入射面和观测面的夹角,γ为光的入射角,δ为观测面和道路轴线的夹角,c为光线投射的水平角。

在隧道道路照明设计中,路面反射特性可以准确地用如下3个容易测量的值表示,即平均亮度系数q_0、镜面系数S_1和S_2。q_0决定反射水平,S_1和S_2决定光泽度。

$$q_0=\frac{\int^{\Omega}q_P\,\mathrm{d}w}{\int^{\Omega}\mathrm{d}w},\quad S_1=\frac{q(0°,63.4°)}{q(0°,0°)},\quad S_2=\frac{q_0}{q(0°,0°)}$$

式中,$q(0°,63.4°)$为在$\beta=0°$、$\gamma=63.4°$时的值;$q(0°,0°)$为在光源正下方$\beta=0°$、$\gamma=0°$时的值。

CIE第30号文件规定r是由β和$\tan\gamma$决定的,并制成表格。这样r表就完整地反映了路面的反射特性。同时CIE使用三个描述参数来概括描述路面的反射特性,并用它们来对路面进行分类。这三个参数分别为平均亮度系数q_0,镜面系数S_1,S_2。平均亮度系数是在一定立体角内测定的亮度系数的平均值,通常可以由r表计算获得;S_1是路面镜面度的一个指标,S_1越大,表示表面的镜面度越高。

由于道路的磨损、破裂及天气变化,所有路面各部位的反光性能都有所差别。因此,从实用和简化计算的目的出发，欧美国家在20世纪60年代就对各种路面亮度系数进行研究，将大量路面分为几种标准路面类型。根据路面的平均亮度系数 q_0 和镜面系数 S_1，国际上对干燥路面的分类有三种，即R、N和C系列，如表15-22所示为R系列。R系列主要是根据欧洲一些国家，如荷兰、比利时、德国等的路面样品进行测试后得出的；N系列是根据丹麦、瑞典等国的路面样品进行测试后得出的。CIE的原道路照明委员会以微弱多数通过决定推荐R系列。C系列是CIE和国际道路代表大会常设委员会(PIARC)在1984年的联合技术报告《道路表面和照明》中共同推出的，而且给出了它们各自的 r 表。我国目前在道路照明设计中采用的是CIE推荐的R系列。

表15-22给出了CIE规定的各类标准路面的反射特性及 S_1 的范围。

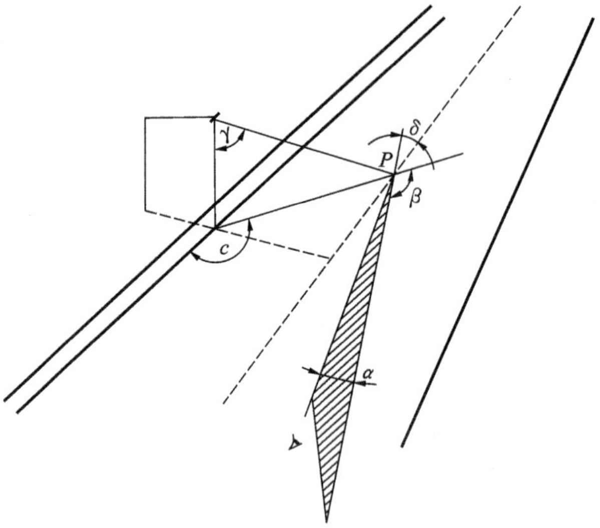

图15-12 测定反射特性的几何位置关系

表15-22

路面反射特性

标准路面	镜面系数	标准值		q_0	反射类型
		S_1	S_2		
R_1	$S_1<0.45$	0.25	1.53	0.10	接近扩散
R_2	$0.45\leqslant S_1<0.85$	0.58	1.80	0.07	轻微扩散
R_3	$0.85\leqslant S_1<1.35$	1.11	2.38	0.07	轻微定向扩散
R_4	$S_1\geqslant 1.35$	1.55	3.03	0.08	定向反射

不具备实测条件时，可以根据表15-23确定路面类型。

表15-23

路面类型表

路面类型	特征
Ⅰ	至少含有15%的人造发亮材料或30%的异常发亮的钙长石的柏油路面； 含有碎料的筛面材料盖住80%的路面，碎料主要由人造发亮材料或100%由异常发亮的钙长石组成； 混凝土路面
Ⅱ	筛面纹理粗糙，且含有通常的集料； 包含10%～15%人造发亮材料的柏油路面； 富含(大于60%)尺寸不小于10 mm的砾石的粗糙柏油混凝土； 新铺设的胶黏柏油路面
Ⅲ	含有尺寸不大于10 mm的砾石的柏油混凝土(冷柏油、胶黏柏油)，但纹理粗糙(和砂纸相似)； 表面层已经磨光，但纹理粗糙
Ⅳ	使用了几个月以后的胶黏柏油路面，路面相当光滑或纹理经过加工

(2) 隧道路面亮度计算条件

CIE 推荐隧道路面亮度计算应满足下列条件：

① 计算区域尺寸不小于灯具间距。

② 观察点距计算区域的距离取 60～160 m，距路面边缘为 1/4 路面宽度，距路面高度为 1.5 m。

③ 计算区域内纵向计算点间距不宜大于 1.0 m，横向计算点应不少于 5 点。

④ 计算灯具应包括计算区域前后各一组，为 2～4 个。

⑤ 为保证计算精度，且符合计算平均照度、亮度特别是亮度均匀度与纵向均匀度的要求，计算区域内必须有足够的计算点数量，并且车道中心线上应布点。

上述计算条件取 60～160 m 的路面，是驾驶者从纵向观察的注视范围。设计者和制造商应当保证灯具与安装高度的配合，能保证光源不会进入眩光区。CIE 将其定为 20°，它有两个含义，一是灯具的保护角必须满足该要求，二是从车辆的驾驶位置上注视前方时车辆顶棚的遮光角必须满足该要求。

CIE 根据需要进行计算的类型来确定横向观察点，除纵向均匀度之外，对于其他所有参数的计算和测量均认定观察者的观察位置为靠近路缘侧的 1/4 车道宽度的点上。而纵向均匀度则认定观察者的观察位置为各车道的中心线上。

有研究者按不同的横向位置计算了以上各值。其结果表明，对于观察者来说，在相对于认定的标准位置而言的其他位置上观察时，亮度水平和均匀度的偏差不大于 10%，影响不大。由改变横向观察位置引起的视角变化对眩光有较大的影响，可达 60%以上。

(3) 用亮度输出曲线计算隧道路面亮度

使用亮度输出曲线计算隧道路面亮度是最简捷的方法，所依据的公式是：

$$L_{av}=\eta_1 q_0 \frac{\phi_1}{SW} \tag{15-11}$$

式中 η_1——亮度输出曲线；

ϕ_1——光源光通量，lm；

S——照明器的间距，m；

W——路宽度，m；

q_0——路面平均亮度系数，cd・m²/lx。

考虑维护系数 M 后，式(15-11)可以写为：

$$L_{av}=\eta_1 q_1 \frac{\phi_1}{SW} \tag{15-12}$$

上述介绍的利用系数曲线图计算方法和相对等照度曲线图计算方法只能粗略估算隧道路面的照度，通常用于隧道照明设计的可行性研究和初步设计阶段进行方案研究。要精确反映隧道各个照明区段在不同工况下路面计算区域内各点的照度和亮度，需要应用数值计算方法。以下简要介绍隧道照明数值计算方法的流程。

① 确定计算区域范围，如图 15-13 所示。

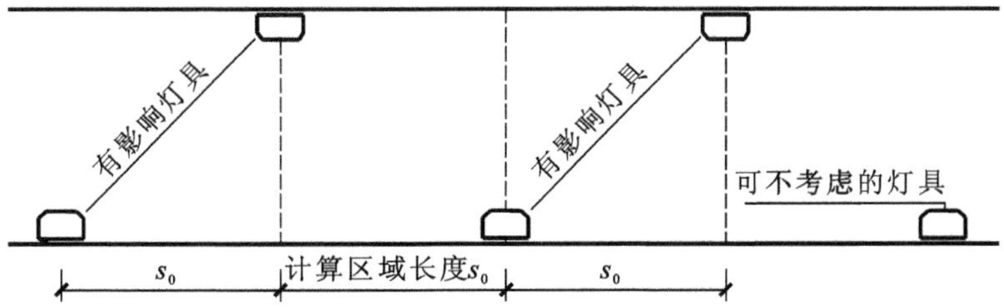

图 15-13 计算区域

② 隧道路面亮度计算步骤。

a. 某灯具在路面计算点产生的亮度可按下式计算：

$$L_{pi} = \frac{I_{c\gamma}}{h^2} r(\beta,\gamma) \tag{15-13}$$

式中 L_{pi}——灯具 i 在计算点 p 产生的亮度，cd/m^2；

$r(\beta,\gamma)$——简化亮度系数，根据路面材料性质查附表1、附表2；

β——观察面与光入射面之间的夹角。

b. 数个灯具在计算点产生的亮度可按式(15-14)计算：

$$L_p = \sum_{i=1}^{n} L_{pi} \tag{15-14}$$

式中 L_p——p 点的亮度，cd/m^2。

计算区域内路面的平均亮度可按式(15-15)计算：

$$L_{av} = \frac{\sum_{i=1}^{m} L_p}{m} \tag{15-15}$$

式中 L_{av}——计算区域内路面的平均亮度，cd/m^2。

c. 计算亮度均匀度。

路面亮度总均匀度可按式(15-16)计算：

$$U_0 = \frac{L_{min}}{L_{av}} \tag{15-16}$$

式中 U_0——路面亮度总均匀度；

L_{min}——计算区域内路面最小亮度，cd/m^2。

d. 计算路面中线亮度纵向均匀度。

$$U_1 = \frac{L'_{min}}{L'_{max}} \tag{15-17}$$

式中 U_1——路面中线亮度纵向均匀度；

L'_{min}——路面中线最小亮度，cd/m^2；

L'_{max}——路面中线最大亮度，cd/m^2。

e. 检查是否符合规范和设计要求，如果不符合，则调整照明器具参数、灯具布置方式或灯具间距参数后重新计算，直至满足规范和设计要求为止。

15.4 隧道照明计算软件简介

隧道照明计算中的照度、亮度计算工作量大、步骤烦琐，若用人工计算，效率低且极易出错。而在实际隧道照明设计中，根据前文所介绍的计算步骤和计算公式编写专门的隧道照明计算机程序来完成上述工作。采用计算机程序时同一隧道可以拟订的多种照明布置方案，并针对隧道每种照明布置方案计算隧道各照明区段在各种工况(如白天、阴天、多云、夜间等)下的亮度和照度，进而对隧道各种照明布置方案进行技术经济评价，最终确定最为经济合理的照明设计方案。目前，国内外用于隧道照明设计的计算机软件有许多种，如德国DIAL公司的“DIALux Tunnel”隧道照明计算软件等。本节以同济大学的道路及隧道照明系统辅助设计软件为例，简要介绍该软件的功能和使用方法。

15.4.1 软件的基本功能

道路及隧道照明系统辅助设计软件包括以下功能模块。

(1) 道路照明分析模块

道路照明分析模块在此不作介绍。

(2) 隧道照明分析模块

隧道照明分析模块可对隧道各照明区段的亮度、照度、路面亮度总均匀度、纵向均匀度、区段长度进行计算,绘制计算区域、布灯方式、计算点布置图及各点亮度和照度曲线图,并将灯具类型、规格、布灯方式,各计算点的照度和亮度,路面亮度总均匀度和纵向均匀度等计算结果编制成 rtf 格式的计算书。

① 区段亮度及长度。

区段亮度及长度计算对话框将完成隧道各照明区段亮度与长度的计算,可以实现按照交通量分级分析,并考虑白天四级调光(晴天、云天、阴天、重阴)及夜间两级调光(交通量较大、交通量较小)的工况,以达到照明系统耗电最经济的目的。

② 设置灯具回路及计算参数。

软件可以分别定义各个区段的灯具回路参数,即同一个回路在不同的照明区段内的参数可以是不一样的,这样就提供了最大程度的灵活性。灯具回路的定义包括灯具型号、安装方式、转角、起始安装侧、安装起讫里程范围等。对于两侧交错布置及两侧对称布置的灯具,可以设置绕隧道轴线的转角;对于沿中线布置的灯具,往往需要将光束集中朝汽车前进方向投向路面,以提高目标的背景亮度,使前进方向车辆或目标更容易辨认,因此可以设置绕横断面的转角。

③ 各区段照明计算流程:设置照明控制方案(各种天气条件和交通量条件下对应的回路开关方案)。

④ 选择计算区段计算。

⑤ 结果输出和绘图。

其包括图形和文字两种形式,图形形式主要是道路灯具平面布置图和计算区域逐点亮度、照度计算结果图,均为输出到 AutoCAD 的标准 dwg 文件;文字形式主要是输出 rtf 格式的计算报告,用户可以用 Word 等文字处理软件打开、查看及编辑。

(3) 灯具数据库维护

该软件采用北美照明工程师社区 IESNA(Illumination Engineering Society of North America)发行的灯具配光曲线电子文档格式,即 IES 推荐的配光资料电子版转换标准格式,并开发了数据接口用于读取 IES 文件。

15.4.2 本软件的特色

① 可以考虑多个照明回路,回路数量不受限制,并可以考虑人行横通道、车行横通道、紧急停车带等的灯具布置。

② 隧道照明分析模块可以对多种工况进行分析模拟,包括白天四级调光(晴天、云天、阴天、重阴)及夜间两级调光(交通量较大、交通量较小)。

③ 所有的计算结果均可以形成 rtf 格式的计算书,并可以绘制计算结果图、灯具布置图等。

15.4.3 软件主界面及基本操作

选择菜单:开始→程序→道路及隧道照明分析,出现如图 15-14 所示的对话框。

主界面的顶部是菜单和工具栏,包括了一些常用的操作。

软件以项目文件的方式来组织分析数据文件,一个项目文件可以包含众多路段,一个路段可以是某段道路(或桥梁),也可以是某座隧道。

导航栏(图 15-15)分成三个区域,从上到下依次为路段操作区域、分析流程导航区域及提示信息区域。

在路段操作区域中,点击树形控件的节点可以选择需要分析的路段,点击“删除”按钮可以删除某个路段。选择路段类型(道路或隧道),并输入路段名称后,点击“添加”按钮后可以添加照明分析路段。

分析流程导航区域主要也是一个树形控件，点击路段树形控件的节点后，根据选择的路段类型（道路或隧道），分析流程导航栏的项目会作相应调整。图 5-16 所示为隧道照明分析流程导航栏。点击导航栏中的项目后，主分析区会加载相应的操作对话框。

软件操作分析过程中产生的一些提示信息、出错信息会出现在底部的提示信息区域。

主界面的右侧是主要的操作区。

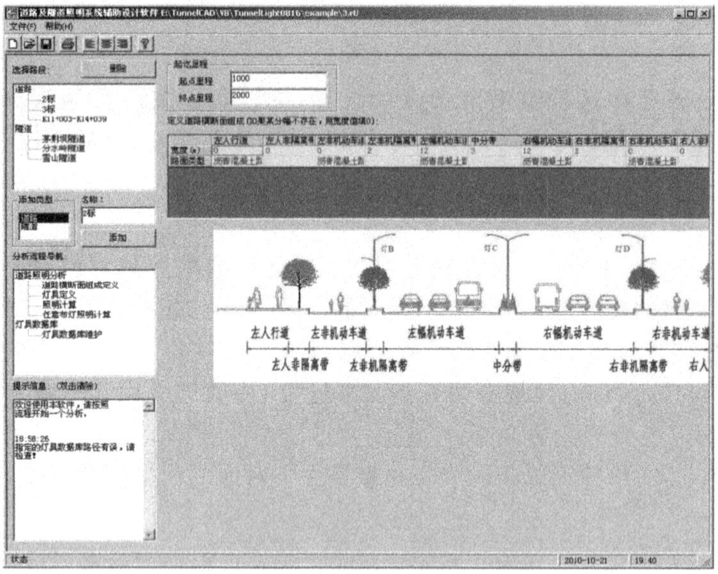

图 15-14　软件主界面

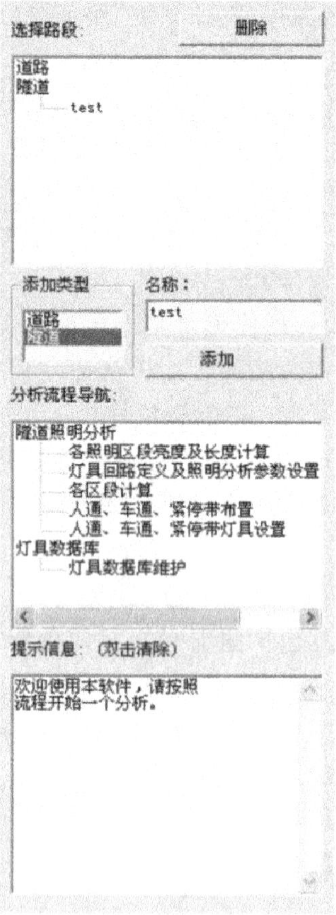

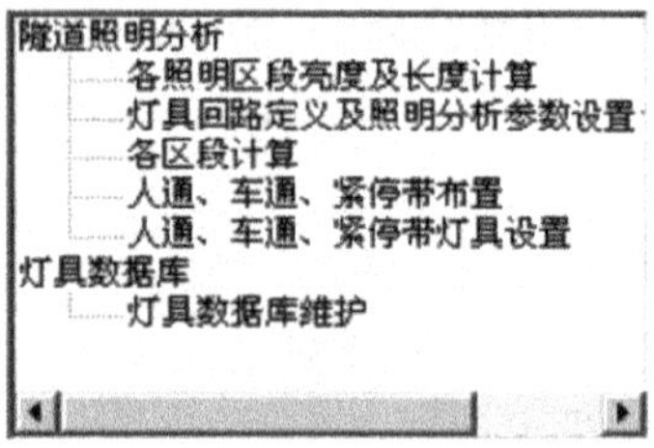

图 15-16　隧道照明分析流程导航栏

图 15-15　导航栏

15.4.4　使用约定

① 软件中，背景颜色类似于黄色的文本框，为需要输入信息的文本框；而背景颜色类似于白色的文本框由程序计算结果自动填充。

② 软件中很多地方都需要输入桩号，桩号在实际工程中通常以“KXXX＋YYY.ZZZ”的形式出现，但在本软件中，桩号以实数的形式输入，即以 XXXYYY.ZZZ 的形式输入，不需要输入“K”和“＋”。例如，桩号 K102＋25.23 在软件中则应输入 102 025.23。在输入时需要注意的是，加下画线的“0”不要输漏。

15.4.5　使用该软件进行隧道照明分析流程

① 在图 15-16 所示导航栏中点击“隧道照明分析”下的“各照明区段亮度及长度计算”后，出现如图 15-17 所示的对话框。

该对话框主要用于输入隧道照明分析所需的基本参数，划分各照明区段并计算各区段的亮度。各计算参数的含义可参见《公路隧道照明设计细则》(JTG/T D70/2-01—2014)。

本软件对单洞双向交通隧道的照明计算进行扩展，视隧道长度将照明区段划分为入口段、过渡段（过渡段 1、过渡段 2、过渡段 3）、中间段、过渡段（过渡段 3、过渡段 2、过渡段 1）、出口段共 9 段。根据不同的隧道长度，区段的数量会有所调整。

根据不同的调光方案及洞外亮度值，各区段的计算长度会有所不同，但是隧道内的灯具回路一旦安装后即固定不变。因此，本软件中算得的各区段长度是“白天-晴天”工况下的长度值。

选中□ 自动计算各区段的起讫里程 复选框后，每次计算后会重新计算各照明区段的起讫里程。如果不选中该复选框，用户也可以在自动计算的基础上手工修改这些里程，这样以后的计算分析都将基于手工修改的区段起讫里程数据。

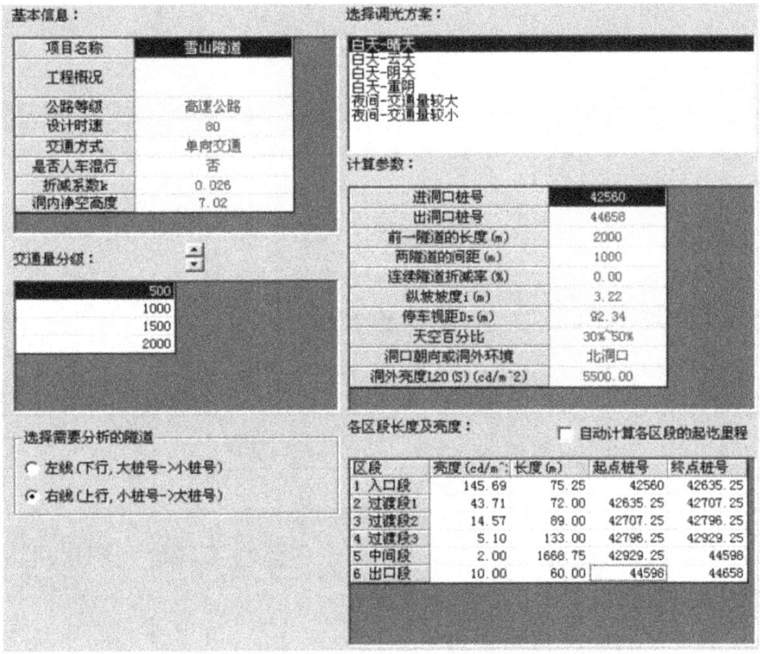

图 15-17　各照明区段亮度及长度计算对话框

② 在导航栏中点击“隧道照明分析”下的“灯具回路定义及照明分析参数设置”后，出现如图 15-18 所示的对话框。本对话框主要用于设置灯具回路及计算参数。

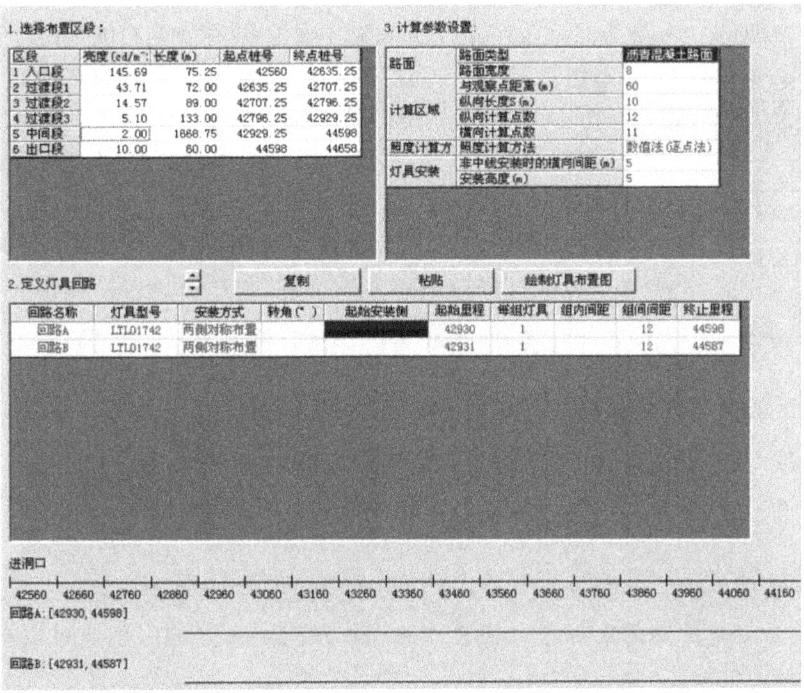

图 15-18　灯具回路及计算参数设置对话框

照明回路设置如下：

在隧道照明设计时，为了实现经济性和可控性，隧道照明系统往往根据照明工况设置多个灯具控制回路，以便根据交通量和洞外亮度开、闭相应的回路。灯具回路的定义包括灯具型号、安装方式、转角、起始安装侧、安装起讫里程范围等。对于两侧交错布置及两侧对称布置的灯具，可以设置绕隧道轴线的转角；对于沿中线布置的灯具，往往需要将光束集中朝汽车前进方向投向路面，以提高目标的背景亮度，使前进方向车辆或目标更容易辨认，因此可以设置绕横断面的转角。图 15-19 所示为照明回路定义的实例。

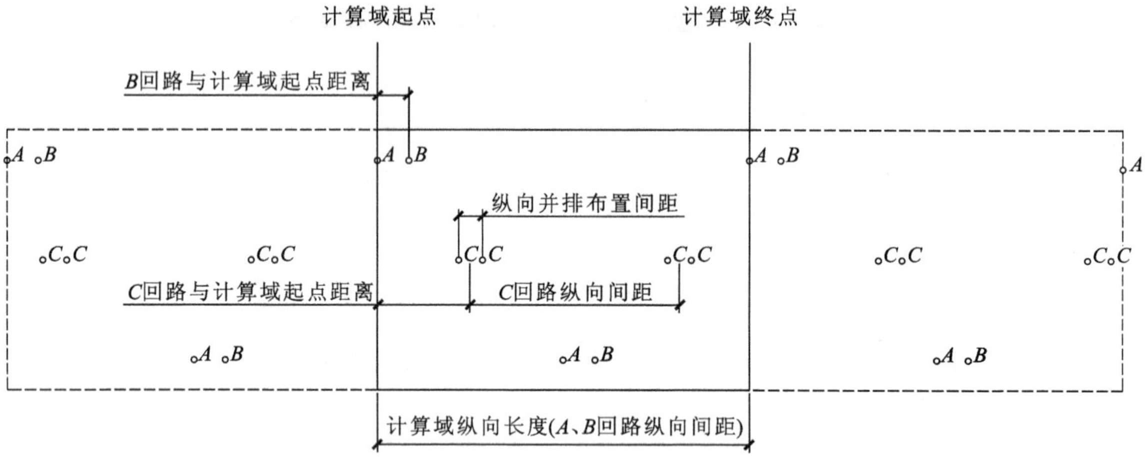

图 15-19 照明回路定义实例

软件可以分别定义各个区段的灯具回路参数，即同一个回路在不同的照明区段内的参数可以是不一样的，这样就提供了最大程度的灵活性。

关于逆光照明中排灯的绕横断面转角的正负号是这样定义的：以光轴照向车尾为正；反之，光轴照向车头为负。

对图 15-18 灯具回路中的部分参数解释如下：

“转角”——对两侧交错布置和对称布置方式而言，是指灯具绕隧道轴线的角度；对中线布置方式而言，是指灯具绕横断面的角度。

“起始安装侧”——仅对交错布置方式有效，其他方式可以不设置，左侧还是右侧是相对于行车方向而言的。

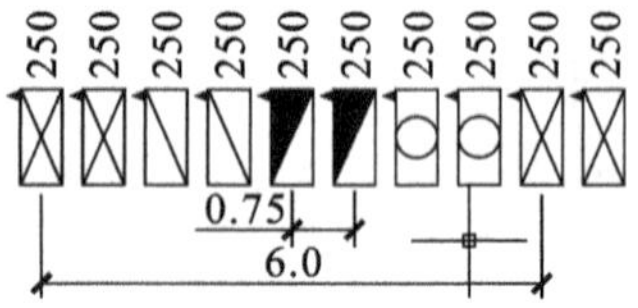

图 15-20 灯具布置实例

“每组灯具”——当灯具以几个为一组间隔布置时，可以设置每组的灯具数。如图 15-20 所示，每组灯具数为 2。

“组内间距”——可以设置同一组中灯具之间的间距，如图 15-20 所示，组内间距为 0.75 m。

“组间间距”——可以设置相邻组间间距，如图 15-20 所示，组间间距为 6.0 m。更改此参数后，“起始里程”和“终止里程”会相应改变。

“起始里程”“终止里程”——对于右线隧道，改变“起始里程”数值后，“终止里程”会相应调整；对于左线隧道，则正好相反。

灯具“安装方式”——填写照明器所采用的布置方式，即单排布置、双排布置、或交错布置。

更新灯具回路参数后，对话框底部的“回路布置范围示意图”会相应更新。

点击“复制”按钮，可以复制当前区段内的灯具回路参数；点击“粘贴”按钮，可以将复制后的灯具回路参数粘贴到当前区段中。

点击“绘制灯具布置图”按钮，会自动打开 AutoCAD，绘制各个灯具回路。在 ConfigFiles 文件夹中有一个 Normal. dwg 文件，各灯具回路的图标是以块文件的方式预先定义好的。用户可以根据自己的绘图习惯重新定义各灯具回路的图标。

“路面类型”：填写隧道路面类型，即沥青混凝土路面或水泥路面。软件会根据不同路面类型选择相应的简化亮度系数。

“计算区域”:计算区域的纵向距离定义见图 15-19,根据灯具回路的最大间距来确定;计算区域的纵向长度不能小于灯具间距。计算区域内纵向计算点间距不宜大于 1.0 m,横向计算点应不少于 5 点,且横向计算点个数宜为奇数。

③ 各区段计算。

在导航栏中点击“隧道照明分析”下的“各区段计算”后,出现如图 15-21 所示的对话框。

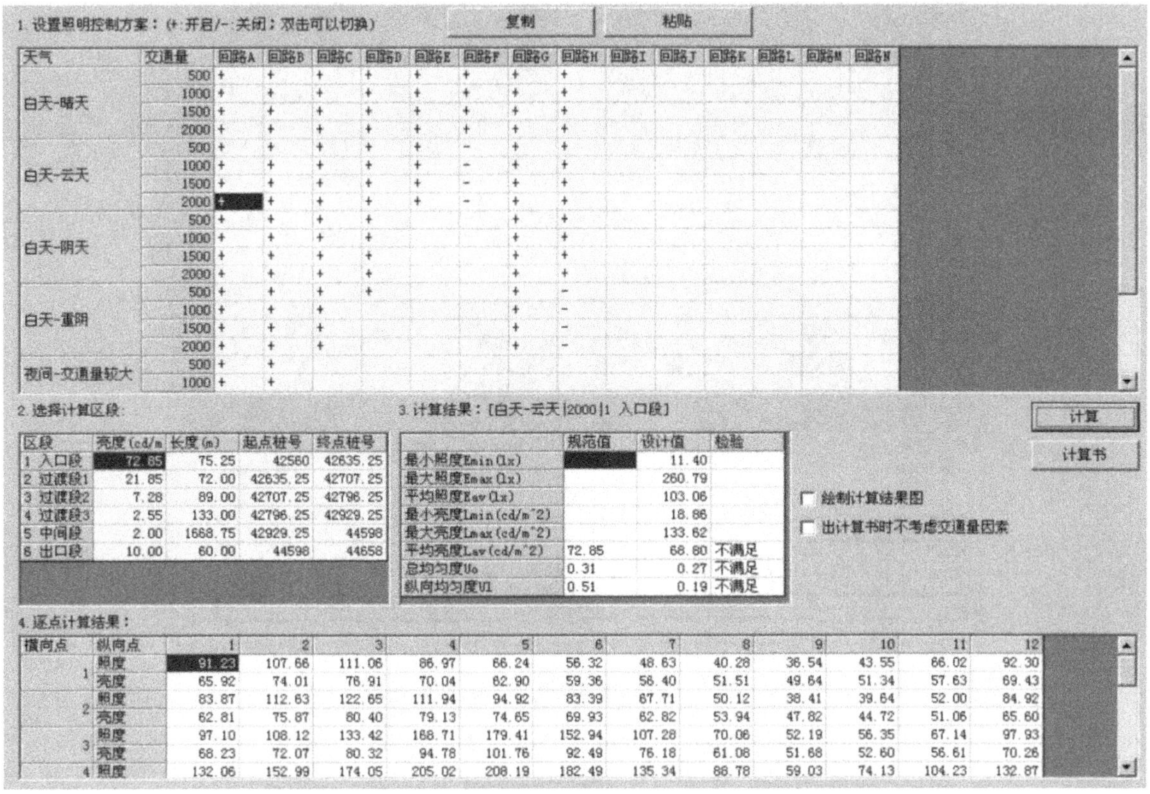

图 15-21 各区段计算对话框

各区段计算流程:设置照明控制方案(各种天气条件和交通量条件下对应的回路开关方案)→选择计算区段→计算。

点击“计算”按钮后,将计算最小照度、最大照度等指标,并将路面亮度总均匀度、纵向均匀度与规范建议值比较。如果选中复选框 绘制计算结果图 ,将打开 AutoCAD,并绘制计算区域布灯方式、计算点布置图及各计算点亮度和照度结果图。

点击“计算书”按钮后,将形成 rtf 格式的计算书。为了简化计算工况,可以选中复选框 出计算书时不考虑交通量因素,仅考虑天气因素而不考虑交通量因素,这样会加快计算速度。

④ 人行通道、车行通道和紧急停车带灯具布置。

在导航栏中点击“隧道照明分析”下的“人通、车通、紧停带布置”后,出现如图 15-22 所示的人通、车通、紧停带布置对话框。此对话框用于输入人通、车通和紧停带位置信息。

横通道设置、绘图设置、紧急停车道设置仅用于绘制灯具布置平面图,并不参与照明计算。

再在导航栏中点击“隧道照明分析”下的“人通、车通、紧停带灯具设置”后,出现如图 15-23 所示的人通、车通、紧停带灯具布置对话框。此对话框用于输入人通、车通、紧停带灯具布置信息。

人通、车通、紧停带灯具布置参数包括通道宽度,灯具型号、高度、数量、间距等信息。目前,该软件仅用于绘制隧道灯具平面布置图,并不对人通、车通、紧停带进行照明计算。

15.4.6 灯具数据库维护

该软件进行隧道照明计算时需要用到软件的照明数据库,首次使用该软件往往需要修改灯具数据库的

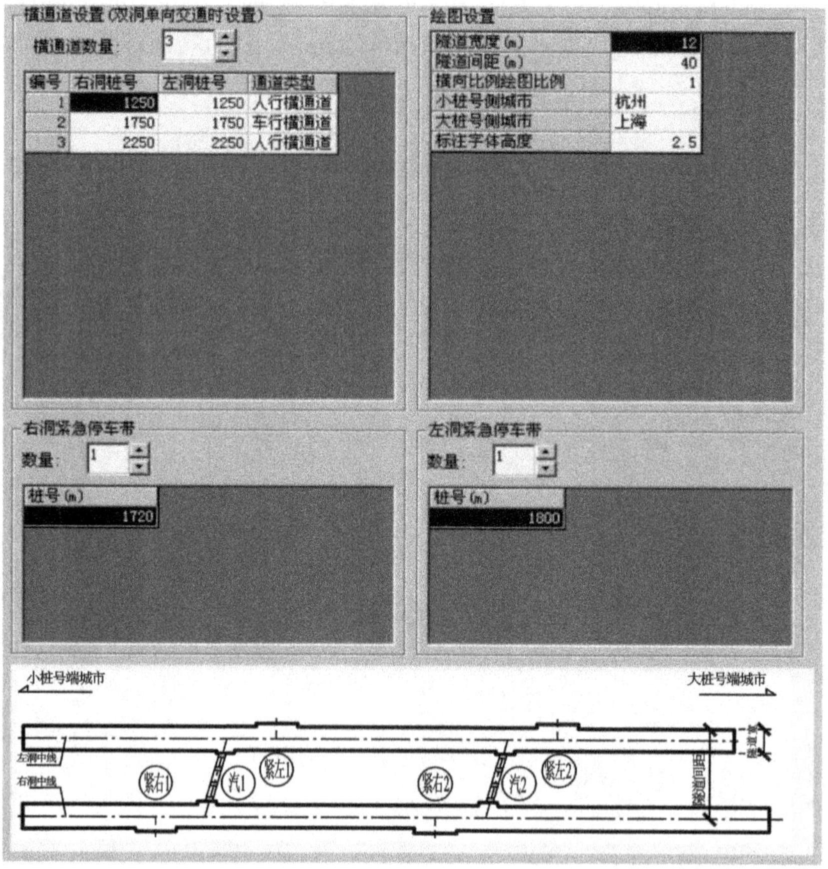

图 15-22 人通、车通、紧停带布置对话框

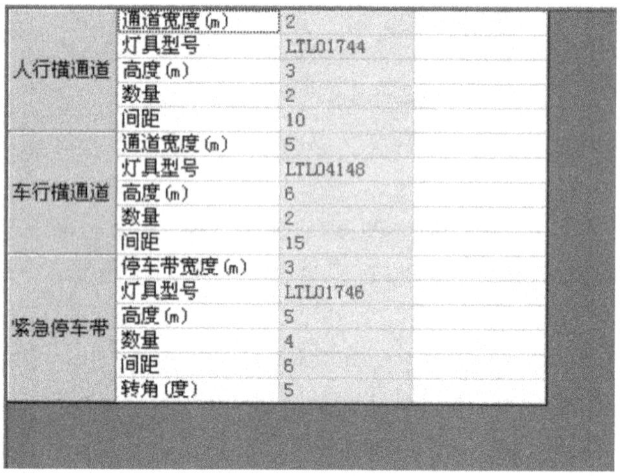

人行横通道	通道宽度(m)	2
	灯具型号	LTL01744
	高度(m)	3
	数量	2
	间距	10
车行横通道	通道宽度(m)	5
	灯具型号	LTL04148
	高度(m)	6
	数量	2
	间距	15
紧急停车带	停车带宽度(m)	3
	灯具型号	LTL01746
	高度(m)	5
	数量	4
	间距	6
	转角(度)	5

图 15-23 人通、车通、紧停带灯具布置对话框

路径。其修改方法有两种:一种方法是点击灯具数据库维护对话框(图 15-24)中的 ... 按钮,然后选择文件夹设置;另一种方法是打开软件安装目录下的 ConfigFiles 文件夹下的 config. ini 配置文件,修改里面的条目"LightDB="即可。

目前,国际上比较流行的配光文件格式的标准有 CIBSE TM14、EULUMDAT、CIE 102、IESNA LM-63 等,应用最为广泛的是 IESNA LM-63 和 EULUMDAT 标准。北美和欧洲已经分别选择了 IESNA LM-63 和 EULUMDAT 标准,英国的照明制造商已经选择了 CIBSE TM14 标准。

选择某个灯具型号后,可以查看 IES 文件内容,软件还会从 IES 文件中提取光源数量,如每只光源的光通量、光强的乘数因子等相关参数。对于有多个光平面的灯具,选择水平角度后可以在右侧查看配光曲线图。

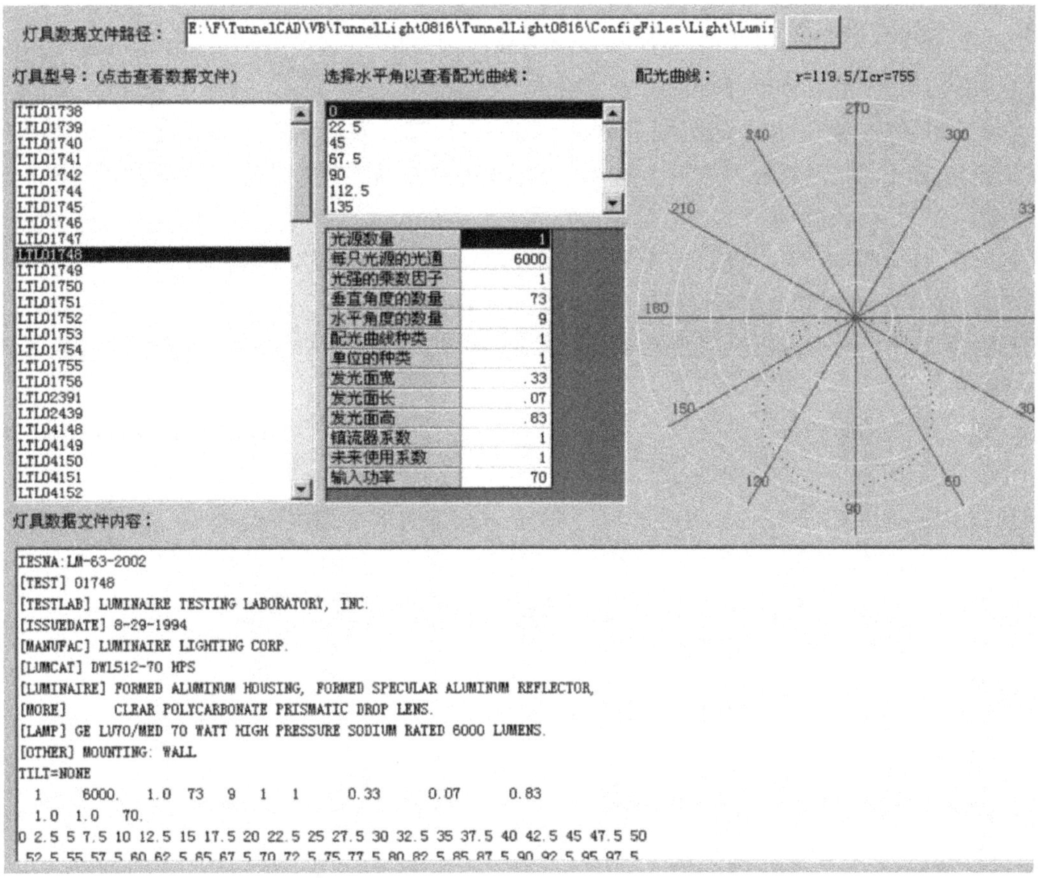

图 15-24 灯具数据库维护对话框

15.5 隧道照明设计的程序与要求 >>>

15.5.1 设计的基本原则

隧道照明设计时，应遵循下列原则：

① 隧道照明设计应纳入隧道总体设计。

② 公路隧道照明设计应统筹规划，一次设计；照明设施可根据预测交通量变化；隧道照明设计小时交通量应为混合车型设计高峰小时交通量。

③ 公路隧道照明设计应分别针对正常交通工况和异常交通工况进行。

④ 隧道照明的数量和质量，即路面亮度（或照度）水平、亮度（或照度）均匀度、眩光限制等均必须满足现行标准规定的指标要求。照明设施还必须具有良好的诱导性。

⑤ 隧道照明应进行调光控制设计，以使隧道照明系统投资低，耗电少，即既要经济，又要节能。

⑥ 运行安全、可靠。

⑦ 便于维护管理。只有维护和管理方便的设施，才是真正经济的设施，才能确保设施经常处于最佳运行状态。

⑧ 技术先进。在符合上述各项原则的前提下应积极而稳妥地采用新理论、新技术、新材料、新设备，不断提高隧道照明的技术水平。

15.5.2 设计前的准备工作

① 隧道照明设计应进行下列调查和资料收集：

a. 隧址区域地形、洞口朝向、洞口附近视野情况、植被条件、洞外路段的平纵线形和气象状况等环境条件；

b. 道路等级、隧道长度、平纵线形、洞门结构形式、横断面布置、建筑限界、路面与墙面等土建结构物的设计方案；

c. 设计交通量、设计速度、单向或双向交通、汽车专用或混合通行等交通状况；

d. 通风方式、通风系统布置方案及烟雾设计浓度等资料；

e. 配电所位置、容量，电源电压及其变动幅度等供电条件；

f. 运营管理方式；

g. 路面材料及其反光特性；

h. 交通事故率及道路附近的治安情况。

② 掌握所设计隧道的归属类别及相应的照明标准——路面平均亮度（或照度）、亮度（或照度）均匀度及眩光限制等。

③ 明确可供选择的光源、灯具及点灯附件的型号、规格、光电特性和价格等。

④ 明确可供选择的供电线路敷设及控制方式等。

⑤ 计划维护方式和周期。

15.5.3 设计内容

隧道照明设计的主要内容如下。

① 确定洞外亮度，必要时制定洞外减光方案。

② 确定近远期入口段、过渡段、中间段、出口段的亮度与长度指标并进行分期实施方案的比选论证，确定合理分期实施方案。

③ 确定灯具的布置方式。

④ 确定灯具的安装高度、间距、悬挑长度和仰角。

⑤ 确定光源的类型和规格。

⑥ 确定灯具的类型和规格。

⑦ 确定镇流器及其他点灯附件的类型和规格。

⑧ 确定隧道照明调光控制方案及节能措施。

15.5.4 设计步骤

隧道照明设计一般按下列顺序实施：

① 收集隧道设计有关资料，初勘现场自然环境。

② 初步判定或现场测定洞外亮度，必要时制定洞外减光方案。

③ 分别确定近远期入口段、过渡段、中间段、出口段的亮度与长度指标并进行分期实施方案的比选论证，确定合理分期实施方案。

④ 根据可供选用的光源、灯具的光度特性、电气特性等初选光源和灯具。根据当地条件和实践经验初选灯具布置方式、安装高度、间距、悬挑长度和仰角。

⑤ 进行平均亮度（或照度）、亮度（或照度）均匀度及眩光限制水平（当有专门要求时）的计算。

⑥ 将计算的结果与要求达到的标准值进行比较。若计算结果达不到或超过标准的要求，则应调整设计方案，变更灯具的类型、布置方式、安装高度、间距或光源的类型、功率之中的某一项或几项，重新进行计算直至符合标准。如此反复，通常可以作出几种都能符合标准的设计方案。

⑦ 对这几种设计方案进行技术经济和能耗的综合分析比较，并适当考虑当地的习惯、爱好，最终确定一

种设计方案。

⑧ 根据隧道车流量及隧址气候条件等因素，设计不同条件下隧道照明控制方案。

⑨ 洞口土建完工后，对洞外亮度进行现场实测验核，必要时修正照明设计。

15.5.5 隧道照明设计文件组成

① 隧道照明初步设计文件主要由以下内容组成：

a. 设计说明，包括隧道照明设计原则、设计标准、电源及供电方案、照明方式、照明控制方案等；

b. 隧道照明灯具平面布置图；

c. 隧道照明配线方案图；

d. 隧道照明灯具横断面布置图；

e. 配电箱平面布置及电气接线图；

f. 隧道照明控制方案图。

② 隧道照明施工图设计文件主要由以下内容组成：

a. 设计说明；

b. 隧道照明灯具平面布置图；

c. 隧道照明配线方案图；

d. 隧道照明灯具横断面布置图；

e. 配电箱平面布置及电气接线图；

f. 隧道照明控制图；

g. 照明供电系统图；

h. 照明开关柜配置图；

i. 电缆清册；

j. 设备材料表；

k. 负荷计算表。

知识归纳

(1) 公路隧道亮度曲线与隧道照明区段划分。

(2) 隧道照明计算方法。

(3) 隧道照明设计流程。

独立思考

15-1 汽车进入并通过隧道过程中，司机的视觉会出现哪些问题？

15-2 说明材料反射系数、透射系数和吸收系数的含义，并说明它们之间的关系。

15-3 简单说明光的几种反射状态。

15-4 低压钠灯和高压钠灯各有哪些优点？隧道照明中它们常用在哪些场合？

15-5 照明器配光曲线的用途是什么？不对称的照明器光强在空间的分布如何表示？

15-6 什么是等光强（曲线）图？

15-7 什么是照明器的保护角？

15-8 选择照明器应考虑哪些因素？

15-9 照明计算的基本方法有哪些？各有什么特点？

15-10 为什么照明计算中要考虑维护系数？

15-11 隧道照明区段如何划分？什么是隧道亮度曲线？

15-12 相关规范对各照明区段的亮度是如何规定的？

15-13 已知某隧道引入段的平均亮度为 80 cd/m^2，采用水泥路面，试确定引入段的平均照度。

16 隧道的照明控制与节能

课前导读

内容提要

本章介绍隧道照明控制模式及不同条件下隧道照明控制的要求，公路隧道照明的控制系统及其控制方法，隧道照明节能的技术进展及存在的问题，照明设计时可以采取的节能措施及智能化照明控制系统。

能力要求

通过本章的学习，学生应了解隧道照明控制的目的和主要的照明控制方式，以及隧道照明节能的主要方法。

16.1 隧道的照明控制 >>>

16.1.1 隧道照明控制的目的和意义

隧道照明在不同的时间、不同交通量等条件下的亮度需求不同，为了保障隧道安全、高效、经济运营，需要结合洞外亮度、时间、交通量、平均车速、洞内能见度、供电电压、天气条件等控制参数制订合理的照明控制方案。对照明设施进行有效的控制，不仅能有效提高隧道运营安全水平，还是落实节能减排的重要措施。

在第 15 章根据车辆通过隧道所经历的亮度适应曲线将隧道划分为 5 个照明区段，针对各个区段确定了照明亮度标准；以这一标准为基础设计的隧道照明系统总体上符合隧道亮度曲线变化规律。但是从隧道亮度曲线（图 15-1）及隧道入口段长度和亮度计算公式式（15-4）、式（15-5）可见，隧道内各照明区段的亮度和长度主要取决于隧道洞口亮度 $L_{20}(S)$ 和车辆行车速度。而隧道洞口亮度 $L_{20}(S)$ 白天主要由天气状况决定。晴天、多云、阴天、重阴天气对洞内入口段、过渡段、出口段亮度的调节均产生较大的影响，洞外亮度增加，隧道内各段灯具的照度也相应增大，反之则相应减小（图 16-1）。雨天或大风天气不仅影响洞外亮度，还影响车速，而车速又直接影响隧道内各照明区段的长度和亮度。

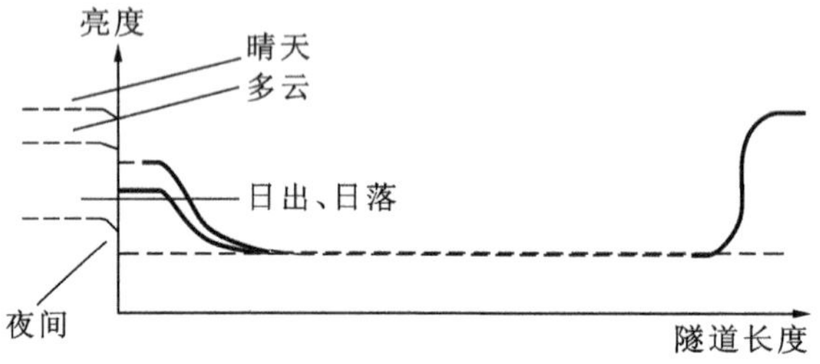

图 16-1 不同天气情况下对隧道入口段照明的控制要求

隧道照明设计从保证司机行车安全考虑，通常是以隧道洞口晴天时所得到的亮度 $L_{20}(S)$ 及隧道最高设计时速为依据，按式（15-4）、式（15-5）来确定隧道各照明区段的亮度和长度。这样一来，当洞外天气为多云、阴天、雨天或雾霾天气时，若仍然采用以晴天的亮度 $L_{20}(S)$ 为依据确定隧道各照明区段的亮度进行照明，就会造成过度照明，浪费能源。

鉴于此，在隧道运营管理中，需要根据洞外天气情况，对隧道内各照明区段灯具调光从而达到对各照明区段的亮度进行控制的目的。

16.1.1.1 隧道白天调光要求

白天，隧道加强照明应根据洞外亮度和交通量变化，对隧道入口段、过渡段和出口段设置调光方案。我国《公路隧道照明设计细则》（JTG/T D70/2-01—2014）对白天不同气候条件下加强照明调光分级推荐按表 16-1 执行。

表 16-1 白天加强照明调光分级

分级		亮度/(cd/m^2)	交通量 N/[veh/(h·ln)]	
			单向交通	双向交通
夏季晴天	Ⅰ	$L_{20}(S)$	≤350	≤180
	Ⅱ		350<N<1200	180<N<650
	Ⅲ		≥1200	≥650

续表

分级		亮度/(cd/m²)	交通量 N/[veh/(h·ln)]	
			单向交通	双向交通
其他季节晴天/夏季云天	Ⅳ	$0.5L_{20}(S)$	≤350	≤180
	Ⅴ		$350<N<1200$	$180<N<650$
	Ⅵ		≥1200	≥650
其他季节云天/夏季阴天	Ⅶ	$0.25L_{20}(S)$	≤350	≤180
	Ⅷ		$350<N<1200$	$180<N<650$
	Ⅸ		≥1200	≥650
其他季节阴天/重阴天	Ⅹ	$0.13L_{20}(S)$	≤350	≤180
	Ⅺ		$350<N<1200$	$180<N<650$
	Ⅻ		≥1200	≥650

白天隧道中间段照明亮度按第 15 章表 15-11、表 15-13 要求考虑。

16.1.1.2　隧道夜间照明调光设计要求

① 夜间应关闭隧道入口段、过渡段和出口段的加强照明灯具。

② 长度≤500 m 且设有自发光诱导设施和定向反光轮廓标的高速公路和一级公路隧道，夜间可关闭全部灯具。

③ 长度≤1000 m 且设有定向反光轮廓标的二级公路隧道，夜间可关闭全部灯具。

④ 公路设有照明时，其路段上的隧道夜间照明亮度应与道路亮度水平一致；公路未设置照明时，高速公路和一级公路隧道夜间照明亮度可取 1.0 cd/m²，二级公路隧道夜间照明亮度可取 0.5 cd/m²。

⑤ 单向交通隧道夜间交通量不大于 350 veh/(h·ln)，双向交通隧道夜间交通量不大于 180 veh/(h·ln) 时，可只开启应急照明灯具。

16.1.2　隧道照明控制方案的要求

隧道照明分正常工况照明、异常工况照明和应急工况照明三类。正常工况照明是保障隧道正常运营条件的隧道照明；异常工况照明是指隧道内发生事故、交通管制或是养护等工况下保障隧道安全作业、运营的隧道照明；应急工况照明是包括停电等紧急工况下的应急照明和发生火灾时的疏散诱导照明等。因此，一个完整、有效的隧道照明控制方案应实现对正常工况、异常工况和应急工况下照明的控制。

① 隧道正常工况下照明控制应满足以下要求：

a. 白天根据洞外不同气候条件下亮度、车辆数量及车速适时调整隧道内各照明区段灯具开启或关闭的数量，使隧道路面亮度趋近于亮度适应曲线的要求；

b. 夜间根据交通量及车速适时调整隧道内各照明区段灯具开启或关闭的数量，使隧道路面亮度趋近于亮度适应曲线的要求。

② 隧道异常工况下照明控制应满足以下要求：

a. 隧道进行养护、维修作业地点前后的照明灯具应开启到最大程度；

b. 发生交通事故的隧道内，所有照明灯具应开启到最大程度；

c. 发生交通管制的隧道内，所有照明灯具应开启到最大程度；

d. 发生火灾的隧道内，所有照明灯具应开启到最大程度。

③ 横通道照明控制应满足以下要求：

a. 车行横通道照明应实现远程控制和现场手动控制；

b. 人行横通道照明宜具备感应控制装置；

c. 横通道灯具应与横通道门实现联动控制。

16.1.3 隧道照明控制方式

隧道照明控制方案的实施，依赖于先进控制技术和控制方式的支撑。隧道照明控制方式在很大程度上体现出隧道运营管理的现代化程度。隧道照明系统配置了照明控制柜/配电箱，能实现现场人工控制和自动控制，并且预留了远程控制模块，提供控制照明设施的继电器接点，将照明区域控制单元直接与照明控制柜/配电箱的继电器接点相连，以实现对照明设施的远程控制。隧道照明控制方式有以下几种：

① 人工控制方式。其是指隧道管理人员根据洞外亮度、交通量等参数，人工选择控制方案。具体地说，就是根据洞外亮度 $L_{20}(S)$、交通量、平均车速及天气条件等因素的变化，由公路隧道管理人员手动控制照明回路的开/关或无级调控照明亮度，其可细分为远程人工控制方式和本地人工控制方式。本地人工控制方式早期多用于长度较短、运营管理设备较简单的公路隧道。

② 自动控制方式。其是指照明控制系统根据实时采集的洞外亮度、交通量等参数，自动调控照明亮度。

目前，隧道照明的自动控制是利用光亮度检测仪、车辆检测器等设备采集的相关照明控制参数，由电子设备直接控制照明回路的开/关或无级调控照明亮度，无须人工参与控制过程，其可细分为远程自动控制方式和本地自动控制方式。在自动控制方式下，隧道照明控制系统根据实时采集的洞外亮度 $L_{20}(S)$、交通量、平均车速等照明控制参数，自动调控隧道内照明亮度；隧道管理人员也可根据实际运营管理情况，由自动控制方式切换到人工控制方式，改为手动操作。国外早在 20 世纪 80 年代就已经开始采用这种控制方式，我国目前多数公路隧道也都采用了自动控制为主、人工控制为辅的照明控制方式。公路隧道照明自动控制原理如图 16-2 所示。

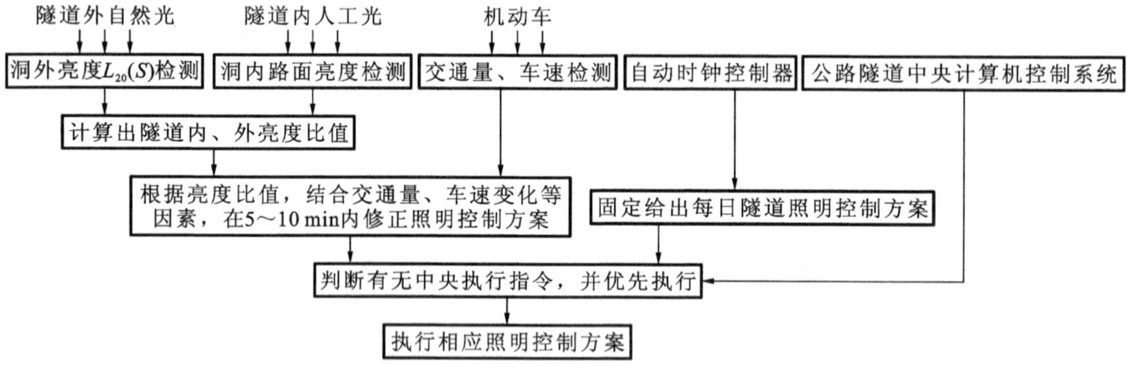

图 16-2 公路隧道照明自动控制原理

图 16-3 所示为不同天气情况(不同照度和亮度)下对隧道入口段照明分级自动控制示意图。对隧道照明的控制是利用接收到的户外连续监测的入口段前照度水平变化的光电池的信号来实现的。但最好是在趋近段放置一照度计来监测隧道外照度变化，并按照接收到的照度的变化来进行隧道中不同等级的照明控制。

③ 智能控制方式。其是在自动控制方式的基础上，采用短时交通流预测理论，应用人工智能、专家系统、模糊控制、神经网络、遗传算法等智能控制技术，按公路隧道照明亮度递减适应曲线(图 15-6)进行动态调光控制，以达到安全、舒适、高效、经济的照明效果。该方式重点突出节能控制的特点，体现绿色照明要求，追求“按需照明”的理想设计目标。随着工业自动化水平的提高和照明光源的发展及照明灯具的改善，智能控制方式将会得到更为广泛的应用。

上述照明控制方式中，人工控制方式的优先级最高，自动控制方式优先级低于人工控制方式。照明控制宜采用以智能控制或自动控制为主、人工控制为辅的控制方式。

16.1.4 隧道照明控制系统种类

目前，隧道照明控制系统主要包括以下三种：

① 集中式控制系统。其是最常见的一种控制方式，即由中央计算机管理整个照明系统，作为系统的集中处理单元。集中式控制系统(Centralized Control System，CCS)的优势在于可以充分发挥管理决策的集

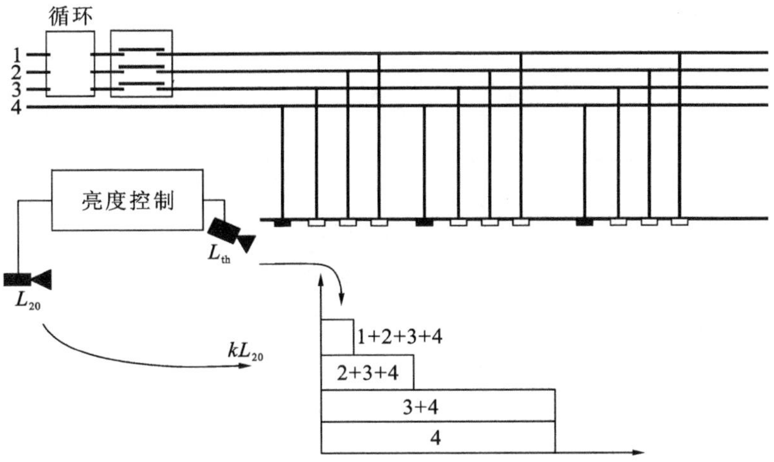

图 16-3 隧道照明控制示意图

中性;缺点在于一旦中心计算机出现故障,整个照明系统将全部瘫痪,容易酿成隧道交通事故。由于短隧道控制点数较少,配以全套的控制设施成本较高,故可由中央控制室对照明设施进行控制与管理,以减少投资。

② 分布式控制系统。其特点是以分散的控制适应分散的控制对象——隧道照明设施,以集中的监视和操作达到掌握全局的目的,具有较高的稳定性、可靠性和可扩展性。分布式控制系统(Distributed Control System,DCS)的优势在于各控制部分相对独立,某部分出现故障并不影响其他部分,系统仍然可以运行。这种控制系统具有分散控制、集中操作、分级管理、配置灵活、组态方便的特点。

③ 现场总线控制系统(Fieldbus Control System,FCS)。其是分布式控制系统向全数字化发展的结果。现场总线是安装在制造或过程区域的现场装置与控制室内的自动控制装置之间的数字式、串行、多点通信的数据总线。与 DCS 不同的是,这些现场装置输出(或输入)的信号是数字信号而非传统的模拟信号。现场总线控制技术以数字信号取代模拟信号,大量现场检测与控制信息就地采集、处理、使用,许多控制功能从控制室移至现场设备。这样不但使系统集成大为简化、维护变得十分简便,而且使系统的可靠性进一步得到提高。

16.1.5 公路隧道照明控制方法

公路隧道照明控制方法分为分级调光控制法和动态调光控制法两种。

① 分级调光控制法。分级调光控制是指通过开启或关闭配电回路进行照明控制。公路隧道照明设计一般是隧道全程设基本照明回路及灯具。加强段(含入口段、过渡段、出口段)另增设照明回路及灯具,加强段照明亮度值是基本照明亮度和加强照明亮度叠加的结果。因此,可将隧道照明灯具划分为 2 个群:A 群按中间段亮度要求沿隧道全程布置;B 群作为加强照明灯具分成几个独立回路组,采用不同的排列形式布置,以满足不同照明区段的亮度要求。B 群各组灯具既可穿插在 A 群灯具的间隔中,又可与其平行布置成另一列。A 群一般分为 2～3 组独立回路,B 群独立回路组数与洞外亮度级数(如分为晴天、云天、阴天、重阴天 4 级)相同;分别开启或关闭相应的照明回路,就能实现隧道内不同的亮度等级,这就是分级调光控制的基本原理。显然,分级调光控制需要以照明灯具的合理布置为基础,其控制对象一般是不可连续调光形式的电光源,如高压汞灯、低压钠灯、高压钠灯、金卤灯等。

分级调光控制可细分为人工分级调光控制、时序分级调光控制和实时分级调光控制三种。人工分级调光控制是由隧道管理人员通过照明监控计算机或照明控制柜/配电箱手动完成的。实时分级调光控制是根据洞外亮度 $L_{20}(S)$、交通量、平均车速等照明控制参数,实时调节隧道内照明亮度,从而使其随洞外亮度 $L_{20}(S)$、交通量、平均车速等的变化而变化,以满足驾驶员适应隧道内外亮度差异的需要。时序分级调光控制则是将洞外亮度 $L_{20}(S)$按日、周、月、年实测得到的规律数据或不同时段的照明控制方案输入照明监控计算机,以此调控隧道内照明亮度。由于时序分级调光控制不能结合实际气象和道路交通状况的变化,可能会产生过度照明或照明不足等问题,因此理论上时序分级控制是在实时分级控制不能正常实现的情况下转入执行的控制方法。分级调光控制优先级见表 16-2。

表 16-2 分级调光控制优先级

分级调光控制	响应条件	优先级
人工分级调光控制	日常控制，事件响应	最高
实时分级调光控制	根据洞内外亮度、交通量及平均车速等	普通
时序分级调光控制	光亮度检测器掉线或损坏时	最低

② 动态调光控制法。动态调光控制是指根据照明参数的变化而动态连续调节、控制隧道内灯具的使用功率，从而得到不同的照明亮度，实现对隧道照明的平滑调控。其可细分为大范围动态调光控制和小范围动态调光控制两种。动态调光控制的对象是可连续调光形式的电光源，如白炽灯、荧光灯、电磁感应灯、LED 灯等。目前，公路隧道照明大多采用高压钠灯和荧光灯（主要用于洞内紧急停车带和横通道照明），部分公路隧道已开始尝试采用 LED 灯和电磁感应灯照明。

实践表明：a. 荧光灯动态调光无须间隔开/关灯，从而进一步提高了路面亮度均匀性、夜间洞内行车的舒适感和安全系数；b. 通过降低荧光灯的激发电压和光通量输出，降低了灯具的使用功率，节约了隧道运营成本，在保证行车安全的前提下，可节能 40%；c. 避免了开/关灯对灯具电子镇流器反复启动的电流冲击，延长了灯具的使用寿命，减少了隧道照明系统的养护开支。而将传统电感式镇流器更换成具有联网控制功能的电子镇流器，高压钠灯也可实现小范围动态调光控制。

采用 LED 灯的公路隧道动态调光控制是通过控制 LED 灯电源的输出电流来调节其亮度，亮度调节级数可达 256 级，可应用于对亮度调节级数要求较多的隧道照明控制工程。

公路隧道 LED 灯动态调光信号可采用 DC 0～5 V 模拟电压信号，其优点是控制线路简单，控制信号传输距离远。为确保 DC 0～5 V 的模拟电压信号有足够的传输距离，LED 灯驱动电源设计时采用电压控制电流源形式，控制输入端为高输入阻抗，以确保模拟电压信号的长距离传输。根据测试结果，控制输入端的输入阻抗高达 10^8 Ω 以上，每盏灯在 5 V 控制电压时的控制电流为 5×10^{-8} A，在长距离传输时电缆首尾压降可控制在一个较小的范围内。以一条隧道需同时控制 5000 盏灯为例，若使末端灯具的控制电压降不大于 0.05 V（偏差不大于 1%），其同步控制的距离达 17 km。这表明采用 DC 0～5 V 模拟电压信号控制 LED 灯输出电流，即可实现对长大公路隧道照明动态调光的控制。动态调光控制的实现，依赖于可调光灯具、通信接口等硬件的支持。目前，可调光 LED 灯性能较为稳定可靠，完全可以支持该系统的实现。较传统分级调光控制法由照明亮度分级少而造成"过度照明"的电能浪费相比，动态调光控制法能响应跟踪拟合照明需求曲线，达到最理想的控制效果和节能的目的，实现所谓的"按需照明"，如图 16-4 所示。

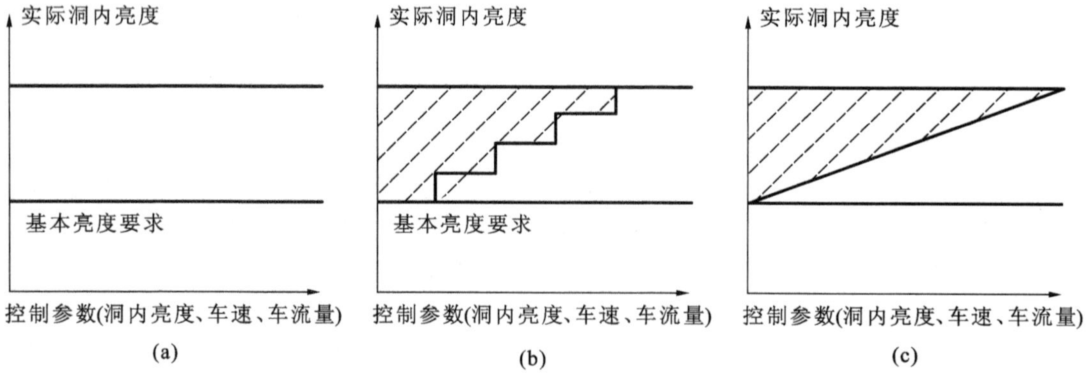

图 16-4 按需照明的照明需求曲线

(a) 传统照明控制方式；(b) 细分子回路控制方式；(c) 无极调光控制方式

LED 灯、单端荧光灯、荧光灯等类型灯具宜采用动态调光控制法。不同的照明控制方法和控制方式，照明控制参数也有所不同，目前主要是根据洞外亮度、交通量、平均车速等来控制照明亮度。照明控制还应考虑洞内能见度，即将照明控制与通风控制结合起来，以最大程度地实现照明节能。隧道照明节能控制框架结构如图 16-5 所示。

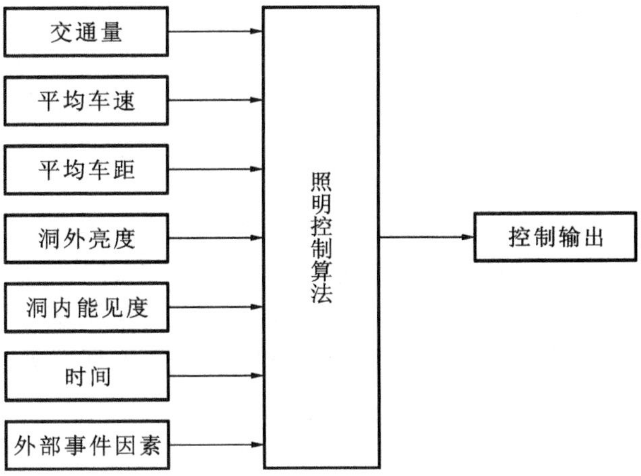

图 16-5 隧道照明节能控制框架结构图

16.2 隧道的照明节能

16.2.1 隧道照明节能的意义

节能降噪、采用绿色能源是当今世界各国保持经济可持续发展、改善环境的重要战略措施。在隧道运营成本中，照明电费占有相当大的比例，以至于个别运营单位为减轻高额照明费用的负担，采用关灯节电方式来降低运营成本，给道路行车安全带来难于预料的危险。因此，如何使隧道照明既满足规范标准，保证行车安全，又能最大限度地降低隧道照明的能耗，成为隧道照明运营管理亟待解决的课题。同时，其对于保持国民经济的可持续发展、保护环境及保证行车安全都具有重要意义。

16.2.2 当前隧道照明存在的问题

(1) 照明灯具的技术缺陷

以往国内外隧道大都采用高压钠灯作为主要照明光源。高压钠灯具有透雾性好、恶劣环境下寿命长的优点；但是，高压钠灯也存在许多不足，如高压钠灯在辐射形式、显色性、视觉敏感特性、功率规格、亮度控制等方面均存在许多不足。

由于高速公路隧道所在地段的电网电压经常不稳定，线路的电压波动大大超过国际标准，许多地区的电压波动甚至使电压超过额定电压较多，特别是在后半夜，由于电负荷减少使得电网电压波动更大。这样，不仅浪费电能，还使高压钠灯的实际使用寿命大幅下降，使得公路运营单位的灯具与附属器材的费用、灯具维修与保养费用居高不下。

(2) 现有隧道照明控制模式设计不足

依据《公路隧道照明设计细则》(JTG/T D70/2-01—2014)，把隧道分为入口段、过渡段、中间段和出口段4段来设计照明。各段的长度和照度(lx)是从全年行车安全要求出发的，洞内最大照度的设计是以全年洞外最大亮度和最高行车时速来确定隧道内各段灯具功率和灯具分布密度的。

现在的照明控制技术大都采用2～4级人工或自动控制。这种控制方式不能对天气、车速、车流量等时变参数进行自动检测和反馈，也不能从宏观上对整个隧道的照明进行自适应方式调制。这就是造成照明系统使用效率低下，大量电能被浪费的原因。

16.2.3 隧道照明节能技术进展

近年来，科技工作者对隧道照明节能的相关课题进行了研究和攻关，已经在隧道新型照明灯具、隧道智能化控制等领域取得了一系列可喜的进展。

(1) 新型照明灯具的应用

LED即发光二极管(Light Emitting Diode)，是一种半导体发光技术。最早研制的LED灯只能发出红色的光，用于电子设备中的指示灯。随着技术的发展，如今的LED灯已能发出各种颜色的光，并广泛应用于多种行业。白光LED灯的出现是LED灯从标识功能向照明功能跨出的实质性一步。白色LED灯发出的光最接近日光，能更好地反映照明物体的真实颜色。和传统的高压钠灯及荧光灯道路照明技术相比，LED灯道路照明具有以下优势：

① LED灯功耗小、节能，与传统的高压钠灯相比，LED灯能耗节省约40%。

② LED灯寿命长，在理想条件下达10万小时，而高压钠灯和荧光灯的寿命只有1万～3万小时。

③ LED灯可靠性高，日常的养护、维修费用低，平均无故障时间(MTBF)高达2万小时，而高压钠灯和荧光灯的平均无故障时间(MTBF)只有不到1万小时。

④ 降低了配电系统的建设成本。对于长隧道、远距离供电的情况，电缆、配电设施成本所占的比例尤其大，采用LED灯由于节电可以大大降低电缆、配电设备的投资。

⑤ LED能实现瞬间启动，便于亮度调节，具有无频闪、启动电压范围宽等优点，可以实现多种节能方式，能根据道路、隧道的车流量智能调节照度等。

⑥ 高压钠灯、荧光灯、无极灯中含有汞、铅等化学性污染物质，而LED灯光源不含化学性污染物质，是绿色、环保的光源。

目前，国内在道路、隧道照明系统中采用LED照明技术已有部分应用实例。但与目前LED灯的主要应用市场相比，LED道路、隧道照明系统的广泛应用还需解决一些关键性问题。

① 目前国内尚没有LED照明技术应用于道路、隧道照明方面的标准，这给LED照明技术的规范化、标准化造成困难。

② LED灯的光强衰减量大，并且早期的光强衰减率高；LED的使用寿命、光强衰减率与芯片质量、工艺直接相关。

③ LED光源并不能像一般的普通光源一样可以直接使用电网电压，它必须配置一个电压转换装置，即LED灯开关电源，提供满足其额定的电压、电流才能正常使用。和LED光源相比，其开关电源的耗能量大，使用寿命低。

④ LED光源属于定向光源，光束是向前的，需要合理设计反光腔，以避免出现路面光斑现象。

总之，LED照明技术是一种节能、环保、具有广阔应用前景的现代照明技术。但是就技术体系而言，需要高效的LED电源、合理的电路设计、正确的安装工艺才能充分发挥和利用LED光源的优势。同时，需要配套技术标准的制订和相关政策的支持，以促进LED照明行业的规范化，以及健康、快速发展。

除LED灯以外，电磁感应灯、无极灯也是隧道照明中应用前景较好的新型灯具。电磁感应灯作为一种全新的照明光源具有高光效、长寿命、高显色性、节能、环保、安全和性能稳定等多项优势，多用在室内照明、景观照明，尤其适用于被照物颜色显示有较高要求的场合。由于其还具有无眩光、不刺眼、无光污染的特点及优异的调光性能，即在其额定功率的范围内都能稳定工作，这对隧道照明节能具有重要意义。

对于传统光源采用的电感镇流器，由于输入电压变化时输出功率减少，这时的照度减少，为了确保电源电压在允许的范围内波动时其照度还能达到设计值，设计时必须考虑增加灯泡功率来弥补此时的照度。而对于无极灯，其输出功率不随电源电压变化，故无须考虑电源电压变化对照度的影响，从而达到节能目的。

(2) 隧道照明控制向系统化和智能化发展

随着隧道运营水平的提高、各种新型照明和供配电技术的不断创新发展，以及计算机技术和新的控制理论研究的发展，隧道安全与节能技术将沿着系统化、智能化、综合化的方向发展，使隧道照明节能达到一个新的技术水平。隧道照明控制将由传统手工切换的控制方式进入智能化的控制方式，由计算机、路灯负载控制器和光度计组成的智能化隧道照明控制系统已逐渐被人们接受。国内已有不少公路隧道采用计算机自动调节控制方案，从一定意义上讲，基本上解决了安全与节能之间的矛盾，使工作人员从繁劳紧张的手工操作中解放出来。

目前隧道照明节能控制系统主要有以下两种方式。

① 对采用传统高压钠灯照明的隧道采用 PLC 控制器组建工业以太网，将基于专家经验的模糊离散控制规则应用到隧道照明控制系统中，根据洞外亮度、车速、车流量等参数的改变，自动修改控制方案，以实现隧道照明节能实时控制。

隧道照明节能控制系统根据洞口内外安装的光强度检测器检测到的洞内外光强、交通量的变化及白天、黑夜等情况，控制隧道的照明系统，调节隧道内各段的照明亮度，保证行车的安全，并且在满足照明要求的情况下尽可能达到节能运行，同时对洞内照明及照明控制设备的状况进行监视。整个隧道照明的无线控制系统由如下部分组成：监测控制计算机、PLC 控制器、时钟芯片模块、传感器模块、收费站车辆信息采集模块、功率控制模块、灯具照明回路。其结构如图 16-6 所示。

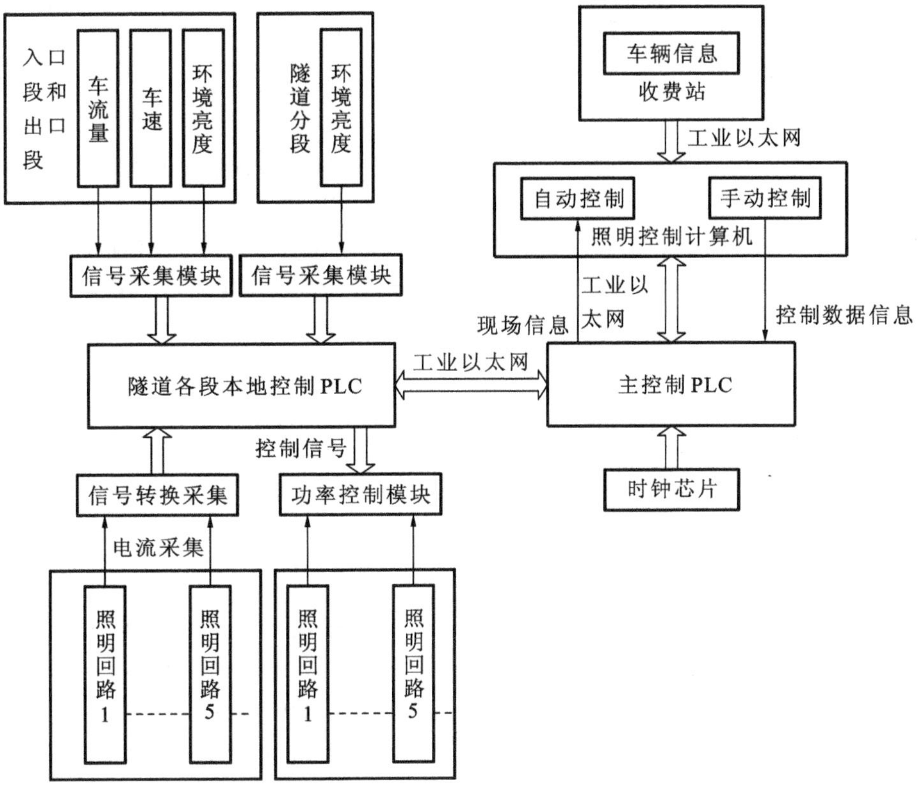

图 16-6 控制系统框图

多数隧道照明仍然采取传统逻辑开关法作为控制方法。利用灯具的不同排列组合和现场控制器提供的数字信号对附加照明灯进行逻辑控制，使其产生所需光强分布的附加亮度。应用模糊离散化控制规则，通过用子回路细分精细调光控制方案，从而克服了传统开关逻辑控制那样仅仅简单开启或关闭整个照明回路的不足，既节约了电能、提高了照明舒适度，又大大降低了照明控制的复杂程度，提高了系统的可靠性。

计算机智能照明控制方式与传统控制方式比较的能耗示意图见图 16-7。

② 对于采用 LED 灯照明的隧道，则采用亮度智能无极控制系统节能方法，从而在完全满足隧道照明规范要求的前提下，避免亮度不可控光源过度照明所造成的电能浪费现象，实现真正的按需照明。

亮度的传统控制方式能耗与智能无极控制系统能耗比较图见图 16-8。

(3) 改进隧道照明方法

在照明方法的改进方面，主要是采用逆光照明。这种照明在国外使用很多，如瑞士几乎所有的隧道均采用此种照明方式。所谓逆光照明，就是通过一个特殊的斜倾式反光器将光束集中朝汽车前进的方向投向路面，从

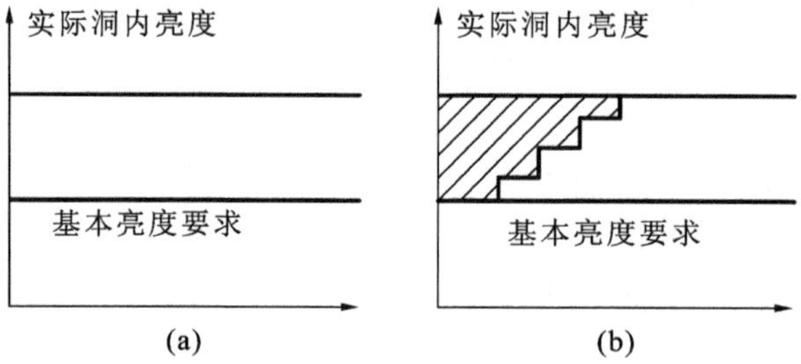

图 16-7 计算机智能照明控制方式与传统控制方式比较的能耗示意图

(a) 传统控制方式；(b) 计算机智能照明控制方式

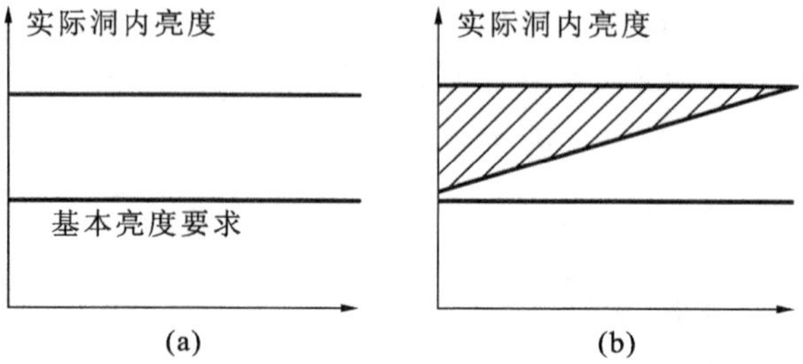

图 16-8 亮度的传统控制方式能耗与智能无极控制系统能耗比较图

(a) 传统控制方式；(b) 智能无极控制系统

而提高目标的背景亮度，使前方车辆或目标更易被辨认。这种布灯方式可以节约灯具 30%，节省电能 30%。

另外，国外还有二次配光技术，即将光通过反光器反射到玻璃罩上，再通过玻璃罩上的配光条纹进行配光，使光线尽量照射在路面上。

16.2.4 设计中的节能措施

(1) 供电系统的节能措施

隧道供电系统方案直接影响到隧道运营成本。为减少隧道运营期间的费用，隧道供电系统方案的确定主要考虑以下几方面，以实现供电系统的节能。

① 隧道供电。

变电站要合理布局，避免隧道内长距离低压配电电缆供电，减少低压配电电缆有功损耗和无功损耗，在长大、连续公路隧道中采用中压供电技术。在高速公路上将 10 kV 中压电源引入长隧道，主要是将配电终端引入负荷中心(如在人行横通道处设置变压器)，实现电能长距离传输，减少线路损耗，节约电能。采用中压供电，既保证了隧道长距离供电的需求，成功地解决了长隧道供电问题，又可节省大量的建设资金，降低运行中线缆的损耗。

② 合理选择变压器。

变压器选型、选容不当或运行方式不合理，都会导致变压器电能损耗增大。变压器容量计算公式是根据用电设施装机容量、用电设施组的需要系数、变电所初步选择变压器容量时的同期系数及变压器的经济负载率进行综合确定的。不同用电负荷需要系数的选取是初步确定变压器容量的重点：隧道通风系统根据高速公路隧道的射流风机正常时需要通风与否，确定隧道射流风机需要系数；隧道照明系统根据实际运营情况及洞外亮度全年的变化情况，确定隧道照明设施需要系数；隧道消防系统根据相关设计手册的规定及消防水泵单台电机使用的方式，确定隧道消防设施需要系数。根据现场调研及对隧道运营状况的分析，参考相关设计手册，变电所的有功功率和无功功率同时系数可分别采用 0.8～0.9 和 0.95～1.0。初步确定隧道变压器的装机容量后，还应对变压器的经济运行进行验算，最终确定一个合理的变压器容量。

③ 节能型供电。

节能型供电采用通风与照明供配电综合布线方式，选择节能型供电线缆。

(2) 照明灯具的节能措施

随着照明技术的发展，各种高光效、长寿命的新型照明光源相继问世，同时在建筑照明及道路照明、景观照明中得到广泛应用，均显现出巨大的环保、节能特点。从驾驶员视觉照度来看，如果将富含蓝色光的灯作为道路照明光源，将有利于提高道路和隧道照明的可见度水平，有利于道路和隧道照明节能。因为当光源的功率相同时，发光效率大的光源辐射出的光通量多，产生的照度也就大，所以辐射成分中富含短波长的金卤灯比相同功率的高压钠灯产生更大的照度，从而更有利于人眼瞳孔收缩，提高可见度。

① 采用高压钠灯电子镇流器。

高压钠灯是一种高压钠蒸气放电灯泡，具有发光效率高(光效可达 120 lm/W)、寿命长、透雾性能好等优点。使用电感式镇流器的高压钠灯均采用了电容补偿，且其失效不影响灯具的工作，在隧道等特殊环境下失效也不易被发觉，但其一旦被击穿，就会引起配电线路的无功损耗成倍增加，浪费大量电能。故传统的高压钠灯仍存在功率因数低和自身损耗大的缺点，严重影响高效光源的利用。使用电子镇流器虽能很好地克服电感式镇流器的缺点，但是电子镇流器的工作频率一般在 20 kHz 以上。高压钠灯在这个频率下极易发生声谐振，对外直接表现为光强不稳、亮度闪烁，严重影响照明效果，甚至造成灯管炸裂；同时由于电子镇流器目前还不能够完全通用，存在与光源匹配问题，给设备维护造成很大的麻烦。因此，当隧道照明选用高压钠灯为电光源时，为了省电，应选择品质优良的电子镇流器或节能型电感式镇流器，但要加强检修维护，定期检测配电线路的无功损耗，做到及时发现、及时更换。

② 采用电磁感应无极灯。

电磁感应无极灯是近几年国内外电光源界着力研发的高新技术产品，综合了电子学、等离子学、磁性材料学等领域最新科技成果。它通过高频感应磁场的方式将能量耦合到灯泡内，使灯泡内的气体电离形成等离子体，等离子体受激发原子返回基态时自发辐射出 254 nm 的紫外线，灯泡内壁的荧光粉受紫外线激发而发出可见光。它与传统高压钠灯光源相比，具有无电极、寿命长(60000 h)、光衰量小、恒功率输出的优点，可大大节省维护费用。此外，无极灯采用集成电路实行调光控制时，可实现在额定功率范围30%～100%内的连续稳定调光。它在调低照明水平的同时，不影响照明均匀度。目前，普遍认为无极灯适用于应急灯、紧急停车带、横洞。经过多次试验和调查表明，应用电磁感应无极灯后，可以有效提高视觉功能并改善视觉舒适性，使驾驶员更加了解路况，增强驾驶员的安全感。但无极灯作为白光照明，不能有效消除黑洞效应，故不适用于隧道入(出)口段的加强照明，也不适用于短隧道的基本照明。

③ 采用 LED 照明灯具。

LED 照明灯是一种新型光源，其显色指数可达 75～80，发光颜色更接近于自然光，视觉效果逼真，能够有效提高道路照明质量，使驾驶员可以很快适应光线颜色变化，有利于行车安全。LED 灯功耗低，同等视觉条件下，比高压钠灯省电 60%～70%，比白炽灯省电 80%～90%。LED 灯光源利用率高，其发光角度和普通灯具的发光角度基本一致，光源产生的光绝大部分直接照射到路面指定区域，只有很少一部分被反射。LED 灯启动时间短，随时加电即可正常工作，能够非常方便地实现智能化节能控制。LED 灯的缺点是光衰量较大，色温漂移严重，驱动电源寿命短，不同厂家的 LED 灯具质量差距较大。

虽然 LED 照明灯具存在一些问题，但 LED 照明是节能照明的发展方向。随着芯片技术的发展和成本的进一步下降，LED 照明将会在高速公路隧道照明中得到更广泛的应用。

16.2.5 智能化照明控制系统

目前，照明控制方式主要有手动控制、定时控制(时序控制)和自适应控制。根据隧道所处地理环境与运营条件，采用智能化照明控制系统，实行照明优化控制，既可节约电能，又可保证行车安全。

公路等级低、隧道较短、照明级别低的隧道照明系统适宜手动控制，即根据不同时段及环境情况人工开关控制。时序控制需将洞外亮度按日、周、月、年统计所得的规律数据输入隧道照明控制系统，照明管理上位机通过本地控制器实现对底层灯具亮度的控制。这种控制方式适宜照明回路较少的短隧道和中长隧道。手动控制和时序控制通常都没有考虑车辆通行量、车速和洞外亮度的实时情况，容易造成电能浪费。

考虑隧道照明的特殊性，隧道内照明水平跟洞外亮度有密切关系，隧道照明白天的亮度要求比夜间要高，不同天气状况时隧道照明的亮度最好也能有相应变化，因此自适应控制方式在隧道照明系统中得以应用。随着计算机技术、检测技术及通信技术的发展，照明控制系统更加灵活，智能化照明控制系统成为隧道照明的发展趋势。

数字可寻址照明接口(Digital Addressable Lighting Interface，DALI)可以将不同厂家生产的电子镇流器、调光控制设备、传感器等产品组成一个照明控制网络。每个DALI控制网络可以通过双绞线连接电子镇流器，通过通信控制协议确保每个灯具和电子镇流器的工作状态信号反馈回DALI控制系统。基于DALI可连续调光的隧道智能照明控制系统结构如图16-9所示。该系统为3层网络结构，底层是由现场设备——可调光电子镇流器、亮度检测器、车辆检测器等组成的现场设备层，中间层是由DALI本地控制器组成的控制网络层，最高层是由照明控制计算机组成的信息管理网络层。

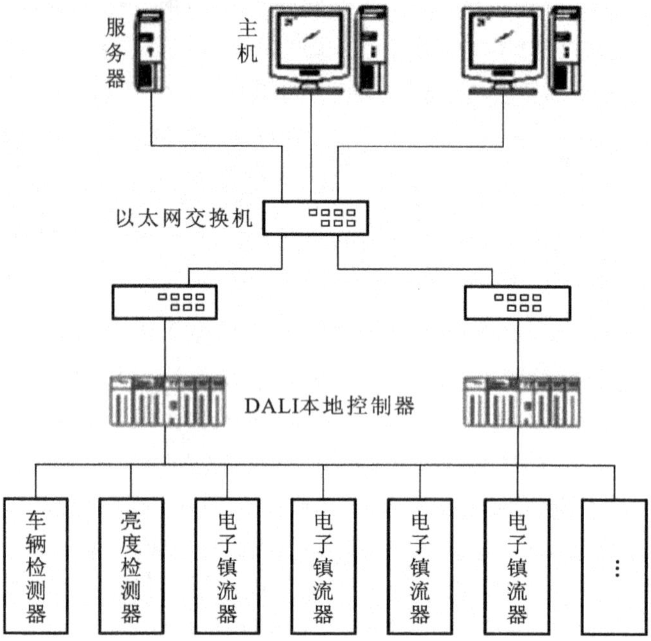

图16-9 隧道智能照明控制系统结构

隧道照明实际运营的节能水平取决于智能化照明控制系统中上位机的信息管理和控制策略。隧道内实际需要的照明亮度取决于能否看清路面及路面上的障碍物，因此在隧道智能照明控制系统中，控制策略采用小目标可见度计算隧道实际需要的亮度。根据隧道照明实际情况和考虑驾驶员视觉的影响，中间视觉时光源的光效是随人眼适应水平而变化的值，用最小反应时间校验、修正实际需要的亮度，确保隧道实际照明满足最低安全需求，以优化隧道照明。

隧道实际需要亮度计算程序的编制方法：首先根据道路系统的分类或等级选择适宜的亮度和可见度标准；然后根据亮度检测器、车辆检测器的检测数据选择小目标可见度，输入已有光源和灯具，以及灯具的排列和间距等几何关系，按照路面亮度标准和小目标可见度分别计算光源所需开启的最低功率；最后通过最小反应时间校验、调整光源所需开启的最低功率，以达到令人满意的路面亮度或小目标可见度。

知识归纳

(1) 隧道照明控制的意义和要求。

(2) 隧道照明控制的主要方法。

(3) 隧道照明节能的主要措施。

独立思考

16-1 简述隧道照明节能的意义和措施。
16-2 简述公路隧道照明调光的目的和具体要求。
16-3 公路隧道照明控制方法有哪几种？
16-4 智能化照明控制系统包括哪些部分？
16-5 亮度的传统控制方式能耗与智能无极控制系统能耗有何区别？

17

铁路与地铁隧道照明

课前导读

◁ 内容提要

本章介绍铁路和轨道交通隧道对照明的要求及其照明设施的配置。

◁ 能力要求

通过本章的学习，学生应熟悉铁路与轨道交通隧道照明的目的、照明方式和照明标准，了解铁路与轨道交通隧道照明布置要求及控制方式。

17.1 铁路隧道照明

与公路隧道相比，铁路隧道照明设置相对简单得多。铁路隧道照明除了应方便公务维修人员行走外，其主要目的应是满足以下几个方面的要求：

① 保证一般工务检查要求；

② 便于隧道内电力、牵引供电、通信、信号等设施的维修养护；

③ 满足施工作业照明需求，如轨面超高、轨距调整，放水堵漏等；

④ 紧急情况下保证人员疏散及救援人员的通行。

从满足隧道检修需要并兼顾经济性要求考虑，一般长度在 500 m 以下的隧道仅设置移动照明插座和检修设备电源插座；长度在 500 m 以上的隧道设置固定检修照明；对于长度为 5 km 以上的隧道还应设置应急照明；如果隧道设有紧急出口，也应设置应急照明，以保证人员逃生的需要。隧道应急照明必须采用两路相互独立的电源供电，其中一路采用 EPS 电源，以确保紧急情况下至少有一路电源有电。

17.1.1 普通铁路隧道照明

17.1.1.1 隧道照明灯具

通常铁路隧道照明灯具分三种，即固定照明灯、移动作业灯、超小型强光手电。

① 固定照明灯：在隧道壁限界外安装隧道灯具，光源采用 70 W 高压钠灯或等效亮度的 LED 灯。按原中华人民共和国铁道部的有关规定，其最低照度为 1 lx。这个照度仅能满足一般行走的视觉需要，对于一些常用的检查仪器，如探伤仪、道尺等的刻度无法看清，但这个部分是目前隧道照明的主要内容，也是投资最大的一部分。

② 移动作业灯：在避车洞内设立移动作业灯插座箱，插座箱接于固定照明电缆或动力电缆上。移动作业灯作施工照明用，照度应达 300 lx 以上，以满足一般施工作业的照明需要。

③ 超小型强光手电：内含 4 V 1 A · h 充电电池和充电器。该手电光通量大，光线射程可达 100 m，近距离中心照度可达 500 lx 以上，能看清钢轨上微细裂纹。

17.1.1.2 照明设置要求

根据原中华人民共和国铁道部标准《铁路电力设计规范》(TB 10008—2006)的规定，铁路隧道照明与公路隧道照明有很大不同，因为铁路隧道一般不允许行人在期间行走，只有专业检修人员在需要对隧道或隧道内设备进行维护检修时才进入隧道。因此，对于直线长度小于 1000 m 的铁路隧道(或曲线长度小于 500 m 的铁路隧道)通常都不设固定照明，只在隧道设供养护用电的插座，对于长度在 1000 m 以上的直线隧道(或 500 m 以上的曲线隧道)才设固定照明，作为固定指示、作业、警卫的照明用途。

17.1.1.3 灯具、插座箱的选择与安装要求

① 供养护用电的插座宜设在避车洞内，距轨面不小于 1.5 m。供行人及其他作业的照明，可设在避车洞上，灯具至轨面的高度为 3.5～4 m。

② 固定灯具至轨面的安装高度不应小于 3.5 m，安装在隧道限界以内，一般在 4 m 左右；灯间距以满足照度要求和适应避车洞的位置为宜，一般为 20～30 m。由于距高比大，因此要求灯具具有较宽的蝙蝠翼配光，光线扩散角度约为±75°。

③ 隧道内环境非常恶劣，洞内极度潮湿、充满腐蚀性气体，列车行驶引起的激烈振动等，这些都要求灯具具有优良的防腐蚀、防震动、防潮湿的特性。因此，钠灯的镇流器、触发器全部密封在灯具中，与灯泡的连接可利用接插件，以便于更换。

④ 插座及熔断器装在有防机械损伤的插座箱内，单线隧道的插座箱为一侧布置，双线隧道为两侧布置。箱与箱在单侧安装时间距为 60 m。插座箱设置在大、小避车洞的侧壁上，箱底距轨面的高度不应小于1.2 m。

⑤ 铁路隧道照明电缆挂钩、灯具挂钩是照明设施中的一项重要器材。由于铁路隧道所处的环境恶劣及独特的使用条件，要求其挂钩不仅具有一般挂钩的性能指标，还应具有良好的防潮、耐腐蚀性能和一定的抗剪、抗弯、抗拔力，方便与混凝土构件锚固及施工安装等特点。

17.1.1.4 照明设备选择与控制的原则

① 应用新设备、新技术，更新隧道照明设施及其控制系统，协调隧道照明运营成本与铁路行车安全、防灾救灾的矛盾。

② 现场采用时控和声控相结合的方法，或者是列车接近报警装置信号时开启或关闭隧道固定照明灯。

③ 采用远程控制方式，解决电量记录、电费核算问题；同时，减少或替代人工巡检，及时发现故障。

④ 隧道照明控制分为一端控制、两端控制、分段控制三种方式。当采用一端控制时，可由洞口配电箱内开关直接控制；当采用分段控制时，每控制段均可为两端控制。

17.1.1.5 节能措施

① 各隧道照明灯具选用节能型灯具，应采用高功率因数的照明灯，配用高效电子镇流器。

② 隧道照明控制采用分段控制方式，本段供电臂末端能接通下一段电源，这样检修人员行走在隧道内时始终保持前进方向有照明，而又能切断反方向电源；

③ 隧道内所有配线均采用铜芯线材，以减少电能传输中的损耗；

④ 各低压供电臂独立供电，不考虑跨区供电要求，从而减少线损和工程造价；

⑤ 远程在线适时进行多方案开关灯调度，合理利用电能。

17.1.2 高速铁路隧道照明

相对于一般普通铁路隧道，高速列车在隧道内行驶时所产生的空气动力学效应对隧道内各种设备的力学要求、安装可靠性要求及安全性要求更为严格，日常检修和巡视频率较一般铁路更高，因此高速铁路的照明标准和安装要求与普通铁路有所不同。根据高速（客运专线）铁路运营性质和特点，在正常运营时，隧道照明灯可不开启；在天窗时间，工作人员在隧道内巡检时使用隧道照明；事故情况下，列车停留在隧道内时，开启隧道内全部照明。

17.1.2.1 高速铁路隧道照明设备安装

(1) 长度大于 500 m 且小于 5000 m 的隧道

① 隧道设正常固定照明，光源采用 100 W 高压钠灯，照明灯沿隧道两侧交错布置，水平间距一般为 30 m，距地 3.0 m。

② 设置在隧道综合洞室洞口上的标志灯距地 3.2 m；设置在综合洞室洞内的照明灯具为壁装，距地 2.2 m，其开关距地 1.3 m。

③ 隧道口及综合洞室内电源箱、照明控制箱均为明挂，箱体底边距地 1.3 m。

④ 所有灯具、开关箱、按钮箱等应具有防潮、防风压、防腐蚀、防振动功能，防护等级为 IP65。

⑤ 隧道内的灯具安装、设备安装及配线安装应满足列车以最高速度值运行时的要求。

(2) 长度大于 5000 m 的隧道

① 隧道设正常固定照明并作为疏散应急照明使用，光源采用 50 W 无极荧光灯，照明灯沿隧道两侧交错布置，水平距离一般为 20 m，距地 3.0 m。

② 隧道设疏散指示灯及标志灯，光源采用 3 W LED 灯，疏散指示灯沿隧道两侧对称布置，水平间距一般为 25 m，距地 0.5 m。

③ 设置在隧道综合洞室洞口上的标志灯距地 3.2 m；设置在综合洞室洞内的照明灯具为壁装，距地 2.2 m，其开关距地 1.3 m。

④ 隧道口及综合洞室内电源箱、智能监控装置(RTU)、照明控制箱均为明挂，箱体底边距地 1.3 m；

EPS 电源为落地靠墙安装。

⑤ 所有灯具、开关箱、按钮箱、EPS 等应具有防潮、防风压、防腐蚀、防振动功能，防护等级为 IP65。

⑥ 隧道内的灯具安装、设备安装及配线安装应满足列车以最高速度值运行时的要求。

17.1.2.2 高速铁路隧道照明配线方式

(1) 长度大于 500 m 且小于 5000 m 的隧道

① 隧道供电电源电缆、控制电缆沿隧道电力电缆槽敷设。

② 隧道照明干线电缆沿隧道壁水平安装时采用电缆挂钩敷设，挂钩安装间距为 0.8 m，电缆安装高度为距灯具上缘 0.2 m。

③ 所有过轨电缆均沿过轨钢管敷设。

④ 除沿隧道壁采用电缆挂钩水平敷设的电缆和沿电缆槽敷设的电缆外，其他电缆均采用穿钢管沿隧道壁明敷。

⑤ 隧道外电力电缆采用钢管埋地敷设。

(2) 长度大于 5000 m 的隧道

① 隧道供电电源电缆、标志灯电源电缆干线、控制电缆及监控光缆沿隧道电力电缆槽敷设。

② 隧道照明干线电缆沿隧道壁水平安装时采用电缆挂钩敷设，挂钩安装间距为 0.8 m，电缆安装高度为距灯具上缘 0.2 m。

③ 所有过轨电缆均沿过轨钢管敷设。

④ 除沿隧道壁采用电缆挂钩水平敷设的电缆和沿电缆槽敷设的电缆外，其他电缆均采用穿钢管沿隧道壁明敷。

⑤ 隧道外电力电缆采用钢管埋地敷设或沿墙壁明敷，监控光缆沿通信电缆槽敷设至通信基站。

17.1.2.3 高速铁路隧道照明监控

(1) 长度大于 500 m 且小于 5000 m 的隧道

采用隧道照明现场控制，隧道照明灯采用分段两端控制，分段开关设于隧道两端洞口和各综合洞室内。整个隧道以综合洞室为界分成各照明控制段，可以通过分段开关控制该照明控制段灯具的开启和关闭。长度小于 5000 m 的隧道照明不纳入远动控制。

(2) 长度大于 5000 m 的隧道

① 隧道照明现场控制：正常照明灯采用分段两端控制，分段开关设于隧道两端洞口和各综合洞室内。整个隧道以综合洞室为界分成各照明控制段，可以通过分段开关控制该照明控制段灯具的开启和关闭；紧急情况下，可使用布置在隧道内的紧急按钮打开全隧道照明灯；疏散指示标志灯由综合洞室控制箱控制，平时常开。

② 隧道照明远动控制：在各综合洞室内设置智能监控装置(RTU)；在第一个或最后一个综合洞室内设智能监控通信接口，从通信接口敷设光缆至隧道附近的通信基站；通过通信光缆专用通道上传至综合维修段隧道照明监控主站。

17.2 地铁区间隧道照明 >>>

17.2.1 地铁区间隧道照明目的

地铁区间隧道照明，日常主要为工作(检修)照明；隧道内发生异常事故时启动应急疏散照明，以保障运营安全。

17.2.2 地铁区间隧道照明质量标准

地铁区间隧道照明质量标准应满足《地铁设计规范》(GB 50157—2013)和《城市轨道交通照明》(GB/T

16275—2008)相关要求,见表 17-1。

表 17-1 地铁区间隧道照明各类场所正常照明的照度标准值

类别	参考平面	照度标准值/lx		
		低	中	高
道岔区	轨道平面	5	10	15
隧道、风道	轨道平面或地面	2	3	5(5)

注:1. 对于有特殊照明要求的地下铁道车站站台、站厅的照度水平可提高至 300 lx。
2. 表中括号内数值为《城市轨道交通照明》(GB/T 16275—2008)中的规定值。

对于隧道照明光源的显色指数 R_a,《城市轨道交通照明》(GB/T 16275—2008)规范要求不小于 60,《地铁设计规范》(GB 50157—2013)未作明确要求。

17.2.3 地铁区间隧道照明设置

① 地铁区间地下隧道照明设于行车方向左侧墙上,分为工作照明和应急照明,每隔 10 m 设一灯具。照明灯具应具有遮光性能,两种照明灯具相间布置。

② 单洞双线隧道区间灯具应设置在隧道断面中间的顶部,并采取防眩光措施。

③ 建筑净高小于 1.8 m 的电缆通道、电缆夹层,应设置安全特低电压照明。

④ 区间每隔 100 m 设一动力插座箱,内设三相漏电开关,三相插座和单相插座各一个,容量为 15 kW。每一回路只考虑一组使用,箱体应为防潮、防溅型。

17.2.4 地铁区间隧道应急照明

① 应急照明包括备用照明和疏散照明。风道应急照明采用自带蓄电池灯具。地铁区间应急照明主要满足发生事故时疏散乘客的要求,平均照度标准值为 2~5 lx[《城市轨道交通照明》(GB/T 16275—2008)要求区间线路疏散照明照度不小于 3.0 lx]。区间应急照明灯具为长明灯,不设控制。

② 由正常照明转换为疏散照明的点亮时间不大于 5.0 s,疏散照明供电时间不小于 60 min。

③ 所有气体放电灯具均配置电容补偿装置,补偿后 $\cos\varphi \geqslant 0.9$。

④ 区间行车方向的左侧墙上每隔 20 m 设可控制方向的箭头指示灯,由应急照明配电箱供电,指示方向由 FAS 系统控制。

知识归纳

(1) 铁路隧道照明目的和照明设置要求。

(2) 地铁区间隧道照明目的和照明设置要求。

独立思考

17-1 与公路隧道照明相比较,铁路隧道照明有哪些不同特点?

17-2 简述铁路隧道照明设置的要求。

17-3 铁路隧道照明方式有哪些?

17-4 相对于一般普通铁路隧道,高速列车在隧道照明设置方面应注意哪些问题?

17-5 简述地铁区间隧道照明设置的要求。

附录　路面简化亮度系数表

附表 1　　　　水泥混凝土路面简化亮度系数(*r*)表

β/(°) tanγ	0	2	5	10	15	20	25	30	35	40	45	60	75	90	105	120	135	150	165	180
0	655	655	655	655	655	655	655	655	655	655	655	655	655	655	655	655	655	655	655	655
0.25	619	619	619	619	610	610	610	610	610	610	610	610	610	601	601	601	601	601	601	601
0.5	619	539	539	539	539	539	521	521	521	521	521	503	503	503	503	503	503	503	503	503
0.75	431	431	431	431	431	431	431	431	431	431	395	386	371	371	371	371	371	386	395	395
1	341	341	341	341	323	323	305	296	287	287	278	269	269	269	269	269	269	278	278	278
1.25	269	269	269	269	260	251	242	224	207	198	189	189	180	180	180	180	180	189	198	207
1.5	224	224	224	215	198	180	171	162	153	148	144	144	139	139	139	144	148	153	162	180
1.75	189	189	189	171	153	139	130	121	117	112	108	103	99	99	103	108	112	121	130	139
2	161	162	157	135	117	108	99	94	90	85	85	83	84	84	86	90	94	99	103	111
2.5	121	121	117	95	79	66	60	57	54	52	51	50	51	52	54	58	61	65	69	75
3	94	94	86	66	49	41	38	36	34	33	32	31	31	33	35	38	40	43	47	51
3.5	81	80	66	46	33	28	25	23	22	22	21	21	22	22	24	27	29	31	34	38
4	71	69	55	32	28	20	18	16	15	14	14	14	15	17	19	20	22	23	25	27
4.5	63	59	43	24	17	14	13	12	12	11	11	11	12	13	14	14	16	17	19	21
5	57	52	36	19	14	12	10	9.0	9.0	8.8	8.7	8.7	9.0	10	11	13	14	15	16	16
5.5	51	47	31	15	11	9.0	8.1	7.8	7.7	7.7	6									
6	47	42	25	12	8.5	7.2	6.5	6.3	6.2											
6.5	43	38	22	10	6.7	5.8	5.2	5.0												
7	40	34	18	8.1	5.6	4.8	4.4	4.2												
7.5	37	31	15	6.9	4.7	4.0	3.8													
8	35	28	14	5.7	4.0	3.6	3.2													
8.5	33	25	12	4.8	3.6	3.1	2.9					—	—	—	—	—	—	—	—	—
9	31	23	10	4.1	3.2	2.8			—	—	—									
9.5	30	22	9.0	3.7	2.8	2.5		—												
10	29	20	8.2	3.2	2.4	2.2														
10.5	28	18	7.3	3.0	2.2	1.9	—													
11	27	16	6.6	2.7	1.9	1.7														
11.5	26	15	6.1	2.4	1.7	—														
12	25	14	5.5	2.2	1.6															

注：水泥混凝土路面平均亮度系数 $Q_0=0.10$，表中 *r* 值已扩大 1000 倍，实际使用时应乘以 10^{-3}。

附表 2　　沥青路面简化亮度系数(r)表

$\tan\gamma$ \ β/(°)	0	2	5	10	15	20	25	30	35	40	45	60	75	90	105	120	135	150	165	180
0	329	329	329	329	329	329	329	329	329	329	329	329	329	329	329	329	329	329	329	329
0.25	362	358	371	364	371	369	362	357	351	349	348	340	328	312	299	294	298	288	292	281
0.5	379	368	375	373	367	359	350	340	328	317	306	280	266	249	237	237	231	231	227	235
0.75	380	375	378	365	351	334	315	295	275	256	239	218	198	178	175	176	176	169	175	176
1	372	375	372	354	315	277	243	221	205	192	181	152	134	130	125	124	125	129	128	128
1.25	375	373	352	318	265	221	189	166	150	136	125	107	91	93	91	91	88	94	97	97
1.5	354	352	336	271	213	170	140	121	109	97	87	76	67	65	66	66	67	68	71	71
1.75	333	327	302	222	166	129	104	90	75	68	63	53	51	49	49	47	52	51	53	54
2	318	310	266	180	121	90	75	62	54	50	48	40	40	38	38	38	41	41	43	45
2.5	268	262	205	119	72	50	41	36	33	29	26	25	23	24	25	24	26	27	29	28
3	227	217	147	74	42	29	25	23	21	19	18	16	16	17	18	17	19	21	21	23
3.5	194	168	106	47	30	22	17	14	13	12	12	11	10	11	12	13	15	14	15	14
4	168	136	76	34	19	14	13	11	10	10	10	8	8	9	10	9	11	12	11	13
4.5	141	111	54	21	14	11	9	8	8	8	8	7	7	8	8	8	8	10	10	11
5	126	90	43	17	10	8	8	7	6	6	7	6	7	6	6	7	8	8	8	9
5.5	107	79	32	12	8	7	7	7	6	5										
6	94	65	26	10	7	6	6	6	5											
6.5	86	56	21	8	7	6	5	5												
7	78	50	17	7	7	5	5	5												
7.5	7	41	14	7	4	3	4													
8	63	37	11	5	4	4	4													
8.5	60	37	10	5	4	4	4				—	—	—	—	—	—	—	—	—	—
9	56	32	9	5	4	3			—	—										
9.5	53	28	9	4	4	4		—												
10	52	27	7	5	4	3														
10.5	45	23	7	4	3	3	—													
11	43	22	7	3	3	3														
11.5	44	22	7	3	3	—														
12	42	20	7	4	3															

注：沥青路面平均亮度系数 $Q_0=0.07$，表中 r 值已扩大 1000 倍，实际使用时应乘以 10^{-3}。

参考文献

[1] 魏润柏. 通风工程空气流动理论. 北京：中国建筑工业出版社，1981.

[2] 黄元平. 矿井通风学. 徐州：中国矿业大学出版社，1986.

[3] 铁道部第二勘测设计院. 铁道隧道运营通风. 北京：中国铁道出版社，1983.

[4] 黄元平，王明生. 多进风口、多风机矿井自然风压的电算方法. 煤炭工程师，1994(1)：10-12，27.

[5] 中华人民共和国交通运输部. JTG/T D70/2-02—2014 公路隧道通风设计细则. 北京：人民交通出版社，2014.

[6] 金学易，陈文英. 隧道通风机及隧道空气动力学. 北京：中国铁道出版社，1983.

[7] 平松良雄. 通风学. 刘运洪，译. 北京：冶金工业出版社，1981.

[8] Bennett C Q，Myers J E. Momentum，heat，and mass transfer. New York：McGraw-Hill，1962.

[9] 郑道访. 公路长隧道通风方式研究. 北京：科学技术文献出版社，2000.

[10] Casale E，Charvier J M，Lemaire G. Tunnel Ventilation system modeling. Tunnel Engineering Handbook，1996：69-81.

[11] Butcher A，Reddy Y V，Nutter R，et al. Computer-Aided Mine Ventilation planning. Instrument society of America，1983，14：145.

[12] 王梦恕. 关于九岭山隧道通风斜井有关问题的建议. 2007-10-24.

[13] 张光鹏. 公路隧道双洞互补式网络通风式纵向通风研究. 西安：长安大学，2008.

[14] 章玉伟. 公路隧道纵向通风系统火灾工况数值模拟研究. 西安：长安大学，2006.

[15] Bemer M A，Day J R. A new concept for ventilating long twin-tube tunnels. Aerodynamics and Ventilation of Vehicle Tunnels，1991：811-820.

[16] 袁雪勘，蒋树屏，谢永利，等. 秦岭终南山特长公路隧道关键技术研究. 北京：人民交通出版社，2010.

[17] 甘建国，罗卫华，仇玉良，等. 雪峰山隧道通风数值模拟研究. 中南公路工程，2006，31(1)：50-56.

[18] 王聪. 长大公路隧道纵向通风技术通风效果现场测试研究. 成都：西南交通大学，2007.

[19] 吴超，王从陆. 复杂矿井通风网络分析的参数调节度数字实验. 煤炭学报，2003，28(5)：477-481.

[20] 潘峥. 高速公路隧道通风计算中的若干问题. 铁道标准设计，2008(S1)：65-69.

[21] 陈建勋，王华牢. 高速公路隧道通风设计. 广东公路交通，1998(S1)：40-45.

[22] 李艳军. 矿井通风系统可靠性分析方法研究. 西安：西安科技大学，2008.

[23] 李舒伶，白勇奇. 矿井通风网路计算方法及应用. 辽宁工程技术大学学报：自然科学版，2003，22(3)：295-297.

[24] 吕康成. 公路隧道运营设施. 北京：人民交通出版社，1999.

[25] 杨洪海，崔兴华. 公路隧道纵向通风系统射流风机选型计算. 风机技术，2000(2)：17-19，41.

[26] 尤鸿波. 特长隧道自然风影响因素及计算方法研究. 成都：西南交通大学，2010.

[27] 高旭. 特长深埋隧道通风井经济断面积和经济风速研究. 成都：西南交通大学，2008.

[28] 徐瑞龙. 通风网络理论. 北京：煤炭工业出版社，1993.

[29] 李燕，王明奎. 矿用对旋式轴流风机的气动噪声数值模拟. 煤矿机械，2010(3)：79-82.

[30] 闫治国，朱合华，何利英. 欧洲隧道防火计划(UPTUN)介绍及启示. 地下空间，2004(2)：212-219.

[31] 沈凤生,林立.瑞士圣哥达深埋长隧洞工程.水利规划与设计,2005(S1):12-17.

[32] 郭春,岳亭龙,王明年.公路隧道火灾中火区火风压研究.辽宁工程技术大学学报:自然科学版,2008(S1):74-75.

[33] 陈光明,胡良年,詹建辉,等.乌池坝特长公路隧道斜井、竖井设计.现代隧道技术,2006(3):12-17,22.

[34] 李明水,贺德馨.Numerical Simulation of Natural Wind Field.空气动力学学报,1999,17(1):45-52.

[35] Cheng L H,Ueng T H,Liu C W.Simulation of ventilation and fire in the underground facilities. Fire Safety Journal,2001,36(6):597-619.

[36] 邓艳丽.地铁隧道工程的性能化防火问题研究.武汉:武汉大学,2005.

[37] 霍然,袁宏永.性能化建筑防火分析与设计.合肥:安徽科学技术出版社,2003.

[38] 刘柏林,程久胜,董健.夹活岩隧道通风竖井及风机房设计.公路隧道,2006(4):49-53.

[39] 魏军政.秦岭终南山特长公路隧道通风站设计.科技交流,2007(4):135-138.

[40] 杨高尚,彭立敏,彭建国,等.从人员疏散的角度研究公路隧道的横通道间距.灾害学,2007(1):44-49.

[41] 谢朝军.地铁隧道通风机房的典型布置.隧道建设,2007(1):29-33,83.

[42] 李永林,毛遵训.二郎山隧道营运通风设计方案浅析.公路,2000(12):22-27.

[43] 陈建勋,曹校勇,缪怀甫.公路特长隧道平导送风型半横向式通风计算方法及应用.公路,2002(3):118-124.

[44] 张开顺,余斌,申家喜.夹活岩特长公路隧道竖井设计及施工方法探讨.公路,2006(5):213-216.

[45] 屈志豪,李勇.凉风垭隧道运营通风方案比选.公路交通技术,2003(5):95-99.

[46] 陈璋,陈光明,程久胜,等.龙潭隧道斜井、竖井设计.公路,2005(8):170-175.

[47] 陈光明,陈璋,程久胜,等.龙潭特长公路隧道营运通风设计探讨.交通科技,2005(4):90-92.

[48] 冯江.浅谈公路和列车隧道火灾的原因及预防措施.消防技术与产品信息,2004(8):7-19.

[49] 原震,赵新文.如何解决地铁站台隧道的通风排烟问题.消防技术与产品信息,2003(11):47-48.

[50] 梁淦波,聂玉文.石牙山隧道运营通风方案比选.四川建筑,2005(1):115-117.

[51] 夏永旭.我国长大公路隧道通风中的几个问题.公路,2003(5):146-149.

[52] 陈光明,胡益华,陈璋,等.乌池坝特长公路隧道消防与防灾救援设计.现代隧道技术,2005(4):72-78.

[53] 管鸿浩.武汉长江隧道通风设计.隧道建设,2005(5):23-27.

[54] 张涛,郭小红,周国光.雪峰山隧道通风竖井设计.中南公路工程,2006(1):109-112.

[55] 夏永旭,张进县,王永东,等.雁门关公路隧道通风方案.长安大学学报:自然科学版,2003(4):46-50.

[56] 曾艳华,李永林,何川.鹧鸪山隧道防灾救援通风研究.现代隧道技术,2004(4):55-58.

[57] 柯小华,王全海.大坪里特长隧道方案设计.中南公路工程,2006(1):116-119.

[58] 郭春.特长高速公路隧道通风关键技术研究.成都:西南交通大学,2008.

[59] 张磊.高速公路隧道地下风机房设计方法研究.成都:西南交通大学,2011.

[60] 田玉敏.地铁火灾中安全疏散技术与方法的研究.消防技术与产品信息,2005(7):3-8.

[61] 中华人民共和国交通部.JTG D70—2004 公路隧道设计规范.北京:人民交通出版社,2004.

[62] 从善本.矿井通风系统分析:电子计算机的应用.北京:冶金工业出版社,1981.

[63] 兰州铁道学院.中梁山隧道通风试验研究报告.兰州:兰州铁道学院,1995.

[64] 郭春,王明年,周仁强.特长公路隧道全射流通风方式火灾网络计算研究.筑路机械与施工机械化,2007(11):49-50,53.

[65] 李刚.公路隧道各种通风方式适用长度的研讨.公路,2000(5):54-55.

[66] 中华人民共和国铁道部. TB 10068—2010 铁路隧道运营通风设计规范. 北京:中国铁道出版社,2010.

[67] 中华人民共和国住房和城乡建设部,中华人民共和国国家质量监督检验检疫总局. GB 50157—2013 地铁设计规范. 北京:中国建筑工业出版社,2014.

[68] 中华人民共和国住房和城乡建设部,中华人民共和国国家质量监督检验检疫总局. GB 50016—2014 建筑设计防火规范. 北京:中国计划出版社,2015.

[69] 彭伟,霍然,李元洲,等. 二郎山公路隧道火灾排烟及人车疏散应急方案研究. 安全与环境学报,2007(5):113-116.

[70] 周太明. 电气照明设计. 上海:复旦大学出版社,2001.

[71] 俞丽华. 电气照明. 2 版. 上海:同济大学出版社,2001.

[72] 柯顿 J R,马斯登 A M. 光源与照明. 4 版. 陈大华,刘九昌,徐庆辉,等译. 上海:复旦大学出版社,2000.

[73] 周太明,宋贤杰,刘虹,等. 高效照明系统设计指南. 上海:复旦大学出版社,2004.

[74] 中华人民共和国交通运输部. JTG/T D70/2-01—2014 公路隧道照明设计细则. 北京:人民交通出版社,2014.

[75] 中华人民共和国建设部. CJJ 45—2006 城市道路照明设计标准. 北京:中国建筑工业出版社,2006.

[76] 李景色,李铁楠. 修订我国《城市道路照明设计标准》中的几个问题(之一). 照明工程学报,2004,15(1):38-42,49.

[77] 李景色,李铁楠. 修订我国《城市道路照明设计标准》中的几个问题(之二). 照明工程学报,2004,15(2):37-39.

[78] 胡培生,高纪昌. 道路照明与供电. 北京:中国原子能出版社,1997.

[79] 潘世建,杨盛福. 桥梁景观. 北京:人民交通出版社,2001.

[80] 肖辉乾,郝允祥. 光污染的危害、动向与防治方略. 照明技术,2003,1:1-6.

[81] 李奇峰,肖辉,俞丽华,等. 关于光污染. 照明工程学报,2003,14(2):30-35,41.

[82] 范·波莫,德·波尔. 道路照明. 林贤光,李景色,译. 北京:中国轻工业出版社,1990.